Franz Bopp, Carl Arendt

Vergleichende Grammatik

Des Sanskrit, Send, Griechischen, Lateinischen, Litauischen, Altslavischen,

Gothischen und Deutschen

Franz Bopp, Carl Arendt

Vergleichende Grammatik
Des Sanskrit, Send, Griechischen, Lateinischen, Litauischen, Altslavischen, Gothischen und Deutschen

ISBN/EAN: 9783743650732

Hergestellt in Europa, USA, Kanada, Australien, Japan

Cover: Foto ©Paul-Georg Meister /pixelio.de

Weitere Bücher finden Sie auf **www.hansebooks.com**

Vergleichende Grammatik

des

Sanskrit, Send, Griechischen, Lateinischen, Litauischen, Altslavischen, Gothischen und Deutschen

von

FRANZ BOPP.

Zweite gänzlich umgearbeitete Auflage.

Erster Band.

Erste Hälfte.

(Autor und Verleger behalten sich das Recht der Übersetzung
in fremde Sprachen vor.)

Berlin

Ferd. Dümmler's Verlagsbuchhandlung.
1856.

Dieser Titel wird beim Erscheinen der zweiten Hälfte durch einen andern
ersetzt werden.

Schrift- und Laut-System.

1. Die sanskritischen einfachen Vocale sind: erstens, die drei, allen Sprachen gemeinschaftlichen Urvocale ऋ *a*, इ *i*, उ *u* und ihre entsprechenden langen, welche ich beim Gebrauche der lateinischen Schrift mit einem Circumflex (^) bezeichne; zweitens, die dem Sanskrit eigenthümlichen Vocale *r* (ऋ) und *l* (ऌ), welchen die indischen Grammatiker auch entsprechende lange zur Seite stellen, obwohl langer *r*-Vocal in der Aussprache von dem Consonanten *r* in Verbindung mit langem *i* sich nicht unterscheiden läfst, und langer *l*-Vocal in der Sprache selber gar nicht vorkommt, sondern nur in grammatischen Kunstausdrücken. Auch ऌ *l* ist äufserst selten und erscheint nur in der einzigen Wurzel *kalp*, in dem Falle, wo sie sich durch Ausstofsung des *a* zu कॢप् *klp* zusammenzieht, namentlich in dem Part. pass. कॢप्तस् *klptá-s* gemacht, und in dem Abstractum कॢप्तिस् *klpti-s*. Die einheimischen Grammatiker halten jedoch *klp* für die wahre Wurzelgestalt und *kalp* für eine Erweiterung durch Guṇa, wovon später. Auch bei denjenigen Wurzeln, bei welchen *ar* mit *r* wechselt, geben sie die verstümmelte Form als die ursprüngliche, und die mit *ar* als die verstärkte. Ich fasse dagegen ऋ *r*, welches wie *r* und ein kaum hörbares *i* ausgesprochen werden soll *), überall als

---

*) Ungefähr wie in dem englischen Worte *merrily*. Der *l*-Vocal verhält sich zum Consonanten *l* wie *r* zu *r*. Mehr hierüber in meinem vergleichenden Accentuationssystem Anm. 3.

Folge der Unterdrückung eines Vocals, vor oder hinter dem
Consonanten *r*. In den meisten Fällen erweist es sich durch
die mit dem Sanskrit verwandten europäischen und asiatischen Sprachen als Verstümmelung von *ar*, wofür im Griechischen nach §. 3. ερ, ορ oder αρ, und analoge Formen im
Lateinischen zu erwarten sind. Man vergleiche z. B. φερτο-ς
(nur erhalten in ἄφερτος) mit *bṛtá-s* getragen, δερκτο-ς
(von ἄδερκτο-ς) mit *dṛs'tá-s*, aus *darktá-s* gesehen,
στόρ-νῡ-μι mit *stṛ-ṇó'-mi* ich streue aus, βροτός, für μροτός aus μορτός, mit *mṛtá-s* gestorben, ἄρκτος mit *ṛks'á-s*
Bär, ἧπαρ (für ἥπαρτ) mit *yákṛt* Leber, lat. *jecur*, πατράσι
(umstellt aus πατάρσι) mit *pitṛ'-s'u* (loc. pl. des Stammes
pitár); *fer-tis* mit *biḃṛtá* ihr traget, *sterno* mit *stṛṇá'-mi*
ich streue aus, *vermis* (aus *quermis*) mit *kṛ'mi-s* Wurm,
cord mit *hṛd* Herz, *mor-tuus* mit *mṛ-tá-s* gestorben,
mordeo mit *mṛd* zermalmen. Ich kenne keine zuver-
lässige lateinische Beispiele mit *ar* für skr. *ṛ*; vielleicht
aber steht *ars*, them. *art* für *carti-s*, und entspricht dem
skr. *kṛ'-ti-s* das Machen, Handlung (vgl. *kṛtrima-s*
künstlich). Mit Umstellung und Verlängerung des *a* steht
strá-tus, für *star-tus*, gegenüber dem skr. *stṛ-tás* ausge-
streut und sendischen *s'tarĕta* (*fra-s'tarĕta*, auch *fra-
s'tĕrĕta*). Das eben erwähnte Beispiel führt zu der Bemerkung, daſs auch dem Ṣend der *r*-Vocal fremd ist. Am
gewöhnlichsten findet man dafür in der genannten Sprache
ε᠈ξ *ĕrĕ*, welches aber nicht, wie Burnouf annimmt*), aus
dem skr. *ṛ* entsprungen ist, sondern aus *ar* durch Schwächung des *a* zu *ĕ* und durch Anfügung eines *ĕ* hinter dem
r, weil das Ṣend die unmittelbare Verbindung eines *r* mit
einem folgenden Consonanten, *s* ausgenommen, nicht verträgt, es sei denn, daſs dem *r* ein *h* vorgeschoben werde,

---

*) S. dessen Recension der ersten Ausgabe dieses Buches im
Journal des Savans, in dem besonderen Abdruck („Observations" etc.)
p. 40 ff.) und Yaçna, Notes pp. 50, 61, 97 und meinen Vocalismus
p. 183 ff. und überhaupt über das skr. *ṛ* und *f* „Vocalismus" p. 157-193.

indem z. B. das skr. *vŕka* (aus *várka*) Wolf im Ṣend sowohl in der Gestalt *vĕhrka* (auch *vahrka*) als in der von *vĕrĕka* erscheint. In den Fällen, wo dem ṣendischen *r* ein ∽ɔ *s* folgt, hat sich das vorangehende *a*, wie es ·scheint, durch den Schutz, den ihm die Vereinigung von drei folgenden Consonanten gewährt, stets unverändert behauptet; daher z. B. *karsta* gepflügt, *karsti* das Pflügen, *parsta* gefragt, gegenüber den skr. Formen *kṛṣṭá, kṛṣṭí, pṛṣṭá.*

Auch das Altpersische kennt den *r*-Vocal nicht, und zeigt z. B. *karta* gemacht statt der verstümmelten Sanskritform कृत *kṛtá*; so *barta* (*parâ-barta*) für भृत *bŕtá.* Wenn in Formen wie *akunaus'* er machte ein *u* die Stelle des skr. *ṛ* einnimmt (vêdisch *ákṛṇôt*), so gilt mir hier das *u* als Schwächung des ursprünglichen *a* (s. §. 7), wie in den skr. Formen wie *kur-más* wir machen gegenüber dem Singular *karómi.* Das *r* ist also im vorliegenden Falle dem Altpersischen entwichen; so auch häufig dem Pâli und Prâkrit, welche ebenfalls keinen *r*-Vocal besitzen, und in dieser Beziehung auf einen älteren Sprachzustand sich stützen, als derjenige ist, den wir im klassischen Sanskrit und im Vêda-Dialekt vor uns haben. Ich möchte wenigstens nicht mit Burnouf und Lassen *) in dem *a* des pâli'schen *kasi* das *ṛ* des skr. कृषि *kṛ'si* das Pflügen, oder in dem *u* von *suṇotu* er höre das ऋ *ṛ* von शृणोतु *śṛṇótu* erkennen, sondern ich erkläre unbedenklich *kasi* aus dem im Sanskrit als ältere Form vorauszusetzenden *kársi*, und *suṇóti* aus *śruṇótu*, wie die Wurzel *śru* regelmäſsig in der 3ten P. des Imperat. bilden sollte. Das *u* von *utu* Jahrszeit gilt mir als Schwächung des *a* des im Sanskrit als Urform für ऋतु *ṛtú* vorauszusetzenden *artú*, und so ist das *i* von *tiṇa* Gras (skr. *tṛṇá*) die Schwächung des *a* der verlorenen Urform *tarṇá*, wofür im Gothischen mit etwas geänderter Bedeutung (Dorn) und mit

---

*) Essai sur le Pali p. 82 f.

Schwächung des mittleren wie des schliefsenden *a* zu *u*:
thaurnu-s, euphonisch für *thurnus* (§. 82). Wie *tiṇa* zu
dem vorauszusetzenden *tarṇa* sich verhält, so im Prâkrit
z. B. *hidaya* Herz zu dem im Sanskrit als Urform für
hṛ'daya vorauszusetzenden *hárdaya*, womit man, abgesehen vom neutralen Geschlecht des skr. Wortes, das griech.
καρδία vergleichen möge. Gelegentlich zeigt das Prâkrit auch
die Sylbe रि statt des skr. ऋ *ṛ* (s. Vararući ed. Cowell p. 6);
z. B. in रिणं *riṇaṅ* für skr. ऋणम् *ṛṇá-m* Schuld (debi-
tum). Wäre रि *ri* die gewöhnlichste oder gar die einzige
Vertretung des skr. *ṛ* im Prâkrit, so könnte man annehmen,
es sei das kaum hörbare *i*, welches im skr. *ṛ* enthalten sein
soll [*]), im Prâkrit hörbarer geworden. Da dem aber nicht
so ist, und vielmehr *ri* fast die seltenste Vertretung des skr.
ṛ ist, so nehme ich an, dafs das *i* des erwähnten रिणं *ṛṇaṅ*
nichts als eine Schwächung und zugleich Umstellung des
a des im Sanskrit als Urform für *ṛṇá-m* vorauszusetzenden *arṇá-m* sei. Solche Umstellungen und zugleich Schwächungen von ऋर् *ar* zu रि gibt es auch im Sanskrit; unter
andern im Passiv (derjenigen Wurzeln auf *ar*, welche
eine Zusammenziehung dieser Sylbe zu *ṛ* zulassen), im Fall
nicht dem *ṛ* oder seinem Vorgänger *ar* zwei Consonanten vorangehen; daher z. B. क्रियते *kriyátê* er wird gemacht, von der Wurzel *kar*, *kṛ*. Unter dem Schutze zweier
vorangehenden Consonanten behauptet sich die ursprüngliche
Form *ar*, daher z. B. *smaryátê* von *smar*, *smṛ* sich erinnern.

Betrachten wir nun die selteneren Entstehungsarten des
skr. *ṛ*, so erscheint dasselbe als Verstümmelung der Sylbe

---

[*]) Man beachte, dafs man *r* leichter als irgend einen andern Consonanten ohne vorangehenden oder nachfolgenden Vocal aussprechen
kann, wie denn auch im Gothischen Formen wie *brôthrs* (Bruders),
brôthr (fratri) vorkommen, deren *r* man fast mit demselben Recht
wie das skr. *ṛ* von *b'rá'tṛ-b'yas* fratribus als Vocal auffassen
könnte.

ár in gewissen, später näher zu bestimmenden Casus der durch das Suffix *tár* gebildeten Nomina agentis, und der Verwandtschaftswörter *náptár* Neffe und *svásár* Schwester, daher z. B. *dátṛ-ɓyas, svásṛ-ɓyas* gegenüber den entsprechenden lateinischen Formen *datór-i-bus, sorór--i-bus.* Im Locativ plur. erscheinen Formen wie *dátṛ-s'u* gegenüber den bildungsverwandten griech. Dativen wie δοτῆρ-σι. Es gibt auch eine Verbalwurzel, bei welcher *ár* in derselben Weise mit *ṛ* wechselt, wie hei sehr vielen anderen *ar* mit *ṛ*. Ich meine die Wurzel *márǵ*, geschwächt *mṛǵ*, wovon z. B. *mṛǵ-más* wir trocknen, gegenüber dem Singular *márǵ-mi*, wie *biɓṛmás* wir tragen gegen *biɓármi* ich trage. Den indischen Grammatikern gilt bei jenem Verbum *mṛǵ* als Wurzel.

Für *ra* erscheint *ṛ* z. B. in *pṛćáti* er fragt, *pṛṣṭá-s* gefragt, von *praćʼ*, welches auch von den indischen Grammatikern als Wurzel des betreffenden anomalen Verbums anerkannt wird, und womit unter andern die goth. Wurzel *frah* (praes. *fraiha*, euphon. für *friha*, praet. *frah*) verwandt ist. Die Zusammenziehung von *ra* zu *ṛ* ist analog den in der skr. Grammatik öfter vorkommenden Verstümmelungen der Sylben *ya* und *va* zu *i* und *u*, welche Verstümmlungen, wie auch die von *ra* zu *ṛ*, nur in solchen Formen der Grammatik vorkommen, wo die Sprache überhaupt schwache Formen den starken vorzieht, z. B. in den Passivparticipien wie *iṣṭá-s* geopfert, *uktá-s* gesprochen, *pṛṣṭá-s* gefragt, gegenüber den Infinitiven *yáṣṭum, váktum, práśṭum.* Als Beispiel einer Form mit *ṛ* für *ra* erwähne ich noch das Adjectiv *pṛtú-s* breit, aus *pratú-s* (Wz. *pratʼ* ausgebreitet werden), wofür im Griech. πλατύ-ς, im Litauischen *platù-s*, im Altpersischen *frátʼu* in dem Compositum *u-frátʼu* (für *hu-frátʼu*) Euphrat, eigentlich der sehr breite, wovon nur der weibliche Locativ *ufrátavá* vorkommt, wo das dem *u* zukommende *tʼ* (𝍐) wegen des folgenden *a* zu *t* (𝍐𝍐) werden mußte. Das ṣendische *pĕrĕtu*, aus *parĕtu* für *partu*, beruht auf Umstellung, was

nicht befremden kann, da kein Consonant leichter als *r*
seine ursprüngliche Stelle wechselt. So unter andern im
latein. *tertius* für *tri-tiu-s* (vgl. §. 6) gegenüber dem ṣendischen *thri-tya.* Das Sanskrit zieht dagegen in diesem einzigen Worte die Sylbe *ri* zu *r̥* zusammen und zeigt *tr̥-tī́ya-s*
als Ordnungszahl von *tri* drei.

Für *ru* erscheint *r̥* im Präsens und den ihm analogen
Formen der Wurzel *s'ru* hören (vgl. S. 3), daher z. B.
s'r̥-ṇṓ-ti er hört, *s'r̥-ṇṓ-tu* er soll hören; ferner in
dem Compositum *br̥kuṭi-s* oder *br̥kuṭi*, aus dem ebenfalls gebräuchlichen *br̆ukuṭi-s*, *br̆ukuṭi*, wo das *u* der
ersten Sylbe die Kürzung des *û* von *br̆ú* Augenbraue ist.

2. Es gibt zwei Arten von Diphthongen im Sanskrit;
in der einen zerfließt ein kurzes *a* mit einem folgenden *i*
oder *î* zu ए *ê*, und mit *u* oder *û* zu ओ *ô*, so daß von den
beiden vereinigten Elementen keines gehört wird, sondern
beide zu einem dritten Laut verschmolzen sind, wie in dem
französischen *ai*, *au*. In der zweiten Art wird langes *â* mit
einem folgenden *i* oder *î* zu ऐ *âi* und mit *u* oder *û* zu
औ *âu*, wo die beiden zu einem Diphthong vereinigten Vocale gehört werden, und zwar mit dem Nachdruck auf dem *â*.
Daß in dem ए *ê* und ओ *ô* ein kurzes, in ऐ und औ aber
ein langes *a* enthalten sei, erhellt daraus, daß, wo zur Vermeidung des Hiatus, das letzte Element eines Diphthongs
in seinen entsprechenden Halbvocal sich verwandelt, aus
ए *ê* und ओ *ô* die Laute अय् *ay*, अव् *av* (mit kurzem *a*),
aus ऐ *âi* und औ *âu* aber आय् *ây*, आव् *âv* hervorgehen.
Wenn nach den Regeln der Zusammenziehung ein schließendes *â* mit einem *i*, *î*, oder *u*, *û* des folgenden Wortes,
gleich dem kurzen *a*, zu *ê* und *ô*, nicht aber zu ऐ *âi* und
औ *âu* wird, so ist dies, meiner Ansicht nach, so zu erklären,
daß das lange *â* vor seiner Vereinigung mit dem Anfangsvocal des folgenden Wortes sich verkürzt. Dies kann um
so weniger auffallen, als *â* vor einem unähnlichen Vocal
antretender Flexionen oder Suffixe ganz wegfällt, und z. B.
dádâ mit *us* weder ददौस् *dadâus*, noch ददोस् *dadôs*,

sondern दुदुस् *dadús* (dederunt) bildet. Meine schon
anderwärts über diesen Gegenstand ausgesprochene Ansicht[*]),
habe ich seitdem auch durch das Send bestätigt gefunden,
wo immer ﻠﻠﻠ *ái* statt des skr. ऐ, und ﻠﻠﻠ *áo* oder ﻠﻠﻠ
áu für ओ steht.

> **Anmerkung.** Ich glaube nicht, daſs der im Sanskrit durch ऐ
> ausgedrückte und jetzt als *è* gesprochene Diphthong schon in
> der ältesten Zeit, in der vor der Sprachtrennung, eine Aussprache
> gehabt habe, in der weder das *a*, noch das *i* vernommen wird;
> sondern höchst wahrscheinlich wurden beide vereinigte Elemente
> gehört und wie *ai* gesprochen, welches *ai* von dem stärkeren
> Diphthong ऐ *ái* dadurch sich unterschieden haben wird, daſs
> dem *a*-Laut nicht die Breite der Aussprache gegeben wurde,
> die er in *ái* hat. Ähnlich muſste es sich mit dem ओ *ó* verhal-
> ten; es wurde wie *au*, und ओ wie *áu* gesprochen. Denn wäre,
> um bei dem ऐ *è* stehen zu bleiben, dieser Diphthong schon in der
> Urperiode der Sprache als *è* vernommen worden, so würde
> schwerlich der in diesem Ganzen gleichsam begrabene *i*-Laut
> nach der Sprachtrennung in einzelnen Gliedern des Stammes
> wieder zum Leben erwacht sein, und das Ganze im Griechischen
> bald als αι, bald als ει oder οι auftreten (s. Vocalismus S. 193 ff.);
> im Send bald als *ai* (s. §. 33), bald als *ói*, bald als *è*; im Litaui-
> schen bald als *ai*, bald als *è*; im Lettischen bald als *ai*, bald als *è*
> oder *ee*; im Lateinischen bald als *ae*, als nächste Folge von *ai*,
> bald als *è* erscheinen. Hatte aber der Diphthong vor der Tren-
> nung der Sprachen noch seine rechtmäſsige Aussprache, so konnte
> jedes einzelne Glied der aus der Spaltung hervorgegangenen
> Sprachklasse jenes aus dem Stammlande mitgebrachte *ai* entwe-
> der überall oder gelegentlich zu *è* vereinigen; und da es natür-
> lich ist, *è* aus *ai* hervorgehen zu lassen, so begegnen sich viele
> der Schwestersprachen in diesem Verschmelzungsprocesse.
> Während aber das Sanskrit nach der uns überkommenen Aus-
> sprache in der Stellung vor Consonanten den Diphthong *ai* ohne
> Ausnahme als *è* vernehmen läſst, zeigt das Griechische das ent-
> gegengesetzte Extrem und führt uns, wie gesagt, den skr. Diph-
> thong als αι, ει oder οι vor.

---

[*]) Grammatica critica linguae Scrt. §. 33 annot.

Ich habe mich in obigem Sinne zuerst in der 4ten Abth. der ersten Ausgabe dieses Buches (1842 p. 943 f.) ausgesprochen und bin in dieser Ansicht seitdem auch durch das Altpersische unterstützt worden, wo der skr. Diphthong *ê* überall durch *ai*, und *ô* durch *au* vertreten ist. Diese beiden Diphthonge werden aber in der altpersischen Keilschrift im Innern und am Ende der Wörter, wie zuerst Rawlinson scharfsinnig erkannt hat, so geschrieben, dafs dem *a*, welches in dem vorhergehenden Consonanten enthalten ist, ein *i* oder *u* zur Seite gestellt wird, je nachdem *ai* oder *au* darzustellen ist. Einem schliefsenden *i* und *u*, sowie den mit diesen Vocalen endenden Diphthongen, wird aber in Folge eines dem Altpersischen eigenthümlichen Lautgesetzes noch der entsprechende Halbvocal zur Seite gestellt, nämlich *y* (unser *j*) dem *i*, und *v* (unser *w*) dem *u*; daher z. B. *astiy* er ist für skr. *ásti*, *maiy* meiner, mir für skr. *mê*; *pâtuv* er schütze für skr. *pâtu*; *bâbirauv* in Babylon. Hinter *h* (aus *s*) erscheint statt *iy* ein blofses *y*, daher z. B. *ahy* du bist für skr. *ási*. Am Anfange der Wörter, wo 𒅆 sowohl für kurzes als für langes *a* gilt, sind die Diphthonge *ai, au* und *âi, âu* durch die Schrift nicht unterschieden, daher z. B. 𒅆𒀹𒋼 *aita* dieses für skr. *êtat* und 𒅆𒀹𒌋 *âisa* er kam für skr. 𒀀𒋛𒀜 *âisat* er ging. Man vergleiche das componirte 𒁹𒋼𒀹𒅆𒀹𒌋 *patiy-âisa* sie kamen zu (fielen zu) für skr. *praty-âisan*, wo die Länge des *a*-Lauts des Diphthongs *âi* unzweifelhaft ist, weil kurzes *a* hinter Consonanten in der altpersischen Keilschrift ebenso wie im Sanskrit gar nicht durch einen besonderen Buchstaben ausgedrückt wird. Der Diphthong *âu* hat auf den bis jetzt bekannten altpers. Keil-Inschriften keine Gelegenheit gehabt, sich am Wort-Anfange in Formen von zuverlässigem Ursprung zu zeigen, würde aber gewifs von der Bezeichnung des *au* (𒅆 𒌋), z. B. von *auramaṣdâ* (aus *ahuramaṣdâ*) nicht unterschieden sein. Aus der Form, in welcher uns die Griechen den Namen des höchsten Wesens der zoroastrischen Religion überliefert haben (Ὡρομάζης), möchte ich nicht mit Oppert („das Lautsystem des Altpers." p. 23) die Folgerung ziehen, dafs in diesem Worte, oder überhaupt, das altpers. *au* wie *ô* zu sprechen sei, denn man könnte ja sonst aus dieser griechischen Schreibweise auch noch weitere Schlüsse ziehen, nämlich die, dafs das altpers. *a*, oder der den Consonanten inhärirende Vocal, ein kurzes *o*, das lange *a* aber wie η und die Consonantengruppe *şd* (oder *zd*, *z* als weiches *s*) wie *ds* zu sprechen sei.

3. Unter den einfachen Vocalen fehlt es dem altindischen Alphabet an einer Bezeichnung des griechischen ε und *o*, deren Laute, im Fall sie im Sanskrit zur Zeit seiner Lebensperiode vorkamen, doch erst nach der Festsetzung der Schrift sich aus dem kurzen *a* entwickelt haben können, weil ein die feinsten Abstufungen des Lautes darstellendes Alphabet gewifs auch die Unterschiede zwischen *ă*, *ĕ* und *ŏ* nicht vernachlässigt haben würde, wenn sie vorhanden gewesen wären.*) Hierbei ist es wichtig zu berücksichtigen, dafs auch in dem ältesten germanischen Dialekt, nämlich dem Gothischen, die Laute und Buchstaben des kurzen *e* und *o* fehlen. Im Send ist das skr. अ *a* meistens ω *a* geblieben, oder hat sich nach bestimmten Gesetzen in ε *ĕ* umgewandelt. So steht z. B. vor einem schliefsenden *m* standhaft ε *ĕ*; man vergleiche den Accus. ςε˒σϡω *puthrĕ-m* filium mit पुत्रम् *putrá-m*, und dagegen den Genitiv ωϧωϡσϡω *puthra-hê* mit पुत्रस्य *putrá-sya*.

Im Griechischen sind ε und *o* die gewöhnlichsten Vertreter des ursprünglichen *a*; seltener erscheint das unveränderte α. Über die gelegentliche Entartung des kurzen *a*-Lauts zu ι oder υ s. § 6 und 7. Im Lateinischen ist ebenso wie im Griechischen *ĕ* die vorherrschende Entartung des ursprünglichen *a*; *ŏ* aber weniger zahlreich als im Griechischen. Ich setze einige Beispiele mit lateinischem *ŏ* für skr. *a* her:

Lateinisch	Sanskrit	Lateinisch	Sanskrit
octo	*așțáú*	socer	*s'vás'ura-s*
novem	*návan*	socrus	*s'vás'rŭ-s*
novu-s	*náva-s*	soror-em	*svasár-am*

*) Vgl. Grimm (Gramm. I. S. 594), dem ich in dieser Beziehung vollkommen beistimme, indem ich eine entgegengesetzte, im Jahre 1820 in den Annals of oriental lit. ausgesprochene Meinung längst aufgegeben habe.

Lateinisch	Sanskrit	Lateinisch	Sanskrit
sopor	*svap* schlafen	*ovi-s*	*ávi-s*
coctum	*páktum*	*poti-s*	*páti-s* Herr *)
loquor	*lap* sprechen	*noct-em*	*nákt-am* bei Nacht
sollus	*sárva-s* jeder	*vomo*	*vám-á-mi*
sono	*svan* tönen	*voco*	*váć-mi* ich spreche
pont	*pánťan* Weg	*proco*	*prać* fragen
tonitru	*stan* donnern	*morior*	*mar, mṛ* sterben.

4. So wie das kurze skr. *a* im Griechischen häufiger
durch ε oder ο als durch kurzes α vertreten ist, so steht
auch dem झ्रा *á* häufiger η oder ω als langes α gegenüber;
und wenn auch im Dorischen das lange α sich oft behauptet
hat, an Stellen, wo der gewöhnliche Dialekt η zeigt, so hat
sich doch für ω kein Überrest des alten *ā* erhalten. दधामि
dádámi ich setze ist τίθημι, ददामि *dádámi* ich gebe
δίδωμι geworden; der Dual-Endung ताम् *tám* entspricht την,
und nur im Imperativ των; dagegen steht der pluralen Genitiv-Endung झ्राम् *ám* überall ων gegenüber. — Im Lateinischen sind *ó* und kurzes *a* die gewöhnlichsten Vertreter
des .skr. *á*; daher z. B. *sópio* für *svápáyámi* ich mache
schlafen, schläfere ein, *datórem* für *dátá'ram*, *sorórem*
für *svdsáram*, *pó-tum* für *pá'-tum* trinken, *nó-tum* für
gná'-tum kennen. Erhalten hat sich das lange *á* z. B. in
máter, fráter für skr. *mátá́, brátá* (them. *mátár, brátár*);
in den weiblichen Plural-Accusativen wie *novás, equás* = skr.
návás, ásvás und analog den griech. Formen wie νέᾱς, Μού-
σᾱς, νίκᾱς. Niemals stehen η oder ω für die indischen, aus
इ *i* und उ *u* durch vorstehendes झ्र *a* erwachsenen Diphthonge ए *é* und झ्रा *ó*; sondern für ersteren zeigt das Griechische entweder ει, oder οι, oder αι — weil झ्र *a* durch α,
ε oder ο vertreten wird — und für letzteren ευ, oder ου,
oder αυ. So ist एमि *émi* ich gehe = εἶμι, भरेस् *bárês*
du mögest tragen = φέροις; भरते *báratê* (med.) =

---

*) Wz. *pá* erhalten, schützen, herrschen; vgl. gr. πόσις,
aus πότις.

φέρεται, भरन्ते *bárantê* (plur.) = φέρονται; गो *gô* masc. Ochs,
fem. Kuh = βοῦ. Über स्रो *ô* = ευ s. §. 26. Ein Beispiel
mit स्रो *ô* für griech. αυ liefert die Wurzel स्राज् *ôǵ* glänzen (wovon *óǵas* Glanz), welcher das griech. αὐγ von
αὐγή u. a. entspricht. Dagegen ist das griech. αυ von ναυ
ein Vertreter des skr. Diphthongs स्रो *âu*, denn ναῦς entspricht
dem skr. *nâu-s*, und dafs auch das griech. *a* in diesem
Worte schon an und für sich lang sei, erhellt aus seinen
obliquen Casus im Dorischen (ναός etc. aus ναϝός = skr.
nâvás) und aus dem jonischen η von νηός etc. — Dadurch,
dafs von den skr. Diphthongen *ê* und *ô* das letzte Element
— *i* oder *u* — untergegangen, kann es sich treffen, dafs *a*,
ε, oder ο einem skr. *ê* oder *ô* gegenübersteht. So ist एकतरस्
êkatará-s einer von zwei zu ἑκάτερος, देवर *dêvár*,
dêvṛ́ Schwager, (Nomin. देवा *dêvá'*) zu δᾱέρ (aus δᾱϝέρ,
δαιϝέρ) geworden und das ο in βοός βοῖ steht für ου (βου-ός βου-ί),
dessen υ in ϝ hätte übergehen müssen, und ursprünglich
gewifs auch übergegangen ist; wie dies das lat. *bovis, bovi,*
und das skr. गवि *gávi* (Locativ), aus *gô'-i* für *gaú-i*, be-
zeugen.

5. Das lateinische *ê* ist von doppeltem Ursprunge. Es
ist entweder wie das griechische η und gothische *ê* die Entartung eines langen *â* — wie z. B. in *sêmi-* = ἥμι- gegenüber dem skr. und althochdeutschen *sámi-*; in *siês* = εἵης
(aus ἐσίης) gegen skr. *syâs*, in *rê-s*, *rê-bus* für skr. *rá-s*,
rá-byás — oder es ist, wie das skr. und althochdeutsche
ê die Zusammenziehung eines *a-* und *i*-Lautes (s. §. 2.), eine
Zusammenziehung, die jedoch nicht mehr im Bewufstsein
der Sprache liegt und welche das Sanskrit, Lateinische und
Althochdeutsche unabhängig von einander haben eintreten
lassen, so dafs die Begegnung, welche z. B. zwischen dem
lat. *stê-s, stê-mus, stê-tis* und dem skr. *tisṭê-s, tisṭê-ma,*
tisṭê-ta, und dem althochd. *stê-s, stê-mês, stê-t* stattfindet,
zum Theil zufällig ist *). Zufällig ist auch in dieser Be-

---

*) Die erwähnten althochd. Formen sind bei Graff nicht belegt,

ziehung die Begegnung des lat. *lévir* (für *laivirus* aus *dai-
virus*) mit dem skr. *dévára-s* aus *daivára-s*, wobei man
auch die Zusammenziehung, welche in dem verwandten
litauischen *déweris* eingetreten ist, berücksichtigen möge.
Der griechische Stamm δᾱέρ stützt sich auf den skr. Stamm
dévár (geschwächt *dêvṛ'*, nom. *dévá*) und hat den Verlust
des Schlußtheils des Diphthongs durch Verlängerung des
ersten Theils ersetzt.   Auch das angelsächs. *tacur, tacor*
hat das *i*-Element unseres Diphthongs verloren und zeugt
durch sein *a* für die Richtigkeit des oben ausgesprochenen
Satzes, daß das skr. *ê* erst nach der Sprachtrennung aus *ai*
entstanden sei.   Außer *ê* findet sich im Lateinischen am
häufigsten *ae* als Zusammenziehung von *ai* und zwar meistens an Stellen, wo die Sprache sich der Zusammenziehung
noch klar bewußt ist, wie denn auch in der älteren Sprache
die Schreibart *ai* noch wirklich vorwaltet (s. Schneider I,
p. 50 ff.).   Veranlassung zur Vergleichung mit dem Sanskrit
gibt *quaero* (aus *quaiso*, vgl. *quaistor*), worin ich die skr.
Wurzel *čêṣṭ* (aus *kaiṣṭ*) streben *) zu erkennen glaube.
Man vergleiche auch das wallisische *cais* contentio, labor. —
So wie im Griechischen das ursprüngliche *a* des skr. Diphthongs *ê* = *ai* sich häufig zu *o* entartet hat, so erscheint
auch im Lateinischen *oe* (aus *oi*), wenn gleich sehr selten,
als Entartung von *ai*, namentlich in *foedus*, von der Wurzel

---

ihre theoretische Richtigkeit aber erhellt aus den analogen, von der
Wurzel *gá* (= skr. *gá* gehen) entspringenden Formen *gé-s, gé-t,
gé-mês, gé-t*.   Über analoge Formen im Albanesischen, wo z. B.
ké-m habeam, *ké-t* habeat, *ké-mi* habeamus, *ké-nẹ* ha-
beant den Indicativformen *ka-m, ká, ké-mi* (für *kă-mi*), *ká-nẹ*
gegenüberstehen, s. meine Abhandlung „Über das Albanesische
in seinen verwandtschaftlichen Beziehungen" (Berlin,
bei J. A. Stargardt) p. 12 ff.

*) Eine andere Wurzel, welche im Skr. streben bedeutet, hat
im Griechischen die Bedeutung suchen angenommen, nämlich *yat*,
auf deren Causalform *yátáyámi* sich das griech. ζητέω stützt. Über
ζ = *j* s. §. 19.

fid, welche, wie das entsprechende griech. πιϑ, ursprünglich **binden** bedeutet, wie schon von Ernesti aus πεῖσ-μα richtig gefolgert worden. Auch ist sie von Pott, gewifs mit Recht, mit der skr. Wz. *band* vermittelt worden. Hinsichtlich der Schwächung des alten *a* zu *i* gleichen πιϑ, *fid* dem germanischen Präsensstamm *bind*), während das Präteritum (*band*) sowohl bei diesem Verbum, wie bei allen anderen der betreffenden Conjugationsklasse in den einsylbigen Singularformen den alten Wurzelvocal gerettet hat. Von der Wurzel *fid* (vgl. *fides* im Gegensatze zu *fido*) sollte durch Guṇa (s. §. 26) *faid* kommen, woraus *foed* (in *foedus*) für *foid* = griech. παιϑ von πέπαιϑα.

6. Was das Gewicht der drei Grundvocale anbelangt, so ist *a* der schwerste, *i* der leichteste Vocal, und *u* hält die Mitte zwischen *a* und *i.* Dafs die Sprachen mehr oder weniger für diese zum Theil für unser Gehör kaum bemerkbaren Gravitäts-Unterschiede empfänglich sind, ist eine früher unbeachtet gebliebene Thatsache, deren Entdeckung mich zu einer neuen, und, wie mir scheint, sehr einfachen Theorie des in der Grammatik der germanischen Sprachen eine so grofse Rolle spielenden Vocalwechsels („Ablaut") geführt hat. **) Das Sanskrit war der Ausgangspunkt meiner Beobachtungen, indem es hier eine Klasse von Verben gibt, welche langes *á* in langes *í* umwandeln, und zwar an solchen Stellen, wo andere Klassen von Verben andere Schwächungen erfahren. So läuft z. B. das vocalische Verhältnifs von *yu-nấ-mi* ich binde zu *yu-ní-más* wir binden parallel mit dem von *émi* = *aími* ich gehe zu *imás* wir gehen, sowie mit dem des griech. εἶμι zu ἴμεν.

---

*) In der Form *bind* glaube ich die betreffende Wurzel auch im Albanesischen erkannt zu haben; s. die oben (p. 12) erwähnte Schrift (p. 56).

**) Ich habe meine Beobachtungen über diesen Gegenstand in möglichster Kürze in meinem Vocalismus p. 214 — p. 224 und p. 227 bis 231 Anm. 16, 17 zusammengestellt.

Von der Ursache des vocalischen Unterschiedes zwischen
dem Sing. act. einerseits und den beiden Mehrzahlen und
dem ganzen Medium in der skr. 2ten Haupt-Conjugation
und der griechischen auf μι andererseits wird später die Rede
sein. — Das Lateinische bewährt seine Empfindlichkeit für
den Unterschied des Gewichts zwischen *a* und *i* unter andern
dadurch, dafs es ein ursprüngliches *a* in den Fällen, wo
Belastung durch Composition oder durch Reduplication eintritt, bei den meisten Wurzeln, und zwar bei reduplicirten
Formen ohne Ausnahme, in offenen Sylben mit *i* vertauscht;
daher z. B. *abjicio, perficio, abripio, cecini, tetigi, inimicus,
insipidus, contiguus,* für *abjacio, perfacio* etc. In geschlosse-
nen Sylben, d. h. vor zwei Consonanten und in Endsylben
auch vor Einem, tritt meistens *e* für *i* ein — ebenfalls in
Folge des Schwächungsprincips — daher z. B. *abjectus, per-
fectus, inermis, expers, tubicen* (gegen *tubicinis*); oder es
bleibt das ursprüngliche *a*, wie z. B. in *contactus, exactus.*
In den germanischen Sprachen, als deren Repräsentant uns
in diesem Buche vorzüglich das Gothische gilt, zeigt sich
eine auf das Streben nach Gewichtserleichterung sich gründende Schwächung von *a* zu *i* am deutlichsten in den Verben von Grimms 10ter, 11ter und 12ter Conjugation, welche
im Singular des Praeteritums, wegen seiner Einsylbigkeit,
ein wurzelhaftes *a* geschützt haben, während das Präsens
und die sich daran anschliefsenden Formen wegen der grö-
fseren Sylbenzahl die Schwächung des *a* zu *i* haben eintreten lassen. Es steht daher z. B. *at* ich afs zu *ita* ich
esse in einem ähnlichen Verhältnifs wie z. B. im Lateinischen *cano* zu *cecini, capio* zu *accipio.* Das Sanskrit bestätigt bei allen vergleichbaren Verben, dafs in den erwähnten gothischen Conjugationsklassen der Singular des Praet.
den wahren Wurzelvocal enthält, und stellt den Präteriten
at ich afs (zugleich 3te Pers.) *sat* ich safs, *vas* ich
blieb, ich war, *vrak* ich verfolgte, *ga-vag* ich be-
wegte, *frah* ich fragte, *qvam* ich kam, *bar* ich trug,
ga-tar ich zerrifs, zerstörte, *band* ich band die Wur-

zeln *ad, sad, vas* (wohnen), *vraǵ* (gehen), *vah* (fahren),
praǵ, gam (gehen), *ðar* (geschwächt *ðŗ*), *dar* (*dárámi*
ich spalte), *band* gegenüber. Es hört somit für die historische Grammatik das *a* der erwähnten gothischen Praete-
rita und aller ähnlichen auf, als Ablaut des *i* des Präsens
zum Ausdruck der Vergangenheit zu gelten, wenn uns auch
die Sache vom ganz speciellen Gesichtspunkt der germanischen Sprachen aus so erscheinen mag, zumal der wirkliche
Ausdruck des Zeitverhältnisses, nämlich die Reduplication
in den betreffenden Präteriten entweder wirklich verschwunden, oder in Formen wie *ètum* wir afsen, *sètum* wir
safsen durch Zusammenziehung unbemerkbar geworden ist.
Hiervon später mehr. Das Griechische ist weniger empfind-
lich für das Vocalgewicht als das Sanskrit, Lateinische und
Germanische, und zeigt keinen regelmäfsigen, leicht in die
Augen springenden Wechsel zwischen *a-* und *i-*Lauten; doch
fehlt es ihm nicht ganz an Formen, deren *ι* für ursprüngliches *a* auf dem Streben nach Gewichts-Erleichterung beruht, namentlich bei Reduplicationssylben von Verben wie
δίδωμι, τίϑημι gegenüber den skr. Schwesterformen *dádámi*,
dádámi. Bei *tis'fámi* ich stehe und *ǵiǵrámi* ich rieche
setzt auch das Sanskrit das leichte *i* für *a*, wie mir scheint,
zur Vermeidung des schwersten Vocalgewichts in einer durch
Position langen Sylbe; ebenso bei Desiderativformen, wo
die Wurzel durch einen angefügten Zischlaut belastet ist,
daher z. B. *pípaks'* zu kochen wünschen gegen *bùðuks'*
zu essen wünschen. Von vereinzelt stehenden griech.
Formen mit *ι* für ursprüngliches *a* erwähne ich das home-
rische πίσυρες, dessen *ι* gleich dem des gothischen *fidvór* dem
sanskritischen und lat. *a* von *ćatváras, quatuor* gegenübersteht; ferner λιγνύς, dessen verdunkelte Wurzel, wie die
des lat. *lignum* (Holz als Brennstoff oder zu verbren-
nendes) der sanskritischen *dah* und irländischen *dagh* von
दहामि *dáhámi, daghaim* ich brenne entspricht; und
ἵππος aus ἵκκος für ἵκϝος, gegenüber dem skr. *as'va-s* aus
ákva-s Pferd und litau. *as'wa* Stute.

7. Dafs das Gewicht des *u* vom Sanskrit, Lateinischen und Germanischen leichter getragen wird, als das des *a*, beweisen diese Sprachen dadurch, dafs sie *a* gelegentlich, bei Veranlassung zur Schwächung, in *u* umwandeln. Das Sanskrit z. B. bei der Wurzel *k ar* (geschwächt *kr*), wovon *karŏmi* ich mache, aber *kurmás* wir machen, wegen der schweren Endung; ferner bei den dualen Personal-Endungen *tas*, *tas*, welche bei dem, dem griech. Perfect entsprechenden Tempus zu *tus*, *tus* werden, offenbar wegen der Belastung durch die Reduplication, welche auch Veranlassung zur Ausstofsung des *n* in der 3ten P. plur. praes. der 3ten Conjugationsklasse ist, in Formen wie *biŏrati* sie tragen für *biŏranti*. Es fehlt in der Sanskrit-Grammatik auch nicht an sonstigen Erscheinungen, welche beweisen, dafs *u* leichter sei als *a*. Wir wenden uns aber für jetzt zum Lateinischen, dessen Formen wie *conculco*, *insulsus*, für *concalco*, *insalsus*, auf demselben Princip beruhen, nach welchem wir oben Formen wie *abjicio*, *inimicus*, *inermis* aus *abjacio* etc. haben hervorgehen sehen. Die Liquidae begünstigen das *u*, doch würde die Sprache gewifs die Beibehaltung des ursprünglichen *a* von *calco*, *salsus* seiner Umwandlung in *u* vorgezogen haben, wenn nicht *u* leichter wäre als *a*. Auch die Labialen sind dem *u* geneigt und wählen es gelegentlich in Zusammensetzungen, in Vorzug vor *i*, daher *occupo*, *aucupo*, *nuncupo*, *contubernium*, wofür man *occipo* etc. zu erwarten hätte. *) — Das Germanische schwächt wurzelhaftes *a* zu *u* in den mehrsylbigen Formen des Praeter. von Grimms 12ter Conjugation, welche nur solche Wurzeln enthällt, welche entweder mit zwei Liquiden schliefsen, oder, und zwar gröfstentheils, mit einer Liquida und nachfolgender Muta oder

---

*) Im Sanskrit üben die Labiale öfter einen Einflufs auf den hinter ihnen stehenden Vocal aus, und wandeln denselben in *u* um; daher z. B. *púpúrs* zu füllen wünschen (von der Wz. *par*, *pr*), im Gegensatze zu *čikirs* zu machen wünschen, von *kar*, *kr*.

Sibilans, so dafs also auch hier die Liquida ihren Einflufs
auf die *u*-Erzeugung übt, die aber gewifs nicht blofs in
m e h r s y l b i g e n Formen eintreten würde, wenn nicht
u ein leichterer Vocal als *a* wäre. Das Verhältnifs althoch-
deutscher Formen wie *bant* (oder *pant*) i c h b a n d, e r b a n d
zu *bunti* du b a n d s t, *buntumês* w i r b a n d e n etc. *), *bunti*
i c h b ä n d e, e r b ä n d e, ist ähnlich dem des latein. *calco*
zu *conculco*, *salsus* zu *insulsus*. Das Passivparticipium (*bunt-
anér* g e b u n d e n e r) nimmt an der Schwächung des wurzelhaften *a* zu *u* Theil, und zeigt dieselbe auch bei solchen
Wurzeln, welche, wie *quam* k o m m e n (= 𑀕𑀫 *gam* g e h e n)
auf eine einfache Liquida ausgehen (Grimms 11te Conjug.)
und im Indicativ und Conjunctiv des Praet. keine Schwächung von *a* zu *u* erfahren, weil sie an den Stellen, wo
diese eintreten könnte, eine durch Zusammenziehung ver-
hüllte Reduplication haben (*quámi* d u k a m s t, *quâmu-
mes* w i r k a m e n, goth. *qvêmum*).

Im Griechischen, welches, dialektische Ausnahmen im
Böotischen mit kurzem *ου* abgerechnet, den Laut des alten
u in *υ* = *ü* verwandelt hat, gibt es nur wenig vereinzelt
stehende Wörter, welche, und zwar ohne gesetzmäfsige Veranlassung, die Schwächung eines alten *α* zu *υ* haben eintreten lassen. Man vergleiche *νύξ*, *νύκτ-α* mit dem skr. *nákt-am*
bei Nacht, litau. *nakti-s* Nacht, goth. *naht-s* (them.
nahti); *ὄ-νυξ*, them. *ὄ-νυχ*, mit skr. *nakhá-s*, litau. *nága-s*;
γυνή mit dem skr. *gáni-s* Gattin (Wz. *gan* z e u g e n, g e-
b ä r e n), altpreufs. *ganna-n* F r a u (accus.), goth. *qvên-s* (them.
qvêni, aus *qvâni*); *σύν* mit skr. *sam* m i t.

---

*) Ich war eine Zeit lang der Meinung, dafs das *u* gothischer
Formen wie *hulpum* (aus *halpum*) durch assimilirenden Einflufs des
u der Endung erzeugt sei (Berlin. Jahrbücher Febr. 1827 p. 270).
Diese Erklärung verträgt sich aber nicht mit Passiv-Participien wie
hulpans und Conjunctiven wie *hulpjau*, und sie ist auch schon in meinem Vocalismus (Anm. 16 u. 17) zurückgenommen worden.

Wir kehren zum Lateinischen zurück, um darauf aufmerksam zu machen, dafs die Verstümmelungen, welche die
Diphthonge *ae* (= *ai*) und *au* erfahren, wenn die Verba,
worin sie vorkommen, durch Composition belastet werden, auf
demselben Princip beruhen, aus welchem wir oben (§§. 6, 7)
die Schwächungen von *a* zu *i* oder *u* (*accipio, occupo*) haben
entstehen sehen. Die Diphthonge *ae* und *au* verzichten zur
Erleichterung ihres Gewichtes auf ihr Anfangsglied, verlängern aber zur Entschädigung ihren Schlufstheil, indem *i, ú*
für leichter gelten als *ai* und *au*; daher z. B. *acquîro, occído,
collído, conclúdo, accúso* (von *causa*), für *acquaero* etc. Statt
des *au* von *faux, fauces* tritt dagegen ein *ô* ein (*suffôco*),
welches ich nicht als Zusammenziehung von *au* erklären
möchte — nach sanskritischem Princip — sondern ich nehme
hier lieber die Unterdrückung des Schlufstheils des Diphthongs und Entschädigung für diesen Verlust durch Verlängerung des ersten Theils an, aber so, dafs das *á* durch *ô*
ersetzt ist, wie z. B. in *sôpio* = skr. *sv á p á y á m i* (s. §. 4).

8. Was das Gravitätsverhältnifs des *u* zu *i* anbelangt,
so versteht es sich ziemlich von selbst, dafs ersteres schwerer wiege als letzteres. Das Sanskrit beweist dies dadurch,
dafs es ein wurzelhaftes *u* in Aoristen wie *á ú n d - i d - a m*
(Wz. *und*), wo die wiederholte Wurzel an der 2ten Stelle
die äufserste Schwächung verlangt [*]), ein wurzelhaftes *u*
in *i* umwandelt, so dafs in dem erwähnten Beispiele *á ú n d-
i d - a m* für *á ú n d - u n d - a m* steht, indem durch Ausstofsung
des *n* die Positionslänge vermieden wird. Das Lateinische
verwandelt, zur Gewichts-Erleichterung, in der Composition
in der Regel ein stammhaftes schliefsendes *u* des ersten
Gliedes zu *i*, daher z. B. *fructi-fer, mani-pulus*, für *fructu-
fer, manu-pulus*. — Es bleibt noch das Gewichtsverhältnifs
der unorganischen Vocale (*ě, ê, ŏ, ô, ε, η, ο, ω*) zu einander
und zu den organischen Vocalen zu besprechen übrig. Was

---

[*]) S. Kritische Grammatik der Sanskritsprache in kürzerer
Fassung §§. 387. 388.

das kurze *e* betrifft, so läfst die Aussprache dieses Vocals
mancherlei Abstufungen zu, so dafs man nicht von einer
Sprache auf die andere schliefsen kann. Im Lateinischen
erweist sich wurzelhaftes *e* als schwerer denn *i* durch Formen wie *lego*, *rego*, *sedeo* im Gegensatze zu componirten
Formen wie *colligo, erigo, assideo*. Dagegen scheint s c h l i e -
fs e n d e s *e* im Lateinischen ein schwächerer Laut zu sein
als *i*, indem letzteres am Wort-Ende, wofern es nicht ganz
unterdrückt worden (wie durchgreifend in den Personal-
Endungen), sich in *e* verwandelt hat, namentlich in den
fle ionslosen Casus der Neutralstämme auf *i*; daher z. B.
mite gegenüber dem männlichen und weiblichen *miti-s* und
griechischen Neutren wie ἴδρι, sanskritischen wie *s'úći*. Dem
Griechischen scheint ε in jeder Stelle des Wortes für leichter zu gelten als ι, daher die Entartung des letzteren zu ε
beim Wachsthum des Wortes, in Formen wie πόλε=ως, πόλε=ι.
Dafs *o* im Lateinischen leichter sei als *u*, erhellt aus dem
Verhältnifs von Formen wie *corporis, jecoris*, zu solchen
wie *corpus, jecur*.

9. Zwei schliefsende Nasallaute, Anusvâra und Anunâsika, und ein schliefsender Hauchlaut, genannt Visarga, gelten den indischen Grammatikern nicht als besondere Buchstaben, sondern nur als Nachklänge hinter einem vorhergehenden Vocal, da sie nicht, wie die eigentlichen Consonanten, in voller Kraft erhalten sind und auch keine Sylbe
beginnen können. Anusvâra (—), d. h. N a c h l a u t, ist ein
nasaler Nachlaut, dessen Aussprache wahrscheinlich der des
französischen *n* am Ende eines Wortes, oder in der Mitte
vor Consonanten gleichkommt. Ich umschreibe ihn durch *ṅ*.
In etymologischer Beziehung vertritt dieser Laut am Wort-
Ende immer ein ursprüngliches *m*, welches vor einem anfangenden Zischlaut, sowie vor ह् *h* und den Halbvocalen
य् *y*, र् *r*, ल् *l*, व् *v* nothwendig in Anusvâra verwandelt
wird; daher z. B. तं सूनुम् *taṅ súnúm* d i e s e n S o h n,
तं वृकम् *taṅ vŕkam* diesen Wolf, für *tam súnúm,
tam vŕkam*. Im Prâkrit und Pâli erscheint Anusvâra vor

allen Anfangsconsonanten statt eines ursprünglichen *m*. Auch
hat sich in diesen verweichlichten Sprachen das schliefsende
n in Anusvára verwandelt; daher z. B. im Prákrit भग्रवं
ƀaavaṅ für skr. *ƀágavan* und *ƀágaván*, ersteres Vocativ,
letzteres Nominativ vom Stamme *ƀágavant* Herr, Ehr-
würdiger (eigentlich glückbegabter); im Páli गुणवं
guṇavaṅ tugendbegabter! tugendhafter! für skr.
गुणवन् *gúṇavan*. Im Innern der Wörter erscheint im
Sanskrit der Anusvára blofs vor Zischlauten, als Entartung
eines ursprünglichen *n*; so ist z. B. हंस *haṅsá* (masc.)
verwandt mit unserem *Gans*, lat. *anser* (für *hanser*) und
griech. χήν; विंसमस् *piṅsmás* wir zerstofsen (sing. *pi-
násmi*) mit dem lat. *pins-i-mus*; von हन्मि *hán-mi* ich
tödte lautet die 2te Person *hán-si*, weil das ursprüngliche
n vor *s* nicht stehen kann. — Der Anunâsika ◦ñ̇ (auch
Anunâsiya genannt) erscheint fast nur als euphonische Umwandlung eines न् *n* vor einem folgenden Zischlaut; im
Vêda-Dialekt auch vor *r*, an Stellen, wo dieses aus ursprünglichem *s* hervorgegangen ist, wovon später mehr. Wo ◦ñ̇
am Wort-Ende im Vêda-Dialekt hinter langem *á* erscheint,
ist anzunehmen, dafs hinter dem ◦ñ̇ früher noch ein *r*
stand. Aus der Lautgruppe *ñ̇r*, womit man das französische
nr, z. B. von *genre*, vergleichen mag, erhellt, wie mir scheint,
dafs die Aussprache des Anunâsika schwächer sein müsse,
als die des Anusvára, indem vor *r* der Laut eines *n* sich
viel weniger hörbar machen kann, als vor *s*, welches ein
volltönendes *n* vor sich verträgt. Für die Schwäche des
ñ̇-Lautes zeugt auch seine Stellung vor *l*, in den Fällen, wo
ein schliefsendes *n* vor einem anfangenden *l* in *ñ̇l* umgewandelt wird, eine Umwandlung, die jedoch nicht nothwendig ist, sondern nur von den Grammatikern als möglich zugelassen wird. Es dürfte aber kaum möglich sein,
hinter einem Nasallaut ein doppeltes *l*, eines als Endlaut
und eines als Anfangslaut, wirklich hören zu lassen.

10. Im Litauischen gab es einen Nasallaut, der jetzt,
nach Kurschat, nicht mehr ausgesprochen wird, aber doch

durch besondere Zeichen an den Vocalen, denen er nach-
folgte, angedeutet wird, namentlich im Accusativ sing., wo
er die Stelle des skr. und lateinischen *m*, des griech. *ν*, und,
was besonders wichtig ist zu beachten, des altpreufsischen
n vertritt. Mit dem skr. Anusvára (*ṅ*) stimmt dieser litauische
Nasalton, den ich ebenfalls durch *ṅ* bezeichne, darin überein, dafs er im Innern des Wortes die Stelle eines ursprünglichen gewöhnlichen *n* einnimmt. So wie z. B. im Sanskrit
das *n* von *man* (med.) denken vor dem *s* des Futurums
zu *ṅ* wird (*maṅ-syĕ* ich werde denken), so z. B. das *n*
des litauischen *laupsinu* im Futur. *laupsiṅsiu* ich werde
loben, wofür jetzt *laupsisiu* gesprochen wird. Mit demselben Rechte aber, womit man hier das Nasalzeichen an dem
i in der litauischen Schrift beibehält, obwohl es nur noch
einen etymologischen Werth hat, mit demselben Rechte
glaube ich auch das *ṅ* als Vertreter jenes Zeichens beibehalten zu dürfen. Mit *ṅ* schreibe ich auch den Nasallaut,
der in einigen altslavischen Buchstaben enthalten ist, die der
Aussprache nach aus einem Vocal und einem nachklingen-
den Nasal bestehen, worüber das Nähere später. Hier erinnere ich nur an die Übereinstimmung des altslavischen
Neutrums мясо *maṅso* mit dem skr. मांसम् *máṅsá-m*
Fleisch, wobei ich jedoch annehme, dafs die beiden Sprachen unabhängig von einander das volle *n* in den getrübten
Nasallaut des Anusvára verwandelt haben.

11. Der von den indischen Grammatikern „Visarga" (d.h.
Verlassung, Entlassung) genannte schliefsende Hauchlaut
ist immer die euphonische Umwandlung eines स् *s* oder र् *r*.
Diese beiden Buchstaben sind am Ende der Wörter sehr
veränderlich und werden vor einer Pause, sowie vor *k*, *ḱ*,
p, *ṗ*, in Visárga (:) verwandelt, dessen Laut ich durch *ḣ*
ausdrücke. Das Sanskrit steht in Bezug auf die Entartungen, welchen *s* und *r* am Wort-Ende unterworfen sind, im
Nachtheil gegen alle seine europäischen Schwestersprachen,
mit Ausnahme der slavischen; denn während z. B *dévás*
Gott, *agnis* Feuer, *súnús* Sohn nur vor einem anfan-

genden *t* oder *t'* unverändert bleiben (nach Willkür auch
vor *s*), behalten die entsprechenden litauischen Formen
diewas, ugnis, sunus ihr *s* in jeder Stellung im Satze unverändert bei, und das Litauische steht also in dieser Beziehung
auf einem älteren Standpunkte als das Sanskrit in seiner
ältesten uns erhaltenen Gestalt. Es verdient besonders Beachtung, dafs selbst das Altpersische und Ṣend, sowie auch
das Pâli und Prâkrit, den Laut des Visarga nicht kennen.
In der erstgenannten Sprache wird das ursprünglich schliefsende ए़ *s* des Sanskrit hinter *a* und *á* regelmäfsig unterdrückt, hinter anderen Vocalen aber in der Gestalt von
ऋ *s'* ohne Rücksicht auf das folgende Wort unverändert
beibehalten. So im Ṣend z. B. das ‑‑‑‑ *s* von ‑‑‑‑‑‑‑‑
pas'us Thier (lat. *pecus*). Für schliefsendes *r* setzt das Ṣend
rĕ (s. §. 30), behält aber diese Sylbe unverändert, z. B. in
dem Vocativ ‑‑‑‑‑‑‑ *dâtarĕ* Schöpfer! gegenüber dem
skr. धातऋ *dátar*, welches vor *k*, *K*, *p*, *p̌* und einer
Pause zu धात: *dátak*, vor *t*, *t* zu *dátas* wird, und nur
vor Vocalen, Halbvocalen, Medien und ihren Aspiraten unverändert bleibt. ·

12. Die eigentlichen Consonanten sind im Sanskrit-
Alphabet nach den Organen geordnet, womit sie ausgesprochen werden, und bilden in dieser Beziehung fünf Klassen. Eine sechste bilden die Halbvocale und eine siebente
die Zischlaute nebst dem ह़ *h*. In den fünf ersten Conso-
nanten-Reihen sind die einzelnen Buchstaben so geordnet,
dafs zuerst die dumpfen (s. §. 25), d. h. die Tenuis und ihre
entsprechende Aspirata stehen, dann die tönenden, d. h. die
Media nebst ihrer Aspirata. Den Beschlufs macht der zu
je einer Klasse gehörende Nasal. Die Aspiraten, welche ich
in lateinischer Schrift durch *k̓*, *g̓* etc. umschreibe, werden
ausgesprochen wie die entsprechenden Nicht-Aspiraten mit
deutlich vernehmbarem *h*, also z. B. फ़ *p̓* nicht etwa wie *f*,
sondern nach Colebrooke wie *ph* in dem englischen Compositum *haphazard*, und भ़ *b̓* wie *bh* in *abhorr*. Was den
allmäligen Ursprung der sanskritischen Aspiratae anbelangt,

so halte ich die aspirirten Mediae für die älteren, und die
aspirirten Tenues für die jüngeren, welche erst nach der
Trennung der europäischen Sprachen vom Sanskrit, jedoch
noch während dessen Vereinigung mit den iranischen Sprachen entstanden sind. Diese Ansicht gründet sich unter
andern darauf, dafs den sanskritischen tönenden Aspiraten
auch im Griechischen, und meistens auch im Lateinischen,
Aspiratae gegenüberstehen. Diese griechischen und lateinischen Aspiratae haben aber eine Verschiebung erfahren,
ähnlich derjenigen, wornach durch das germanische Conso-
nantenverschiebungsgesetz die ursprünglichen Mediae gröfstentheils zu Tenues geworden sind; daher z. B. ϑῦμός, lat.
fŭmus, für skr. *d'ŭmá-s* Rauch, wie im Gothischen z. B.
tunthu-s Zahn für skr. *dánta-s*. Dagegen stehen den skr.
aspirirten Tenues in den klassischen Sprachen fast durchgreifend reine Tenues gegenüber, namentlich findet man für
das skr. *t'*, die gebräuchlichste unter den harten Aspiraten,
im Griechischen und Lateinischen regelmäfsig τ, t. Man
vergleiche z. B. das griech. πλατύς, lat. *latus* mit dem skr.
pṛt'ú-s und sendischen *péret'u-s* breit; das lat. *rota* mit
dem skr. und send. Stamm *rát'a* (masc.) Wagen, das
griech. ὀστέον und albanesische *ás't̬* (fem.) mit dem skr.
Neutralstamme *ás't'i*, die plurale Personal-Endung τε, *tis* mit
dem skr. und send. *t'a* des Praesens und Futurums. Die
Begegnung der griech. Endung ϑα in Formen wie ἦσϑα,
οἶσϑα mit dem skr. *t'a* des reduplicirten Praeter. halte ich
insofern für zufällig, als das griech. ϑ an dieser Stelle höchst
wahrscheinlich durch den euphonischen Einflufs des vorhergehenden σ aus τ erzeugt ist. Denn das Griechische liebt
hinter σ ein ϑ in Vorzug vor τ (ohne jedoch das τ in dieser Verbindung ganz zu meiden), und hat daher auch im
Medium und Passiv das τ der activen Personal-Endungen
durch den Einflufs des, als Exponent des Reflexivverhält-
nisses vorgeschobenen σ, in ϑ verwandelt. *)

---

*) Etwas ausführlicher habe ich mich über die verhältnifsmäfsige
Jugend der Aspiratae in den meisten europäischen Sprachen, nament-

13. Die erste Klasse der sanskritischen Consonanten ist die gutturale. Sie begreift die Buchstaben क् *k*, ख् *k̕*, ग् *g*, घ् *g̕*, ङ् *ñ*. Der Nasal dieses Organs, den ich durch *ñ* ausdrücke, wird wie das deutsche *n* vor Gutturalen, z. B. in *sinken, Enge* ausgesprochen. Er erscheint im Innern der Wörter nur vor den Mutis seiner Klasse und ersetzt am Ende das *m* vor einem anfangenden Guttural. Wenn einige unregelmäfsige Composita, deren Stamm auf ञ्च् *ñć* ausgeht, wie z. B. प्राञ्च् *prâñć* östlich (aus der Präp. *pra* und *añć* gehen) im Nomin. und Vocativ sg., nach Unterdrückung des Endconsonanten, den palatalen Nasal in den gutturalen umwandeln, so erkläre ich dies dadurch, dafs *prâñć* nach §. 14, die Entartung von *prâñk* ist und zu dieser Form im flexionslosen Nomin. und Vocativ zurückkehren würde, wenn zwei Consonanten am Ende wirklich gebrauchter Wortformen stehen könnten. Die Form *prâñ* ist also aus *prâñk*, und nicht aus *prâñć* entsprungen, und hat blofs nach einem allgemeinen Lautgesetze den letzten von zwei Consonanten aufgegeben. — Die gutturalen Aspiratae, sowohl ख् *k̕* als घ् *g̕*, sind von verhältnifsmäfsig seltenem Gebrauche. Die verbreitetsten Wörter, worin sie vorkommen, sind *naká-s* Nagel, *ǵarmá-s* Wärme und *laǵú-s* leicht. Zu ersterem stimmt sehr schön das litauische *naga-s*, welches jedoch, wie das russische *nogotj*, im Sanskrit *naǵa-s* voraussetzt, von dessen *ǵ* das griech. χ des Stammes ὄνυχ die regelmäfsige Verschiebung wäre. Zu *ǵar-má-s* Wärme stimmt das griech. ϑέρ-μη, mit Vertauschung des gutturalen Organs mit dem lingualen, wie bei der Tenuis in τίς wer? gegenüber dem vêdischen *ki-s*, lat. *quis*; in πέντε, wovon später, und bei der Media, in Δημήτηρ für Γημήτηρ. Zur Wurzel *ǵar*, *ǵṛ* von *ǵar-má-s* stimmt besser als das griech. ϑέρ, jedoch mit Verzichtleistung auf die Aspiration, das irländische *gar* von *garaim* ich wärme, und

---

lich auch in den keltischen, in meinem vergleichenden Accentuationssystem Anm. 16 und 18 ausgesprochen.

das russische *gor* von *gorju* ich brenne (*uro*). Zu *laǵú-s*
leicht stimmt, mit etwas veränderter Bedeutung und voca-
lischem Vorschlag, das griech. ἐλαχύς und unter andern das
litauische *lengwa-s* leicht (aus *lengu-a-s*), dessen Thema
sich durch den Zusatz eines *a* erweitert hat.*) Einen Nasal
zeigt auch die skr. Wurzel von *laǵú-s*, nämlich *lang* springen. — Einem skr. *ǩ*, aufser dem des oben (p. 24) erwähnten *naǩá-s*, begegnet das griech. χ auch in κόγχη =
शङ्खस् *s'aṅǩá-s* Muschel (aus *kaṅǩá-s*), woraus ich
jedoch keine Folgerung hinsichtlich des Alters dieser harten
Aspirata ziehen möchte, da das Sanskrit leicht erst nach
der Sprachtrennung in diesem Worte ein älteres *ǵ* zu *ǩ*
erhärtet haben könnte. Das lat. *concha* ist offenbar ein
griech. Lehnwort.

14. Die zweite Consonanten-Klasse ist die palatale.
Sie enthält die Laute *tsch* und *dsch*, nebst ihren entsprechenden Aspiraten und Nasal, d. h., abgesehen von den
Aspiraten und Nasal, die Laute des italiänischen *c* und *g*
vor *e* und *i*. Wir drücken in lateinischer Schrift die Tenuis (च्) durch *ć*, die Media (ज्) durch *ǵ*, den Nasal durch
ń aus; also च् *ć*, छ *ć'*, ज् *ǵ*, झ *ǵ'*, ञ् *ń*. Diese Klasse ist,
wenigstens ihre Tenuis und Media, aus der gutturalen entsprungen, und als Erweichung derselben anzusehen. Sie
kann nur vor Vocalen und schwachen Consonanten (Halbvocalen und Nasalen) stehen und tritt vor starken Consonanten und am Ende der Wörter meistens in die Klasse
zurück, woraus sie hervorgegangen. So bilden z. B. die
Wortstämme वाच् *váć* Rede, Stimme (lat. *vôc*) und रुज्
ruǵ Krankheit im flexionslosen Nomin. *vák*, *ruk*, im Instrumentalis und Locativ plur. *vág-bís*, *rug-bís*, *vák-s'ú*,
ruk-s'ú. In den verwandten Sprachen hat man erstens Gutturale an der Stelle der Buchstaben dieser Klasse zu erwarten; zweitens Labiale, weil diese öfter als Entartungen

---

*) Über andere Vergleichungspunkte s. Glossarium Scr. ɔ. 1847
p. 296.

von Gutturalen erscheinen, z. B. im äolischen πίσυρες, homer.
πίσυρες, goth. *fidvôr* vier, gegenüber dem lat. *quatuor* und
lit. *keturi* (nom. pl.); drittens *t*-Laute, ebenfalls als Entartungen der ursprünglichen Gutturale (s. §. 13), doch nur im
Griechischen, z. B. in τέσσαρες aus κέσσαρες, und dieses aus
κέτϝαρες, gegenüber dem skr. *čatvấras*; in πέντε aus πέγκε,
äol. πέμπε, für skr. *páñča* (them. *páñčan*) aus *páñka*. In
den Sprachen, welche unabhängig vom Sanskrit ebenfalls
Palatal-Laute erzeugt haben, darf man natürlich auch diese
den sanskritischen gegenüber erwarten. Man vergleiche z. B.
das altslavische ПЕЧЕТЬ *pečetj* er kocht mit dem skr.
páčati.   Das slav. Ч *č* ist hier durch den rückwirkenden Einfluß des Е aus К erzeugt, welches in der ersten P.
ПЕКЖ *pekuṅ* und in der 3ten P. pl. ПЕКЖТЬ *pekuṅtj* in
Vorzug vor dem skr. *páč-á-mi, páč-a-nti* sich behauptet
hat. — Die aspirirte Tenuis dieser Klasse, nämlich छ *č'*,
erweist sich durch die verwandten europäischen Sprachen
überall als Entartung der Lautgruppe *sk, sc*. Man vergleiche z. B. die Wurzel छिद् *č'id* spalten mit der lat.
scid, griech. σκιδ (σκίδνημι) und, mit Verschiebung des *k* zu
χ, σχιδ, wovon σχίζω (aus σχιδϳω), σχίδη; ferner mit dem
goth. *skaid* von *skaida* ich scheide, mit bleibender Gunirung des *i* zu *ai* (s. §. 26). Über die sendische Vertretung des छ *č'* s. §. 37.

15. Die dritte Klasse wird die cerebrale oder linguale
genannt *) und begreift eine besondere Klasse von *t*-Lauten,
die nicht ursprünglich ist, sondern aus der gewöhnlichen
t-Klasse sich entwickelt hat. Wir bezeichnen sie mit einem
untergesetzten Punkt, also ट *ṭ*, ठ *ṭʻ*, ड *ḍ*, ढ *ḍʻ*, ण *ṇ*. Im
Prâkrit hat diese Klasse sehr überhand genommen und ist

---

*) Ich ziehe jetzt die erste Benennung vor, weil sie besser zur
indischen Benennung *mûrd'anyà* (d. h. capitalis, von *mûr-
d'an* Kopf) stimmt, und weil die Consonanten-Reihe, welche in
den europäischen Schwestersprachen als die linguale bezeichnet wird,
den sanskritischen dentalen *t*-Lauten (s. §. 16) entspricht.

häufig an die Stelle der gewöhnlichen *t*-Laute getreten. Sie wird ausgesprochen, indem man die Zunge weit zurückgebogen und an den Gaumen angesetzt hat, wodurch ein hohler Ton, gleichsam aus dem Kopfe, hervorgebracht wird. Auf diese Aussprache gründet sich die skr. Benennung मूर्धन्य *múrd'anyà* (capitalis). Am Wort-Anfange kommen die Mutae dieser Klasse sehr selten und der Nasal derselben gar nicht vor. *) Die gebräuchlichste Wurzel mit anfangender Muta dieses Organs ist डी *d́í* fliegen. — Beachtung verdient, dafs die dentalen *t*-Laute hinter ष् *s'* in cerebrale verwandelt werden; daher z. B. द्वेष्टि *dvés'-ṭi* er hafst, *dvis'-ṭá* ihr hasset, für *dvés'-ti*, *dvis'-tá*. Diese Lautregel gründet sich darauf, dafs man die Zunge, bei der Aussprache von *s'* (*sch*) in der Lage hat, von welcher aus, wie oben bemerkt worden, die cerebralen Laute ausgesprochen werden.

16. Die vierte Klasse begreift die gewöhnlichen *t*-Laute nebst dem gewöhnlichen *n* aller Sprachen, also त *t*, थ *t'*, द *d*, ध *d'*, न *n*. Von der verhältnifsmäfsigen Jugend des *t'* und von der Verschiebung des *d'* zu ϑ ist bereits gehandelt worden (s. §. 12). Das Lateinische, dem die Aspirata dieses Organs entschwunden ist, ersetzt dieselbe gelegentlich durch die Aspirata der Labialklasse, daher z. B. *fúmus* gegenüber dem skr. *d'úmá-s* (Rauch) und griech. $\vartheta\upsilon\mu\acute{o}\varsigma$. In *infra, inferior, infimus* erkenne ich Verwandte des skr. *ad́ás* unten, unter *ád'ara-s* der untere, *ad'amá-s* der unterste **). So im Oskischen *mefiai* (*viai mefiai* in via

----

*) Die indischen Grammatiker schreiben jedoch diejenigen Wurzeln, welche ein anfangendes dentales *n* (न *n*) nach bestimmten Lautgesetzen in *ṇ* umwandeln — z. B. in *pra-ṇas'-yati* er geht zu Grund, durch den Einflufs des *r* der Präp. — von Haus aus mit *ṇ* und stellen daher eine Wurzel *ṇas'* auf, obwohl das einfache Verbum dieser Wurzel, wozu das lat. *nec* (*nex, necis*) und griech. $\nu\varepsilon\varkappa$ von $\nu\varepsilon\varkappa$-$\varrho\acute{o}\varsigma$, $\nu\acute{\varepsilon}\varkappa$-$\upsilon\varsigma$ stimmen, überall *n* zeigt.

**) S. meine Abhandlung über das Demonstrativum und den Ur-

media), dessen Thema und Nomin. *meſia* dem skr. *mádyá*
entspricht, während das lateinische Schwesterwort der Aspiration verlustig gegangen ist, ein Verlust, den das Lateinische überhaupt, auch bei solchen Organen, denen eine
Aspirata zu Gebote steht, im Innern des Wortes sehr gewöhnlich erfahren hat; daher unter andern auch *mingo*,
lingo, gegenüber den skr. Wurzeln *miḥ*, *liḥ*, griech. ὁ-μιχ,
λιχ; *tibi* für skr. *túbyam*; *bus* als Endung des Dat. und
Ablat. pl. für skr. *byas*. — Dem Griechischen ist es eigen-
thümlich, daſs es am Wort-Anfange zuweilen *t*-Laute an
Mutae anderer Organe als unorganische Zusätze anfügt, und
zwar τ, ϑ oder δ, je nachdem das Wort mit einer Tenuis
Aspirata oder Media beginnt. Man vergleiche z. B. πτόλις,
πόλις mit पुरी *purí* (aus *parí*) Stadt, πτίσσω mit पिष्
pis' zerstoſsen, zermalmen, lat. *pinso*; κάσμαι mit dem
albanesischen *ka-m* ich habe; φϑέγγω mit भष् *bań*
Kl. 10 (*ſbańɡáyámi*) sprechen (noch unbelegt); χϑές mit
ह्यस् *ḥyas* gestern (lat. *heri*, *hes-ternus*), γδοῦπος, γδουπέω
mit dem altpersischen *gaub-a-tay* er nennt sich, wird
genannt, neupers. گُفتَن *guf-ten* sprechen.*) — Zuweilen auch ist im Griechischen der hinter Gutturalen erscheinende *t*-Laut die Entartung eines ursprünglichen Zischlauts; namentlich in κτείνω, ἔκτανον, gegenüber der skr. Wurzel चण् verwunden, tödten; in ἄρκτος = skr. *ṛks'á-s*
aus *arks'á-s*, lat. *ursus*; in χϑαμαλός (verstümmelt χαμα-
λός, vgl. χαμαί, χαμάϑεν, χαμᾶζε) gegenüber dem skr. *ks'amá*
Erde.

---

sprung der Casus, in den Abhandl. der philos.-histor. Klasse der
Akad. der Wiss. aus dem J. 1826 p. 90.

   *) Die entsprechende skr. Wz. *gup* ist in der Bedeutung sprechen noch unbelegt. Das griech. δοῦπος, δουπέω fasse ich als Verstümmelungen von γδοῦπος, γδουπέω, so daſs nur der unorganische
Zusatz übrig geblieben, ungefähr wie im latein. *vermis* (aus *qvermis*)
und goth. *vaurms* gegenüber dem skr. *kṛ'mi-s* aus *kár-mis*, alban.
krüm (gegisch), und in unserem *wer* gegenüber dem goth. *hva-s*,
skr. *ka-s*.

17ᵃ⁾. Bekannt ist der Wechsel zwischen *d* und *l*, hauptsächlich durch das Verhältnifs von *lacrima* zu δάκρυ, δάκρυμα.
Auch im Sanskrit steht öfter ein, wahrscheinlich ursprüngliches, *d* dem *l* verwandter europäischer Sprachen gegenüber, z. B. in *déha-s* Körper, wofür im Gothischen *leik*
neut. (thema *leika*) Fleisch, Körper. Zu *dah* brennen
zieht Pott das lat. *lignum* als Brennstoff, und ich glaube
auch das griech. λιγνύς, als vom Brennen benannt, zu dieser
Wurzel ziehen zu dürfen, deren ursprüngliches *d* sich in
δαίω erhalten hat. Das ऋ *d* des Zahlwortes *dáśan* (aus
dákan) erkenne ich in *l*-Gestalt in unserem *eilf*, *zwölf*,
goth. *ain-lif*, *tva-lif*, und in dem litauischen *lika* von *wieno-
lika* 11, *dwylika* 12, *trylika* 13 etc. Hiervon später mehr.
Auch *r* für *d* kommt vor, namentlich im latein. *meridies*
aus *medidies*. Hier mag noch daran erinnert werden, dafs
auch in den malayisch-polynesischen Sprachen die Schwächung des *d* zu *r* oder *l* sehr gewöhnlich ist; so entspricht
dem skr. Stamme *dva* zwei zwar im Malayischen und Neu-
seeländischen *dúa*, und im Bugis *duva*; im Tahitischen aber
rua, und im Hawaiischen, dem das *r* fehlt, *lua*. Das Taga-
lische liefert uns die reduplicirten Formen *dalua* und *dalava*,
welche in der ersten Sylbe den ursprünglichen Laut geschützt und dagegen in der zweiten die Schwächung des
d zu *l* haben eintreten lassen.*)

17ᵇ⁾. Das skr. dentale न् *n* von grammatischen Endungen, Klassensylben der Verba, Wortbildungssuffixen, sowie auch das zur Vermeidung des Hiatus gelegentlich ein-
zufügende *n* geht, wenn es einen Vocal oder Halbvocal nach
sich hat, durch den assimilirenden Einflufs der cerebralen
Buchstaben ऋ *r*, ॠ *ṛ*, र *r*, ष *s* in ein cerebrales ण् über,
im Fall einer der genannten Buchstaben in dem Radical-
theile des Wortes vorhergeht. Gutturale, Labiale und die

---

*) S. „Über die Verwandtschaft der malayisch-poly-
nesischen Sprachen mit den indisch-europäischen.“
p. 11, 12.

Halbvocale य् *y* und व् können einzeln oder auch mehrere
in den vorangehenden Sylben dazwischen stehen, ohne die
Einwirkung des *r* etc. auf das *n* zu hemmen. Beispiele
sind: *dvésáni* ich soll hassen, *srnómi* ich höre,
srnvánti sie hören, *runádmi* ich hemme, *prinámi*
ich liebe, *púrná-s* angefüllt, *hŕs'yamána-s* sich
freuend, *vári-n-as* des Wassers; für *dvésáni*,
srnómi etc.

18. Es folgt nun die labiale Klasse, nämlich प् *p*, फ् *p'*,
ब् *b*, भ् *b'*, म् *m*. Die dumpfe Aspirata dieses Organs (फ् *p'*)
gehört zu den selteneren Buchstaben. Die gebräuchlichsten
Wörter, worin sie vorkommt, sind *p'éna-s* Schaum (slav.
пѣна *pjena* fem.) *p'alá-m* Frucht und andere von der
Wurzel *p'al* (platzen, zerspringen, aufbrechen, sich
spalten, Frucht bringen) entsprungene Formen. Die
tönende Aspirata भ् *b'* gehört mit ध् *d'* zu den gebräuchlichsten Aspiraten, wofür im Griechischen φ und im Lateinischen am Wort-Anfange *f* und in der Mitte, wie bereits
bemerkt worden (§. 17), meistens *b*. Das भ् *b'* der Wurzel
lab' nehmen hat im Griechischen die Aspiration abgelegt
(λαμβάνω, ἔλαβον), wenn nicht umgekehrt das skr. *lab'* eine
Entartung von *lab* ist. Der· Nasal dieses Organs richtet
sich im Sanskrit am Wort-Ende nach dem Organ des folgenden Anfangsbuchstaben (z. B. *tan dántam* hunc dentem
für *tam dántam*) und geht vor Halbvocalen, Zischlauten und
ह् *h* nothwendig in Anusvâra über; daher z. B. तं सिंहम्
tan sinhám hunc leonem für *tam sinhám*. Im Griechischen
hat sich das schliefsende μ überall zu ν geschwächt, daher
z. B. im Accus. sing. πόσιν für skr. *páti-m*, im Genit. pl.
ποδῶν für skr. *pad-ám*, im Imperfect ἔφερον für skr. *áb'a-
ram*, ἐφέρετον für *áb'aratam* ihr beide truget. So im
Altpreufsischen z. B. *deiwa-n* deum für skr. *déva'-m*. Im
Gothischen findet man zwar schliefsende *m*, aber nur solche,
denen ursprünglich noch ein Vocal, oder ein Vocal mit
nachfolgendem Consonanten zur Seite stand, wie z. B. in
im ich bin für skr. *ásmi*, *bairam* wir tragen für skr.

ǵa'rámas, qvam ich kam, er kam für skr. *ǵagáma*
ich ging, er ging. Die ursprünglich schliefsenden *m* sind
entweder verschwunden, wie im Genitiv plur., wo z. B.
namn-ê dem skr. *ná'mn-âm* und lat. *nomin-um* gegenübersteht; oder sie haben sich zu *n* geschwächt, dem aber im
Accus. sing, der Pronominaldeclin. noch ein *a* zur Seite getreten ist, wie z. B. in *hva-na* wen für skr. *ka-m*, altpreufs.
ka-n; oder sie haben sich vocalisirt zu *v* (vgl. griech. Formen wie φέρουσι aus φέρονσι für φέρονπ), wie z. B. in *étjau*
ich äfse, welches, abgesehen vom Tempus-Ausdrucke, zum
skr. *ad-yá'-m* ich möge essen stimmt. Das Lateinische
hat im schönsten Einklang mit dem Sanskrit das schliefsende
m überall unverändert gelassen.

19. Es folgen die Halbvocale, nämlich य़ *y*, ऱ *r*, ल़ *l*,
व़ *v*. Wir bezeichnen durch *y* den Laut unseres *j* und
des englischen *y* in Wörtern wie *year* (ṣend. *yâre̊* Jahr).
So wie das latein. *j* im Englischen den Laut *dsch* angenommen hat, so ist das skr. य़ *y* im Prâkrit am Wort-
Anfange und im Innern zwischen zwei Vocalen meistens
zu ज़ *ǵ* (der Aussprache nach = *dsch*) geworden. Im Griechischen kommt ζ (= δσ), der Aussprache nach, dem skr.
ज़ = *ds'* so nahe wie möglich, da der Laut *s'* (*sch*) dem
Griechischen fremd ist. Sein ζ steht aber, wie ich jetzt
glaube behaupten zu dürfen, überall als Entartung eines
ursprünglichen *j*. Am deutlichsten zeigt sich dieser Übergang in dem Verhältnifs der Wurzel ζυγ zum skr. युज़ *yuǵ*
(verbinden) und lat. *jung*. In den Verben auf αζω erkenne ich die skr. Verbalklasse auf *ayá'-mi*, z. B. in δαμάζω
das skr. *dam-a'yá'-mi* ich bändige und gothische *tam-ja* ich
zähme. In Verben auf ζω wie φράζω, σχίζω, ἵζω, ὄζω, κρίζω,
βρίζω, κλάζω, κράζω, fasse ich das ζ mit dem ihm folgenden
Vocal als identisch mit der Klassensylbe य़ *ya* der skr. Verba
der 4ten Klasse *) und nehme Wegfall des Endconsonanten
der Wurzel (δ oder γ) vor dem Klassencharakter an; denn

---

*) S. §. 109 *) 2) und vergleichendes Accentuations-System p. 225 f.

wenn es auch nahe zu liegen scheint, in dem ζ = δσ von
Verben wie σχίζω das δ der Wurzel mit Beimischung eines
Zischlauts zu erkennen, so hat doch die Annahme einer
Unterdrückung des δ vor dem aus *j* zu erklärenden ζ den
Vortheil, dafs in dieser Weise die Verba wie σχί-ζω, ἕ-ζω,
ἕ-ζο-μαι, mit denen wie κρί-ζω, βρί-ζω (aus κρίγ-*jω*, βρίγ-*jω*)
auf gleichen Fufs gestellt werden. Auch ist der Wegfall
eines *t*-Lauts vor dem mit ζ anfangenden Klassencharakter *)
ebensowenig befremdend, als die Unterdrückung desselben
vor dem σ des Aorists und Futurums, wodurch z. B. σχί-σω
gegen seine skr. Schwesterform č'ét-*sy a'-mi* (lautgesetzlich
für č'éd-*sy a'-mi*, von č'id spalten) im Nachtheil steht. —
Es ist wichtig zu beachten, dafs es auch einige vocalisch
endigende Wurzeln gibt, welche in der 1sten Tempusreihe
eine mit ζ = *j* beginnende Klassensylbe anfügen können,
wie βλύ-ζω neben βλύ-ω, βύ-ζω neben βύ-ω. Diese Verba
verscheuchen den Verdacht, dafs das ζ von solchen wie
σχίζω, κρίζω nur eine Modification des Endconsonanten der
Wurzel, δ oder γ, sei. — Das ζ der Substantive wie σχί-ζα,
φύ-ζα erkläre ich aus dem य़ *y* des skr. Suffixes य *ya*, fem. या
yá, dessen Halbvocal sich im Griechischen, wie überhaupt
das *j*, am gewöhnlichsten zu ι vocalisirt hat. Es hat sich
aber auch das *j* zur Zeit, wo es im Griechischen noch vorhanden war, öfter dem vorhergehenden Consonanten ássi-
milirt. Ich erwähne hier vorläufig nur das Wort, an welchem ich diese Erscheinung zuerst entdeckt habe **), näm-

---

*) Dieser kommt nur der ersten Tempus-Reihe zu, welche den
skr. Specialtempp. entspricht, ist aber misbräuchlich gelegentlich
auch weiter gedrungen, wobei ich vorläufig an ähnliche Erscheinungen im Prâkrit erinnere.

**) S. meine Abhandlung „Über einige Demonstrativ-
stämme und ihren Zusammenhang mit verschiedenen
Präpositionen und Conjunctionen (1830 p. 20). Die Bestätigung durch das Prâkrit, welches mir erst durch die in demselben
J. erschienene Ausgabe der Sakuntalá von Chézy zugänglich geworden ist, war mir damals noch nicht bekannt.

lich ἄλλος, welches ich aus ἄλϳος erkläre und mit dem skr. अन्यस् *anyá-s* vermittele, dessen Halbvocal in dem gothischen Stamme *alja* (s. §. 20) unverändert geblieben ist, während er sich in dem prâkritischen अञ्ञ *aṇṇa* ebenso wie im Griechischen dem vorhergehenden Conson. assimilirt hat. Im Latein. hat sich, wie in der Regel hinter Consonanten, das *j* vocalisirt, daher *alius* für *aljus*. Es könnte aber zugleich *ille* hierher gezogen werden, da j e n e r ebenso wie d e r a n d e r e einen Gegensatz zum Demonstrativum der Nähe bildet, und die Spaltung e i n e r Form in verschiedene, mit gröfserem oder geringerem Unterschied in der Bedeutung, in der Sprachgeschichte nichts Seltenes ist. *Ullus* ist von demselben Ursprung und steht wie *ul-tra*, *ul-terior*, *ul-timus* hinsichtlich seines Vocals der Urform etwas näher.

Am Wort-Anfange hat sich der Halbvocal *j* im Griechischen öfter in den Spiritus asper verwandelt. Man vergleiche z. B. ὅς mit यस् *ya-s* w e l c h e r; ἧπαρ, ἧπατ-ος (aus ἧπαρτ-ος) mit *yákṛt* (aus *yákart*) L e b e r, lat. *jecur*; ὑμεῖς für ὑμμεῖς, aus ὑσμεῖς, mit dem skr. Pluralstamme *yus'má*; ἅ-ζω (aus ἄγ-ϳω), ἄγ-ιος mit *yaǵ* v e r e h r e n, *yáǵ-yà-s* v e r - ehrungswürdig; ἥμερος mit यम् *yam* b ä n d i g e n, wozu auch ζημία gehört.

Durch *v* bezeichnen wir den Laut unseres *w*, das skr. व. Hinter Consonanten soll dieser Buchstabe im Sanskrit wie das englische *w* ausgesprochen werden. — So wie *j*, so ist auch dem Griechischen, in der gewöhnlichen Sprache wenigstens, der Halbvocal *v* entwichen. Er hat sich hinter Consonanten gelegentlich in seinen entsprechenden Vocal umgewandelt; z. B. in σύ, dorisch τύ, für skr. *tvam* d u; in ὕπνος für skr. *svápna-s* Traum (Wz. *svap* s c h l a f e n), altnord. *svëfn* (them. *svëfna*) S c h l a f; in κύων für skr. *s'van* (them.). In der Regel aber ist das dem skr. व *v* entsprechende Digamma hinter Anfangsconsonanten, den aus *s* entstandenen Spir. asper mitbegriffen, völlig verschwunden; daher z. B. ἕκυρος für skr. *s'vás'ura-s* (aus *svákura-s*) S c h w i e g e r v a t e r, althochd. *swehur* (them. *swehura*). Σειρήν führt zur skr. Wz. *svar, svr* tönen, wozu auch das lat. *ser-mo* gehört; dagegen gehören σείρ, σειρός, σείριος, Σείριος, σέλας, σελήνη (λ für ρ s. §. 20) zu स्वर् *svar,* der Urform von सुर् *sur* glänzen. Die unverstümmelte Wurzel zeigt *svàr* Himmel als glänzender, worauf das şendische *hvarĕ* Sonne sich stützt, welches letztere *hvar* zu seinem eigentlichen Thema hat (s. §. 30), in den obliquen Casus aber zu *hŭr* sich zusammenzieht. — Hinter anfangendem σ ist zuweilen auch φ aus ursprünglichem ϝ, skr. व् *v,* hervorgegangen, z. B. in σφό-ς sein für skr. *sva-s,* lat. *suu-s.* Wo ϝ einem mittleren Consonanten zur Seite stand, hat sich dasselbe, wie in gleicher Stellung das *j,* öfter dem vorhergehenden Consonanten assimilirt, eine Erscheinung, zu deren Wahrnehmung mich zuerst das Verhältniſs des griech. τέσσαρες, organischer τέτταρες, zum skr. *ćatvâras* geführt hat [*]), wofür im Prâkrit und Pâli, ebenfalls durch regressive Assimilation, *ćattârô.* Überhaupt haben diese beiden Idiome bei Consonantenverbindungen in der Regel den schwächeren Laut dem stärkeren assimilirt, es mag der stärkere vorangehen oder nachfolgen. Aus dem Griechischen erwähne ich noch das Verhältniſs von ἵππος (aus ἵκκος und dieses aus ἵκϝος) zum skr. *aśva-s* (aus *akva-s,* s. §. 21[a]).), lat. *equus* und litau. *aśwa* (= skr. *aśvá*) Stute. Zwischen zwei Vocalen ist der *v*-Laut im Griechischen, einige vereinzelt stehende Dialektformen abgerechnet [**]), spurlos untergegangen; daher z. B. πλέω für πλέϝω (Wz. πλυ, guṇirt πλευ, s. §. 26. 2.) für skr. *plávâmi* (Wz. *plu* schwimmen, schiffen etc.), ὄïς für

---

[*]) S. meine Abhandl. über die Zahlwörter in den Abh. der philos.-histor. Klasse der Akad. der Wiss. aus dem J. 1833, p. 166.

[**]) Darunter Διϝί, welches formell zum sanskr. Locat. *divi* (im Himmel) stimmt. Häufiger erscheint β in der Mitte, wie auch sehr häufig am Anfange, als Vertreter des ϝ; wahrscheinlich blofs als eine graphische, und nicht als eine phonetische Abweichung. Im entgegengesetzten Falle wäre daran zu erinnern, dafs im Bengalischen das skr. *v* der Aussprache nach regelmäſsig zu *b* geworden ist.

skr. *ávi-s* Schaf, lit. *awi-s*, lat. *ovis*. — Eine Erwähnung
verdient hier noch die zuweilen eingetretene Erhärtung des
v zu einem Guttural, z. B. im lat. *vic-si* (*vixi*), *vic-tum* von
der Wz. *viv* (skr. *g̓ív* leben). In dem *c* von *facio* erkenne
ich das *v* des skr. Causale *b̓áváyámi* ich mache sein,
bringe zum Dasein, von der Wz. *b̓ú* sein (lat. *fu*). Dem
skr. *v* von *dévára-s*, *lévir* (s. p. 12) entspricht das angelsächsische *c* von *tacor* und althochd. *h* von *zeihur* (them.
zeihura = dévara). Dem *v* des lat. *navi-s* und skr. *náv*
(letzteres vor vocalisch anfangenden Endungen der obliquen
Casus) entspricht das angels. *c* und althochd. *ch* von *naca*,
nacho Nachen; dem *v* des goth. Stammes *qviva*, (nom.
qviu-s, skr. *g̓íva-s* lebendig) entspricht das althochd. *k* von
quek, them. *queka*.

20. Die verschiedenen Halbvocale und Liquidae werden wegen ihrer geschmeidigen, flüssigen Natur leicht unter
einander verwechselt. Am gewöhnlichsten ist der Wechsel
zwischen *r* und *l*; so steht z. B. dem *r* der skr. Wurzel
ruć (aus *ruk*) glänzen in allen europäischen Schwestersprachen ein *l* gegenüber. Man vergleiche das lat. *lux, luceo*,
das griech. λευκός, λύχνος, das goth. *liuhath* Licht, *lauhmôni*
Blitz, das slav. ΛΟΥΥΛ *luća* Lichtstrahl, das irländische
logha glänzend. Zu *rić* (aus *rik*) verlassen gehört das
lat. *linquo*, griech. λείπω, ἔλιπον, goth. *af-lifnan* relinqui,
altpreufs. *po-linka* es bleibt. *L* für ⻌ *n* findet sich im
griech. ἄλλος, lat. *alius*, goth. *alja* (them.), gael. *eile* und analogen Formen gegenüber dem skr. *anyá-s* und slav. ИНΖ *inΖ*,
them. *ino* anderer; *l* für *v* z. B. im lat. Suffix *lent* von
Formen wie *opulent* (griech. εντ für ϝεντ) gegenüber dem
skr. Suffix *vant* (in den starken Casus), z. B. von *d̓ána-*
-vant mit Reichthum begabt (von *d̓ána* Reichthum);
im goth. *slépa* ich schlafe, althochd. *sláfu*, gegen skr.
sváp-i-mi; im litauischen *saldù-s* süfs, slav. СΛΛДΖΚΖ
sladΖkΖ id. gegen skr. *svádú-s*, engl. *sweet*, althochd. *suazi*
(d. h. *swazi*); *r* für *v* z. B. im lat. *cras* gegen skr. *s̓vas* (aus
kvas) morgen, in *cresco, cre-vi* gegen skr. Wz. *s̓vi* (aus

3 *

kvi) wachsen, wovon *s'váy-á-mi* ich wachse; in *plóro*
gegen skr. *plâváyâmi* ich mache fliefsen (Wz. *plu*, lat.
flu für *plu*, vgl. *pluit*), im cretischen τρέ dich (s. Ahrens
de dial. Dor. p. 51) für skr. *tvá'm, tvá*; in der goth. Wz.
drus fallen (*driusa, draus, drusum*) für skr. *d'vans* *); im
althochd. *bir-u-mes, pir-u-mês*, wir sind, gegen skr. *b'av-*
-á-mas, dessen Singular *b'av-â-mi* (Wz. *bû*) sich im
Ahd. zu *bim, pim* zusammengezogen hat; so in *scrir-u-mês*
wir schreien aus *scriw-u-mês* (skr. *s'râv-a'yá-mas* wir
machen hören, sind. *s'rávayêmi* ich spreche), dessen
w sich in der 3ten P. pl. *scriw-un* (*er-scriu-un*, Graff VI, 566)
und im Mittelhochd. auch in der ersten P. und im Part. pass.
schriuwen, geschriuwen (statt *schriwen*, s. Grimm p. 936) behauptet hat. Im irländischen Dialekt des Gaelischen heifst
arasaim ich wohne, worin ich das skr. *á-vasâmi* zu erkennen glaube (Wz. *vas*, präp. *á*), wozu sich auch das goth.
ras-n Haus als bewohntes (them. *ras-na*, s. §. 86. 5) ziehen läfst, wenngleich die skr. Wz. *vas* wohnen sich im
Gothischen auch in der unveränderten Form *vas* behauptet
hat, wovon *visa* ich bleibe, *vas* ich war), wie z. B. im
Althochd. neben *slâfu* ich schlafe auch eine Form besteht, die den alten *w*-Laut unverändert gelasssen hat, nämlich *in-swepiu* (geschrieben *insuepiu*) ich schläfere ein,
welches wie das lat. *sôpio* auf das skr. Causale sich stützt.
Vielleicht ist auch das *r* des goth. *ras-da* Rede 'eine Entartung von *v*, so dafs dieses Wort ein Überrest der skr.
Wz. *vad* sprechen wäre, wozu ich anderwärts auch das
irländische *raidim* „*I say, relate*" gezogen habe. **) Für *vad*
wäre im Goth. nach §. 87 *vat* zu erwarten, worauf das
althochd. *far-wâzu* maledico sich stützt. Das *t* von *vat*
mufste im Goth. nach §. 102 vor einem *t*-Laut zu einem
Zischlaut werden, und zwar zu einem weichen, weil hartes

---

*) An der Erzeugung des goth. *u* aus *a* mag der ihm zur Seite
gestandene Nasal seinen Antheil haben.

**) S. Gloss. Scr. a. 1847 p. 307.

s zu *d* nicht stimmt. Ich fasse das Suffix von *raṣ-da* als
das des Part. pass., wovon später mehr. *) Im Slavischen
glaube ich ein anfangendes *v* durch *r* ersetzt zu sehen in
рекж *rekuṅ* ich sage (lit. *prá-raka-s* Prophet, *rekiu* ich
rufe, schreie), sofern dieses zur weitverbreiteten skr. Wz.
वच् *vać* (aus *vak*) sprechen gehört, und nicht, wie Schleicher vermuthet („Die Formenlehre der kirchenslav. Sprache"
p. 131), zu लप् *lap*, wozu offenbar das lat. *loquor* zu ziehen ist, da das Lateinische die Umwandlung von Labialen
in Gutturale liebt, die es unter andern auch in *coquo*
zeigt, gegenüber dem skr. *páćámi* (aus *pák*.) griech. πέσσω,
serb. *pećem* id., altslav. *pekuṅ*. Im Altpreuſsischen besteht
die unveränderte Wz. *wack* in Verbindung mit der Präpos.
en, wovon z. B. *en-wackêmai* invocamus. Im Serbischen
heiſst *vik-a-ti* schreien, *vić-e-m* ich schreie. Zu लप्
lap dürfte die altpreuſs. Wurzel *laip* befehlen (*laipinna*
ich befahl) sowie das litau. *lêpju* ich befehle, *at-si-lêpju*
ich antworte zu ziehen sein. — Mit वहिस् *vaḥis* heraus
liefse sich durch Annahme des Übergangs des *v* in *r* das
slav. раз *raṣ* (vor Tenues und χ *ras*) aus, auseinander,
dis-**) vermitteln, da з der gewöhnlichste Vertreter des skr.
ह *ḥ* ist. Ich erwähne noch das altslavische риза *riṣa*
Kleid als muthmaſslichen Spröfsling der skr. Wz. *vas*
kleiden (goth. *vasja* ich kleide. Ein in seiner Art ein-
ziges Beispiel mit *l* für ursprüngliches *j* (य् *y*) ist unser
Leber, althochd. *lebara*, *libera* u. a., wenn Graff (s. v.)
Recht hat, dieses zum skr. *yákṛt* (aus *yákart*) zu ziehen.
Es wäre also, wie im griechischen ἧπαρ (s. p. 33), der alte
Guttural zum Labial geworden. Der Umstand aber, daſs
es vielleicht sonst in den europäischen Schwestersprachen

---

*) Sollte das *r* von *raṣda* ursprünglich sein, so würde sich die skr.
Wz. *ras* tönen zur Vermittelung darbieten.

**) Am Anfang von Compositen, z. B. im russischen *raṣbiráju*
ich nehme auseinander, *raṣvlekáju* ich ziehe auseinander,
raspadáju-sj ich falle auseinander.

des Sanskrit kein *l* für ursprüngliches *j* gibt, darf uns nicht
abhalten, den Übergang anzuerkennen, sowohl auf den
Grund des erwiesenen Satzes, daſs Liquidae oder Halbvocale
überhaupt leicht mit einander wechseln, als auch in Berücksichtigung des Armenischen, welches in seiner Benennung
der Leber, * լեարդ* *ljeard* (*ĥ* ursprünglich = *ê*), dieselbe Umwandlung hat eintreten lassen (s. Petermann, gramm. linguae
Armen. p. 29). *L* für *m* zeigt sich im lat. *flá* gegenüber
der skr. Wz. *d'má* blasen (*f* für *d'* nach §. 16), in *balbus*
gegenüber dem griech. βαμβαίνω; *m* für *v* z. B. in *mare*,
them. *mari*, und verwandten Wörtern anderer europäischer
Sprachen gegen skr. *vá'ri* (neutr. Wasser, ⁎) in *clámo* gegen
skr. *s'rávayámi* ich mache hören (Wz. *s'ru* aus *kru*),
in ὁρέμω gegen skr. *dravámi* ich laufe (Wz. *dru*); *v* für
m z. B. im slav. *črzvj*, them. *črzvi*, Wurm gegen skr.
kŕmi-s, lit. *kirmini-s*.

21ᵃ⁾. Die letzte Consonanten-Klasse begreift die Zischlaute und ह *h*. Der Zischlaute sind drei, nämlich श *s'*,
ष *s'* und स *s*. Der erste wird wie ein *s* mit einer gelinden Aspiration ausgesprochen, und ich habe ihn früher durch
s' umschrieben. Er gehört zur palatalen Klasse und verbindet sich daher als harter Zischlaut mit den harten Palatalen (च *ć*, छ *ć*), daher z. B. सूनुश्च *súnús'-ća* filiusque.
Seiner Abstammung nach ist श *s'* fast durchgreifend die
Entartung eines ursprünglichen *k*, und es steht ihm daher
in den europäischen Schwestersprachen in der Regel ein
Guttural gegenüber; man vergleiche z. B. mit dem Stamme
s'van, in den schwachen Casus (wovon später) *s'un*, das
griech. κύων, lat. *cani-s* und gothische *hund-s* (letzteres von
dem erweiterten Stamme *hunda*); mit der Wz. *dans'* beiſsen das griech. δάκνω, lat. *lacero*, goth. *tah-ja* ich zer-
reiſse und wallisische *danhezu* beiſsen; mit *das'an* zehn
(nom. acc. *das'a*) das griech. δέκα, lat. *decem*, goth. *taihun*
und armorische *dek*, irländische *déagh*, *deich*. Die lettischen

---

⁎) S. vergleichendes Accentuationssystem. Anm. 24.

und slavischen Sprachen, welche länger als die klassischen,
germanischen und keltischen mit dem Sanskrit vereinigt geblieben sind, haben dessen palatales *ś*, wenn auch nicht
ganz in derselben Aussprache, doch als Zischlaut mit her-
über nach Europa gebracht; und so zeigt sich im Litauischen
für das skr. ॡ *s′* und sendische ⱄⱄ *s′* in der Regel *s′* (geschrieben *sz*) und im Slavischen ⱅ *s*. Man vergleiche z. B.
mit dem skr. *daśan* das litau. *deśimtis* und slav. ДЄСѦТЬ
desańtj,[*]) mit *śatá-m* hundert das lit. *śimta-s* und slav.

---

[*]) Ich habe schon im J. 1835 in der 2ten Abtheilung der ersten
Ausgabe dieses Buches (p. 446) bei Besprechung des Ausdrucks der
Zahl zehn auf die Möglichkeit hingedeutet, daſs die specielle Übereinstimmung des Litauischen und Slavischen mit dem Sanskrit und Send,
in Ansehung des Zischlauts, als Folge einer späteren Absonderung der
genannten europäischen Idiome von ihren asiatischen Schwestern
sich ansehen liefse, indem ich einem andern Erklärungsversuch die
Worte beifügte: „Will man aber die specielle Begegnung mit dem
Skr. und Send in vorliegendem und manchen anderen Fällen auf
historische Überlieferung gründen, so müſste man dies durch die
Annahme vermitteln, daſs die lettischen und slavischen Volksstämme
zu einer Zeit aus dem asiatischen Ursitz ausgewandert seien, wo schon
Verweichlichungen in der Sprache eingetreten waren, welche zur
Zeit, wo die Griechen und Römer (auch die Germanen, Kelten und
Albanesen) die asiatische Ursprache nach Europa verpflanzten, noch
nicht bestanden." Später habe ich mich in der 6ten Abtheilung dieses Buches (p. 1255 ff.) und in meiner Abhandlung über die Sprache
der alten Preufsen (p. 4 ff.) und im Besonderen über das ॡ *s′*
(p. 6 ff.) ausführlicher und in festerer Überzeugung in diesem Sinne
ausgesprochen. Jedenfalls ist es sehr wichtig zu beachten, daſs uns
in der Entstehung mancher secundärer Laute gleichsam ein chronolo-
gischer Maſsstab vorliegt, wonach wir die verhältniſsmäfsig frühere
oder spätere Trennung europäischer Völker von der asiatischen Ur-
heimath ermessen und auch die Überzeugung gewinnen können, daſs
alle europäischen Glieder unserer grofsen Sprachfamilie, namentlich
auch die lettischen und slavischen, sich früher als die iranischen oder
medo-persischen Sprachen vom Sanskrit abgesondert haben. Es erhellt dies besonders daraus, daſs das Send und Altpersische nicht blofs

ɕто (neutr.), mit dem skr. *s'van* (nom. *s'vá*, gen. *s'unás*) das
lit. *s'uo*, gen. *s'un-s*, und russ. *sobaka* für *sbaka*, welches
ein skr. *s'vaka* voraussetzt, womit man das medische σπάϰα,
bei Herodot, vergleichen möge. Bei einigen wenigen Wörtern, in welchen die lettischen und slavischen Sprachen den
alten ·Guttural in Vorzug vor dem Sanskrit bewahrt haben,
wie z. B. in *akmuo* (them. *akmen*) Stein, altslav. камꙑ
kamü (them. *kamen*) gegenüber dem·skr. Stamme *as'man*
(nom. *as'má*), scheint der skr. Zischlaut erst nach der
Absonderung der lettischen und slavischen Sprachen vom
Sanskrit aus *k* entstanden zu sein. Auch gibt es einige Wörter mit anfangendem श *s'* im Sanskrit, bei welchen dieser
Zischlaut offenbar aus dem gewöhnlichen *s* entstanden ist;
so namentlich in *s'us'ká-s* trocken, wofür im Şend *huska*
(thema) und im Lateinischen *siccus*; denn wenn das skr. श *s'*
dieses Wortes nicht aus dem gewöhnlichen *s* hervorgegangen wäre, sondern aus *k*, so hätte man dafür im Şend ebenfalls *s'* (ᴊ), im Lateinischen aber *c* zu erwarten. Aus स *s*
muſs auch das anfangende *s'* von *s'vás'ura-s* Schwiegervater entstanden sein; dies beweist das lat. *s* von *socer*,
das goth. von *svaihra* (them. *svaihran*), das griech. ʽ von
ἕϰυρος, sowie der Umstand, daſs in der ersten Sylbe dieses
Wortes höchst wahrscheinlich der Reflexivstamm (skr. स्व
sva enthalten ist; ebenso in श्वश्रू *s'vas'rú-s* Schwiegermutter, lat. *socrus*.

21*b*). Der zweite Zischlaut, welcher zur cerebralen
Klasse gehört, wird wie unser *sch*, engl. *sh*, slav. ш ausgesprochen. Er tritt nach bestimmten Gesetzen an die
Stelle des स *s*. So kann hinter *k* und *r* kein स *s*, sondern nur ष *s'* stehen; daher z. B. *vák-s'i* du sprichst,

---

an dem palatalen Zischlaut, sondern auch an den palatalen Mutis च *c'*
und ज *g'* einen so durchgreifenden Antheil nehmen, daſs man daraus
folgern muſs, daſs sie diese Buchstaben nicht selbständig geschaffen
haben, wie etwa das Slavische sein ч *c'*, sondern gleichsam als ein
vom Sanskrit überliefertes Erbgut besitzen.

bibár-s'i du trägst (*fers*), für *vák-si*, *bibár-si*; *dáksi-ṇa-s* gegenüber dem griech. δεξιός lat. *dexter*, goth. *taihsvô* (them. *taihsvôn*) die rechte Hand. Auch hinter Vocalen, *a*, *á* ausgenommen, ist ॠ nicht beliebt und geht daher in grammatischen Endungen durch den Einfluſs eines vorherge-henden *i*, *î*, *u*, *û*, *ṛ*, *ê*, *ô* und *áu* in *s'* über; daher z. B. *ávis'u* in den Schafen, *súnú-s'u* in den Söhnen, *náu-s'ú* in den Schiffen, *ê'-s'i* du gehst, *s'ṛṇô'-s'i* du hörst, für *ávi-su*, *súnú-su* etc. Als Anfangsbuchstabe ist *s'* äuſserst selten*); das gebräuchlichste Wort mit anfangendem *s'* ist *s'as'* sechs nebst seinen Abkömmlingen. Ich halte diesen Ausdruck für eine Verstümmelung von *ks'as'* — wofür im Send ᚺᚢ᚜᚛ᚺᚷ *k'svas* — so daſs das skr. *s'* hier höchst wahrscheinlich durch den Einfluſs des ursprünglich vorher-gegangenen *k* aus *s* erzeugt ist. Am Ende eines Wortes, und im Innern vor anderen Consonanten als ᠋ *ṭ*, ᠋ *ṭ'*, ᠋ *ṇ* kommt *s'* im wirklichen Sprachgebrauch nicht vor, sondern geht bei Wurzeln und Wortstämmen, welche damit enden, entweder in *k*, *g*, oder in *ṭ*, *ḍ* über. Das oben erwähnte Zahlwort lautet im Nom. *s'aṭ*; vor tönenden Buchstaben (s. §. 25) *s'aḍ*; im Instrument. *s'aḍbís*, im Loc. *s'aṭ-sú*.

,22. Der dritte Zischlaut ist das gewöhnliche *s* aller Sprachen, welches aber im Sanskrit, wie bereits bemerkt worden (s. §. 11) am Ende der Wörter eine sehr unsichere Stellung hat und nach bestimmten Gesetzen der Umwand-lung in Visarga (: *h*), *s'*, *s'*, *r* und *u* unterworfen ist. Doch ist der Übergang eines schließenden *s* in *u* (enthalten in dem Diphthong *ô*, s. §. 2) hinter einem vorangehenden *a* — im Fall das folgende Wort mit *a* oder einem tönenden Con-sonanten anfängt — schwerlich unmittelbar eingetreten,

---

*) Die indischen Grammatiker schreiben aber die mit *s* beginnen-den Wurzeln, sofern sie dieses *s* durch den Einfluſs eines anderen Vocals als *a*, *á* einer vortretenden Präpos. oder Reduplicationssylbe in *s'* umwandeln — wie z. B. *ni-s'ídati* er setzt sich nieder gegen *sídati*, *prasídati* — von Haus aus mit *s'*.

sondern so, dafs das *s* zunächst in *r* und von da in *u* überging, wobei zu berücksichtigen, dafs Liquidae überhaupt
auch in anderen Sprachen sich leicht zu *u* (griech.
v) voca-
lisiren, daher im Französischen häufig *au* aus *al*, im Gothischen *au* aus *am*, im Griechischen *ου* aus *ον*.

Umwandlungen von *s* in *r* kommen auch im Griechischen, Lateinischen und mehreren germanischen Sprachen
vor; im Griechischen jedoch nur dialektisch, namentlich
im Laconischen, wo z. B. ἐπιγελαστάρ, ἀσκόρ, πίσορ, γονάρ, τίρ,
νέκυρ, ζούγωνερ (βόες ἐργάται) für ἐπιγελαστής, ἀσκός, πίθος, γονάς,
τίς, νέκυς, ζούγωνες (s. Ahrens II. 71 ff.). Das Lateinische liebt
r für *s* besonders zwischen zwei Vocalen, daher z. B. *eram*,
ero für *esam*, *eso*; *quorum*, *quarum* für skr. *kḗsâm* (aus
kḗsâm, wegen des vorhergehenden *ê*), *kásâm*; goth. *hviẓê*,
hviẓô. Auch schliefsend erscheinen im Lateinischen viele
r für ursprüngliche *s*, z. B. in Comparativen und in Substantiven wie *amor*, *odor*, *dolor*, wovon später. Das Hochdeutsche zeigt sowohl in der Mitte zwischen zwei Vocalen,
als am Ende sehr häufig *r* für ursprüngliches *s*. Ich erinnere
vorläufig an die plurale Genitiv-Endung *ro* der Pronominal-
declination für skr. *sâm*, *s'âm*, goth. *ẞê*, *ẞô*, an die Comparative auf *ro* (nom. masc.) für goth. *ẞa* und an die Nominative sg. masc. auf *r*, wie z. B. *ir* er für goth. *is*.

23. ह ist eine weiche Aspirata und wird von den
indischen Grammatikern zu den tönenden Buchstaben (§. 25)
gerechnet. Auch veranlafst es wie andere tönende Buchstaben als Anfangsbuchstabe den Übergang einer Tenuis
des vorhergehenden Wortes in ihre entsprechende Media.
In einigen Wurzeln wechselt ह *h* mit घ *gh*, aus dem es sich
entwickelt zu haben scheint. Es kann daher diese Aspirata
beim Leben der Sanskritsprache nicht wie ein englisches *h*,
d. h. wie ein hartes *h* ausgesprochen worden sein, — wie
die englischen Verfasser sanskritischer Grammatiken lehren —
obgleich es, wie es scheint, im Bengalischen so ausgesprochen wird. Ich gebe es jetzt in lateinischer Schrift durch
h und betrachte es gleichsam als weiches χ. In etymolo-

gischer Beziehung entspricht ihm in der Regel das griechische χ, lat. *h* oder mediales *g* (s. p. 28) und das
germanische *g*, was nach §. 87 1. nicht befremden kann.
Man vergleiche z. B. mit हंसस् *haṅsá-s* Gans das griech.
χήν und unser *Gans*, mit *himá-m* Schnee, *háimantá-m*
Winter das griech. χιών, χεῖμα, lat. *hiems*; mit *váhámi*
ich fahre, trage das lat. *veho*, griech. ἔχο, ὄχος, die goth.
Wz. *vag* bewegen (*viga, vag, végum*); mit *léḥmi* (Wz. *liḥ*)
ich lecke das griech. λείχω, lat. *lingo*, goth. *laigô*, letzteres
formell = Caus. *léḥáyámi*. In *hṛd* (aus *hard*) Herz scheint
das *ḥ* die Stelle einer älteren Tenuis einzunehmen, welche
vom lat. *cord, cord-is* und griech. κέαρ, κῆρ, καρδία behauptet
worden, und worauf das goth. *hairtô* (them. *hairtan*) und
unser *Herz* hindeuten. — Zuweilen erscheint ह *ḥ* als Verstümmelung anderer Aspiratae, von denen blofs die Aspiration zurückgeblieben, z. B. in *ḥan* tödten (vgl. *ni-d'ana-s*
Tod) für *d'an*, griech. 9αν, ἔ9ανον; in der Imperativ-Endung
ḥi für *d'i*, welches letztere im gewöhnlichen Sanskrit sich
nur hinter Consonanten behauptet hat; in *graḥ* nehmen,
wofür im Vêda-Dialekt *grab*, im Slavischen *grablju* ich
nehme, im Albanesischen *grabít* ich raube;*) in der Endung *ḥyam*, lat. *hi*, von *máhyam* mir, *mi-hi*, gegenüber dem
volleren *b̌yam*, lat. *bi* (s. p. 28) von *túb̌yam* dir, *tibi*. —
Am Wort-Ende und im Innern vor starken Consonanten kann
ḥ eben so wenig als andere Aspiratae unverändert bleiben;
sondern es geht in diesen Stellungen nach bestimmten Lautgesetzen entweder in *ṭ, ḍ*, oder in *k, g* über.

24. Wir geben hier einen Überblick der skr. Buchstaben im Original mit ihrer stellvertretenden Bezeichnung:

Vocale.

अ *a*, आ *á*; इ *i*, ई *í*; उ *u*, ऊ *ú*; ऋ *r*, ॠ *ŕ*; लृ *ḷ*;
ए *ê*, ऐ *âi*; ओ *ô*, औ *áu*.

---

*) Über den Verlust der alten Aspiratae im Albanesischen s. die
oben (p. 12) erwähnte Schrift p. 56 Anm. 7., 84 Anm. 61.

Anusvâra, Anunâsika und Visarga.

˙ *ṅ*, ◡ *ñ*, : *ḥ*.

Consonanten.

Gutturale............... क *k*, ख *k̇*, ग *g*, घ *ġ*, ङ *ñ*;

Palatale............... च *ċ*, छ *ċ̇*, ज *ġ*, झ *ġ̇*, ञ *ṅ*;

Cerebrale............... ट *ṭ*, ठ *ṭ̇*, ड *ḍ*, ढ *ḍ̇*, ण *ṇ*;

Dentale............... त *t*, थ *ṫ*, द *d*, ध *ḋ*, न *n*;

Labiale............... प *p*, फ *ṗ*, ब *b*, भ *ḃ*, म *m*;

Halbvocale............... य *y*, र *r*, ल *l*, व *v*;

Zischlaute und *ḥ* श *s̀*, ष *s̀*, स *s*, ह *ḥ*.

Die angegebenen Vocalbuchstaben werden nur gebraucht,
wenn sie für sich allein eine Sylbe bilden, was im Sanskrit
fast nur am Anfange der Wörter, im Prâkrit aber auch
sehr häufig in der Mitte und am Ende der Fall ist. Bei
Sylben, welche mit einem oder mehreren Consonanten anfangen und mit einem Vocal schliefsen, wird das kurze *a*
gar nicht geschrieben, sondern es ist in jedem Consonanten
enthalten, der nicht mit einem untergesetzten Ruhezeichen
(◡) versehen, oder irgend einen Vocal, der Aussprache nach,
hinter sich hat, oder graphisch mit einem oder mehreren
Consonanten verbunden ist. क wird also *ka* gelesen, und
das blofse *k* durch क् ausgedrückt; für आ wird blofs ा
gesetzt, z. B. का *kâ*. इ *i*, und ई *î* werden durch ि, ी
bezeichnet, und ersteres wird seinem Consonanten vorgesetzt; z. B. कि *ki*, की *kî*. Für उ *u*, ऊ *û*, ऋ *ṛ*, ॠ *ṛ̇*, ऌ *ḷ*
werden die Zeichen ◡, ◠, ৎ, ৄ, ◜ ihrem Consonanten
untergesetzt; z. B. कु *ku*, कू *kû*, कृ *kṛ*, कॄ *kṛ̇*, कॢ *kḷ*. Für ए *ê*
und ऐ *âi* werden े und ै ihrem Consonanten übergesetzt, z.B.
के *kê*, कै *kâi*. ओ *ô* und औ *âu* werden mit Weglassung
des अ geschrieben, z. B. को *kô*, कौ *kâu*. — Die vocallosen
Consonanten werden gewöhnlich, anstatt in ihrer ganzen
Form und mit dem Ruhezeichen aufzutreten, so geschrieben,
dafs ihr wesentlicherer Theil mit dem folgenden Consonanten verbunden wird; z. B. für त्, य्, स्, ᴡird त, थ, स gesetzt, und so z. B. मत्स्य (*matsya*) nicht मत्स्य geschrie-

ben. Für ऋ+ऋ wird ॠ und für कृ+च् wird च्र् geschrieben.

25. Die sanskritischen Buchstaben werden in dumpfe
und tönende eingetheilt. Dumpf sind alle Tenues mit
ihren entsprechenden Aspiraten, und zwar in obiger Anordnung die beiden ersten Buchstaben der fünf ersten Reihen;
ferner die drei Zischlaute. Tönend sind die Mediae mit
ihren Aspiraten, das ह *h*, die Nasale, Halbvocale und alle
Vocale. Zweckmäfsig scheint uns noch eine Eintheilung
der Consonanten in starke und schwache, so dafs unter
den schwachen Consonanten die Nasale und Halbvocale zu
begreifen sind, unter den starken alle übrigen Consonanten. Die schwachen Consonanten und Vocale üben als
Anfangsbuchstaben von Flexionen und Wortbildungs-Suffixen
keinen Einflufs auf die Endbuchstaben einer Wurzel aus,
während dieselben einem folgenden starken Consonanten
sich anbequemen müssen.

26. 1) In Betreff der Vocale ist es wichtig, auf zwei
in der sanskritischen Form-Entwickelung häufig eintretende
Vocal-Steigerungen aufmerksam zu machen, wovon die eine
गुण *Guṇa* (d. h. unter andern Tugend), die andere वृद्धि
Vriddhi [*]) (d. h. Wachsthum oder Vermehrung) genannt wird. Die Sanskrit-Grammatiken meiner Vorgänger
geben keine Auskunft über das Wesen, sondern stellen nur
die Wirkung dieser Vocal-Veränderungen dar; und ich bin
erst bei Ausarbeitung meiner Kritik über Grimm's Deutsche
Grammatik [**]) der wahren Natur und Unterscheidung dieser
Steigerungen, sowie dem Gesetze, wodurch *Guṇa* meistens
bedingt oder veranlafst wird, und zugleich seinem früher
unbemerkten Vorhandensein im Griechischen und Germanischen — am sichtbarsten im Gothischen — auf die Spur

---

[*]) Ich behalte bei diesem Worte, wo es als grammatischer Kunst-
ausdruck steht, die Schreibart *Vriddhi* (für *Vṛddi* nach §§. 1, 12)
bei, wie ich auch *Sanskrit* und nicht *Sanskṛt*) schreibe.

[**]) Berliner Jahrbücher 1827 Seite 254 ff.; Vocalismus p. 6 ff.

gekommen. *Guṇa* besteht in der Vorschiebung eines kurzen *a*, und *Vriddhi* in der eines langen; in beiden Steigerungen verschmilzt aber der vortretende *a*-Laut mit dem Grundvocal nach bestimmten euphonischen Gesetzen zu einem Diphthong. Nämlich इ *i* und ई *í* zerfliefsen mit dem im *Guṇa* vortretenden अ *a* zu ए *ê*; उ *u* und ऊ *û* zu ओ *ô*. Diese Diphthonge lösen sich aber vor Vocalen wieder in अय् *ay* und अव् *av* auf. अर् *ar* gilt den indischen Grammatikern als *Guṇa* und *ár* als *Vriddhi* von ऋ *ṛ* und ॠ *ṝ*; in der That aber zeigen die Wurzeln, bei welchen *ar* mit *ṛ* wechselt, in der *ar*-Form die vollständige, und in der *ṛ*-Form eine verstümmelte Gestalt der Wurzel; denn es ist natürlich, dafs Formen, welche eine Verstärkung lieben, der Wurzelsylbe keine Zusammenziehung gestatten, sondern diese nur an solchen Stellen eintreten lassen, wo *guṇa*fähige Wurzeln sich dieser Steigerung enthalten. Es beruht daher z. B. das Verhältnifs von *biḃármi* ich trage zu *biḃṛmás* wir tragen im Wesentlichen auf demselben Princip, worauf das von *vêdmi* (aus *vaidmi*) ich weifs zu *vidmás* wir wissen beruht. Der Unterschied ist blofs der, dafs bei letzterem Verbum der Singular eine gesteigerte, der Plural die reine Form hat, während bei ersterem der Singular die volle, aber ursprüngliche, zum gothischen *bar* und griechischen φερ stimmende Form der Wurzel enthält, der Plural *biḃṛmás* aber die verstümmelte, welche den wahren Wurzelvocal unterdrückt und das *ṛ* vocalisirt hat. Auf demselben Princip beruht unter andern auch das Verhältnifs des anomalen *vás'mi* ich will zu seinem Plural *us'más*, welches letztere ebenso wie *biḃṛmás* des wahren Wurzelvocals verlustig gegangen ist, und die Vocalisirung eines Halbvocals erfahren hat. Von dem Gesetze, worauf, meiner Meinung nach, bei gewissen Klassen von Verben die Vertheilung zwischen guṇirten und *guṇa*losen, oder zwischen vollständig erhaltenen und verstümmelten Wurzelformen beruht, wird später gehandelt werden.

2) Im Griechischen hat sich der *Guṇa*-Vocal bei denjenigen Wurzeln, bei welchen guṇirte Formen mit reinen
wechseln, entweder zu ε oder zu ο entartet, wie dies nach §. 3
überhaupt die gewöhnlichsten Vertreter des *a* sind. Es steht
daher εἶμι zu ἴμεν in demselben Verhältnifs wie im Sanskrit
ḗmi (aus *aimi*) i c h g e h e zu *imás*; λείπω (aus λείκω) verhält sich zu seinem Aorist ἴλιπον wie das Praesens des entsprechenden skr. Verbums *rḗćámi* (aus *raikámi*) zu *árićam*.
Die οι-Form erscheint im Perfect als *Guṇa*steigerung des ι,
daher λέλοιπα = skr. *riréća*. Eine bleibende Guṇirung mit
dem ursprünglichen *a* als Steigerungsvocal enthält αἴθω,
welches zur skr. Wz. *ind'* a n z ü n d e n *) gehört, wozu
auch ἰθαρός und ἰθαίνω (woraus ἰαίνω) gehören, deren Verwandtschaft mit αἴθω vom griech. Standpunkte aus nicht
mehr gefühlt wird. — Vor υ erscheint bei steigerungsfähigen
Verben blofs ε als *Guṇa*vocal, so dafs die Steigerung des
υ zu ευ mit der sanskritischen von *u* zu *ó* = *au* parallel
läuft; namentlich verhält sich πεύθομαι (von der Wz. πυθ,
skr. *bud'* w i s s e n) zu seinem Perfect πέπυσμαι wie im Sanskrit *bṓd'ḗ* (med., aus *baúd'ḗ*) zu *bubud'ḗ*. Das Verhältnifs
von φεύγω zu ἔφυγον gleicht dem der skr. Praesentia wie
bṓd'ámi zu Aoristen wie *ábud'am*. Eine gleichsam ver-
gessene und bleibende Guṇirung, mit dem ursprünglichen *a*
vor υ, enthält αὔω ich t r o c k e n e, sofern dieses Verbum,
wie es sehr wahrscheinlich ist, ein mittleres σ verloren hat,
und mit dem skr. *ṓṣámi*, aus *aúṣámi*, i c h b r e n n e (von
der Wz. *uṣ* aus *us*, lat. *uro*, *ustum*) verwandt ist. Dem
griech. αὔω gilt das ganze αυ als wurzelhaft, weil die unge-
steigerte Wz. nirgends vorhanden ist, während das lat.
aurum (G o l d als g l ä n z e n d e s) eine *Guṇa*-Form von *uro*,
seines Zusammenhangs mit diesem Verbum und somit auch
seiner Guṇirung hauptsächlich darum sich nicht mehr be-
wufst ist, weil die guṇirten Formen im Lateinischen über-

---

*) Eigentlich *id'*; das *n* ist Klassencharakter und erstreckt sich nur
misbräuchlich über die Specialtempora hinaus (s. §. 409ᵃ⁾. 3).

haupt ganz vereinzelt dastehen, und überdies dem betreffenden lateinischen Verbum auch die Bedeutung glänzen abgeht *), die aber auch durch die ebenfalls gunirte Benennung der Morgenröthe, *auróra,* vertreten ist, wozu unter andern das gleichbedeutende, ebenfalls gunirte litauische *ausʹra* wurzelhaft stimmt. Eine vereinzelt stehende Gunirung des *i* zeigt das Lateinische in *foedus* (aus *foidus*), welches der Wurzel *fid* in der Bedeutung binden (s. p. 13) entsprossen ist, und zu den skr. Neutralstämmen wie *tḗǵas* aus *taiǵas* Glanz (Wz. *tiǵ*) stimmt.

3) Eine grofse Rolle spielt die *Guṇa*-Steigerung in den germanischen Sprachen, sowohl in der Conjugation als in der Declination. Man mufs aber, was die Gunirung der Verba anbelangt, auf die gewöhnliche Ansicht verzichten, dafs der eigentliche Wurzelvocal überall im Praesens liege, und dafs die vom Vocal des Praesens sich unterscheidenden Vocale „Ablaute" seien, also z. B. das *ai* des goth. *bait* (*and-bait*) und das *ei* des althochd. *beiz* ich bifs, er bifs, ein Ablaut des goth. *ei* (= *i* §. 70) und des althochd. *í* des Praes. *beita* (*and-beita*), *bizu* sei. Ich erkenne dagegen den gleichsam unverfälschten Wurzelvocal bei diesem Verbum und bei allen von Grimm's 8ter Conjugation starker Form im Plural (im Goth. zugleich im Dual) des Praet. indic., sowie im ganzen Conjunctiv des Praet. und im Part. pass., also in vorliegendem Falle z. B. in *bit-um,* ahd. *biz-umḗs* wir bissen, *bit-jau,* ahd. *biz-i* ich bisse. Der wahre Ausdruck des Zeitverhältnisses, nämlich die Reduplication, ist verschwunden. Man vergleiche *bitum, bizumḗs* mit dem skr. *biƀid-i-má,* wir spalteten; und dagegen *bait, beiz* ich bifs, er bifs mit dem skr. *biƀḗda* (aus *biƀaida*) ich spaltete, er sp. So zeigt sich auch, nach meiner Auffassung, in Grimm's 9ter Conjug. der reine Wurzelvocal an derselben Stelle, wo ihn die 8te hat; dort ist es aber ein *u,*

---

*) Die Begriffe des Glänzens, Leuchtens und Brennens liegen im Sanskrit öfter in einer und derselben Wurzel beisammen.

während hier ein *i*. Das *u*, z. B. des goth. *bug-u-m* wir
bogen stimmt zum skr. *u* von *buḃuǵ-i-má*, und die guṇirte Singularform *baug* ich bog, er bog stimmt zum skr.
ô von *buḃốǵa*, nur dafs das goth. *baug* eben so wie *bait*
insofern auf einer älteren Stufe als die skr. Schwesterform
steht, als es die Zusammenziehung von *au* zu *ô*, wie letzteres die von *ai* zu *ê*, unterlassen hat; eine Zusammenziehung, die jedoch das Altsächsische durchgreifend hat eintreten lassen. Es steht daher z. B., wegen dieser Entartung,
das altsächs. *bêt* ich bifs, er b. dem skr. *biḃếda* näher
als dem goth. *bait*, und *kôs* ich wählte, er w., dem skr.
ǵuǵốs'a ich liebte, er liebte (Wz. *ǵus'* aus *gus*) näher
als dem goth. *kaus*.

4) In der Declination zeigt das Gothische Guṇirungen
mit *a*, 1) in Genitiven wie *sunau-s* Sohnes für skr. *súnṓ-s*;
2) in Dativen wie *sunau* (ohne Casus-Endung) für skr.
súnáv-ê; 3) in Vocativen wie *sunau* für skr. *súṇô*. So
bei weiblichen *i*-Stämmen in Genitiven wie *ga-mundai-s* des
Gedächtnisses und in Dativen wie *gamundai*, gegenüber
den skr. Genitiven und Dativen wie *matếⁱ-s*, *matáy-ê*, vom
Stamme *matí*, Verstand, Meinung, von der Wz. *man*
denken.

5) Auch dem Litauischen fehlt es nicht ganz an *Guṇa*-
steigerungen; sie haben aber, wo sie in der Conjugation vorkommen, meistens den Grundvocal ganz verdrängt, oder es
stehen, mit seltenen Ausnahmen, die guṇirten Formen mit
denen mit reinem Wurzelvocal nicht mehr in einem klar
gefühlten Zusammenhang. Als Guṇirung von *i* finden wir
ei oder *ai*; ersteres z. B. in *eimi* ich gehe = skr. *ếmi*
(aus *aími*) griech. εἶμι, aber auch im Plur. *ei-me*, gegen skr.
i-más, gr. ἴ-μες. Die skr. Wz. *vid* wissen (vielleicht ursprünglich auch sehen), wovon *vếdmi* ich weifs, plur.
vid-más, hat zwar in dem litau. Substantiv *pá-wizd-is* Vorbild den reinen Vocal bewahrt, das Verbum aber zeigt
durchgreifend die guṇirte Form *weizd* (*weízdmi* ich sehe);
so auch das neben *pá-wizdis* bestehende gleichbedeutende

pá-weizdis. Das organische *ai* gewährt *uz'-waizdas* Aufscher;
so auch das Causale *waidino-s* ich lasse mich sehen,
mit dessen Wurzelgestaltung man das gothische *vait* ich
weifs (plur. *vitum*) vergleichen möge. In dem litau. Causale *pa-klaidinù* ich verleite steht *ai* als Gunirung des
wurzelhaften *y* (lit. *y = î*) von *pa-klys-tu* (*s* für *d* nach
§. 102) ich verirre mich. Eben so verhält es sich mit dem
ai von *at-gaiwinù* ich erquicke (eigentlich ich mache
leben; vgl. skr. *gívámi* ich lebe) im Gegensatze zu dem
y (= *î*) von *gywa-s* lebendig, *gywénu* ich lebe.[*]) — *Au*
als Gunirung des *u* erscheint in dem in seiner Art einzigen
Causale *gráu-ju* ich breche ab (eigentlich mache ein-
fallen, ein Haus) von *grúw-ù* ich falle ein [**]); ferner
in allen Genitiven und Vocativen sg. der Stämme auf *u*, im
Einklang mit den entsprechenden skr. und gothischen Formen; z. B. in *súnaù-s* Sohnes, *súnaù* Sohn! = skr. *súnố-s*,
súnô, goth. *sunau-s, sunau.*

6) Der Umwandlung der skr. *Guṇa*-Steigerung *ô* (aus
au) in *av*, vor Vocalen, entspricht das altslav. OB *ov*, z. B.
von ɛ𝟤ΙΗΟΒΗ *siinov-i* dem Sohne gegenüber dem skr.
súnáv-ê. Dagegen entspricht das gleichbedeutende ɛ𝟤ΙΗΟΥ
siinu hinsichtlich der Entbehrnng der Casus-Endung dem
goth. *sunau.* Hiervon später mehr. — Der Umwandlung der
skr. *Guṇa*-Steigerung *ê* (aus *ai*) in *ay*, vor Vocalen — z. B.
in dem Stamme *ƀay-á* Furcht von der Wz. *ƀî* — entspricht das altslav. *oj* von ɛΟΙΑΤΗ ɛΑ *boja-ti saṅ* sich fürch-
ten. Ob das *j* des litau. *bijaù* ich fürchte sich aus dem
wurzelhaften *i* entwickelt habe — ungefähr wie das skr. *y*
(= *j*) von Formen wie *ƀiy-am* timorem, *ƀiy-ás* timo-
ris, vom Stamme *ƀî* — oder ob das *i* von *bij-aù* eine Schwä-

---

[*]) *At-gijù* „ich erhole mich, werde lebendig" und
gy'ju ich werde gesund haben offenbar ein *w* verloren, wie das
şendische *g'i* von *hu-g'ti* bonam vitam habens.

[**]) *ủw* euphonisch für *ú*, ungefähr wie im skr. *áƀáv-am* ich
war (aor.), lit. *buw-aù*, von Wz. *ƀ'ú*, lit. *bu s* ein.

chung des *Guṇa*-Vocals *a* sei, und somit *ÿ* dem slav. *oj*
und skr. *ay* entspreche, ist schwer zu entscheiden; doch
ist mir letzteres wahrscheinlicher, weil auch in *bái-mě̆*
Furcht, *bai-daù* ich schrecke und *baj-ùs* schrecklich der alte *Guṇa*-Vocal sich noch deutlich, und zwar in
seiner Urgestalt, behauptet hat, ohne daſs sich jedoch die Sprache
noch bewuſst wäre, daſs *bi* die eigentliche Wurzel sei.

27. Den germanischen Sprachen muſs ich ganz entschieden auſser dem vorhin besprochenen *a* auch *i* als *Guṇa*-
Vocal zuerkennen, indem ich eine Schwächung des ursprünglichen Steigerungsvocals *a* zu *i* nach demselben Princip annehme, wornach das wurzelhafte *a* so häufig zu *i* geworden
ist. So wie z. B. das *a* der skr. Wurzel *band'* binden
im entsprechenden goth. Verbum sich nur in den einsylbigen Formen des Praeter. behauptet, in dem durchaus mehrsylbigen Praesens aber zu *i* geschwächt hat — also *binda*
ich binde gegen *band* ich band — so steht auch dem
guṇirenden *a*, z. B. von *baug* ich bog, im Praesens *biuga*
ein *i* gegenüber *), in ähnlicher Weise wie das goth. *a* von
sunau filio im althochdeutschen *suniu* durch *i* ersetzt worden. So steht auch schon in der gothischen Declination der
u-Stämme dem guṇirenden *a* des skr. Nom. plur. ein *i* gegenüber, welches jedoch wegen des folgenden Vocals aus
euphonischer Rücksicht zu *j* geworden. In dieser Weise

---

*) Die in den Jahrbüchern für wissenschaftliche Kritik (1827
p. 263 f., „Vocalismus" p. 20) ausgesprochene Vermuthung, daſs das
in 2 Personen des Singulars und in einer des Plurals erscheinende *i*
der Endungen einen assimilirenden Einfluſs auf die Wurzelsylbe aus-
geübt habe, ist schon an obiger Stelle der ersten Ausgabe dieses
Buches zurückgenommen worden, wie überhaupt das Gothische von
jedem assimilirenden Einfluſs der Endungen auf die Wurzel oder
oder Stammsylbe, meiner Überzeugung nach, freizusprechen ist.
Eben so das Lateinische (nach §. 6), dessen Formen wie *perennis* aus
perannis ich früher in Übereinstimmung mit G r i m m (I. p. 80) dem
Einflusse des *i* der Endsylben zugeschrieben habe (Jahrb. 1827 p. 275,
„Vocalismus" p. 38).

erklärt sich, meiner Meinung nach sehr befriedigend, das
Verhältnifs des gothischen *sunju* von *sunju-s* Söhne zum
skr. *súnáv* von *súnáv-as*. Auch das *i* der gothischen Genitive wie *sunivê* (aus *sunav-ê*) filiorum ist ein blofser
Guṇa-Vocal, obgleich das Sanskrit in diesem Casus den
Endvocal des Stammes nicht guṇirt, sondern verlängert
und ein euphonisches *n* zwischen Stamm und Endung einfügt (*súnú'-n-ám*).

Bei Verben mit wurzelhaftem *i* und bei Nominalstämmen mit schliefsendem *i* zerfliefst im Germanischen das guṇirende *i* mit dem Hauptvocal *i* zu einem langen *í*, welches
im Gothischen durch *ei* ausgedrückt wird (s. §. 70); daher
z. B. von der goth. Wurzel *bit*, ahd. *biz*, das Praesens *beita*,
bîzu ich beifse gegenüber dem Praet. *bait, beiz* (plur.
bitum, bizumês) und sanskritischen Präsensformen wie *tvés'-
-á-mi* (aus *tvais'-á-mi*) ich glänze, von der Wz. *tvis'*;
so goth. *gastei-s* (= *gasti-s*, aus *gastii-s*, für *gastai-s*) Gäste
als Analogon sanskritischer Formen wie *ávay-as* Schafe
(lat. *ovê-s* aus *ovai-s*). Hierbei ist es, was die Verba anbelangt, wichtig zu beachten, dafs diejenigen germanischen
Verba, deren eigentlicher Wurzelvocal nach meiner Theorie
ein *u* oder *i* ist, — wie überhaupt, mit sehr wenigen Ausnahmen, die sämtlichen germanischen Verba starker Form —
auf eine sanskritische Conjugationsklasse sich stützen, welche
wurzelhaftes *u* und *i* (im Fall ihnen nicht zwei Consonanten
folgen) in den Specialtempp. durchgreifend guṇiren, und dafs
namentlich das goth. *biuda* ich biete (Wz. *bud*) dem
skr. *bôďámi* ich weifs (aus *baúďámi*, Caus. *bôďáyámi*
ich mache wissen) entspricht, während das Praet. *bauth*
(euphonisch für *baud*) zu *bubôďa* stimmt, und der Plural
des Praet. *budum* zu *bubuď-i-má*.

28. Zur Unterstützung meiner *Guṇa*-Theorie, soweit die
germanischen Sprachen dabei betheiligt sind, dient auch die
Erscheinung, dafs diejenigen Substantive und Adjective, welche
mit vocalwechselnden Verben im Zusammenhang stehen,
zum Theil in ihrer Stammsylbe denjenigen Vocal zeigen,

den ich im Vorhergehenden als den wahren **Wurzelvocal**
dargestellt habe; während das Praesens des verwandten
Verbums einen durch *i* gunirten, oder auch einen von *a* zu
i geschwächten Vocal hat.   So stehen z. B. den Verben
driusa ich falle (praet. *draus*, plur. *drusum*), *fra-liusa* ich
verliere (*-laus*, *-lusum*), *ur-reisa* (= *ur-risa* aus *ur-riusa*)
ich stehe auf (*ur-rais*, *ur-risum*), *vrika* ich verfolge
(*vrak*, *vrêkum*) *) die Substantive *drus* Fall, *fra-lus-ts* Verlust, *ur-ris-ts* Auferstehung, *vrakja* Verfolgung zur
Seite, welche man unmöglich vom Praeteritum — und
zwar die drei ersten vom Plural des Praet. und das letzte
vom Singular desselben — ableiten kann; wie man auch
solche Substantive und Adjective, welche entweder durch *a*
gunirt sind, oder auch eine Schwächung von *a* zu *u* zeigen,
nicht aus einer auf gleiche Weise gestärkten oder geschwächten Form des Praeteritums ableiten kann; also z. B. *laus* (them.
lausa) nicht von dem, im einfachen Zustande unbelegbaren
Sing. *laus*; *staiga* Steig nicht von *staig* ich stieg, *allbrun-s-ts* Brandopfer, ὁλοκαύτωμα, nicht etwa von *brun-
num* wir brannten oder *brunnjau* ich brännte. Eben so
wenig kann man im Sanskrit etwa *b̌ḗda-s* Spaltung von
bib̌ḗda ich oder er spaltete; *krṍda-s* (aus *kraúda-s*)
Zorn von *ćukrṍda* ich zürnte, er z., und dagegen *b̌idā́*
Spaltung von *bib̌id-i-má* wir spalteten (praes. *bi-
nádmi*, plur. *bindmás*) und *krudā́* Zorn von *ćukru-
d'-i-má* wir zürnten (praes. *krṍd'-á-mi*) ableiten. Im
Griechischen ist z. B. λοιπός in derselben Weise gunirt wie
λέλοιπα, was keinen Grund gibt, es davon abzuleiten; zu
στοῖχος fehlt eine analoge Form des primitiven Verbums;
es stimmt aber hinsichtlich seiner Wurzel und Gunirung
zum eben erwähnten goth. *staiga* (Wz. *stig*).   Die entsprechende skr. Wurzel ist *stig̓* ascendere, welche auch im
Litauischen, Slavischen und Keltischen ihre Spröfslinge hat. *)

---

*) Skr. *vrag̓* gehen.

**) S. hierüber mein Glossarium Sanscritum (a. 1847) p. 385.

29. Die sanskritische *Vriddhi*-Steigerung (s. §. 26) erzeugt ऐ *ái*, vor Vocalen आय् *áy*, aus *i, í, é* (aus *ai*); औ
áu, vor Vocalen आव्, aus *u, ú, ô* (= *au*), und आर् *ár* aus
ऋ *r*, oder vielmehr aus dessen Urform *ar*; eben so आ *á* aus
einfachem *a*. Diese Steigerung ist, abgesehen von gewissen
Klassen abgeleiteter Substantive und Adjective, welche den
Vocal der Anfangssylbe des Stammwortes vriddhiren —
z. B. *yáuvaná-m* Jugend von *yúvan* jung (them.), *hái-
má-s* golden von *hêmá-m*, aus *haimá-m* Gold; *rágatá-s* silbern aus *ragatá-m* Silber — auf vocalisch
endigende Wurzeln beschränkt. Diese steigern, unter an-
dern im Causale, den Wurzelvocal durch *Vriddhi*, daher z. B.
srâv-áyá-mi (euphonisch für *sráu-áyá-mi*) ich mache
hören, von *sru*; *náy-áyá-mi* ich mache führen, von *ní*.
Die europäischen Schwestersprachen nehmen an dieser Art
von Steigerung sehr wenig Antheil. Doch stützt sich auf
das eben erwähnte *srâv-áyámi* höchst wahrscheinlich das
lat. *clâmo*, aus *clâvo* (s. §. 20 p. 38) und das griech. κλάω weinen als hören machen, welches letztere sich unter andern
durch das Fut. κλαύσομαι als Verstümmelung von κλᾶϝω erweist,
wie oben (p. 11) νᾱός = skr. *nâvás*, als solche von νᾱϝός.
Das ι der Form κλαίω läfst sich mit dem skr. *y* von *srá-
vayámi* vermitteln und das Ganze als Verstümmelung von
κλᾶϝjω fassen. Vom Litauischen gehört *slowiju* (–◡◡) ich
rühme (vgl. κλυτός, skr. *ví-sru-ta-s* berühmt) hierher,
vom Altslavischen unter andern *slava* Ruhm, wobei zu
bemerken, dafs slavisches *a*, wenngleich kurz, gewöhnlich
auf ein skr. langes *á* sich stützt.

30. Wir gehen nun zur Darlegung der Şend-Schrift
über, welche, wie die Semitische, von der Rechten zur Lin-
ken sich bewegt, und deren Verständnifs durch Rask sehr
schätzbare Berichtigungen erhalten hat, die der Sprache ein
natürlicheres und mit dem Sanskrit in genauerem Einklang
stehendes Ansehen geben; während nach Anquetil's Aussprache, besonders bei den Vocalen, viel Heterogenes mit
einander vermengt ist. Wir folgen der Ordnung des skr.

Alphabets, indem wir angeben, wie jeder Buchstabe desselben im ›Send vertreten ist. — Das skr. kurze 𑀅 *a* ist doppelt vertreten: erstens durch ᴡ, welches Anquetil wie *a*
oder *e*, Rask aber, gewifs mit Recht, blofs wie *a* aussprechen läfst. Zweitens durch ξ, welches Rask wie ein kurzes dänisches *œ*, oder wie das kurze deutsche *ä* — z. B. in
Hände — und wie das französische *e* in *après* auszusprechen lehrt. Ich halte dieses ξ für den kürzesten Vocal, und
gebe es durch *ĕ*. Man findet es oft eingeschoben zwischen
zwei im Sanskrit verbundene Consonanten, z. B. ᴡᴡξⁱᴡᴅᴡᴅ
dadarĕśa (Praet. redupl.) für das skr. *dadárśa* er oder
ich sah, ᴅᴡᴡξξᴅᴡᴅ *dadĕmahî* (V.S. p. 102) wir geben
für die Vêda-Form दद्मसि *dadmási*. Auch einem ursprünglich schliefsenden *r* wird immer dieses kürzeste *e* beigefügt;
so stehen z. B. ξⁱᴡᴩᴡᴡ *antarĕ* zwischen, ξⁱᴡᴩᴡᴡᴅ
dátarĕ Schöpfer, ξⁱᴡᴅᴅᴇᴡ *hvarĕ* Sonne für die entsprechenden Sanskrit-Formen *antár*, *dátar*, *svàr* Himmel.
Bemerkt zu werden verdient noch, dafs vor einem schliefsenden ς *m* und ι *n* immer, und häufig auch vor einem
mittleren vocallosen ᴩᴇ *n*, das alte 𑀅 *a* zu ξ *ĕ* wird. Man
vergleiche z. B. ςξⁱᴝᴅᴇᴡ *puthrĕ-m* filium mit पुत्रम् *putrá-m*, ιξᴇᴡᴊᴇ *aṇh-ĕn* sie waren mit आसन् *ásan*, ἦσαν;
ςξᴩᴇᴡξᴇᴡ *hĕnt-ĕm* den seienden mit सन्तम् *sánt-am*,
prae-sentem, *ab-sentem*. — Das lange *a* (*á*) wird ᴡᴡ geschrieben.

31. Anquetil führt in seinem Alphabet einen in der
Schrift von dem eben besprochenen ξ *ĕ* nur wenig. abwei-
chenden, aber doch im Gebrauch regelmäfsig von demselben
unterschiedenen Buchstaben gar nicht auf, nämlich ϝ, welchem Rask die Aussprache eines langen dänischen *œ* gibt.
Im Pársi bezeichnet es in der Regel das lange *e*[*]), und wir
dürfen ihm unbedenklich auch im Send diese Aussprache
zuschreiben. Ich übertrage es jedoch durch *e* ohne diakritisches Zeichen, um es hierdurch sowohl vom ξ *ĕ* als vom ᴍ *ê*

---

[*]) S. Spiegel, Grammatik der Pársi-Sprache p. 22 f.

zu unterscheiden. Wir finden diesen Vocal am häufigsten
in dem Dipthong ⟩ʄ *eu*, einem der Vertreter des skr. स्रो *ó*
(aus *au*), namentlich vor schliefsendem ᴠ *s*, z. B. in Genitiven wie ᴠᴑʄᴣᴠᴡ *paśeus* = skr. पशोस् *paśós* vom
Stamme पशु *paśú* Thier; gelegentlich auch vor schliefsendem ᴢ *d* im Ablativ der *u*-Stämme. Dies hindert uns jedoch
nicht anzunehmen, dafs auch in dieser Verbindung das ʄ ein langes *e* vertrete, da auch das Anfangs-Element des skr. Diphthongs
é = *ai* im Send häufig durch einen entschieden langen Vocal
vertreten ist, nämlich durch ⟨ *ó*. Aufserdem erscheint ʄ
häufig in weiblichen Dativen von Stämmen auf *i*, wo ich
den Ausgang ᴧᴑʄ *eê* als Zusammenziehung von *ayê* fasse, so
dafs in dem ʄ das *a* von *ayê* nebst dem folgenden Halbvocal, vocalisirt zu *i*, enthalten sei. *) — In denjenigen Theilen des Yaśna, welche einem, auch durch andere Eigenthüm-
lichkeiten vom gewöhnlichen Send sich auszeichnenden Dialekt angehören, findet man auch ʄ als Vertreter des skr. *á*,
und es mag in diesem Gebrauche mit dem griech. η und
dem lat. *ê*, wo dieses für ursprüngliches *á* steht (s. §. 5),
verglichen werden. Dieses *á*-vertretende ʄ findet man namentlich vor einem schliefsenden Nasal (*n* u. *m*) im Potentialis des Verb. subst., wo ʄʄᴣᴣᴡ *q'yem* dem skr. *syám*
ich sei (s. p. 63), griech. εἴην (aus ἐσιην), lat. *siem* (für *siêm*,
bei Plautus), und ʄʄᴣᴣᴡ *q'yen* sie seien dem skr. *syus*
(aus *syánt*) gegenübersteht, während in *q'yád* er sei, *q'yámá*
wir seien, *q'yátá* ihr seiet das alte skr. *á* von *syát*,
syáma, *syáta* sich behauptet hat. — Wo ʄ vor den mit
b anfangenden Casus-Endungen der Stämme auf *aś* für skr.
स्रो *ó* steht, — z. B. in ᴠᴑᴣʄʄᴧᴕ *manebís* (instr. pl.) für
skr. *mánóbis* — kann es so erklärt werden, dafs das *a*

---

*) Ich habe mich schon in der ersten Ausgabe (p. 305 Anm.**)
in Abweichung von einer früheren Erklärung (p. 196) in obigem
Sinne ausgesprochen und dabei an ähnliche Zusammenziehungen in
präkritischen Formen wie *éintémi* ich denke für skr. *éintáyámi*
erinnert.

des Diphthongs *au* (der Urform von *ô*), zum Ersatz des
unterdrückten *u*, in *e*-Gestalt verlängert sei *), während in
dem oben (p. 56) erwähnten Diphthong ⟩ʿ *eu* ein langes *e*
das skr. kurze *a* vertritt. Auf demselben Princip wie das ʿ *e*
von Formen wie *maneûis*, beruht auch das gelegentlich,
doch nur bei einsylbigen Wörtern, am Wort-Ende erscheinende ʿ *e*, namentlich in ʿ⊂ *ye* welcher, ʿ₉ *ke* wer?
und in den pluralen Nebenformen des Genit. und Dat. der
Pronomina der ersten und zweiten Person (1. P. ʿǀ *ne*, 2. P.
ʿ⅘ *ve*) statt der gewöhnlichen Formen ⅄⊂ *yô* etc. aus *yas*
(s. §.56). Man vergleiche mit diesen Formen auf ʿ *e* das
im Mâgadha-Dialekt des Prâkrit im Nom. sg. der männlichen
Stämme auf *a* erscheinende 乙 *ê*, statt des gewöhnlichen
आ *ô* **)

32. Kurzes und langes *i* sind, wie kurzes und langes
u, durch besondere Buchstaben — ﻭ *i*, ﻭﻭ *î*, ﻭ *u*, ﻭ — vertreten. Anquetil gibt jedoch dem ﻭ *i* die Aussprache *e*,
und dem ﻭ *u* die von *o*, während nach Rask nur ⅄ wie
kurzes *o* ausgesprochen werden soll. Im Pârsi hat ⅄ *o* mit
einem der Aussprache nach vorangehenden ﻭﻭ *a* (⅄ﻭﻭ) die
Bestimung, den Diphthong *au* auszudrücken (Spiegel l. c.
p. 25), z. B. in ﻭﻭﻭﻭﻭﻭﻭ = نَوْتَرْ *nautar*. Da nun das
şend. ⅄, abgesehen von fehlerhaften Schreibarten, ***) nur in

---

*) Ich war früher anderer Meinung (erste Ausg. p. 315), indem
ich annahm, dafs das skr. *ô* als Ganzes zu ʿ *e* geworden sei. Der
Umstand aber, dafs, was ich damals nicht berücksichtigte, die Zusam-
manziehung von *au* zu *ô* im Sanskrit verhältnifsmäfsig jnng ist
(s. §. 3. Anm.) veranlafst mich jetzt, der obigen Auffassung den Vorzug zu geben, obwohl noch eine dritte Erklärung möglich ist, nämlich die, dafs das *u* des Diphthongs *au* sich zu *i* geschwächt habe, und
dieses mit dem *a* zu ʿ *e* zusammengeflossen sei.

**) S. Lassen, Inst. l. Prâcr. p. 394 u. Hoefer De Prâkr. dial.
p. 122.

***) Im lithographirten Codex des Vendidad Sadé sind die Ver-
wechslungen zwischen ⅄ *o* und ⅄ *ô* aufserordentlich häufig.

Verbindung mit einem vorhergehenden ‿ *a* vorkommt, und
da auch im Altpersischen, d. h. in der Sprache der Achä-
meniden, dem sanskritischen, aus *au* zusammengezogenen
Diphthong आ *ó* überall das ursprüngliche *au* gegenübersteht,
(s. p. 8), so kann ich jetzt nicht mehr mit Burnouf annehmen, daſs sowohl ৬ *o* als ৡ *ó* etymologisch dem skr. आ *ó*
entspreche, sondern ich glaube, daſs das Ṣend am Anfange
und im Innern der Wörter die ursprüngliche Aussprache
des Diphthongs आ *ó* bewahrt, und nur am Ende die Zusammenziehung zu *ó* (৬) erfahren habe, doch so, daſs statt
ৡ *ó* vor einem schlieſsenden ‿ *s* meistens, und zuweilen
auch vor einem schlieſsenden ᢱ *ḍ* der oben (§. 31) besprochene Diphthong ⟩ᶜ *eu* steht, der eben so wie das griech. *ευ*
aus der Zeit stammt, wo das skr. आ *ó* noch wie *au* gesprochen wurde. Es sind demnach z. B. ৡᢱᢲ‿ Stärke
(= skr. *ó'gas*, vor tönenden Buchstaben *ó'gó*), ᢱৡ‿⟩ᶜᢱᶜ
er machte (= vêd. *ákṛṇót*), ᢱৡ‿⟩ᶜ er sprach (skr.
ábravît für *ábrót*, Wz. *brû*) wie *auṣó, kĕrĕnauḍ,
mrauḍ* auszusprechen. Mit ᢱৡ‿⟩ᶜᢱᶜ *kĕrĕnauḍ* vergleiche man hinsichtlich seiner Endung das altpersische
ak'unauš'.[*)] Dagegen erscheint zuweilen in der Mitte eines

[*)] Sollte ich Unrecht haben, dem ṣend. ৬‿ die Aussprache *au* zu
geben, so glaube ich doch ganz entschieden daran festhalten zu müssen,
daſs ‿ und ৬ in dieser Verbindung nur Eine Sylbe, also einen Diphthong bilden, und daſs nicht, wie früher angenommen wurde, hier
das ‿ *a* ein dem skr. Diphthong *ó* vorgeschobener Vocal, und ৬ *o*
etwa die Kürzung des gedachten *ó* (आ) sei; sondern jedenfalls ist
jenes *a* identisch mit dem im skr. Diphthong *ó* (aus *au*) enthaltenen Vocal *a*, und das ৬ *o* seinem Ursprung nach identisch mit dem
Schluſstheile des altpers. Diphthongs *au*, und mit dem etymologisch in
dem skr. *ó* enthaltenen *u*. Man hat also, meiner Überzeugung nach,
nur die Wahl, entweder anzunehmen, daſs der ursprüngliche Diphthong *au* im Ṣend am Anfange und im Innern der Wörter sich ganz
unverändert behauptet habe, oder daſs er sein schlieſsendes *u* zu *o*
habe entarten lassen, ungefähr wie im Althochdeutschen das einfache
gothische *u* sehr häufig zu *o* geworden ist. Gewiſs ist, daſs *ao* als

Wortes ⳤ *ô* als euphonische Umwandlung eines *a* durch den
Einfluſs eines vorhergehenden *v* oder *b*, namentlich in ⳡⳤ
vôhu (auch ⳡⳤ nach §. 56ᵃ⁾) gut, trefflich, als Subst.
neut. Reichthum (aus dem skr. *vásu*), und in ⳤⳡ
ubôyô amborum, aus उभयोस् *ubáyôs*. Auch das ⳤ *ô*
von ⳡⳤ *pôuru* ist vielleicht durch den Einfluſs des vorangehenden Labials aus *a* erzeugt. Über das dem *r* vorge-
schobene *u* s. §. 46. Die entsprechende skr. Form ist *purú*,
aus *parú*. — Der skr. *Vriddhi*-Diphthong आै *âu* ist meistens durch ⳡ *âo* vertreten; zuweilen aber auch durch
ⳡ *âu*, namentlich in dem sehr häufig vorkommenden Nominat. ⳡ *gâus* Kuh = skr. गौस्.

33. Dem sanskritischen Diphthong ए *ê* entspricht das
ṣendische ⳡ, wofür, besonders am Ende der Wörter, auch ⳡ
geschrieben wird. Wir übertragen es wie das skr. ए durch
ê. Dieser Diphthong kommt aber im Ṣend für sich allein
nur am Ende der Wörter vor, wo jedoch auch ⳤ *ôi*, welches besonders hinter einem vorhergehenden *y* beliebt ist,

----

Diphthong gesprochen, von *au* der Aussprache nach sehr wenig
unterschieden ist. Wenn in der Schrift ⳤ *ô* von ⳡ *o* nur durch ein
untergesetztes Zeichen sich unterscheidet, wodurch gewöhnlich die
Vocallänge angedeutet wird, — namentlich bei ⳡ *î* und ⳡ *û* gegenüber dem kurzen ⳡ *i* und ⳡ *u* — so kann daraus nicht mit Sicherheit
gefolgert werden, daſs nothwendig ⳡ nur die Kürze des ⳤ sein
müsse; denn man könnte auch bei der Feststellung der Schrift zum
Ausdrucke des Lautes *ô* sich so geholfen haben, daſs man einem für
den *u*-Laut bestimmten Buchstaben ein diakritisches Zeichen, welches
sonst die Länge ausdrückt, untergesetzt habe. Wie wenig man aus
dem Entwickelungsgang der Schrift überall sichere Folgerungen in
Betreff der Aussprache ziehen kann, sieht man unter andern daraus,
daſs die skr. Dêvanâgarî-Schrift den Diphthong *ái* durch zwei *ê*-Zei-
chen ausdrückt, und zwar am Anfang einer Sylbe durch ए, und am
Ende durch ऐ. Diese Schreibung rührt offenbar von der Zeit her,
wo ए und ऐ noch wie *ai* ausgesprochen wurden, so daſs man also
durch *aiai* denjenigen Diphthong ausdrückte, in welchem ein langes
â mit *i* sich zu einem Laut vereinigt hat.

als etymologischer Vertreter des skr. *ए é* erscheint; daher
z. B. ﺳﻴﻮ *yói* welche (pl. masc.) für skr. ऐ *yé*, ﻣﻴﺪﻳﻮ
maid'yói in der Mitte für skr. *mád'yé.* — Vor schliefsendem
ﺱ *s* und ﺩ *d* steht regelmäfsig ﺳﻲ für skr. *é*; daher z. B.
baróid für skr. *bárét* er trage; *patóis* domini für. skr.
patés (am Ende von Compp.). Man vergleiche mit *patóis*
hinsichtlich der Länge des ersten Gliedes des Diphthongs die
altpersischen Genitive auf *áis´* von Stämmen auf *i*[*]). In
dem oben (p. 56) erwähnten Dialekt findet man auch ohne
die Veranlassung eines vorhergehenden *y* oder schliefsenden
s oder *d*, ﺳﻲ *ói* für skr. *é*, z. B. in *mói, tói* des Genitiv-
Dativ der Pronomina der 1sten und 2ten P. für skr. *mé, té*;
in *hói* ejus, ei (etymologisch *sui, sibi*) für das im Sanskrit
vorauszusetzende, im Pråkrit wirklich bestehende ऐ *sé* (aus
स्वे). — Am Anfange und im Innern der Wörter steht
regelmäfsig ﺭﻭﺱ für skr. *ए é.* Ich verzichte jedoch auf die
früher in Übereinstimmung mit Burnouf gehegte Ansicht,
dafs das *a* dieses ﺭﻭﺱ ein dem skr. *é* vorgeschobener Vocal
sei, sondern ich erkenne darin jetzt das *a* des ursprünglichen Diphthongs *ai*, in derselben Weise, wie nach §. 32 in
dem *a* von ﺏﺱ das *a* des ursprünglichen Diphthongs *au*
enthalten ist. Das ganze ﺭﻭﺱ betrachte ich als Ausdruck
des Diphthongs *ai*, welcher auch, was wichtig ist zu beachten, im Pársi regelmäfsig ﺭﻭﺱ geschrieben wird (Spiegel
p. 24), während in der Dêvanágari-Schrift des Sanskrit,
woran oben erinnert worden (p. 59 Note), der *i*-Laut des
Vriddhi-Diphthongs *ái* durch ॆ (d. h. *é* ursprünglich *ai*) und
das ganze *ái* durch doppeltes *é* (ए, ॆ) bezeichnet wird.
Fassen wir nun im Send ﺭﻭﺱ als Bezeichnung des Diphthongs *ai*, so verschwinden aus dieser Sprache die sehr bar-
barisch klingenden Formen wie *aêtaês´aǹm* horum für skr.
एतेषाम् *étés´ám* (ursprünglich *aitais´ám*); denn wir lesen
jetzt ﻏﻳﻭﺱﺭﻭﺱ wie *aitais´aǹm* und fassen den Demonstrativstamm ﻭﺭﻭﺱ phonetisch und etymologisch als

---

[*]) S. Monatsbericht der Ak. d. Wiss. März 1848 p. 136.

identisch mit dem altpersischen *aita,* wofür im Sanskrit nach
der jetzt üblichen Aussprache *êtá* (एत). Auch am Ende der
Wörter hat sich im Send der in Rede stehende Diphthong
in seiner ursprünglichen Aussprache *ai* (ⱳⱳ) behauptet,
wenn demselben die enklitische Partikel *ĉa* und zur Seite
tritt; daher z. B. ⱳⱳⱳⱳⱳⱳ *ratwaiĉa* dominoque im
Gegensatze zu dem einfachen *rathwê.* Hierbei ist zu beachten, dafs das angehängte *ĉa* auch in manchen anderen
Beziehungen die ursprüngliche Endung des vorhergehenden
Wortes in Schutz nimmt und sowohl die in §. 31 erwähnte
Zusammenziehung von ⱳⱳⱳⱳ *ayê* zu ⱳⱳ *eê* hindert, als
auch die Entartung von *aŝ* zu *ô* (s. §. 56). — Wenn nun
der uralte Diphthong *ai* nach unserer Auffassung im Send
ein doppeltes Schicksal erfahren hat, indem er am Anfange
und in der Mitte sich behauptet, am Wort-Ende aber zu *ê*
sich zusammengezogen hat, so darf man daran um so weniger Anstofs nehmen, als eine analoge Erscheinung im
Althochdeutschen stattfindet, wo das gothische *ai* in den
Wurzelsylben sich in der Form *ei* zeigt, während in den
auf die Wurzel folgenden Sylben das alte *ai* sich zu *ê* zusammengezogen hat, welches sich aber als Endbuchstabe,
wenigstens bei mehrsylbigen Wörtern, gekürzt hat.

34. Betrachten wir nun die sendischen Consonanten,
und zwar zuerst, um der sanskritischen Ordnung zu folgen,
die Gutturale. Diese sind: ⱳ *k*, ⱳ *k'*, ⱳ *q'*, ⱳ *g*, ⱳ *ǵ*. Die
Tenuis ⱳ *k* erscheint blofs vor Vocalen und dem Halbvocal
v; in anderen Stellungen ist durch den Einflufs des folgenden Buchstaben eine Aspirata aus der ursprünglichen, im
entsprechenden Sanskritwort sich findenden Tenuis erzeugt
worden. Hiervon später mehr. — Den 2ten Buchstaben
dieser Klasse (ⱳ *k'*) habe ich früher als eine Modification der
Tenuis aufgefafst und durch *c* übertragen; wobei ich jedoch
in §. 34 der 1sten Ausgabe auch mehrere Gründe angegeben
habe, die zu Gunsten der Ansicht sprechen, dafs ⱳ eine
Aspirata sei, wofür es auch von **Anquetil** und **Burnouf**

gehalten wird.*) In ﺍﻭﻻﻮﺝ *kara* Esel und ﺝﺍﻮﻭﺯﺭ *haki*
Freund entspricht es wirklich dem skr. ख़ der gleichbedeutenden Stämme खर *kára*, सखि *sáki*. Wo das send. ﺝ
vor Liquiden oder Zischlauten einem skr. क *k* gegenübersteht, da verdankt es seinen Ursprung dem rückwirkenden
aspirirenden Einfluſs der genannten Buchstaben, z. B. in
ﺍﻭﻭﻻﺝ *krus* schreien, ﺝﺭﻭﺝ *ksi* herrschen, ﺍﻭﻭﻭﺝﺭ
uksan Ochs, für skr. क्रुश् *krus*, क्षि *ksi*, उक्षन् *uksán*. —
Wenn das skr. *k* vor den mit *t* anfangenden Suffixen im
Send zu ﺝﺝ *k* geworden ist — z. B. in ﺝﺭﻭﺝﺭﻭ *hikti* Be-
gieſsung für skr. सिक्ति *sikti* — so stimmt dies zu der
Erscheinung, daſs im Neupersischen vor ت *t* nur Aspiratae
für ursprüngliche Tenues vorkommen, z. B. in پخــتن *pukh-*
-ten kochen, von der skr. Wz. पच् *pać*, aus *pak*; تافتن
táf-ten anzünden, von तप् *tap* brennen; خفتن *khuf-*
-ten schlafen, von स्वप् *svap*. Von einer ähnlichen Erscheinung in den germanischen Sprachen später.

35. In ﺝﺝ erkenne ich mit Anquetil und Rask eine
gutturale Aspirata,**) wofür ich jetzt in lateinischer Schrift
q' (früher *kh*) setze, zur Unterscheidung von dem organischen
ﺝ *k* = skr. क *k*. Wie sich der Aussprache nach die Buchstaben ﺝ und ﺝﺝ unterschieden haben, ist nicht möglich
genau zu bestimmen. Daſs aber ﺝﺝ wirklich eine Aspirata
sei, wird unter andern schon dadurch wahrscheinlich, wenn
nicht gewiſs, daſs es in allen vergleichbaren Formen im
Neupersischen durch خ oder خــ vertreten ist, wobei jedoch
das و in der Aussprache übersprungen wird, was nicht hindert anzunehmen, daſs es ursprünglich auch phonetische Geltung hatte, wie auch vielleicht das sendische ﺝﺝ ursprünglich
vorherrschend wie *kv* gesprochen worden ist, da es in etymologischer Beziehung fast überall der sanskritischen Laut-

---

*) Rask gibt ﺝ durch *q*.

**) Burnouf umschreibt ﺝﺝ durch *q* und ist geneigt, darin eine
Verstümmelung, oder ursprünglich einen wirklichen Ausdruck von
kv zu erkennen (Yaçna Alphabet Zend p. 73).

gruppe ᴄᴏᴌ *sv* gegenübersteht, obwohl eigentlich *hv* die gesetzmäfsige Vertretung des skr. *sv* ist (s. §. 53). Es verhält sich also ᴍ *q'* zu ᵱᴇᴠ *hv* (abgesehen von dem *v*, dessen das ᴍ *q'* verlustig gegangen ist) ungefähr wie unser deutsches *ch* zu *h*, für welche beiden Laute das Gothische nur einen Buchstaben, nämlich *h* hat, der z. B. in *nahts* Nacht dem *ch* unseres *Nacht* gegenüber steht. Jedenfalls berechtigt die Verwandtschaft des send. ᴍ mit ᵱᴇᴠ *hv* die Annahme, dafs ᴍ ein aspirirter Consonant sei. Ein häufig vorkommendes Wort, in welchem dieser Buchstabe etymologisch das skr. *sv* vertritt, ist ᴠᴍ *q'a*, erstens als Reflexivstamm in dem Compos. *q'a-d'áta* durch sich selbst geschaffen*), zweitens als Possessivum (*suus*), wofür auch *hva* vorkommt. Andere Beispiele mit ᴍ *q'* für skr. *sv* sind: *q'anha* Schwester, acc. *q'anharém* = skr. *svásá*, *svásáram*, pers. خواهر *kháher*; *q'afna* Schlaf = skr. *svápna* Traum (vgl. pers. خواب *kháb* Schlaf). — Auch vor *y* findet man ᴍ *q'* als Entartung des skr. *s* **), doch nur an Stellen, welche einem besonderen Dialekte angehören (s. p. 56). Beispiele sind: ᴄᴊᴊᴍ *q'yem* ich sei für skr. *syám*; ᴍᴊᴊᴍ *spéntaq'yá* sancti, mit *q'yá* als Genitiv-Endung für die skr. Endung *sya*. Diese und analoge Formen sind mir darum wichtig, weil *y* zu den Buchstaben gehört, welche einen aspirirenden Einflufs auf eine folgende Muta üben (s. §. 47), so dafs die Erscheinung des ᴍ vor ᴊᴊ *y* beweist, dafs es eine Aspirata sei, und somit unpassend durch blofses *q* dargestellt wird. Auch finden sich graphische Verwechslungen zwischen ᴡᴋ *k* und ᴍ *q'*, wie denn das eben erwähnte *spéntaq'yá* nach Burnouf (Yaçna Notes p. 89) in allen Handschriften, mit Ausnahme des lithographirten Codex, ein ᴡᴋ *k* für ᴍ *q'* zeigt. Die gewöhnliche Vertretung der skr. Genitiv-Endung *sya* ist *hê*.

---

*) Hierauf stützt sich das persische خدا *khudá* Gott. Im Sanskrit ist *svayam-b'ú* (wörtlich durch sich selbst seiend) ein Beiname Vischnu's.

**) S. Burnouf Yaçna, Notes p. 84 ff.

36. Der gutturalen Media (ग्) und ihrer Aspirata (घ्)
entsprechen ৩ *g* und ৯ *ǵ.* Das skr. घ् *ǵ* hat aber im
Send zuweilen die Aspiration abgelegt, wenigstens entspricht
ৢৡ৲ৢ৩ *garêma* Hitze dem skr. घर्म *ǵarmâ;* dagegen
entspricht ৢ৸ৢ *ǵna* in ৢ৸ৢ৲৲ৡ৲ৢ *věrêt́ragna* sieg-
reich dem skr. घ्न *ǵna* am Ende von Compositen, z. B. in
शत्रुघ्न *s̀atru-ǵna* Feind-Tödter. Das ṣend. ৢ৸ৢ৲৲ৡ৲ৢ
věrêt́ragna bedeutet gleich dem in demselben Sinne eben
so häufig gebrauchten ৲ৢ৸ৢ৲ৡ৲ৢ *věrêt́ra-ǵan* eigentlich Vritra-Tödter, und beweist einen Zusammenhang
der ṣendischen und indischen Mythologie, der aber, wegen der
im Ṣend verdunkelten Bedeutung der genannten Wörter und
wegen der Vergessenheit der alten Mythen, nur noch sprach-
lich fortbesteht. Vritra-Tödter ist einer der gewöhnlichsten Ehrentitel des Fürsten der unteren Götter Indra, der
von seiner Erlegung des Dämonen Vritra, vom Geschlechte
der Dánava's, diesen Namen führt. — Von den Nasalen
werden wir im besonderen handeln (§. 60 ff.).

37. Von den sanskritischen Palatalen besitzt das Ṣend
nur die Tenuis, ৩ *ć* = च्, und die Media, ৲ৢ *ǵ* = ज्. Die
Aspiratae fehlen, was hinsichtlich des झ *ǵ́,* welches auch
im Sanskrit von höchst seltenem Gebrauch ist, nicht befremden kann. Für छ *ć̀* aus *sk* (s. p. 26) zeigt das Ṣend
meistens ৶ *s̀,* so dafs von der Lautgruppe *sk* nur der Zischlaut sich behauptet hat, daher z. B. ৶ৡ৲৩ *pěrěs̀* fragen
für प्रच् *prać̀,* ৲৸৶৶ৢ৲ৢ *ǵas̀aiti* er geht für गच्छति
gáć̀ati. Man beachte in letzterem Beispiele, sowie in der
Wz. ৢৢ৲ৢ *ǵam* gehen für skr. गम् *gam,* die Entartung des
ursprünglichen Gutturals zu *ǵ,* was nicht befremden kann,
da auch das skr. ज् *ǵ* überall aus einem ursprünglichen *g*
hervorgegangen ist (s. §. 14). Ein anderes Beispiel von
ṣend. *ǵ* für skr. ग् *g* liefert die Wz. ৩ৢ৲ৢ *ǵad* sprechen
für skr. गद् *gad.* Für skr. ज् *ǵ* findet man im Ṣend auch
ৢৡ *ṣ* und ৶৩ *s̀,* ersteres z. B. in der Wurzel ৲ৢৡ *ṣan* erzeugen für skr. जन् *ǵan;* letzteres in ৲৲৩ৢ *s̀ěnu* Knie für
skr. *ǵánu,* und in der Wz. ৢৢ৲৩ৢ *s̀ná* wissen für skr.

श्ना *gṅā*. Diese Erscheinung ist so zu fassen, daſs sich von der Lautgruppe *dṣ'* oder *dṣ'*, welche der Aussprache nach in *ǵ* enthalten ist, in den erwähnten Ṣendformen nur der Zischlaut erhalten hat, entweder als ṣ *ṣ* oder als ﻉ *ṣ'*. — Wir kehren zum skr. च् *č* zurück, um zu bemerken, daſs dieser aus *sk* entsprungene Laut im Ṣend gelegentlich auch die ursprüngliche Lautgruppe vollständig erhalten hat, namentlich in dem Abstractum ﻮﻗﻮﻋﺠﻮ *ṡkěnda*, wenn Burnouf („Études" p. 420), wie ich kaum zweifle, Recht hat, diesen Ausdruck, welchen Nériosengh an der betreffenden Stelle des Yaśna durch भङ्ग *b'aṅga* Bruch, Brechung übersetzt, mit der skr. Wurzel छिद् *č'id* spalten (s. §. 14) zu vermitteln. Ich lese darum mit den Handschriften und dem lithographirten Codex *ṡkěnda* (nicht mit Burnout *ṡkanda*), da man vom ursprünglichen *i* leichter zu *ě* als zu *a* gelangt. *) Ein anderes Wort, worin wahrscheinlich ṣendisches *ṡk* einem skr. च् *č* gegenübersteht, ist ﻮﻗﺠﻮﻮ *yaṡka* (nach Anquetil „désir"), welches Burnouf (l. c. p. 332) aus der skr. Wz. *iṣ'* wünschen erklärt, ohne sich über das Verhältniſs von *ya* zu *i* auszusprechen. Man kann eine umstellte Guṇirung annehmen (also *yaṡka* aus *aiṡka*) wenn nicht umgekehrt das skr. *iṣ'* und die Nebenform *ič'* (aus *iṡ'k* und dieses aus *iṡk*) eine Zusammenziehung von *ya* zu *i* erfahren haben, in derselben Weise wie z. B. von *yaǵ* opfern das Part. perf. pass. *iṣ'ṭá* kommt. Wie dem aber auch sei, so glaube ich bei der in Rede stehenden Wurzel die Nebenform इच् *ič'* insofern als die Hauptform ansehen

---

*) Die Bedeutung „Spaltung" paſst an der betreffenden Stelle sehr gut (*kěrěnůidi ṡkěnděm sě manō* spalte sein Herz, wörtlich mache Spaltung sein (*ejus*) Herz, nach Nériosengh, dessen Übersetzung an dieser Stelle vortreffliche Dienste leistet, *b'aṅgaṅ tasya manasah kuru* d. h. Bruch von dessen Herzen mache. Was den Nasal des ṣend. Abstractums anbelangt, so gehört er dem skr. und lat. Specialthema *č'ind* (scind) an. Hinsichtlich des ç für skr. *i* vor *n* erinnere ich an das Verhältniſs von *hěndu* Indien für skr. *sindu*.

I. 5

zu dürfen, als uns ihr *ŝ* zu der Lautgruppe *sk* hinleitet, die
auch in dem althochd. *eiscôn* fordern etc. (s. Graff I.
p. 493) enthalten ist, welches Pott passend mit *iŝ* vermittelt hat (Et. Forsch. I. p. 269), und wozu auch das altnord.
œskja, angels. *œscjan*, engl. *to ask*, das litau. *jêŝkóju* ich
suche, russ. *iskatj* suchen und keltische (gaelische) *aisk*
„*a request, petition*" gehören. Da es aber den germanischen
Sprachen an einem entsprechenden starken Verbum fehlt,
woraus man erkennen könnte, was ihnen bei dieser Wortfamilie streng genommen als Wurzel gilt, so könnte man
auch das ahd. *eiscô* ich fordere als Denominativum von
eisca Heischung, angels. *œsca* frage fassen und das Suffix
dieser Substantive, abgesehen vom Geschlecht, mit dem des
şend. *yaŝka* vermitteln, wenn man in dem letzteren mit
Burnouf wirklich ein Suffix *ka* erkennen will.   Ich theile
aber lieber *yaŝk-a*, weil wir über das *k*, wenn wir das *ŝk*
mit dem skr. *ŝ* von *iŝ*, aus *isk*, vermitteln, nicht in Verle-
genheit sind, und weil *a* im Sanskrit ein ganz gewöhnliches
Suffix abstrakter Substantive mit *Guṇa* des Wurzelvocals
ist (z. B. *bêda-s* Spaltung), während *ka* bei dieser Wortklasse als Bildungs-Element gar nicht vorkommt.   Aus diesem Grunde ziehe ich auch hinsichtlich des ahd. *eisca* und
angels. *œsca* die Theilung *eisc-a*, *œsc-a*, der von *eis-ka*,
œs-ca vor. *)

---

*) Diese Abtheilung wird auch vom gothischen *aihtrôn* betteln
unterstützt, welches L. Diefenbach (Vergl. Wörterb. p. 12) mit Recht
zu dieser Wortfamilie zieht. *Aihtrô* ich bettele (euphon. für *ihtrô*,
s. §. 82), hat von der Lautgruppe *sk* — wobei das ursprüngliche *sk*
durch das vorangehende *s* geschützt ist, nur den Guttural bewahrt,
beweist aber deutlich, daß derselbe zur Wurzel gehört, denn das
Verbum *aihtrô* setzt ein verlorenes Abstractum *aih-tr* (them. *aih-tra*)
und dieses eine Wurzel *aih* (für *ih*) voraus, die sich zur sanskritischen
Wurzel *iŝ*, aus *isk*, verhält, wie *frah* fragen zum skr. *praŝ*, aus
prask. Zum goth. *aih* aus *ih* stimmt schön das griech. *ιχ* von *προ-*
-ίχ-της, welches ebenfalls für die Wurzelhaftigkeit des şend. *k* von
yaŝka zeugt.

38. Die dem Sanskrit eigenthümliche, in der dritten Consonanten-Reihe enthaltene Modification von *t*-Lauten fehlt im Șend; wir gehen daher zu den gewöhnlichen *t*-Lauten, den Dentalen über. Diese sind: ᴘ *t* (त्), ᕋ *t̓* (थ्), ᒍ *d* (द्), ᘒ *d̓* (ध्), nebst einem dem Șend eigenthümlichen *d̤* (ᘓ), wovon weiter unten. Hinsichtlich der harten Aspirata dieses Organs ist zu bemerken, dafs dieselbe von der Verbindung mit einem vorhergehenden Zischlaut ausgeschlossen ist, und dafs das skr. थ् *t̓* und ठ् *t̤* hinter Zischlauten im Șend durch ᴘ vertreten sind; daher lautet z. B. die skr. Wurzel स्था *sta̓* stehen im Șend ᴡᴘᴊᴊ *sta̓*, und das Superlativsuffix इष्ठ *iśt̤a* lautet hier ᴡᴘᴜᴊ *iśta*. Da ich das skr. थ् *t̓* für einen verhältnifsmäfsig jungen Buchstaben ansehe (s. p. 23), und ठ् *t̤* nur eine Entartung des थ् *t̓* ist, so erkläre ich diese Erscheinung so, dafs ich annehme, dafs im Șend die harten Zischlaute die ihnen nachfolgende dentale Tenuis vor der Verschiebung zur Aspirata geschützt haben, in derselben Weise wie in den germanischen Sprachen *s* nebst den Aspiraten *f* und *h* (*ch*) eine folgende Tenuis vor der gewöhnlichen Verschiebung zur entsprechenden Tenuis bewahrt haben (s. §. 91), daher stimmt z. B. das goth. Verbum *standa* ich stehe hinsichtlich seines *t* zum entsprechenden Verbum des Șend, Griechischen, Lateinischen und anderer europäischer Sprachen, und ebenso stimmt das goth. Superlativsuffix *ista* zum gleichlautenden sendischen und zum griechischen ιστο.

39. ᒍ ist das gewöhnliche *d* (द्), und ᘒ, nach Rask's richtiger Bemerkung, dessen Aspirata (*d̓*). Diese vertritt das skr. ध्, z. B. in ᴡᴊᴊᘒᴊᴡᴄ *maid̓ya* Mitte (skr. *mád̓ya*) und in der Imperativ-Endung ᴊᘒᴅ *di* (धि), welche jedoch hinter ʃ *ș* die Aspiration abgelegt hat, wie überhaupt ʃ *ș* sich nur mit *d*, niemals mit *d̓* verbindet; daher z. B. ᴊᘑ ʃ ᴡᴊ *daṣdi* gib — wo *ṣ* euphonisch für *d* — gegen ᴊᘒ ʃ ᴡᴊ *dáid̓i* id. Am Anfange der Wörter hat dieser Buchstabe seine Aspiration abgelegt, daher z. B. ᴡᴊ *dá* setzen, legen, schaffen, für skr. *d̓á*, gr. Ꝯη; ᴧᴊ *dé* trinken für skr. *d̓é*.

Dagegen wird das skr. *d* zwischen zwei Vocalen im Ṣend
häufig durch seine Aspirata ersetzt; daher z. B. ᴡᴇᴊᴡᴇ
páda Fuſs für पाद *pá′da*; ꜱᴇᴊᴠᴄ *yêidi* wenn für
यदि *yádi*; ꜱᴇᴊᴠᴠᴊᴠᴠᴊᴊᴊ *nivaidayêmi* ich rufe an,
von der Wz. ᴊꜱᴊ *vid* wissen (im Caus. mit praef. *ni*).
Was das ᴊ anbelangt, welches ich früher mit Burnouf
durch *ţ* umschrieben habe *), so halte ich es jetzt mit Anquetil für eine Media. Als solche erscheint es auch im
Pársi, wo dieser Buchstabe am Wort-Ende in der Regel,
besonders hinter Vocalen, das neupersische ꝺ vertritt (Spiegel
p. 28); z. B. in ᴊᴇᴊᴊᴊ *dá′ḍ* er gab = ᴅᴊꝺ. In etymologischer Beziehung entspricht ᴊ *ḍ* meistens dem skr. त *t*,
welches im Ṣend am Wort-Ende und vor den mit ᴊ *b* anfangenden Casus-Endungen regelmäſsig zu ᴊ *ḍ* wird, wie
im Sanskrit selber त *t* vor भ *b̃* in द *d* übergeht. Also
wie im Sanskrit z. B. *marúd-b̃yám*, *marúd-b̃is*,
marúd-b̃yas, vom Stamme *marút*; so im Ṣend z. B.
ᴊᴊᴊᴊᴇᴊᴠᴊᴇᴊᴇꞬᴊ *amĕrĕtaḍbya* (für *-táḍbya*) vom Stamme
ᴊᴠᴠᴠᴊᴇᴊᴇꞬᴊ *amĕrĕtát.* Für ursprüngliches *d* erscheint ᴊ *ḍ*
in der Wurzel ᴊᴊᴊᴊᴇ *ḍbis* hassen (für skr. *dviṣ*), wovon ᴊᴠᴊᴊᴊᴊᴊᴇᴊᴊ *ḍbaiśa* Haſs = skr. *dvéśa.* Anstoſs erregt
dagegen ein Wort, in welchem ein anfangendes ᴊ *ḍ* vor
einer Tenuis steht; es lautet ᴊᴊᴊᴊᴠᴠᴠᴊᴊᴇᴊ *ḍkaiśa* (nomin.
ḍkaiśó), welches sich nicht mit dem Sanskrit vermitteln
läſst. Anquetil übersetzt es durch „loi, examen, juge"
und Burnouf (Yaçna p. 9) durch „instruction, pré-
cepte", und vermittelt es mit dem neupersischen كِيش *kêś.*
Vielleicht ist das *ḍ* hier eine verstümmelte Präposition, etwa
wie das skr. *ad* in *ád̃uta* wunderbar, Wunder, welches
ich aus *ati̇̃úta* (über das Seiende hinausgehend)
erkläre. Ist in *ḍkaiśa* wirklich eine Präposition enthalten,
so möchte ich darin das skr. *ád̃i* über, zu, erkennen. Was
den Umstand anbelangt, daſs das ursprüngliche *t* am Wort-
Ende im Ṣend durch ᴊ vertreten ist, so mag dies so er-

---

*) Rask hält ᴊ für ein aspirirtes *t* und gibt es durch *th.*

klärt werden, dafs in dieser Sprache die Media oder eine
Modification der Media, der Dentalklasse besser zusagt als
die Tenuis, wobei daran zu erinnern ist, dafs auch im Lateinischen schliefsende Mediae für ursprüngliche Tenues vorkommen, namentlich bei pronominalen Neutren, wie z. B.
id, quod. Letzteres entspricht dem ṣend. *kaḍ* was? wofür
im Vêda-Dialekt क़त् *kat.* Das *b* von *ab* entspricht der
skr. und griech. Tenuis von *ápa, άπέ.*

40. Die labiale Klasse begreift die Buchstaben ℧ *p,*
ﬅ *f,* ﬔ *b,* und den Nasal dieses Organs (ɕ *m*), wovon weiter unten. ℧ *p* entspricht dem skr. क़ *p,* und geht durch die
rückwirkende Aspirationskraft eines folgenden ﬗ *r,* ℧ *s* und
ﬗ *n* in ﬅ *f* über, daher lautet z. B. die Präposition क़ *pra*
(*pro,* πρό) im Ṣend ℧ﬔﬗ *fra,* und die Wortstämme ℧℧
ap Wasser, ℧℧ﬗﬔ *kĕrĕp* Körper bilden im Nomin.
℧ﬔﬗ *áfs,* ℧ﬔﬗ *kĕrĕfs*; dagegen im Acc.
ɕ℧℧ *ápĕm,* ɕ℧℧ﬗﬔ *kĕrĕpĕm* oder ɕ℧℧℧ﬔ *kĕhrpĕm.* In
Ansehung der auf das *p* wirkenden aspirirenden Kraft eines
n vergleiche man ﬗﬔℕ *tafnu* brennend, mit dem von
derselben Wz. stammenden ℕℕ℧℧℧ﬔℕ *átápayêiti*
er bescheint (V. S. p. 333), und ﬗﬔ℧ *q'afna* Schlaf mit
dem skr. *svápna* Traum. Auf einem anderen Princip
beruht das *f* des Genitivs *nafĕd'rô* vom Stamme *naptar*
(acc. *naptarĕm*) Neffe und Nabel[*]). Ich glaube, dafs
dieser Form eine ältere *nafd'rô* vorangegangen sei, so dafs
das *f* auf der dem Ṣend mit dem Griechischen gemeinschaftlichen Neigung zur Verbindung zweier Aspiratae beruht und das vorausgesetzte *nafd'rô* mit griech. Formen
wie τυφθείς, ἐτύφϑην zu vergleichen ist, nur dafs im ṣendischen *nafd'rô* auch das *d'* nicht ursprünglich, sondern die
Verschiebung eines *t* ist, wie das von *dugd'á* Tochter =
skr. *duḥitá'.* Nach Einführung des in *naf-ĕ-d'rô* enthaltenen Bindevocals, ist der aus der früheren unmittelbaren
Verbindung des Labials mit dem Dental herrührende Laut-

---

[*]) S. Burnouf, Yaçna p. 241 ff.

zustand ungestört geblieben, in welcher Beziehung ich an
Formen wie *kaś-ĕ-twaṅm* wer dich? aus *kaś-twaṅm*
erinnere (s. §. 47). Auch der weibliche Plural-Accusativ
hufĕdris (V. S. p. 19), welchen Anquetil, wie die vorangehenden Accusative pl., als Singular fafst, und durch „heu-
reuse" übersetzt (vgl. skr. *suƀadra* sehr glücklich,
oder sehr vortrefflich) scheint mir eine Form zu sein,
worin das *f* unmittelbar mit dem folgenden *d* verbunden
war, also *hufdris* aus *hubadris*, und aus *hufdris* durch
spätere Einfügung des sehr häufig als Bindevocal gebrauchten ε *ĕ*, *hufĕdris*. Da es den ṣendischen Labialen an einer
tönenden Aspirata fehlt, so wird diese, wo eine solche zu
erwarten wäre, durch die dumpfe (*f*) ersetzt, während in
dem vorhin erwähnten *dugda* zwei tönende Aspiratae mit
einander verbunden sind. Doch findet man auch, trotz des
Bestehens eines *g*, die Verbindung *k'd*, unter andern in
ᭊᴄᗯᴣᴇ *puk'da* der fünfte.[*)]

41. Wir kommen zu den Halbvocalen und müssen,
um in der Ordnung des sanskritischen Alphabets fortzu-
schreiten, zunächst des *y* erwähnen, wodurch wir, wie im
Sanskrit, den Laut unseres und des italiänischen *j* ausdrücken. Dieser Halbvocal wird am Anfange eines Wortes
durch ᴊᴜ oder ᴄ, und in der Mitte durch ᴣᴣ, d. h. durch
die Verdoppelung des Vocals ᴣ geschrieben, wie im Althochdeutschen *w* durch doppeltes *u* geschrieben wird. Durch
die Assimilationskraft des *y*, im Fall ihm ein einfacher Consonant vorhergeht, wird dem Vocal der vorhergehenden
Sylbe ein *i* beigefügt. Denselben euphonischen Einfluſs auf
die vorhergehende Sylbe üben die Vocale ᴣ *i*, ᴣ *i* und schlieſsendes ᴊᴜ *ê*. Die Vocale, welche durch dieses Assimilations-
gesetz den Zusatz eines *i* erhalten, sind ᴡ *a*, ε *ĕ*, ᴡ *á*, ᴣ *u*,
ᴣ *û*, ᴊᴜ *ê*, ᴊᴜᴡ *ai* (s. p. 60), ᴣᴡ *au* (s. §. 32), wobei noch zu
bemerken, daſs ᴣ *u* im Falle eines ihm beitretenden ᴣ *i*, mei-

---

[*)] Aus Versehen steht in der 1sten Ausg. p. 458 ᭊᴄᴄᴣᴇ *pugd̓ó*
(nom.) mit Media.

stens verlängert wird. Beispiele sind: *bavaiti* er ist für
bavati, *věrěidi* Wachsthum, Vermehrung für *věrěďi*
aus *vardi* (s. p. 2), *nairě* dem Menschen für *narě*,
daďāiti er gibt für *daďāti*, skr. *dádāti* (s. p. 68), *ātā-
payēiti* er bescheint für *ātāpayēti* (dieses für *ātāpa-
yati* nach §. 42), ⁓ᴜᴊᴊᴊᴡᴜ *aiibis* durch diese (plur.)
für ⁓ᴜᴊᴊᴡᴜ *aiбis*, skr. ʘᴨᴵᴴ *ěбis* ⁕), ᴊᴄᴑᴊᵇ⁓ᴊᵋᴵᵋ9 *kěrě-
nauiti* für *kěrěnauti* (vēdisch *kṛṇṓti* aus *kṛṇauti*),
ᴊᴄᴑᴊᴄᴑᴊ *stûiďi* preise für *studi* (Wz. *stu*, skr. ᴴᴠ
stu), ᴎᴑᴑᴊᴊᴵᵋᴵᵋ9 *kěrěnûitê* er macht (med.) für *kěrě-
nutê*, vēdisch *kṛṇutê*, ᴊᴄᴑᴊᴊ *uiti* so, von einem Demon-
strativstamme *u*, wie im Sanskrit *iti* so von *i*; ⁓ᴊᴊᴄᴑᴊᴡᴄ
maiďya Mitte für skr. *máďya*, *yáirya* jährlich von
yárě (euphonisch für *yár* s. §. 30), ⁓ᴊᴊᴵᴊᴊᴑᴎ *tûirya* der
vierte für skr. *túrya*. Durch zwei verbundene Consonanten, mit willkürlicher Ausnahme von ᴑᴊᴜ *nt*, wird die
euphonische Rückwirkung des *i*, *i̇*, *ē*, und *y* auf die vorhergehende Sylbe gehemmt; daher z. B. *asti* er ist, nicht
aisti; ⁓ᴊᴊᴊᴊᴎᴑᴎ—ᴄ *yěsnya* venerandus, nicht *yěisnya*.
Dagegen nach Willkür *bavainti* oder *bavanti* sie sind
für skr. *бávanti*. Einige Consonanten, namentlich die Gutturale, ᴇᴠ *h* mitbegriffen, die Palatale, Zischlaute, sowie *m*
und *v* hemmen auch einzeln die Rückwirkung. Dagegen
gestattet *n* den Einfluss auf ein vorangehendes kurzes *a* ⁕)
und hemmt den auf ein langes; daher z. B. *aini*, *ainê* im
Locativ und Dativ der Stämme auf *an*, und *aini* im Nom.
Acc. Voc. *du-* des Neutrums (daher *casmain-i* die beiden
Augen, von *casman*); aber *áni* als Endung der ersten
P. sg. act. des Imperativs, und *ánê* als entsprechende Endung des Mediums. Auch in Bezug auf ᴊ *b* gilt kein ganz
durchgreifendes Gesetz, doch wirkt es meistens hemmend,

⁕) *anya* anderer (thema), wie im Skr., macht eine Ausnahme.
Dafs jedoch auch dem *y* hinter *n* die Einwirkung auf ein vorhergehen-
des *a* gestattet ist, beweist *mainyu*, welches formell dem skr.
manyú, von *man* denken entspricht.

namentlich bleiben vor den Casus-Endungen *bis* und *byô*
alle Vocale, selbst *a*, unafficirt *), nur dafs ﺱﺟﻮ *aii* an die
Stelle des ﺱﺟ *ai* tritt, welches man bei Stämmen auf *a*,
ohne Rückwirkung des *y* der Endung ﻞﺟﺟ *byô*, im Dativ-
Ablat. pl. statt des skr. *ê* zu erwarten hätte. Man findet
aber z. B. ﻞﺟﺟﺱﺟﻮﺱ *yaiibyô* quibus gegenüber dem
skr. *yêᵇyas*. — Die skr. Präposition अभि *aᵇi* hat im Send
dem schliefsenden *i* seinen assimilirenden Einflufs gestattet,
daher *aibi*; dagegen ist अपि *ápi* durch die hemmende Ge-
genwirkung des *p* unverändert geblieben (ﺱﻊﻮ *api*).

42. Der Halbvocal *y* äufsert auch auf ein ihm nachfolgendes *a* oder *á* einen euphonischen Einflufs, und wandelt diese Vocale in ﺱ *ê* um, doch nur in dem Falle, wo
in der folgenden Sylbe ein *i*, *î* oder *ê* steht; daher z. B.
ﺱﻎﺟﺟﺱﻮﻊﺱﻮﺱﺱﻮ *ávaiďayêmi* **) ich rufe an für skr.
ávêdáyámi, dagegen im Plural ﺱﻊﻮﺱﻎﻮﺟﺟﺱﻮﻊﺱﻮﺱﻮ
ávaiďayámahi; ﺱﻮﺟﺟﺱﻮ *áyêśê* ich preise (med.), dagegen in der 2ten P. des Imperat. ﺱﻊﻮﺟﺟﺟﺟﺱﻮﺱﺱﻮ *áyá-
śaṇuha* ***). Vom Stamme *maskya* lautet der Genitiv des
Singulars *maskyêhê* (für *maskyahê*), der des Plurals aber
maskyânaṅm. Am Wort-Ende haben sich die sanskritischen Sylben य *ya* und या *yá* im Send öfter in ﺱ *ê* verwandelt, z. B. in der Genitiv-Endung ﺱﻊﻮ *hê* für skr. *sya*,
in ﻎﺱﻮ *aêm* dieser, ﻎﺱﻮﻍ *vaêm* wir †) für skr. *ayám*,

---

*) Daher z. B. *dámabyô* (nicht *dámaibyô*) vom Stamme
dáman.

**) Man beachte, dafs die Endung *mi* an und für sich keinen euphonischen Einflufs auf die vorhergehende Sylbe äufsern würde, weil *m*
nach §. 41 Schlufs, ein hemmender Buchstabe ist.

***) Ich betrachte यश् *yas'* als die entsprechende skr. Wurzel,
die jedoch nur यशस् *yás'as* Ruhm zurückgelassen hat, des entsprechenden Verbums aber, welches im Send den Wurzelvocal verlängert hat, verlustig gegangen ist.

†) Ich fasse dieses ﺱﺟﻮ nicht wie das in §. 33. besprochene als
Diphthong, und übertrage es daher nicht durch *ai*, weil das Ganze

vayám, in ⲱⳇⲋⲱⳅ *kainê* Mädchen für skr. *kanyá*. Diese Erscheinung fasse ich jetzt in Übereinstimmung mit **Burnouf**
so, dafs ich eine Umstellung der Buchstaben annehme, wobei
der Halbvocal *y,* vocalisirt zu *i,* sich hinter den *a*-Laut gestellt hat, und mit diesem nach skr. Princip zu *ê* zusammengeflossen ist, also *hê* aus *hai* für *hay,* als Umstellung von
hya. *) — Vor einem schliefsenden *m* hat sich im Ṣend die
skr. Sylbe *ya* in der Regel zu ⳛ *i* zusammengezogen, und
in derselben Weise व *va* zu ⳛ; so dafs nach Unterdrückung
des *a* der vorhergehende Halbvocal in seinen entsprechenden
Vocal übergegangen ist, der aber nach §. 64 lang sein mufs;
daher z. B. ⳛⳛⳛⲫ *túirîm* quartum vom Stamme *túirya,*
und ⳛⳛⳛⳛⲟ *trisûm* tertiam partem von *trisva.*

43. Im Sanskrit steht zuweilen *y* als euphonische Einschiebung zwischen zwei Vocalen (s. kl. Sanskrit-Gr. §. 49ᵃ)),
ohne dafs jedoch diese Erscheinung unter ähnlichen Umständen überall wiederkehrt. Im Ṣend findet man jedoch
fast überall, wo Veranlassung dazu da ist, ein eingefügtes *y*
zwischen *u* oder *û* und einem schliefsenden *ê;* z. B. *fra-
-ŝtu-y-ê* ich preise, **) *mrú-y-ê* ich sage für skr.
bruv-ê′ (euphonisch für *brú-ê*), *du-y-ê* zwei (dual neutr.)
für skr. *dvê,* mit Vocalisirung des *v* zu *u; tanu-y-ê* dem
Körper, von *tanu* fem.; dagegen *ratw-ê* dem Herrn,
von dem männlichen Stamme *ratu.*

---

nicht für skr ऐ (aus *ai*) steht, sondern zwei geschiedene sanskritische
Sylben vertritt.

*) Nach demselben Princip erkläre ich ähnliche Erscheinungen
im Prâkrit, wo z. B. den sanskritischen Genitiven auf *áyás* (von
weiblichen Stämmen auf *á*) Formen auf आए *áê* gegenüberstehen,
indem schliefsendes *s* im Prâkrit unterdrückt wird, daher z. B. मालाए
máláê für skr. मालायास् *máláyás,* vom Stamme *málá.* Für
देवीए *dévîê* = skr. *dévy-ás* hat man demnach eine Form *dévî-
y-ás,* und für बहूए *bahúê* = skr. *vadv-ás* eine Form *bahú-y-á,*
mit eingeschobenem euphonischem *y,* vorauszusetzen.

**) *Frastuyê* würde im Skr. *prastuv-ê* lauten, wenn स्तु
stu im Medium gebräuchlich wäre (s. §. 53 meiner kl. Sanskrit-Gr.).

44. In Ansehung des *r* ist schon in §. 30. bemerkt worden, dafs ihm am Ende immer ein *ĕ* beigefügt wird. In der Mitte der Wörter wird, wo nicht nach §. 48. ein *h* zugezogen wird, die Verbindung des *r* mit einem folgenden Consonanten meistens vermieden, und zwar so, dafs entweder dem ursprünglich vocallosen *r* ein *ĕ* beigefügt wird — daher z. B. *dadarĕśa* aus ददर्श *dadárśa* vidi, vidit — oder das *r* umstellt wird, auf ähnliche Weise wie dies im Sanskrit zur Vermeidung der Verbindung des र् *r* mit zwei folgenden Consonanten gewöhnlich ist (kl. Skr. Gr. §. 34[b)].), daher z. B. *âthrava* Priester (Nomin.), Accus. *âtravanĕm*, von dem Thema *âtarvan*, welches sich in den schwachen Casus (s. §. 129.) zu *ataurun* (§. 46.) zusammenzieht. *) — Zugelassen werden die Verbindungen *ry*, *urv*, bei folgendem Vocal, und *ars* am Wort-Ende, und in der Mitte vor *t*; z. B. *tûirya* der vierte, *urvan* Seele, *haurva* ganz, *âtars* Feuer (nomin.), *nars* des Menschen, *karsta* gepflügt; aber *ćatrus* viermal für *ćaturs*, weil hier dem *rs* kein *a* vorhergeht.

---

*) Ich fasse in Abweichung von Burnouf (Yaçna p. 112) *âtarvan* (nicht *ātarvan*) als das wahre Thema, indem ich annehme, dafs dieses sein anfangendes *â* in den schwachen Casus kürze, der Zusammenziehung der Endsylbe *van* des Stammes zu *un*. In letzterer Beziehung vergleiche man die Zusammenziehung des skr. Stammes *yúvan* jung zu *yûn* (aus *yu-un*) in den schwächsten Casus. Der Nomin. und Accus. des betreffenden Send-Stammes (*âthrava*, *âthravanĕm*) haben, abgesehen von der regelrechten Unterdrückung des *n* im Nomin., keine Verstümmelung, sondern nur eine Umstellung von *ar* zu *ra* erfahren, wofür eine Entschädigung in der vorangehenden Sylbe nicht zu erwarten ist. Darin habe ich mich aber in der ersten Ausgabe geirrt, dafs ich die Anfangssylbe dieses Wortes auch in den schwachen Casus mit langem *â* schrieb.

45. Merkwürdig ist es, daſs dem Ṣend das *l*, wie dem Chinesischen das *r* abgeht, während doch im Neupersischen das *l* nicht fehlt und in Wörtern vorkommt, die nicht semitischen Ursprungs sind. — Für das skr. व *v* hat das Ṣend drei Buchstaben, nämlich 𐬬, 𐬎𐬎 und 𐬡. Die beiden ersten sind im Gebrauche so von einander unterschieden, daſs 𐬬 nur am Anfange, und 𐬎𐬎 nur in der Mitte, dem skr. व *v* gegenübersteht; z. B. 𐬬𐬀𐬉𐬨 *vaêm* wir = वयम् *vayám*, 𐬙𐬀𐬎𐬎𐬀 *tava* (tui) = तव *táva*. Dieser Unterschied ist, wie Rask mit Recht annimmt, nur graphisch. — 𐬡, welches ich mit Burnouf durch *w* gebe, findet man am häufigsten nach 𐬚 *th*, so daſs niemals 𐬎𐬎 einem vorhergehenden 𐬚 *t́* zur Seite steht. Hinter 𐬜 *d'* findet man sowohl *v* als *w*, doch ersteres häufiger. Nach anderen Consonanten als 𐬚 *t́* und 𐬜 *d'* scheint 𐬡 *w* nicht vorzukommen, sondern nur 𐬎𐬎 *v* zulässig; dagegen hat 𐬡 *w* zwischen zwei *i*-Lauten oder zwischen 𐬌 *i* und 𐬌𐬌 *y* eine beliebte Stellung, in welcher 𐬎𐬎 *v* unerlaubt scheint. Beispiele sind 𐬛𐬭𐬌𐬡𐬌𐬯 *driwis* Bettler 𐬛𐬀𐬌𐬡𐬌𐬯 *daiwis* Betrüger (s. Brockhaus, Gloss. s. v.), 𐬀𐬌𐬡𐬌𐬌𐬋 *aiwyô* aquis. Letzteres erkläre ich aus dem Wortstamme 𐬀𐬞 *ap* so, daſs nach Unterdrückung des *p* *) die skr. Endung *b́yas*, die sonst im Ṣend nur als 𐬠𐬌𐬌𐬋 *byô* vorkommt, sich zu 𐬡𐬌𐬌𐬋 *wyô* erweicht und nach §. 41. ein 𐬌 *i* in den Stamm eingeführt habe. Es bleibt nur noch Eine Stellung zu erwähnen übrig, in welcher uns der Halbvocal 𐬡 *w* vorgekommen ist, nämlich vor 𐬭 *r*, in welcher Verbindung auch das weichere 𐬡 *w* geeigneter ist, als das härtere 𐬎𐬎 *v*. Der einzige Beleg für diesen Fall ist das Femininum 𐬱𐬎𐬡𐬭𐬁 *śuwrâ* Schwert, Dolch, worin ich das skr. *śub́rá*, fem. *śub́râ* glänzend, erkenne. **) —

*) Man vergleiche in dieser Beziehung अभ्र *ab́rá* Wolke für अब्भ्र *ab-b́ra* wassertragend, und im Ṣend 𐬁𐬠𐬈𐬭𐬈𐬙𐬀 *â-beréta* (nomin.) Wasserträger.

**) Der Accus. 𐬱𐬎𐬡𐬭𐬄𐬨 *śuwrańm* findet sich bei Olshausen p. 13 mit der Variante 𐬱𐬎𐬟𐬭𐬄𐬨 *śufrańm* (vergl. §. 40.).

Was die Aussprache des ܥ *w* anbelangt, so glaube ich, was auch **Burnouf** anzunehmen scheint, dafs sie mit der des englischen *w* übereinstimmt, die auch dem skr. ॒व *v* nach Consonanten beigelegt wird. **Rask** gibt jedoch umgekehrt dem ܥ die Aussprache des englischen *v*, und den Buchstaben ⳗ und ܙܙ die des *w*.

46. Durch den euphonischen Einflufs des ܙܙ *v* und des ihm entsprechenden Vocals *u* wird, im Fall ihnen ein *r* vorhergeht, dem Vocal der vorhergehenden Sylbe ein *u* zur Seite gestellt, womit das nach §. 41 eingefügte *i* zu vergleichen ist. Beispiele sind ܛܙܙ*haurva* ganz, aus *harva* für skr. *sárva*; ܩܙܙ *aurvant* laufend (them.), nom. pl. m. *aurvantô*, für *arvant, arvantô* (skr. *árvant, árvat* Pferd) ܛܙ *pauurva* der erste, für *paurva**), ܛܙ *tauruna* jung, für skr. *táruṇa*, ܛܙ * at'aurunô* des **Priesters**, vom Stamme *át'arvan* (s. p. 74), wofür, wenn dieses Thema als **Wortform** wirklich vorkäme, nach dem in Rede stehenden **Lautgesetze** *át'aurvan* gesagt werden müfste. **)

Dann finden wir mehrmals den Instrumentalis ܛ *s'uwrya*, wofür aber ܛ *s'uwraya* gelesen werden mufs, wenn nicht ܛ *s'uwrya* von einem Thema ܛ *s'uwri* herzuleiten ist, nach Analogie von सुन्दरी *sundarí* aus सुन्दर *sundara*.

*) Skr. *púrva*. Der ṣend. Ausdruck stützt sich auf eine im Sanskrit vorauszusetzende gunirte Form *pôrva* aus *paurva* (vgl. *purás* vor).

**) Beachtung verdient, dafs die durch den rückwirkenden Einflufs der folgenden Sylbe erzeugten, verhältnifsmäfsig jungen Diphthonge ܛ und ܛ anders und gewissermafsen deutlicher geschrieben werden, als die oben (pp. 60. 58) besprochenen uralten Diphthonge ܛ, ܛ. Der Grund liegt entweder in der verhältnifsmäfsigen Jugend der unorganischen Diphthonge ܛ, ܛ, oder darin, dafs diese Lautgruppen keine wirkliche Diphthonge sind, sondern zweisylbig gesprochen wurden; also z. B. ܛ Herr wie *paiti*, nicht wie *paiti*; und analog z. B. ܛ wie *ta-u-runa* und nicht dreisylbig *tauruna*. Wie dem aber auch sei, so können mich die durch

47. Die Halbvocale *y, w* (nicht **>>** *v*), die Nasale *m,*
n (*ɲ*) und die Zischlaute üben einen aspirirenden Einfluſs
auf eine vorangehende Tenuis und die gutturale Media, und
veranlassen den Übergang derselben in ihre entsprechende
Aspirata, nämlich des ϑ *k* in ϖ *k̓,* des ϱ *t* in σ *t̓,* des ʊ *p*
in ϑ *f,* und des ϙ *g* in ϙ *g̓.* Zu den bereits in §§. 34. 40.
erwähnten Beispielen füge ich noch *ug̓ra* schrecklich
für skr. *ugrá, takm̓a* schnell, stark, *) g̓ag̓mús̓i* für
skr. *g̓agmús̓i* die gegangen seiende (Wz. गम् *gam*),
pat̓ni Herrin für skr. *pátni* (gr. πότνια), *měrěthyu* Tod
für skr. *mrtyú* aus *martyu.* Wenn *bitya* der zweite
und *thritya* der dritte eine Tenuis statt der zu erwartenden Aspirata vor dem *y* zeigen, so mag der Grund darin
liegen, daſs hier die Verbindung des *t*-Lauts mit *y* keine
alte und gesetzliche ist, denn die entsprechenden Sanskrit-
formen lauten ʼ*dvitĭʹya, trtĭʹya.* Überhaupt muſs man
bei den ṣendischen Lautverhältnissen zuweilen den früheren Sprachzustand berücksichtigen, z. B. bei *kaśět̓waṅm*
wer dich? (für skr. *kas tvám*) ist es nicht das *ě,* welches
den vorhergehenden Zischlaut geschützt hat, sondern das folgende *t̓.* Man sagte früher offenbar *kaś-t̓waṅm,* und der
eingeschobene Bindevocal *ě* konnte das einmal geschützte
aś, wofür man ohne die Einwirkung des folgenden *t*-Lauts
ৼ *ô* zu erwarten hätte, nicht verdrängen. — Ich muſs hier
noch auf eine interessante, wenngleich nicht auf die Stamm-
verwandtschaft sich gründende Begegnung aufmerksam
machen, die zwischen dem Neuhochdeutschen und Ṣend
darin stattfindet, daſs dieselben Laute, welche im Ṣend einen

---

Attraktionskraft einer nachfolgenden Sylbe in die vorhergehende eingeführten Vocale *i* und *u* und ihre graphische Darstellung nicht abhalten, die ṣendischen initialen und medialen Vertreter der sanskritischen und altpersischen Guṇa-Diphthonge, nämlich ৵ৼ, ৼৼ, einsylbig wie *ai, au* zu lesen.

*) Vgl. skr. *taṅk* und *tanc̓* gehen (laufen?), litau. *teku* ich
laufe, altslav. *tekuṅ* id., gr. ταχύς, letzteres mit unorganischer
Aspirata.

aspirirenden Einflufs auf eine vorangehende Muta üben,
im Neuhochdeutschen die Umwandlung eines vorangehenden
s in seine Aspirata *sch* (= skr. ए *s'*, slav. Ш *s'*) veranlassen.
Es kommt hierzu noch das dem Send fehlende *l*; so dafs
also die Liquidae, nebst dem Halbvocal *w*, *sch* aus älterem
s erzeugen. Man vergleiche daher z. B. *schwitzen* (althochd.
swizan,*) skr. Wz. *svid*) mit Sendformen wie *t'wâṅm*
dich (nom. *tûm*, gen. *tava*), *Schmerz* (althochd. *smerzo*),
mit dem oben erwähnten *taḱma* für *takma*; *Schnur* (skr.
snus'â' Schwiegertochter, althochd. *snura*, altslav.
snocha) mit *tafnu-s* brennend für *tapnu-s* (§. 40.). Die
Verbindung *sr* kommt in den älteren germanischen Sprachen
nicht vor, während dem Sanskrit die Lautgruppe स्ल् *sl*
fehlt; dagegen scheint ग्रल् *s'l* in einigen Wurzeln aus स्र्
sr entstanden zu sein, z. B. in स्रङ्ग् *s'raṅg*, auch *s'raṅk*,
gehen, wovon höchst wahrscheinlich die germanische Benennung der Schlange (althochd. *slango*, them. *slangon* masc.)
stammt, wobei ich darauf aufmerksam mache, dafs das
skr. *s'raṅk* von Vôpadêva durch das Abstractum einer
Wurzel erklärt wird, aus welcher die skr. und lat. Benennung
der Schlange entsprossen sind, nämlich durch *sarpê.**) Da
das skr. ग्र् *s'* ein aspirirtes *s* ist (s. §. 49) und auch in
Forster's bengalischem Wörterbuch überall durch *sh* umschrieben wird, so begegnet also dieses aspirirte *s'* (ग्र्) unserem
sch in einer und derselben Wurzel, wenn ich Recht habe,
die germanische Benennung der Schlange auf die erwähnte
skr. Wurzel zurückzuführen, welcher wahrscheinlich auch
das ahd. *slinga* und altnord. *slanga*, Schleuder, als in
Bewegung setzende, angehören.

48. Im Zusammenhang mit dem im vorhergehenden
Paragraphen besprochenen Lautgesetz steht auch die Er-

_____

*) Geschrieben *suizan*, indem der Laut *w* hinter anfangenden
Conson. durch *u* ausgedrückt wird.

**) Locativ des Stammes *sarpa*, als Abstractum Gang, Bewe-
gung, als Appellativum Schlange.

scheinung, dafs dem ⟩ *r*, wo es einen Consonanten, mit
Ausnahme der Zischlaute, nach sich hat, gewöhnlich ein ⟨h⟩ *h*
vorgesetzt wird; z. B. ⟨⟩ *mahrka* T o d von der
Wurzel ⟨⟩ *mar* (skr. *mar, mṛ*) s t e r b e n, ⟨⟩
kĕhrpĕm oder ⟨⟩ *kĕrĕpĕm* d e n K ö r p e r (nom.
⟨⟩ *kĕrĕfs*), ⟨⟩ *vĕhrka* oder ⟨⟩ *vĕrĕka*
W o l f (skr. *vṛka* aus *varka*).

49. Wir kommen zu den Zischlauten. Dem ersten
oder palatalen, im Skr. mit einer gelinden Aspiration zu
sprechenden *s* (श्), welches wir durch *ś* ausdrücken, entspricht ⟨⟩, welches wir ebenfalls *ś* schreiben. Ob es genau
dieselbe Aussprache hatte, ist kaum zu ermitteln. Anquetil
gibt ihm die des gewöhnlichen *s*. Es findet sich meistens
an denselben Stellen, wo das Sanskrit in entsprechenden
Wörtern sein श् *ś* hat; so sind z. B. *daśa* z e h n, *śata*
h u n d e r t, *paśu* T h i e r, den beiden Sprachen gemeinschaftlich. Darin aber hat das ⟨⟩ *ś* im Ṣend weiter um
sich gegriffen, als im Sanskrit, dafs es vor mehreren Consonanten, namentlich vor ⟨⟩ *t*, ⟨⟩ *k* und ⟨⟩ *n*, sowohl am Anfange als in der Mitte der Wörter — in letzterer Stellung
jedoch nur nach ⟨⟩ *a*, ⟨⟩ *ā*, ⟨⟩ *an* — dem skr. dentalen
oder gewöhnlichen *s* (स्) gegenübersteht. Man vergleiche
⟨⟩ *śtārô* die S t e r n e mit स्तारस् *śtāras* (im Vêda-
Dial.), ⟨⟩ *śtaumi* i c h p r e i s e mit स्तौमि *śtāumi*,
⟨⟩ *aśti* e r i s t mit अस्ति *aśti*, ⟨⟩ *śnā* r e i n i g e n
mit स्ना *śnā* b a d e n. — Man könnte aus dieser Erscheinung schliefsen, dafs ⟨⟩ *ś* wie ein reines *s* ausgesprochen
werde; doch kann sie auch von einer dialektischen Vorliebe
zum Laute *sch* herrühren, wie sie sich beim deutschen *s* in
der schwäbischen Mundart, und am Anfange der Wörter
vor *t* und *p* ziemlich allgemein zeigt. Noch ist zu bemerken, dafs ⟨⟩ *ś* auch am Ende der Wörter nach ⟨⟩ *an* vorkommt; die Veranlassung hierzu findet sich im Nomin. sing.
masc. der Stämme auf ⟨⟩ *nt*. — Über ⟨⟩ *ś* für skr. छ *ć*
s. §. 37.

50. Der Halbvocal ⟩⟩ *v* erhärtet nach ᴘ *ś* regelmäſsig zu ᴇ *p*, daher z. B. ᴘᴇᴘ *śpá* Hund, Acc. ᴘᴇᴘᴇ *śpáněm*, ᴘᴇᴘᴘ *víśpa* all, ᴘᴇᴘᴘ *aśpa* Pferd, gegenüber dem skr. श्वा *śvá*, श्वानम् *śvá'nam*, विश्व *viśva*, अश्व *áśva*. Zu ᴘᴘᴇᴘ *śpěnta* heilig fehlt es an einem skr. श्वन्त *śvanta*, was ursprünglich muſs im Gebrauch gewesen sein, und worauf auch das litauische *s'wenta-s* heilig und altslav. *svaňtŭ* id. hindeuten.

51. Für den sanskritischen cerebralen Zischlaut (ष *ś'*) hat das Send zwei Buchstaben, nämlich ᴗ und ᴘ. Der erste wird nach **Rask** wie ein gewöhnliches *s*, also wie das skr. dentale *s* (स्) ausgesprochen, während ᴘ die Aussprache des ष *ś'* (= *sch*) hat, und dieses auch durch einen Aspirationszug zu erkennen gibt. Wir umschreiben es daher durch *s'*. **Rask** bemerkt, daſs diese beiden Buchstaben in den Handschriften häufig mit einander verwechselt werden, welches er dem Umstande zuschreibt, daſs ᴗ im Pehlwi für *sch* gebraucht werde, die parsischen Abschreiber aber lange Zeit mehr mit dem Pehlwi als mit dem Send bekannt gewesen seien. Auch finden wir in dem lithographirten Codex des V. S. fast überall ᴗ *s* dem skr. ष *ś'* gegenüber; aus dem von **Olshausen** edirten Texte eines Theiles des Vendidad und den beigegebenen Varianten erkennt man aber, daſs zwar in etymologischer Beziehung sowohl ᴗ als ᴘ meistens dem skr. ष *ś'* entspreche, daſs jedoch ᴗ hauptsächlich auf die Stellung vor starken Consonanten (§. 25.) und auf das Ende der Wörter beschränkt ist. In letzterer Stellung entspricht es zwar dem skr. स् *s*, aber doch nur nach solchen Buchstaben, die in der Mitte eines Wortes nach §. 101[a]) meiner Sanskritgrammatik ein ursprüngliches स् *s* in ष *ś'* umwandeln würden; nämlich nach anderen Vocalen als ᴘ *a*, ᴘ *á*, und nach den Consonanten ᴄ *k* und ꝛ *r*; daher z. B. die Nominative ᴘᴘᴘᴘᴇ *paitis* Herr, ᴘᴘᴘᴇ *paśus* Thier, ᴗᴘᴘᴘ *átars* Feuer; ᴘᴄᴘᴘ *váks* Rede. Dagegen ᴘᴘᴘᴘᴘ *fsuyaňs* düngend, vom

Stamme ᛘᛘᛘ *fsuyant* ᛃ). In dem Worte ᛘᛘᛘ
ǩsvas **sechs** steht zwar das schliefsende ᛘ *s* nach ᛘ *a*;
allein es vertritt auch hier kein skr. स् *s*, sondern das ursprüngliche ष् *s'* von षष् *s'as'*. Zum Belege des Gebrauchs
des ᛘ *s* für ष् *s'* vor starken Consonanten diene das sehr
häufig vorkommende Superlativ-Suffix ᛘᛘᛘ *ista* (vgl.
ιστο-ς) gegenüber dem skr. इष्ठ *is'ṭa*. Andere Beispiele sind
ᛘᛘᛘ *asta* acht für अष्ट *as'ṭá*, ᛘᛘᛘ *karsta* gepflügt für कृष्ट *krs'ṭá*. — In dem Worte ᛘᛘᛘ
Lager, welches an den Stellen, wo dieser Ausdruck vorkommt, mit einem vorangehenden Worte auf ᛘ *ô* ein Compositum bildet, ist das ᛘ *s* höchst wahrscheinlich durch
den euphonischen Einflufs dieses *ô* aus ᛘ *s'* erzeugt (vgl.
§§. 22*b*) und 55), denn dafs an und für sich die skr. Wurzel *s'i* liegen, schlafen auch im Send das palatale *s'* hat,
beweist die 3te P. praes. ᛘᛘᛘ *s'aitê* er liegt, er schläft
(V. S. p. 454) = skr. *s'étê*, gr. κεῖται. — In dem weiblichen
Zahlwort ᛘᛘᛘ *tisarô* drei (Olsh. p. 26.) könnte das
ᛘ Anstofs geben, denn die skr. Form ist तिस्रस् *tisrás*, und
स् *s* wird nach §.53. zu ᛘ *h*. Allein das स् *s* steht hier in
einer Stellung (nach इ *i*), wo das Sanskrit die Umwandlung
des स् *s* in ष् *s'* liebt, und hierauf stützt sich die Sendform
ᛘᛘᛘ *tisarô*. Dafs aber nicht ᛘᛘᛘ *tis'arô* steht,
wie §. 52. könnte erwarten lassen, ist gewifs nur dem nicht
ursprünglichen Dasein des ᛘ *a* zuzuschreiben, denn ᛘᛘᛘ
tisarô steht für ᛘᛘᛘ *tisrô*.

52. ᛘ *s'* steht für das skr. ष् vor Vocalen und den
Halbvocalen ᛘ *y* und ᛘ *v*; man vergleiche ᛘᛘᛘ
aitais'aṇm und ᛘᛘᛘ *aitais'va* mit एतेषाम् *êtê-*
s'âm horum und एतेषु *êtês'u* in his; ᛘᛘᛘ *mas'ya*
Mensch mit मनुष्य *ma(nu)s'yà***). Doch verbindet sich ᛘ *s'*

---

*) Ich behalte hier das ursprüngliche *t*, weil das Thema des Wortes
im Gebrauch nicht vorkommt; sonst müfste das ᛘ *t* in ᛘ *d* übergehen.

**) Man schreibt auch ᛘᛘᛘ *maskya*, und aufserdem findet
man noch in einigen andern Wörtern ᛘ vor ᛘ, welches erstere
Anquetil für *sch* nimmt, während es nach Rask die Verbindung

nicht mit einem vorhergehenden ⲵ*k̂*, sondern für das skr.
स् *kṣ* finden wir in Olshausen's Text, und zwar ohne
Varianten, fast überall ⲵⲵ *kṣ*); daher z. B. ⲵⲵⲵⲵ
kṣathra König, skr. क्षत्र *kṣatrá* ein Mann der Krie-
ger- oder königlichen Kaste. Bemerkt zu werden verdient noch, dafs das skr. स् *kṣ* in mehreren Sendwörtern
den Guttural abgelegt hat, und dann als ⲵⲵ *ṣ* erscheint;
z. B. *dákṣiṇa* dexter ist zu ⲵⲵⲵⲵⲵ *daṣina* (litau. *deṣinė*
die rechte Hand), und *ákṣi* Auge zu ⲵⲵⲵⲵ *aṣi* geworden, welches letztere aber nur am Ende possessiver Composita vorzukommen scheint.

53. ⲵ *h* entspricht in etymologischer Beziehung niemals dem skr. ह् *h*, sondern stets dem reinen oder dentalen
Zischlaut स् *s*; dieser ist nämlich vor Vocalen, Halbvocalen
und *m* im Send überall zu ⲵ *h* geworden — es sei denn,
dafs स्व *sv* nach §. 35. als ⲵ *q̂* erscheine — während man
ihn vor solchen Consonanten, deren Verbindung mit einem
vorhergehenden *h* unmöglich ist (s. §. 49.) in der Gestalt
von ⲵ *ṣ* zu erwarten hat. Man vergleiche z. B.

Send	Sanskrit
ⲵⲵⲵ *hâ* diese, jene, sie (nom. sg. f.)	सा *sâ*
ⲵⲵⲵⲵⲵ *hapta* sieben	सप्त *saptá* (véd. accent.)
ⲵⲵⲵⲵ *hakĕréḍ* einmal	सकृत् *sakŕt*
ⲵⲵⲵ *ahi* du bist	असि *ási*
ⲵⲵⲵⲵⲵ *ahmái* diesem	अस्मै *asmái*

---

von ⲵ *s* und ⲵ *k* ist, und auch durch die Schrift in den ältesten
Handschriften als solche sich deutlich zu erkennen geben soll.

*) Im lithographirten Codex des V. S. findet man zwar häufig
ⲵⲵ *ṣ* hinter ⲵ*k̂*, doch ist auch hier ⲵⲵ die bei weitem vorherrschende Schreibart, s. Brockhaus Index p. 250 f. gegen p. 249 Schlufs.
Man erwäge auch die Unbequemlichkeit der Aussprache bei Vereinigung des Lautes unseres *ch* (die ⲵ*k̂* wahrscheinlich hatte) mit der
unseres *sch*. Auch hinter ⲵ *f* scheint nur ⲵ *s* zulässig zu sein,
und das im V. S. nur selten erscheinende ⲵⲵ *fṣ* fehlerhaft (s. Brockhaus p. 288 f.)

Ṣend	Sanskrit
ɛꝛ𐓄ꝛꝛꝇꝟ *hvarĕ* Sonne	स्वर् *svàr* Himmel
ꝟꝛꝛꝇꝟ *hva* sein (suus)	स्व *sva*

Eine Erwähnung verdient noch das Wort ꝟꝛꝝꝝꝛꝇꝟ *hiṣva*
Zunge, aus जिह्वा *ģihvá'*, indem hier das zischende Element
des Lautes ह् *ģ* (*dsch*) als स् *ṣ* aufgefaſst und durch ꝇꝟ *h* vertreten worden, während der *d*-Laut unterdrückt ist (vgl. §.58.).

54. Die Verbindung *hr* für skr. *sr* erscheint selten im
Ṣend, und wo sie vorkommt, wird dem *h*, bei vorangehendem *a*, ein ꝝ *ṇ* vorangestellt (vgl. §. 56[a]), daher ꝟꝝꝇꝟꝝꝝꝝꝟꝇꝟ
haśaṇhra tausend für skr. *saḥásra*[*]); ꝟꝝꝇꝟꝝꝝꝝ bos-
haft, grausam. Letzteres hat Benfey (Gloss. z. S. V.
p. 88), wie mir scheint ganz passend, mit dem vêdischen
dasrá Zerstörer, Vernichter vermittelt. Es ist also ein
anfangendes *d* weggefallen, wie höchst wahrscheinlich in dem
skr. *dḥan* Tag und *áśru* Thräne. Ersteres habe ich längst
aus der Wz. *daḥ* brennen (leuchten) erklärt, und mit der
germanischen Benennung des Tages vermittelt; letzteres
aus *daṅś* beiſsen (gr. δαϰ), so daſs es sich unter andern
dem griech. δάϰρυ als Bildungsgenosse zur Seite stellt.

55. Der nominative Pronominalstamm स्य *sya* steht
im Vêda-Dialekt unter dem Einflusse des vorhergehenden Wortes, und wird z. B. nach der Partikel उ *u* zu ष्य
ṣya, in Analogie mit §. 101[a]. meiner Sanskrit-Grammatik.
Eine ähnliche Erscheinung habe ich an ṣendischen Pronominen wahrgenommen, denn so kommt ꝝꝇꝟ *hê* ejus, ei —
welches sich auf ein im Sanskrit verlorenes से *sê* (vgl. मे *mê*
mei, mihi und ते *tê* tui, tibi) stützt — nach ꝝꝝꝝꝟꝝꝝꝟ
yêzi „wenn" unter der Gestalt von ꝝꝟꝟ *sê* (wohl besser
ꝝꝟꝝꝝ *śê*) vor, z. B. bei Olshausen S. 37., während auf
derselben Seite ꝝꝟꝇꝟ ꝟꝝꝝꝝꝝꝟꝝꝟ *yêṣiċa hê* „und wenn

---

*) Im lithographirten Codex des V. S. ist das ꝇꝟ vor dem *r*
gewöhnlich ausgelassen (ꝟꝝꝇꝟꝝꝝꝝꝟ *haṣaṇra*), und die ebenfalls
vorkommende Form mit erhaltenem *h* war mir früher entgangen
(s. Brockhaus, Index p. 328). Auch von dem oben erwähnten *aṇhra*
läſst der lith. C. fast durchgreifend das *h* aus.

ihm" steht. Auf der folgenden Seite finden wir eine ähnliche Erscheinung, wenn anders, wie ich kaum zweifle, dort
ܫܘܨ *s'áo* (so lese ich mit der Variante) dem skr. म्सी
asáú (ille, illa) entspricht: ܫܘܨ ܫܘܨ ܥ ܥ ܥ ܥ ܥ ;
ܫܘܨ ܫܘܨ ܫܘܨ *nóiḍ ṣi im záo · s'áo yá*
(Text ܫܘܨ *yáo) darēg'a akarsta* (Text ܫܘܨ
adarsta) s'aitė *) „denn nicht diese Erde, die, welche
lange ungepflügt liegt."

56ᵃ). Einem zwischen ܫ *a* oder ܫ *á* und einem folgenden Vocale stehenden ܥ *h* wird gewöhnlich ein gutturaler Nasal (ܔ *ṇ*) vorgesetzt, und diese Einfügung scheint
nothwendig, in Fällen, wo der auf ܥ *h* folgende Vocal ebenfalls ܫ *a*, ܫ *á* oder ܡ *ė* ist. Man sagt z. B. ܫܘܨ
usaṣayaṇha du wurdest geboren, während im Activ
die Personal-Endung ܫܥ *hi* des Praes. keinen Nasal zuläfst,
und z. B. ܫܘ *ahi* du bist, ܫܘ *baksahi* du
gibst, nicht ܫܘ *aṇhi*, ܫܘ *baksaṇhi* gesagt wird.

56ᵇ). Die Endung *as*, welche im Sanskrit nur vor
tönenden Consonanten (§. 25.) und म *a* ihr स् *s* in उ *u* umwandelt, und dieses mit dem vorhergehenden म *a* zu ओ *ó*
zusammenzieht, tritt im Ṣend, wie im Prákrit und Páli,
stets in der Gestalt von *ó* auf. Dagegen hat die Endung
ás, die im Sanskrit vor allen tönenden Buchstaben das *s*
ganz aufgibt, im Ṣend den schliefsenden Zischlaut nie ganz
untergehen lassen, sondern seine Verschmelzung in der Gestalt von *o* für *u* (ܫܘ = *áo* s. p. 59) überall bewahrt, und
ich sehe mich hierdurch kräftig unterstützt in einer vor
meiner Bekanntschaft mit dem Ṣend ausgesprochenen Ver-
muthung**), dafs im Sanskrit der Unterdrückung eines schlie-

---

*) So lese ich für Olshausens ܫܘܨ *s'aita*, indem ich
aus der sonst fehlerhaften Variante ܫܘܨ *s'aitė* das schliefsende
ܫ *ė* entlehne; denn offenbar haben wir hier das skr. *s'étė*, was im
Ṣend nichts anderes als ܫܘܨ *s'aitė* geben kann.

**) Anm. zu §. 78 der lateinischen Ausgabe meiner Sanskrit-Gramm.

ſsenden *s*, nach *á*, die Vocalisirung dieses *s* zu *u* vorangegangen sei. Merkwürdig ist es, daſs, wo im Ṣend dem, aus
dem *s* der Sylbe *ás* entspringenden, ɕʊ *h* nach §. 56ᵃ⁾. ein ȝ *n*
vorgesetzt wird, oder wo vor der enklitischen Partikel ᴧʊᴧ
ća das genannte *s* zu ᴣᴣ *ś* wird, zugleich mit diesen körper-
licheren, consonantischen Vertretern des *s*, auch noch dessen
vocalische Vertretung beibehalten wird, und der Zischlaut
also in doppelter Gestalt, gleichsam erstarrt und flieſsend,
erscheint. Um dies durch einige Beispiele zu erläutern, so
erhält das skr. *más* luna — ein flexionsloser Nominativ,
denn das *s* gehört zum Stamm — im Ṣend die Form ᵴᴧᴄ
máo, indem hier *o* das skr. ऋ *s* vertritt; aber माश्च *más-ća*
lunaque gibt ᴧᴩᴣᴣᵴᴧᴄ *máosća*, und मासम् *másam*
lunam gibt ᴄᴣᴄᴩȝᵴᴧᴄ *máoṇhĕm*, so daſs in den beiden
letzten Beispielen der skr. Zischlaut zugleich consonantisch
und vocalisch vertreten ist. Nach Analogie von ᴄᴣᴄᴩȝᵴᴧᴄ
máoṇhĕm lunam gehen alle ähnlichen Fälle, und es entspringt z. B. ᴧᴩᴩȝᵴᴧ *áoṇha* aus ग्रास *á'sa* fuit, und
ᴄᴩᴧᴩȝᵴᴧ *áoṇhaṁm* aus ग्रासाम् *ásá'm* earum *)

57. Es bleiben noch zwei Zischlaute zu erwähnen
übrig, nämlich ʃ und ℧, wovon der erstere wie ein französisches *z* ausgesprochen werden soll, und darum gewöhnlich durch *z* ausgedrückt wird. Ich ziehe aber jetzt vor,
ihn durch *ſ* zu umschreiben**), da *z* ein zweideutiger Buch-

---

*) **Burnouf** ist anderer Meinung über den hier erörterten
Gegenstand, denn indem er im *Nouveau Journ. Asiat.* T. III. S. 342
über das Verhältniſs von ᵴᴧᴄ *máoṇhó* zu ᴣᴩᴩᴣᴩᴧᴄ *ma-*
naṇhó sich ausspricht, ohne zugleich die analogen, bei jeder Veranlassung wiederkehrenden Fälle wie ᴧᴩᴣᴣᵴᴧᴄ *mdos'-ća* lunaque,
ᴧᴩᴣᴣᴧᴣᴧ᾽ᴣᴣ᾽ᴣ *urvardos'-ća* arboresque in Erwägung zu
ziehen, sagt er: „*Dans máonghó (máoṇhó) il y a peut-être celle*
difference, que le n g h (unser ṇh) ne remplace pas le s sanscrit, car
cette lettre est déjà devenue o par suite d'un changement très-fréquent
et que nous avons indiqué tout-à-l'heure."

) **Klaproth schreibt ihn mit *s* ohne diakritisches Zeichen (*Asia*
polyglotta p. 63 ff.)

stabe ist und bei uns auch in fremden Sprachen gewöhnlich wie *ts* ausgesprochen wird, so dafs wir selbst den
Namen der Sprache, wovon hier die Rede ist, gewöhnlich
Tsend aussprechen. Ich habe schon früher auch das weiche
s des Georgischen, Laṣischen und Armenischen durch *ṣ*, und
seine Aspirata durch *ṣʹ* ausgedrückt. *) — Etymologisch entspricht das ṣend. ʃ *ṣ* am häufigsten dem skr. ह *h*, welchem
niemals das ṣendische ﻉ *h* gegenübersteht. Man vergleiche z. B.

Sanskrit		Ṣend	
अहम्	*aḥám* ich	ᵍᴇʃᵚ	*aṣĕm*
हस्त	*ḥásta* Hand	ᵚᵚᵚ	*ṣaśta*
सहस्र	*saḥásra* tausend	ᵚᵚᵚ	*haṣaṇhra*
जिह्वा	*ǵiḥvá* Zunge	ᵚᵚᵚ	*hiṣva*
वहति	*váḥati* er führt	ᵚᵚᵚ	*vaṣaiti*
हि	*ḥi* denn	ᵚᵚ	*ṣi*

58. Zuweilen erscheint ʃ *ṣ* auch an der Stelle des skr.
ग्य *ǵ*, so dafs der zischende Theil dieses, wie *dsch* auszu-
sprechenden Buchstaben allein vertreten, der *d*-Laut aber
unterdrückt ist (vgl. §. 53). So entspricht z. B. ʃᵚᵚ *yaṣ*
anbeten dem skr. यज् *yaǵ*; ᵚᵚᵚᵚ *ṣausʹa* Gefallen
stammt von der skr. Wurzel *ǵusʹ* lieben, ehren. —
Drittens findet sich das ṣendische ʃ *ṣ* auch an der Stelle des
skr. ग् *g*, was sich aus dem Umstande erklärt, dafs Gutturale überhaupt leicht zu Zischlauten entarten, worauf auch
die Entstehung des ʃ *ṣ* aus skr. ह *h* (= *ǵ*) beruht. Ein
Beispiel mit ʃ *ṣ* für ग् *g* ist ᵚᵚᵚ *ṣáo* Erde (nomin.) für
skr. गौस् *ǵáus*, welches als Fem. sowohl Kuh als Erde
bedeutet und im Accus. unregelmäfsig *ǵám* bildet, worauf
das ṣend. ᵍᵚᵚᵚ *ṣaṇm* sich stützt (s. §. 61), während der
Nomin. ᵚᵚᵚ *ṣáo* im Sanskrit nach §. 56ᵇ) *ǵás* erwarten

---

*) S. „Die kaukasischen Glieder des indo-europäischen Sprach-
stammes" Anm. 2.

liefse, welches dem Acc. *gâm* analog wäre. In der Bedeutung Ochs, Kuh hat das Send bei diesem Worte den ursprünglichen Guttural bewahrt, der aber auch der Benennung der Erde nicht ganz abgeht, wenn Burnouf (Yaçna, Notes p. 55) Recht hat, den Accus. ६>ᴎᴑᴕ *gâum* terram hierher zu ziehen.*)

59. ഄ ist von seltencrem Gebrauch, und soll wie ein französisches *j* ausgesprochen werden; ich übertrage es durch *ȿ'* (früher durch *sch*). Merkwürdig ist es, dafs, wie das französische *j* in vielen Wörtern dem lateinischen Halbvocal *j* gegenübersteht, und aus demselben sich entwickelt hat, ebenso auch zuweilen das ṣend. ഄ *ṣ'* aus dem skr. Halbvocal य़ *y* entsprungen ist. So ist z. B. यूयम़ *yûyâm* ihr (vos) zu ६६ഄᴊᴘᴑ *yûṣ'êm* geworden. Zuweilen auch ist ഄ *ṣ'* aus dem Laut des englischen *j* (*dsch*) hervorgegangen, und steht so dem skr. ज़ *ǵ* gegenüber, z. B. in ᴐ}६ഄ *ṣ'ênu* für ज्ञनु *ǵânu* Knie. Endlich steht es als Endbuchstabe in einigen Präfixen, vor tönenden Consonanten, an der Stelle des skr. dentalen ऱ *s* nach *i* und *u*; so in ᴊᴘᴑᴊᴡ⁊ᴡᴊഄᴑᴣ *niṣ'-baraiti* er trägt heraus, ६ᴇᴑᵃ⁊ᴣഄᴑᴣᴣ *duṣ'-ûḱtĕm* Schlecht-gesagtcs, dagegen ६ᴇᴑᴎᴇᴎᴑᴣᴣ *dus-matĕm* Schlecht-gedachtes (V. S. p. 336.). Das Sanskrit, dem es an weichen Zischlauten gebricht, setzt nach bestimmten Lautgesetzen *r* für *s* zur Verbindung mit weichen Consonanten, und zeigt daher *nir-ᵭarati* für das eben erwähnte

---

*) In diesem Falle müfste man sich zur Erklärung von *gâum* an die im Skr. vorauszusetzende Form *gâvam* wenden, da ग़ॊ *gô* die starken Casus aus *gâu* bildet, daher Nomin. sg. *gâus*, plur. *gâ'v-as* — und die Accusative *gâm*, plur. *gâs* offenbar Zusammenziehungen von *gâv-am*, *gav-as* sind. Es könnte aber auch der ṣend. Acc. *gâ'um* einem Them. *gava* angehören, welches mit der Bedeutung Rind am Anfange von Compositen vorkommt, wie das skr. *gava*, z. B. in *gava-râ'g'an* Stier (wörtlich Rinder-König). In diesem Falle wäre das lange *â* von *gâum* eine Entschädigung für die Zusammenziehung von *va* zu *u* am Schlusse des Wortes.

şend. *nişˊbaraiti*; da निस् *nis*, welches die Urform des betreffenden Präfixes, zur Verbindung mit *b* nicht geeignet ist. So auch erscheint das dem griech. *δυς* entsprechende Präfix दुष् *dus* vor tönenden Buchstaben (s. §. 25) stets in der Form *dur*. — Von der Entstehung şendischer Zischlaute (ﻪ *ś*, ﻪ *s*; ﻪ *ş*, ﻪ *ş*ˊ) aus *t*-Lauten vor einem folgenden *t*-Laut wird später die Rede sein (s. §. 102ᵇ).

60. Wir haben noch die Nasale zu erklären, was wir bis jetzt verschieben mufsten, weil hierzu die Kenntnifs des übrigen Lautsystems unentbehrlich ist. Vor allem müssen wir auf den wesentlichen Unterschied vom Sanskrit aufmerksam machen, dafs im Şend nicht jedes Organ seinen eigenthümlichen Nasal hat, sondern dafs hier in Ansehung des *n* im Wesentlichen zwei Haupt-Unterschiede sich geltend machen, indem es nämlich hauptsächlich darauf ankommt, ob *n* einem starken Consonanten oder einem Vocal vorangehe. Auf diese Weise stehen sich *ι* und ﻪ einander so gegenüber, dafs ersteres vorzüglich vor Vocalen und den Halbvocalen *y, v*, aber auch am Ende der Wörter erscheint; dagegen ﻪ nur in der Mitte vor starken Consonanten. Man schreibt z. B. ﻪﻪﻪﻪ *hankârayêmi* ich verherrliche, ﻪﻪﻪﻪ *panća* fünf, ﻪﻪﻪﻪ *hĕnti* sie sind; dagegen ﻪﻪ *nâ* (nomin.) Mann, ﻪﻪﻪ *nôiḍ* nicht, ﻪﻪﻪﻪ *barayĕn* sie mögen tragen, ﻪﻪﻪ *anyô* der andere, ﻪﻪﻪﻪ *kĕrĕnvô* du machtest. Was den Unterschied der Aussprache zwischen *ι* und ﻪ *n* anbelangt, welche beiden Buchstaben wir in lateinischer Schrift nicht zu unterscheiden brauchen, so mag wohl ﻪ, weil es stets durch einen folgenden starken Consonanten eingeengt erscheint, eine trübere, gedämpftere Aussprache haben, als das ungestörte, sich frei bewegende *ι*; und wegen dieser Schwächung und Unentschiedenheit seiner Aussprache mag ﻪ auch zu jedem Organ des folgenden Buchstaben stimmend erscheinen. *)

---

*) Ich sehe keinen Grund, mit Burnouf diesen Nasal als den palatalen zu bezeichnen; da, abgesehen von den Gutturalen, die Den-

61. Noch schwächer und unentschiedener als ⲭⳙ, vielleicht ganz der indische Anusvâra, mag der Nasal sein, welcher stets mit einem *a* verschlungen ist (ⲭ⸰), und der Form nach die Verbindung von ⲱ *a* und *ſ n* zu sein scheint. Man findet dieses ⲭ⸰, welches wir *añ* schreiben, erstens, vor Zischlauten, ⲉ⸻ *h* (gleich dem Anusvâra) und den Aspiraten ⲅ *th* und ⸰ *f*; z. B. ⲱⲭ⸰ⳝⳝⲱⲱⳙⲅ *kṣayañš* regnans, Accus. ⲅⲉⳛⲭⳙ⸻ⳝⳝ⸻ⳙⲱ⸻ⳙⲅ *kṣayantếm*; ⲱſⲱⲉⲱⳝⳝⲉⲯⳙ⸰ *zañhyamana* (Part. fut. pass. der Wurzel *ſⲱⳟ ṣan* erzeugen) qui nascetur; ⲱ⸰�⸰ⳙ⸻ⲅ *mañthra* Rede, von der Wurzel *ſⲱⲅ man*; ⸰ſⲯⳙⳡ *gañfnu* Mund, wahrscheinlich von der skr. Wurzel जप् *ǵap* beten (s. §. 40) mit eingefügtem Nasal. Zweitens, vor einem schliefsenden ⲅ *m* und *ſ n*, z. B. ⲅⳙ⸰ſ⸻ⲱⲉ⸻ⲱⲉⳝ *pádanañm* pedum für skr. पादानाम् *pádánám*, *ſⲭⳙ⸰ⳝⲱſ barañ* ferant [*]) für *ſⲱⳝⲱſ barán*, was man nach Analogie der übrigen Personen zu erwarten hätte. Drittens, am Wort-Ende, im Accus. pl. der männlichen Stämme auf *a*, wo ich den Ausgang ⲭ⸰ *añ* als Verstümmelung der vollständigen Endung ⲱⳝⲭ⸰ *añš* ansehe, welche sich vor der Anhänge-Partikel *ća* und behauptet hat. [**])

62. Für den Nasal, welcher nach §. 56[*a*)] als euphonische Zugabe dem aus ⳱ *s* entsprungenen ⲉ⸻ *h* vorgesetzt wird, hat das Ṣend zwei Buchstaben, nämlich ⳝ und ⲱ⸻, welchen beiden **Anquetil** die Aussprache von *ng* gibt. [***)] Wir schreiben dafür ṇ, um nicht diesem gutturalen, das folgende *h* vorbereitenden Nasallaut den Anschein eines *g* mit vorhergehendem gutturalen *n* zu geben. Was den Un

---

tale gewifs ebensoviel Anspruch darauf haben, und die Palatale an die Dentale sich insofern anschliefsen, als sie ihrer Aussprache nach mit einem *t*-Laut beginnen (*ć = tsʿ* und *g' = dsʿ*).

[*]) Conjunctiv des Imperfects mit gegenwärtiger Bedeutung, s. §. 714.

[**]) S. §. 239 und vgl. die vêdische Endung *áñ* für *áñr* aus *áñs*.

[***]) Auch schreibt Burnouf den ersten dieser Buchstaben durch *ng;* in meinen Recensionen in den Jahrb. für wissensch. Krit. setzte ich ebenfalls *ng*.

terschied in dem Gebrauch dieser beiden Buchstaben anbelangt, so findet sich ȝ stets nach ↝ *a* und ᚄ *áo*, dagegen
↝ nur nach ᚄ *i* und ᚄ *é*, wozu sich selten Veranlassung
zeigt; z. B. in dem relativen Pluralnominativ ᚄᚄᚄ
yênhê (qui), und in weiblichen Pronominal-Geninitiven wie
ᚄᚄᚄ *aiṇháo* hujus, welches häufig vorkommt, aber
eben so häufig ohne ᚄ *i* und mit ȝ *ṇ*, ᚄᚄᚄ *aṇháo*.
Welcher phonetische Unterschied zwischen ȝ und ↝ statt-
finde, wagen wir nicht zu bestimmen; Anquetil gibt, wie
bemerkt worden, beiden gleiche Aussprache, während Rask
das ↝ mit dem skr. palatalen *ń* (ञ्) verglichen, und durch
das spanische und portugisische *ñ* ausgedrückt wissen will. —
In Bezug auf den Gebrauch des ȝ *ṇ* ist noch zu bemerken,
daſs dasselbe auch häufig vor *u* vorkommt, wobei jedoch
die Sylbe ᚄȝ *nu* niemals ursprünglich ist, sondern auf Umstellung beruht. Es wird nämlich die Lautgruppe *ṇhva*,
wo sie vorkommen sollte, immer so umstellt oder entstellt,
daſs das *v*, vocalisirt zu *u*, dem *h* vorantritt, das ȝ *ṇ* aber
wird beibehalten, obwohl es eigentlich dazu bestimmt ist,
nur dem *h* voranzugehen. Veranlassung zu dieser Umstellung geben besonders die skr. Imperative auf *a-sva* (2te P.
sg. med.), woraus im Send ᚄᚄȝᚄ *aṇuha* für *aṇhva* geworden, indem nämlich ursprünglich auch dem vor *v* stehenden *h* ein Nasal vorgeschoben wurde, der aber in Folge
des hier aufgestellten Gesetzes seine Stellung vor *u* erhalten
hat. Beispiele von Imperativen auf *ṇuha* für *ṇhva* finden
sich in §. 721. — Eine andere Veranlassung zu der Lautgruppe *ṇuha* für *ṇhva* findet sich bei den im Sanskrit aus
Primitivstämmen auf *as* durch das Suffix *vant* (in den
schwachen Casus *vat*) gebildeten Wörtern. Diese erscheinen
im Send in den starken Casus (s. §. 129) in der Form auf
aṇuhant (nom. *aṇuháo* aus *aṇuhás*), in den schwachen
in der auf *aṇuhat*.[*]) Hiervon später mehr.

---

[*]) In dieser Weise habe ich schon in der 2ten Ausgabe des Nalus
(1832, p. 202) mit dem skr. Genitiv *vivas-vatas*, des *Vivasvat*, das
sendische *vivaṇuható* vermittelt.

63. Der labiale Nasal ς *m* ist von dem skr. ग् *m* nicht unterschieden; bemerkt zu werden verdient aber, dafs er zuweilen an die Stelle des *b* getreten ist. Wenigstens lautet die Wurzel ब्रू *brú* sprechen im Send ᴍᵣú *mrú*, wovon z. B. ᴍᵣaᵤḍ *mrauḍ* er sprach, gegenüber dem skr. unregelmäfsigen *ábravít*, welches regelmäfsig *ábrôt* (aus *abraut*) lauten würde. Das Griechische zeigt vor *ρ* die umgekehrte Verwandlung, nämlich die eines ursprünglichen *μ* in die organgemäfse Media; daher βροτός, βραδύς, für μροτός (= skr. *mr̥tá-s* aus *martá-s*), μραδύς. Für letzteres zeigt das Sanskrit *mr̥dú-s* (sanft und langsam), zu dessen Superlativ *mrádišťa-s* vortrefflich das gr. βράδιστο-ς stimmt.

64. Ein schliefsendes ς *m* wirkt auf doppelte Weise auf einen vorhergehenden Vocal. Es schwächt nach §. 30. das ᴀ *a* zu ξ *ě*, und verlängert dagegen die Vocale ı *i* und ᴜ *u*; daher z. B. ᴘᴀɪᴛɪᴍ *paitîm* den Herrn, ᴛᴀɴᴜᴍ *tanûm* den Körper, von den Stämmen ᴘᴀɪᴛɪ *paiti*, ᴛᴀɴᴜ *tanu*. Im Widerspruch mit dieser Regel scheint der sehr häufig vorkommende Vocativ ᴀśâᴜᴍ *aśấum* Reiner! zu stehen. Hier aber ist das *u* nicht primitiv, sondern *um* die Zusammenziehung der Sylbe *van* des Stammes *aśavan*, wobei die Verlängerung des zweiten *a* eine Entschädigung für die Unterdrückung des dritten ist. Auffallend aber, nnd in ihrer Art einzig, ist die Verwandlung des schliefsenden *n* in *m*, während die umgekehrte Veränderung, nämlich die eines schliefsenden *m* in *n*, in mehreren Gliedern unseres Sprachstamms zum Gesetz geworden ist (s. §. 97).

65. Wir geben hier einen vollständigen Überblick der sendischen Buchstaben:

Einfache Vocale: ᴀ *a*, ξ *ě*; ᴀ̄ *á*, ς *e*; ı *i*, ı̄ *î*; ᴜ *u*, ᴜ̄ *û*.

Diphthonge: ᴀɪ, ᴇ̂ *ê*, ᴀɪ *ai* (s. §. 33), ᴀɪ *ai* (s. §. 41. und 46 Anm.**), ói *ôi*; âi *âi*; ó *ô*, ᴀᴜ *au* (s. §. 32), ᴀᴜ *au* (s. §. 46), ᴇᴜ *eu*; ᴀᴏ *âo*, ᴀᴜ *âu*.

Gutturale: ᵏ *k*, ᴋ̄ *k'*, ᴋ *q'*; ᴳ *g*, ᴊ *ǵ*.

Palatale: ᶁ *ć*, ᶁ *ǵ*.

Dentale: ᶁ *t*, ᶁ *t́*, ᶁ *d*, ᶁ *ḍ*, ᶁ *d*.

Labiale: ᶁ *p*, ᶁ *f*, ᶁ *b*.

Halbvocale: ᶁ, ᶁ, ᶁ *y* (die beiden ersten anfangend,
     das letzte in der Mitte), ᶁ, ᶁ *r* (letzteres nur nach
     ᶁ *f*), ᶁ, ᶁ *v* (ersteres anfangend, letzteres in der
     Mitte), ᶁ *w*.

Zischlaute und *h*: ᶁ *ś*, ᶁ *š*, ᶁ *s*, ᶁ *ṣ*, ᶁ *ṣ́*, ᶁ *h*.

Nasale: ᶁ *n* (vor Vocalen, *y*, *v* und am Ende), ᶁ *n* (vor
     starken Consonanten), ᶁ *aṇ* (vor Zischlauten, ᶁ *h*,
     ᶁ *th*, ᶁ *f*, ᶁ *m* und ᶁ *n*), ᶁ *ṇ* (zwischen ᶁ *a* oder ᶁ
     áo und ᶁ *h*), ᶁ *ṇ* (zwischen ᶁ *i* oder ᶁ *é* und
     ᶁ *h*), ᶁ *m*.

Man merke noch die Zusammensetzungen ᶁ für ᶁ *ah*
und ᶁ für ᶁ *st*.

66. Wir enthalten uns, vom Lautsystem des Griechischen und Lateinischen im Besonderen zu handeln, da wir
diese beiden Sprachen bei Erörterung des sanskritischen
Lautsystems in allen wesentlichen Punkten bereits berücksichtigt haben und auch später noch von den Gesetzen der
Laut-Umwandlung aller Sprachen, die uns hier beschäftigen,
gehandelt werden wird. Wir wenden uns für jetzt zur Besprechung der einzelnen Laute des Gothischen und Hochdeutschen. — Dem skr. *a* entspricht ganz das gothische *a*,
und die Laute des griech. *ε* und *o* fehlen, als spätere Entartungen des *a*, dem Gothischen wie dem Sanskrit. Nicht
überall aber hat sich im Gothischen das alte *a* unverändert
behauptet, sondern es hat sich sehr häufig, sowohl in den
Wurzelsylben als in den Endungen, zu *i*, seltener zu *u* geschwächt; auch ist es in den Endsylben nicht selten ganz
unterdrückt worden.

67. Wir glauben als Gesetz erkannt zu haben, dafs *a*,
wo es in **m e h r s y l b i g e n** Wörtern vor einem schliefsenden *s* stand, im Gothischen entweder zu *i* geschwächt oder
ganz unterdrückt werden mufste; daher z. B. *vulfi-s* W o l-

ſes (vom Stamme *vulfa*) für skr. *vŕ̥ka-sya*, *bair-i-s* du
trägst für skr. *b̓ára-si*, *vulf-s* lupus für skr. *vŕ̥ka-s*,
auhsin-s bovis für skr. *úks̓aṇ-as*, *auhsan-s* boves (nom.
u. acc.) für skr. *úks̓áṇ-as* (nom. pl.), *úks̓aṇ-as* (acc. pl.).
Auch vor einem schlieſsenden *th* begünstigt das Gothische
die Schwächung des *a* zu *i*, ohne jedoch den Ausgang *ath*
ganz zu meiden. Er findet sich z. B. in *liuhath* Licht (nom.
acc. neut.), in *magath* Mädchen (acc. fem.), und in dem
Adv. *aljath* anderswohin; dagegen steht in allen Verben
der gothischen starken Conjugation in der 3ten P. sg. und
2ten P. pl. *i-th* gegenüber dem skr. *a-ti*, *a-t́a*; z. B. *bair-i-th*
fert und fertis für skr. *b̓ár-a-ti*, *b̓ár-a-t́a*; im Gegensatze zu *bair-a-m* für *b̓ár-á-mas* ferimus, *bair-a-nd*
für *b̓ár-a-nti* ferunt, *bair-a-ts* für *b̓ár-a-t́as* φέρετον;
bair-a-ṣa (s. §. 86. 5)) fereris, *bair-a-da* fertur, *bair-
-a-nda* feruntur für die skr. Medialformen *b̓ár-a-sê*,
b̓ár-a-tê, *bár-a-ntê*, aus *b̓ar-á-sai* etc.

　68.　Im Althochdeutschen hat sich das goth. *a* entweder
behauptet, oder zu *u* — dafür auch *o* — geschwächt. *U* für
goth. *a* findet sich z. B. in der 1sten P. sg. praes. der starken Verba (*lisu* für goth. *lisa* ich lese), im Dativ pl. der
Stämme auf *a* (*wolfu-m* für goth. *vulfa-m*), im Accus. sg.
und Nom. Acc. pl. der Stämme auf *an* (*hanun* oder *hanon*
für goth. *hanan*, *hanans*), und im Dat. sg. der Pronominal-
declination (*imu* für goth. *imma*).

　69.　1) Für das skr. lange *á* steht im Gothischen, welchem das lange *á* gänzlich fehlt, entweder *ô* oder *ê*, und
zwar ersteres am gewöhnlichsten, während im Griechischen
umgekehrt η viel häufiger als ω die Stelle eines langen ā
vertritt. Im Verkürzungsfalle kehrt das goth. *ô* zur *a*-Qua-
lität zurück und wird zum kurzen *a*, daher enden die weiblichen *ô*-Stämme im Nom. Acc. sg. auf *a*, z. B. *airtha* terra,
terram (ohne Casus-Endung) im Gegensatze zum Gen. sg.
und Nom. pl. *airthô-s*, wo die ursprüngliche Länge unter
dem Schutze des folgenden Consonanten sich behauptet hat.
Überhaupt hat sich das ursprüngliche *á* am Wort-Ende im

Gothischen, bei m e h r s y l b i g e n Wörtern, zu *a* gekürzt,
und wo *ó* ein mehrsylbiges Wort schliefst, ist ein ursprünglich nachstehender Conson. weggefallen, z. B. in weiblichen
Plural-Genitiven wie *airth-ô* terrarum, wo *ó* die skr. Endung *ám* und griech. *ων* vertritt. In Formen wie *hvathrô*
w o h e r? *tha-thrô* von da ist ein *t*-Laut gewichen — Im Ver-
längerungsfalle wird goth. *a* zu *ó*; daher *-dôg-s* (für *-dôga-s*),
in dem Compositum *fidur-dôg-s* viertägig, vom Stamme
daga, Nom. *dag-s* T a g. Durch das Zusammenfliefsen zweier
a, oder auch eines *ó* (= *á*) mit *a*, entsteht *ó*, z. B. in Plural-
Nominativen wie *dagôs* T a g e aus *daga-as*, *hairdôs* d i e
H e e r d e n aus *hairdô-as* (them. *hairdô*, nom. sg. *hairda*), wie
im Skr. z. B. *sutás* 1. S ö h n e, aus *sutá-as*; 2. T ö c h t e r,
aus *sutá-as*. — Im Althochdeutschen ist das goth. *ó* entweder *ó* geblieben, z. B. im Genitiv pl.; oder es hat sich,
nach Verschiedenheit der Quellen, zu *uo*, *ua* oder *oa* gespalten, wofür im Mittelhochd. blofs *uo*, während im Neuhochd. die beiden getheilten kurzen Vocale sich wieder zu
einer gleichartigen Länge vereinigt haben; daher z. B. *Brü-
der* für goth. *brôthar*, ahd. *bruoder*, *bruader*, mhd. *bruoder*,
skr. *brátar*, lat. *fráter*. — In den Endungen kommt im
Althochd. auch *á* und *ú* (letzteres wohl nur vor *n*) für
goth. *ó* vor. Hiervon später mehr.

2) Der zweite, aber verhältnifsmäfsig seltene Vertreter
des ursprünglichen *á* im Gothischen, nämlich *é*, kann als
dialektische Auszeichnuug des Gothischen angesehen werden,
wodurch dasselbe, den meisten übrigen germanischen Sprachen gegenüber, gleichsam im jonischen Gewande erscheint.
Nur das Altfriesische nimmt in den meisten Fällen an dem
dialektischen goth. *é* Theil.   Die wichtigsten Stellen der
Grammatik, wo dieses *é* erscheint, sind: erstens, die mehrsylbigen Formen des Praet. von Grimms 10ter und 11ter
Conjugation, wo z. B. im Goth. *némum*, im Altfries. *némon*
(w i r n a h m e n) dem althochd. *námumés* gegenübersteht; zweitens, die 4te und 6te Conjugation, wo goth. *slêpa* i c h s c h l a f e,
lêta i c h l a s s e, *rêda* (*ga-rêda* i c h b e d e n k e, *und-rêda* i c h

besorge, verschaffe), altfries. *slêpe, lête, rêde* *), für althochd. *sláfu, lázu, rátu* stehen; drittens, die gothischen Pluralgenitive der Masculina und Neutra, sowie der Femininstämme
auf *i* und *u*, während das Althochdeutsche in allen Geschlechtern die Endung *ô* dem skr. *âm* und griech. *ων* gegenüberstellt. Man vergleiche z. B. mit dem skr. *úks'aṇ-âm* bovum
das goth. *auhsn-ê* (für *auhsan-ê*) und ahd. *ohsôn-ó*. Von vereinzelt stehenden Wörtern mit goth. und altfries. *ê* für *â* erwähne ich hier nur *jêr* (them. *jêra* neut.) Jahr für ahd. *jâr,*
ṣend. *yârĕ*. Letzteres ist ebenfalls Neutrum und steht nach
§. 30 für *yâr*; doch halte ich das *r* in diesem Worte für eine
Verstümmelung des Suffixes *ra* und leite das Ganze von
der skr. Wz. *yâ* gehen ab, da überhaupt die Zeitbenennun-
gen meistens von Wurzeln der Bewegung stammen **). Schwerer scheint es mir, *yârĕ* mit Lassen, welchem Burnouf
(Yaçna p. 328) beistimmt, auf die skr. Wz. *îr* gehen zurückzuführen, noch schwerer die germanischen Ausdrücke des
Jahres, und das griech. *ὦρα*, welches in Wurzel und Suffix
mit unserer Jahresbenennung zusammenhängt (über ʽ für *j*
p. 33), aus *îr* statt aus या *yá* zu erklären, was doch ebenfalls
geschehen müfste, wenn das ṣend. *yârĕ* der Wz. *îr* entsprossen wäre.

70. Für ᴣ *i* und ᴣ᷃ hat das Gothische *i* und *ei*. Ich
halte nämlich das letztere für den graphischen Ausdruck des
langen *i* ***); denn es entspricht in etymologischer Beziehung

---

*) Ich halte *râd* machen, vollbringen für die entsprechende
skr. Wz., wofür formell im Goth. nur *rôd* oder *rêd* erwartet werden kann.

**) Unter andern auch das goth. *aivs*, them. *aiva*, welches ich jetzt
mit Graff (I. 505 f.) und Kuhn (Zeitschr. II. p. 235) nebst dem lat.
aevum und griech. *αἰών* zur Wz. *i* gehen ziehe, also mit Guṇa, und,
mit Ausnahme des Griech., mit einem zum skr. *va* stimmenden Suffix.
Dagegen beharre ich in Bezug auf den skr. Demonstrativstamm *êvá*
(accus. adv. *êvá-m* so) und das ṣend. Zahlwort ᴡᴏᴧᴧᴑᴡ *aiva* bei
meiner früheren Ansicht (§. 381).

***) Ich war im Irrthum, als ich in §. 70 der ersten Ausg. be-
merkte, dafs auch J. Grimm dieser Ansicht sei.

nicht nur dem i der übrigen germanischen Sprachen — das Neuhochdeutsche ausgenommen — sondern auch dem skr. i, namentlich am Ende weiblicher Participial- und Comparativ-stämme, welche jedoch dem skr. i noch ein n beigefügt haben, wie auch sehr häufig das skr. weibliche $á$ (goth. $ô$) in den germanischen Sprachen den Zusatz eines n erhalten hat; z. B. im goth. *viduvón* (nom. *-vô*, s. §. 142) $=$ skr. *vid'avá* Wittwe (them. und nom.). So z. B. auch *bairandein* (nom. *-dei*) für skr. *b'arantí* die tragende, *juhişein* (nom. *-şei*) für skr. *yávíyaşí* die jüngere. Beachtung verdient auch, dafs Ulfilas bei Übertragung von Personen- und Orts-namen, überhaupt von Fremdwörtern aus dem griech. Text, sehr häufig *ei* für ι setzt, und zwar ohne Rücksicht auf die Quantität. Er schreibt z. B. *Teitus* für Τίτος, *Teibairius* für Τιβέριος, *Thaiaufeilus* für Θεόφιλος, *Seidôn* für Σιδῶν, *rabbei* für ῥαββί. Wenn er aber auch gr. $\varepsilon\iota$ durch *ei* überträgt, z. B. Σαμαρείτης durch *Samareitês*, so erklärt sich dies leicht daraus, dafs im 4ten Jahrhundert das gr. $\varepsilon\iota$ wahrscheinlich schon wie im Neugriech. die Geltung eines langen i gehabt hat. Ulfilas mochte überhaupt durch dieses $\varepsilon\iota = \bar{\imath}$ dazu veranlafst worden sein, auch in echt gothischen Wörtern den i-Laut durch *ei* auszudrücken. — Wo goth. *ei* einem skr. $\hat{e} = ai$ begegnet, ist entweder der schwächere *Guṇa*-Vocal i mit dem Wurzelvocal i, oder mit dem schliefsenden i eines Wortstammes, in Eins zusammengeflossen, also $i = i + i$ nach §. 27; oder es ist in vereinzelt stehenden Wör-tern von dem ursprünglichen Diphthong *ai* das erste Ele-ment unterdrückt, und zum Ersatz das letzte verlängert wor-den (vgl. im Lat. z. B. *acquíro* aus *acquairo*, §. 7. p. 18). In dieser Weise fasse ich z. B. das Verhältnifs des goth. Neu-tralstammes *leika* (nom. acc. *leik*) Leib, Leichnam, Fleisch, zum skr. *dêḥa*, m. u. n. Körper (s. §. 17[a]), und das von *veihsa* (nom. n. *veihs*) Flecken, Landstadt, zum skr. Mas-culinstamme *vêśa* (aus *vaika*) Haus (vgl. lat. *vícus*). Zur Unterstützung der Ansicht, dafs *ei* der Aussprache nach $= i$ sei, kann noch besonders der Umstand geltend gemacht wer-

den, daſs dieser Vocal öfter durch Zusammenziehung aus
ji entsteht, indem z. B. der Stamm *hairdja* Hirt, weil dem
ja eine lange Sylbe vorhergeht, im Nom. und Gen. sg. die
·Form *hairdei-s* zeigt, während vom Stamme *harja* die beiden genannten Casus *harji-s* (für *harja-s* nach §. 67) lauten.
Nach demselben Princip kommt von *sôkja* ich suche (zugleich das Thema des ganzen Praesens) die 2te P. *sôkei-s*
(= *sôki-s*), *sôkei-th*, während von *nasja* ich rette diese beiden
Personen *nasji-s*, *nasji-th* lauten. Gewiſs ist, daſs die Zusammenziehung von *ji* zu *i* viel natürlicher ist als die zu
ei, als Diphthong gefaſst, und es ist daran zu erinnern, daſs
auch im Sanskrit der Halbvocal य् *y* (= *j*) gelegentlich nach
Ausstoſsung· des Vocals, mit dem er eine Sylbe bildete, zu
einem langen *i* wurde; so zieht sich namentlich die Sylbe
yâ, als Ausdruck des Potential-Verhältnisses, im Medium,
wegen dessen gewichtvolleren Endungen, zu *i* zusammen;
daher z. B. *dvis'-î-tá* er möge hassen, gegenüber dem
Activ *dvis'-yá'-t.* — Im Neuhochdeutschen ist die Spaltung
des langen *i* zu *ei*, die im Gothischen nur scheinbar (d. h.
graphisch) ist, wirklich eingetreten, und ebenso die Spaltung
des langen *û* zu *au*, daher z. B. im Genitiv der 1sten und
2ten P. *mein*, *dein*, für alt- und mhd. *mîn*, *dîn*, und goth.
meina, *theina* = *mîna*, *thîna*. So in Grimms 8ter Conjugation Verba wie *scheine*, *greife*, *beiſse*, gegenüber den althochd. *scînu*, *grîfu*, *bîzu*, mhd. *schîne*, *grîfe*, *bîze*, goth. *skeina*
(= *skîna*), *greipa*, *and-beita*. In dieser Weise ist der *Guṇa*-
Vocal, der in den alten Dialecten mit dem Wurzelvocal *i*
in Eins zerflossen ist, gewissermaſsen wieder zu seiner
Selbständigkeit zurückgekehrt, und unser *scheine* gleicht so
dem alt- und mhd. *scein*, *schein* (ich schien) und den
griechischen guṇirten Praesensformen wie λείπω.

71. Wo *i* in der Urperiode unseres Sprachstammes
am Wort-Ende stand, ist es sowohl im Gothischen, als in
den übrigen germanischen Sprachen bei mehrsylbigen
Wörtern unterdrückt worden; eine Erscheinung, die sich
leicht daraus erklärt, daſs *i*, als leichtester der Grundvocale,

keine andere Störung als völlige Unterdrückung erfahren
konnte, zumal im Gothischen, welches noch keine Entartung
von *i* zu *e* (ahd. *ë*) erfahren hat. Man sagt daher z. B. im
Goth. *i-m* (ich bin), *i-s, is-t, s-ind*, für skr. *ás-mi, á-si, ás-ti,
s-ánti*; *ufar* über für skr. *upári*; *bairis, bairith, bairand*,
ahd. *biris, birit, bërant*, für skr. *bárasi* fers, *bárati* fert,
báranti ferunt. Erhalten ist das schliefsende *i* in der
einsylbigen Praepos. *bi* um, auf, zu, bei etc. (ahd. mit
verlängertem *i*, *bî*, unser *bei*), worin ich das skr. *abí* (an,
zu, hinzu), wovon *abí-tas* herbei, mit Verlust des An-
fangsvocals erkenne *).

72.   Wo ein schliefsendes *i* in mehrsylbigen goth. Wörtern vorkommt, ist es immer eine Verstümmelung von *j*
mit nachfolgendem Vocal, so dafs das *j* nach Unterdrückung
dieses Vocals sich selber vocalisiren mufste. So ist der
flexionslose goth. Accusat. *hari* exercitum eine Verstümmelung von *harja**). Das Sanskrit würde *karya-m* fordern, und
das Şend, nach §. 42. dem Germanischen auf halbem Weg
entgegenkommend, *kari-m*. — Auch vor einem schliefsenden *s* ist ꝣ *i* im Gothischen gewöhnlich unterdrückt worden, und die Schlufssylbe *is* ist nach §. 67. gröfstentheils
eine Schwächung von *as*. — Im Ahd., und noch mehr im
Mittel- und Nhd., hat sich das alte goth. *i* häufig zu *e*
entartet, welches, wo es in der Tonsylbe steht, von
Grimm im Alt- und Mhd. durch *ë* gegeben wird. Wir
behalten diese Auszeichnung bei. — Vom Gothischen ist
noch zu bemerken, dafs in der Urschrift das *i* am Anfange

---

*) Die Ansicht, dafs auch das althochd. *umbi*, wozu das Goth.
kein Analogon besitzt, zum skr. *abí* gehöre, erregt mir jetzt wegen
des schliefsenden *i* Bedenken. Sollte aber die neben *umbi* vorkommende Form *umba* die legitime sein, so liefse sich das *i* von *umbi*
leicht als Schwächung des *a* erklären. Ich enthalte mich für jetzt,
diesen Gegenstand weiter zu verfolgen.

**) Wurzelhaft stimmt dieser Stamm zum altpers. *kára* Heer als
handelndes (skr. *karómi* ich mache).

einer Sylbe, sowohl am Wort-Anfange als in der Mitte, durch zwei übergesetzte Punkte ausgezeichnet wird, die auch Grimm beibehält (p. 37.).

73. Wie im Ṣend nach §. 41. durch die Attractionskraft des *i, i* oder *y* (= *j*) ein *i* in die vorhergehende Sylbe eingeführt wird, so haben auch im Ahd. die entsprechenden Laute Assimilationskraft gewonnen, und häufig ein *a* der vorhergehenden Sylbe in *e* umgewandelt, ohne dafs irgend ein Consonant oder doppelte Consonanz vorzugsweise schützende Kraft hätte. So lautet z. B. von *ast* ramus der Plural *esti,* von *anst* gratia der Genitiv, Dativ sg. und Nom. Acc. pl. *ensti*; von *fallu* cado ist die zweite und dritte Person *fellis, fellit.* Dem goth. *nasja* ich rette entspricht das ahd. *nerju.* Vollkommen ist jedoch im Althochdeutschen das Gesetz noch nicht durchgedrungen; man findet z. B. *zahari* lacrimae für *zaheri.*

74. Im Mittelhochdeutschen hat *i* und das aus ihm hervorgegangene *e* die überkommene Annäherungs- oder Umlautskraft behalten, und weiter ausgedehnt, indem mit wenigen Beschränkungen (Grimm p. 332.) nicht nur alle *a* durch solche Rückwirkung zu *e* werden, sondern auch *á, u, ú, o, ó, uo, ou* in angegebener Ordnung zu *œ, ü, iu, ö, œ, ue, öu.* Beispiele sind *geste* Gäste von *gast, jæric* jährig von *jár, tæte* Thaten von *tát, brüste* von *brust, miuse* Mäuse von *mús, köche* von *koch, læne* von *lón, stuele* Stühle von *stuol, betöuben* betäuben von *toup* (für *toub* nach §. 93*ᵃ⁾*). Dagegen haben diejenigen *e,* welche schon im Althochdeutschen als entartet aus *i* oder *a* stehen, keine Umlautskraft gewonnen; und man sagt z. B. im Genit. sing. *gaste-s,* weil das Althochdeutsche schon in der Declination der männlichen *i*-Stämme das dem Stamme zukommende *i* im Genit. sing. zu *e* getrübt hat, und *gaste-s* dem goth. *gasti-s* gegenüberstellt.

75. Das im Alt- und Mittelhochdeutschen durch Umlaut aus *a* erzeugte *e* ist im Neuhochdeutschen *e* geblieben, in Fällen, wo die Erinnerung an den Urvocal entweder erloschen

7 *

ist, oder nur schwach gefühlt wird; z. B. *Ende, Engel, setzen,
netzen, nennen, brennen*; für goth. *andi, angilus, satjan, natjan,
namnjan, brannjan.* Wo aber dem Umlaut der Urvocal
noch klar gegenübersteht, setzen wir *ä,* kurz oder lang,
aus kurzem oder langem *a,* und in demselben Verhältnifs
ü aus *u, ö* aus *o, äu* aus *au*; z. B. *Brände, Pfüle, Dünste,
Flüge, Köche, Töne, Bäume*; von *Brand, Pfal* etc.

76. Kurzes und langes *u* läfst die gothische Urschrift
ununterschieden. Wir können daher die Länge dieses Vocals
nur durch Rückschlüsse aus dem Althochdeutschen folgern,
wo die Handschriften zum Theil die Länge der Vocale
bezeichnen, entweder durch Verdoppelung oder durch Circumflectirung. Dafs es aber im Gothischen gar kein langes
u gebe, wie Grimm in der 3ten Ausg. seiner Grammatik
(p. 61) annimmt, ist mir nicht wahrscheinlich. Ich glaube,
dafs z. B. die Benennung der Maus, ahd. *mûs* (them. *mûsi*),
auch im Gothischen, wo dieses Wort nicht zu belegen ist,
ein langes *û* hat; denn die Vocallänge ist bei diesem Worte
gerechtfertigt, nicht nur durch das lat. *mûs, mûris,* dessen
auch Grimm l. c. gedenkt, sondern auch durch das skr.
mûs'á-s masc., *mûs'á, mûs'ï* fem. Auch nehmen die indischen Grammatiker neben *mus'* stehlen, wovon die Maus
benannt ist, eine Wz. *mûs'* an. Die übrigen ahd. Wörter
mit langem *û* lassen keine Vergleichung mit entsprechenden
Ausdrücken urverwandter Sprachen zu, wenigstens nicht
mit Wörtern, welche ebenfalls ein langes *û* darbieten. Die
Länge des *û* von *hlût* (them. *hlûta*) laut halte ich für unorganisch, denn dieses Wort ist offenbar seinem Ursprunge
nach ein Passivparticipium, und entspricht dem skr. *s'r'u-tá-s*
gehört (aus *krutás*), gr. κλϋτός, lat. *clûtus.* Das wurzelhaft
verwandte goth. *hliu-ma* (them. -*man*) Ohr, als hörendes,
hat den geschwächten *Guṇa*-Vocal *i* für *a* (s. §. 27.). Einleuchtend ist auch, dafs das *û* von *sûfu* ich saufe aus *iu*
entstanden ist, da der betreffenden Conjugation im Praesens
die Guṇirung durch *i* zukommt (s. §. 109*ᵃ*. 1)). Man vergleiche hinsichtlich des Ersatzes der Guṇirung durch Vocal-

verlängerung das Verhältnifs des lat. *dûco* (von der Wz.
dŭc, vgl. *dux, dŭcis*) zum goth. *tiuha* und ahd. *ziuhu*. Die
entsprechende skr. Wz. *duḥ* melken, (wohl ursprünglich
ziehen) würde als Verbum der ersten Klasse (s. §. 109ª). I)
im Praesens *dô'ḥ-â-mi* = *daúḥ-â-mi* bilden. Es besitzt
aber auch das Sanskrit einige Wurzeln, worunter *guḥ*
bedecken*), welche das stammhafte *u* verlängern, statt es
zu guṇiren, daher *gú'ḥ-â-mi* ich bedecke gegenüber dem
gr. κεύϑω. — Im Griechischen tritt Vocalverlängerung statt
Guṇirung ein bei Verben wie στόρ-νῡ-μι, wofür im Skr.
stṛ-ṇ ŏ-mi (aus *star-ṇ aú-mi*), plur. *stṛ-ṇŭ-mâs* für gr.
στόρ-νῡ-μες. Ein Ersatz der Guṇirung durch Verlängerung
eines *u* findet sich auch in dem althochd. *bûan* wohnen,
für goth. *bauan*, von der skr. Wz. *b̌ú* sein, im Causale
b̌áv-dyâ-mi. Hiervon später mehr. Dürfte man von
sanskritischer Vocallänge überall mit Sicherheit auf die von
verwandten gothischen Wörtern schliefsen, so müfste man
dem goth. *sunu-s* Sohn (skr. *sûnú-s*, von *su*, auch *sû*, gebä-
ren), ein langes *u* in der Wurzelsylbe zuschreiben. Es kann
sich aber die ursprüngliche Länge im Gothischen seit der
Sprachtrennung gekürzt haben, wenn nicht die Kürzung erst
im Laufe der 4 Jahrhunderte, die zwischen Ulfilas und
den ältesten Sprachquellen des Althochdeutschen liegen, eingetreten ist, in welcher Zeit überhaupt viele Vocalschwä-
chungen stattgefunden haben. Über die Spaltung des *û* zu
au im Neuhochd. s. §. 70 Schlufs. Beispiele sind: *Haus,
Raum, Maus, Sau*; für alt- und mhd. *hús, rúm, mús, sú.*

77. Aus gothischem kurzen *u*, sowohl aus ursprünglichem, als aus dem aus *a* enstandenen, ist in den jüngeren
germanischen Dialekten sehr oft *o* geworden. So haben die
Verba von Grimm's 9ter Conjug. im Alt- und Mhd. zwar
in den mehrsylbigen Formen des Praet. das wurzelhafte *u*
bewahrt, im Passiv-Participium aber in *o* verwandelt. Man
vergleiche z. B. mit dem goth. *bugum* wir bogen (skr.

*) Aus *gud* (s. p. 43), gr. κυϑ aus γυϑ.

bu̐ugimá), *bügans* geb ogener (skr. *ǔugná-s*) das ahd.
bugumés, *boganêr* *) und mhd. *bugễn*, *bogener.* Das durch
Schwächung aus wurzelhaftem *a* entstandene goth. *u* der
Passivparticipia von Grimm's 11ter Conjug. erfährt im Alt-
und Mhd. dieselbe Entartung zu *o*; daher z. B. ahd. *nomanêr*
genommener, mhd. *nomener*, für. goth. *numans.*

78. Der gothischen Diphthonge *ai* und *au*, als Vertreter
der im Skr. durch Zusammenziehung aus *ai* und *au* entstandenen *ế* und *ố*, ist bereits gedacht worden (s. §. 26. 3)).
Im Alt- und Mhd. hat sich in den Wurzelsylben das *a* des
goth. *ai* zu *e* und das von *au* zu *o* geschwächt, oder es hat
sich vor *t*-Lauten, sowie vor *s*, *h*, *ch*, *r* und *n*, das ganze
au zu *ố* zusammengezogen; daher z. B. ahd. *heizu* ich heiſse,
mhd. *heize*, für goth. *haita*; ahd. *steig* ich stieg, mhd. *steic*
(*c* für *g* nach §. 93ᵃ).), für goth. *staig* (Wz. *stig* ꞊ skr. *stig'*
steigen); ahd. *boug* ich bog, mhd. *bouc*, für goth. *baug*,
skr. *bu̐ố'ǵa* aus *bu̐aúǵa*. Dagegen alt- und mhd. *bốt*
ich bot, er bot, für goth. *bauth* (plur. *budum*), skr. *bubố'd'a*
aus *bubaúd'a* (Wz. *bud'* wissen); alt- und mhd. *kốs* ich
erkor, für goth. *kaus*, skr. *ǵuǵố's'a* aus *ǵuǵaús'a* (Wz. ꢳꢁ
ǵus' lieben); ahd. *zốh* ich zog, mhd. *zốch*, für goth. *tauh*,
skr. *dudố'ḥa* aus *dudaúḥa* (Wz. ꢳꢲ *duḥ* melken). Dem
goth. *ausố* Ohr entspricht das ahd. *ốra*, mhd. *ốre*; dem
goth. *laun* Lohn das alt- und mhd. *lốn*. Dem Nhd. ist an
manchen Stellen der goth. Dipthong *au*, nachdem daraus im
Alt- und Mhd. *ou* geworden, zurückgekehrt; z. B. in *laufen*
für ahd. *hloufan*, mhd. *loufen*, goth. *hlaupan*. Diese Erscheinung ist vielleicht so zu erklären, daſs aus *ou* zuerst
ú und hieraus im Sinne von §. 76 *au* geworden ist. So
ist uns in Grimm's 8ter Conjug. von dem Diphthong *ei*
bloſs der *i*-Laut geblieben, entweder kurz oder lang (*ie* ꞊ *î*),
nach Maſsgabe des folgenden Cons., und ohne Unterscheidung

---

*) Ich behalte bei Schwankungen in der Consonantenverschie-
bung im Althochd. die älteren und zugleich zum Mittel- und Nhd.
stimmenden Laute bei.

der einsylbigen und mehrsylbigen Formen; z. B. *griff, griffen,*
rieb, rieben, für mhd. *greif, grijfen, reip, riben.*

79. In den Endungen, oder aufserhalb der Wurzelsylbe,
hat sich das goth. *ai* im Althochd. zu *ê* zusammengezogen,
und dieses *ê* begegr et im Conjunctiv und in der Pronominal-
declination dem sanskr. *ê,* aus *ai.* Man vergleiche z. B.
bërês feras, *bërêmês* feramus, *bërêt* feratis mit dem skr.
bárês, bárêma, bárêta, gegenüber dem in dieser Beziehung treuer erhaltenen goth. *bairais, bairaima, bairaith.*
Dem goth. *ai* als Character der 3ten schwachen Conjugation
(für skr. *aya,* prákr. und lat. *ê,* s. §. 109[a]). 6) entspricht im
Ahd. *ê,* daher z. B. *hab-ê-s* du hast, *hab-ê-ta* ich hatte,
für goth. *hab-ai-s, hab-ai-da.* — Dem skr. *tyê* diese, jene
(pl. m. vom Stamme *tya*) entspricht das ahd. *diê,* während
das goth. *thai* treuer erhalten ist als seine skr. Schwesterform *tê* (dor. τοί), vom Stamme *ta,* goth. *tha,* gr. το.

80. Auch im Innern der Wurzeln und Wörter kommt im
Alt- u. Mhd. *ê* als Zusammenziehung von *ai* vor, und zwar unter
dem rückwirkenden Einflufs eines *h,* (*ch*), *r* und *w,* auch wo
letzteres zu *o* (aus *u*) vocalisirt, oder, im Mhd., ganz unterdrückt worden. Daher z. B. im Ahd. *zêh* ich zieh für
goth. *ga-taih* ich zeigte an (Wz. *tih,* skr. *diś* aus *dik*
zeigen, lat. *dic,* gr. δειχ), *lêru* ich lehre für goth. *laisja;*
êwig ewig gegenüber dem goth. *aivs* (Zeit, Ewigkeit),
snêo (them. *snêwa,* gen. *snêwes*) Schnee für goth. *snaivs.*
Im Mhd. *zêch, lêre, êwic, snê* (gen. *snêwes*).

81. Am Ende mehrsylbiger Wörter hat sich im Ahd.
das nach §. 79 durch Zusammenziehung aus *ai* entstandene
ê gekürzt *),* daher z. B. in der 1sten und 3ten P. sg. des
Conjunctivs *bëre* feram, ferat, gegenüber dem vom fol-

---

*) Graff (I. p. 22) ist unsicher, ob dieses *ê* kurz oder lang sei,
hält aber die Kürze für wahrscheinlicher, die früher auch Grimm
(I. p. 856) angesetzt hat (anders IV. 75). Ich behaupte die Kürze, so
lange sich nicht die Länge aus Handschriften durch Circumflectirung
oder Verdopplung beweisen läfst.

genden Conson. geschützten *ê* von *bërês* feras, *bërêt* feratis, *bërên* ferant. Nach demselben Grundsatze hat sich im Conjunct. des Praet. der lange Modusvocal *î* schliefsend gekürzt; daher *bunti* ich bände, er bände gegen *buntis*, *buntîmês* etc., wie auch im Goth. schon *bundi* als 3te P. sg. Überhaupt sind die Endvocale am meisten der Kürzung unterworfen und es gibt vielleicht im Ahd., mit Ausnahme der Endung *ô* im Gen. pl., keinen einzigen langen Endvocal mehrsylbiger Wörter, dem nicht früher, und zwar noch auf germanischem Boden, ein Consonant zur Seite gestanden hätte, wie z. B. in Plural-Nominativen wie *tagá*, *gëbô*, für goth. *dagôs*, *gibôs*. Im Mhd. haben sich, wie im Nhd., alle Vocale in den Endungen mehrsylbiger Wörter zu *e* entartet; daher z. B. *gëbe* Gabe, *tage* Tage, *gibe* ich gebe, *gibest* du gibst *), *habe* ich habe, *salbe* ich salbe, für ahd. *gëba*, *tagá*, *gibu*, *gibis*, *habêm*, *salbôm*. — Eine Ausnahme macht im Mhd. der Ausgang *iu* im Nom. sg. fem. und Nom. Acc. pl. neut. der Pronominal-Declination, die starken Adjective mitbegriffen, z. B. in *disiu* diese, *blindiu* blinde, als Nom. sg. fem. und Nom. Acc. pl. des Neutrums.

82. Es ist eine auf das Gothische beschränkte dialektische Eigenthümlichkeit, dafs die genannte Sprache vor *h* und *r* kein reines *i* oder *u* verträgt, sondern diesen Vocalen regelmäfsig ein *a* vorschiebt. Auf diese Weise bestehen aufser den in §. 78 besprochenen uralten Diphthongen *ai*, *au* zwei unorganische, vom Gothischen selbständig erzeugte *ai*, *au*, welche Grimm mit *aí*, *aú* bezeichnet, indem er annimmt, dafs bei ihrer Aussprache der Nachdruck auf dem *i*, bei den alten Diphthongen aber, die er *ái*, *áu* schreibt,

***

*) Ich halte das schon im Ahd. häufig dem *s* der 2ten P. sg. angefügte *t* für eine Verstümmelung des Pron. der 2ten Person, welches wegen des vorangehenden *s* die alte Tenuis bewahrt hat, und im Ahd. auch häufig in der vollen Form *tu* dem vorangehenden Verbum angehängt wird; z. B. *bistu, fahistu, mahtu*; s. Graff V. p. 80.

auf dem *a* liege. Es ist aber auch bei diesen alten Diphthongen das *i* und *u* der Haupt-Vocal, und *a* blofs das
Verstärkungs- oder *Guṇa*-Element, und wenn das skr. *duḥi-*
tár Tochter von *duḥ* melken stammt, so unterscheidet
sich das goth. *tauh* ich zog (= *dudố'ḥa*) von *dauhtar* in
seiner Wurzelsylbe blofs dadurch, dafs das *a* von *tauh* eine
alte Begründung hat, das von *dauhtar* aber, sowie das von
tauhum wir zogen (skr. *duduḥ-i-má*) blofs durch das auf
das wurzelhafte *u* folgende *h* hervorgerufen wurde. So verhält es sich unter andern mit dem *au* des goth. Stammes
auhsan Ochs gegenüber dem reinen *u* des skr. Schwester-
wortes *úks'an*. Beispiele mit *au* für *u* vor *r* sind *daur*
(them. *daura*) Thür, Thor, *faur* vor (skr. *purás*). Das
Verhältnifs von *daura* zum skr. Neutralstamme *dvára* ist
so zu fassen, dafs nach Unterdrückung des *á* der vorhergehende Halbvocal sich zu *u* vocalisirt hat (vgl. gr. ϑύρα),
dem dann, nach dem in Rede stehenden Gesetze, noch ein
a vorgeschoben werden mufste. — In den meisten Fällen,
wo gothisches *au* euphonisch für *u* steht, ist nach dem oben
(§. 7) aufgestellten Grundsatze das *u* die Schwächung eines
wurzelhaften *a*, namentlich in den mehrsylbigen Formen
des Praet. von Grimm's 12ter Conjugation, wo *au* dem
ahd. *u* und dem *a* des, die nackte Wurzel darstellenden
Singulars gegenübersteht; z. B. in *thaursum* wir trockneten,
gegenüber dem Singular *thars* für skr. *tatárs'a*, von der
Wz. *tars'*, *tṛs'* dursten *). Das *u* von *kaur-s* schwer könnte
man für primitiv, und somit den Diphthong *au* hier für ursprünglich, nicht durch das *r* veranlafst halten, wenn man dieses
goth. Adjectiv mit dem skr. *gurú-s* so vermitteln wollte, dafs
man das erste *u* der skr. Form als ursprünglich fafste. Es
ist aber, wie bereits bemerkt worden, eine Schwächung des

---

*) Ursprünglich offenbar trocknen, vgl. gr. τέρσ-ο-μαι. Das
goth. *thaursja* ich trockne, euphonisch für *thursja* (und dieses für
tharsja), stützt sich wie das lat. *torreo* (aus *torseo*) auf die skr. Causalform *tars'áydmi*.

im Comparativ und Superlativ *gáríyán* (nom.), *gárisṭa-s*, sowie im griech. βαρύ-ς (s. §. 14) und lat. *gravi-s* (umstellt aus *garu-is*) bewahrten *a*, welches im Goth., unabhängig vom Sanskrit, zu *u* sich entartet hat, dem dann lautgesetzlich, wegen des folgenden *r*, ein *a* vorgeschoben werden mufste. Dagegen ist in *gaurs* traurig, them. *gaura*, wenn es mit dem skr. *góra̅-s* (aus *gaurá-s*) schrecklich verwandt ist *), der goth. Diphthong wirklich von Alters her begründet, und sein *a* nicht dem *r* zu Liebe vorgeschoben. Hierfür spricht auch das lange *ô* (aus *au*) des ahd. *gôr*, da dem unorganischen goth. *au* im Ahd. nur *u* oder ein daraus entstandenes kurzes *o* gegenübersteht. — Verletzt ist das in Rede stehende Gesetz in *uhtvô* Morgendämmerung und in *huhrus* Hunger, wofür man *auhtvô*, *hauhrus* zu erwarten hätte, wenn nicht etwa das *u* in diesen Wörtern lang ist.

83. Unter den gothischen Formen, wo *ai* aus *i* durch den Einflufs eines folgenden *h* oder *r* erzeugt ist, stimmt *ga-taihum* wir erzählten zu skr. *didiśimá* wir zeigten (Wz. *diś* aus *dik*); *aih-trô* ich bettele zu *ič*, aus *isk* (s. p. 66), wünschen, und wahrscheinlich *maihs-tu-s* Mist zur skr. Wz. *mih* mingere. Gewöhnlich aber ist in vergleichbaren Formen dieser Art das goth. *i* die Schwächung eines ursprünglichen *a*. Man vergleiche z. B.:

Gothisch	Sanskrit
saihs sechs	*s̓as̓*
taihun zehn	*dáśan*
taihsvô die rechte Hand	*dákṣiṇá* die rechte
faihu Vieh	*paśú-s* Thier
fraihna ich frage (praet. *frah*)	*prač* fragen
baira ich trage (praet. *bar*)	*bárámi*
dis-taira ich zerreifse (praet.-*tar*)	*dár-i-tum* spalten, zerreifsen
stairnô Stern	véd. *stár*
vair (them. *vaira*) Mann	*vará-s.*

---

*) Skr. *g̓* läfst im Goth. nur *g* erwarten.

84. Mit dem im Gothischen durch den rückwirkenden
Einflufs eines *r* oder *h* aus *i* erzeugten *ai* kann man die
Erscheinung vergleichen, dafs auch im Lateinischen das *r*
einen euphonischen Einflufs auf den vorhergehenden Vocal
übt und das schwerere *e* dem leichteren *i* vorzieht; daher
peperi, nicht *pepiri*, wie man nach p. 14 erwarten könnte.
In Folge dieses rückwirkenden Einflusses des *r* wird auch
der Klassenvocal *i* (aus skr. *a*, s. §. 109ᵃ⁾. 1.) der 3ten Conjugation vor *r* zu *e*, daher z. B. *veh-e-ris, veh-e-rem, veh-e-re*,
im Gegensatze zu Formen wie *veh-i-s, veh-i-t, veh-i-tur*,
veh-i-mus, veh-i-mur. Es unterbleibt auch bei Wurzeln auf
r die Schwächung eines vorangehenden *e* zu *i* bei Belastung
durch Composition, daher z. B. *affero, confero*, nicht *affiro*,
confiro, wie man nach Analogie von Formen wie *assideo*,
consideo, colligo erwarten könnte. — Auch *h* hat im Lateinischen wie im Gothischen einen stärkenden Einflufs auf
den vorhergehenden Vocal, der jedoch viel seltener Gelegenheit hat sich zu zeigen als der des *r*, weil *h* in der eigentlichen Grammatik, d. h. als Bestandtheil von Flexionen nicht
vorkommt. Als Endconsonant der Wurzel *veh* und *trah*
schützt jedoch das *h* den vorhergehenden Vocal vor der
Schwächung zu *i* bei componirten Formen; daher z. B.
attraho, adveho; nicht *attriho, adviho*.

85. Der im Gothischen durch Schwächung des *a* zu *i*
aus ursprünglichem *au* entstandene Diphthong, *iu* (s. §. 27)
hat sich im Alt- und Mhd. behauptet, ist aber im Nhd. meistens zu *ie* geworden, namentlich im Praes. und den sich
daran anschliefsenden Formen von Grimm's 9ter Conjugation. Dieses *ie* ist zwar der Aussprache nach = *i*, wird
aber wohl ursprünglich so gesprochen worden sein, dafs sowohl das *i* als das *e* gehört wurde *), welches letztere somit als Entartung von *u* zu fassen ist. Es kommt aber

---

*) Vgl. das bairische *ie* bei S c h m e l l e r, „D i e M u n d a r t e n
B a y e r n s" p. 15. Über den verschiedenartigen Ursprung unseres
ie s. Grimm, 3te Ausg. p. 227.

auch in der genannten Conjugation *ü* für das ältere *iu* vor,
nämlich in *lüge, betrüge,* wo also das *ü* nicht wie gewöhnlich durch rückwirkenden Einfluſs des Vocals der folgenden
Sylbe steht (s. §. 74); sondern wie das griech. υ und slavische ъı *ü* eine bloſse Schwächung des *u* ist. So in dem
Plural *müssen,* gegenüber dem einsylbigen Singular *muſs*
(mhd. *muezen* gegen *muoz*). So auch in *dürfen,* gegen *darf,*
wo die bloſse Schwächung von *a* zu *u* in den mehrsylbigen
Formen genügen sollte. — Wir haben auch *eu* für alt- und
mhd. *iu,* z. B. in *heute, heuer,* für ahd. *hiutu, hiuru,* mhd.
hiute, hiure; in *euch* für mhd. *iuch;* in *fleugt, geuſst,* für das
gewöhnliche *fliegt, gieſst,* ahd. *fliugit, giuzit;* in *neun, neune,*
für ahd. *niun* (them. u. nom. pl. *niuni*); in *neu* für ahd.
niwi, niuwi, goth. *niuji-s,* them. *niuja,* skr. *návya-s,* lit. *nau-
ja-s;* in *Leute* für ahd. *liuti* (goth. Wz. *lud* w a c h s e n, skr.
ruḥ aus *rud́* id., *ród́ra-s* B a u m), in *leuchten* für ahd.
liuhtjan (skr. *ruć* g l ä n z e n, vgl. gr. λευκός).

86. 1) Betrachten wir nun die Consonanten, mit Beibehaltung der indischen Anordnung; also erstens die Gutturale. Diese sind im Gothischen: *k, h, g.* Ulfilas setzt letzteres auch, in Nachahmung des Griechischen, als Nasal vor
Gutturalen. Ich ziehe aber jetzt vor, im Gothischen wie
in den übrigen germanischen Sprachen den gutturalen Nasal
durch die Schrift von dem gewöhnlichen *n* nicht zu unterscheiden, da er nur im Innern des Wortes vor Gutturalen
vorkommt und niemals, wie gelegentlich das skr. ङ *ṅ,* am
Wort-Ende (s. §. 13). Ich schreibe also jetzt z. B. *jungs*
jung, *drinkan* trinken, *tungô* Z u n g e, statt des entstellen-
den *juggs, drigkan, tuggô.* — Für die Verbindung *kv* (= lat.
qu) hat die Urschrift einen besonderen Buchstaben, den ich
mit G r i m m durch *qv* ausdrücke (F u l d a schreibt *qw*), obwohl *q* sonst nicht vorkommt, und *v* auch mit *g* sich verbindet, so daſs *qv* (= *kv*) zu *gv* sich offenbar so verhält,
wie *k* zu *g.* Man vergleiche *sinqvan* sinken mit *singvan*
singen, vorlesen. Auch mit *h* verbindet sich im Gothischen gerne ein *v,* welches im Althochdeutschen durch

$u = w$ geschrieben wird.   Man vergleiche *huer* w e r ͵ mit
dem goth. *hvas*, skr. und lit. *kas*, angels. *hva*, altnord. *hver*.
U l f i l a s hat auch für diese Lautverbindung einen einfachen
Buchstaben (formell das gr. Θ), den ich nicht mit v. G a -
b e l e n t z und L ö b e (Gram. p. 45) durch ein blofses *w* ausdrücken möchte, weil fast überall, wo jener Buchstabe vorkommt, das *h* der Grundlaut, das *v* aber nur eine euphonische Zugabe ist.   Eine alte Begründung hat das goth. *hv*
nur in dem Stamme *hveita* w e i f s (nom. *hveit-s*, altnord.
hvit-r, angels. *hvit*), wofür im Skr. *śvêtá*, aus *kvaitá*; vielleicht auch in *hwaitei*, lit. *kwêćiei* (plur. masc.) W e i z e n, sofern dieser nach der weifsen Farbe benannt ist. — Die Neigung zur Anfügung eines euphonischen *v* an einen vorangehenden Guttural theilt das Germanische mit dem Lateinischen, welches z. B. *quis* dem vêd. *kis*, und *quod* dem vêd.
kat, send. *kaḍ* und goth. *hvata* gegenüberstellt; so *quatuor*
dem sanskritischen *ćatvā́ras* aus *katvā́ras*, litauischen
keturi; *quinque* dem sanskritischen *páńća* und litauischen
penki; *coquo* dem sanskritischen *páćámi*, slav. *pekuṅ*; *loquor*
dem skr. *lápámi*; *sequor* dem skr. *sáćámi* (aus *sákámi*)
und lit. *seku*. — Hinter *g* erscheint im Lat. ein angefügtes
v in *anguis* für skr. *aḥi-s* (vêd. *áḥi-s*), gr. ἔχι-ς; in *unguis*
für gr. ὄνυξ, skr. *nakʹá-s*, lit. *naga-s*. Zuweilen ist, im Lateinischen sowohl als im Germanischen, der Guttural verschwunden und nur der Halbvocal übrig geblieben. So in
unserem *wer* für goth. *hva-s*, ahd. *hwêr* (auch schon *wêr*); im
lat. *vermi-s* aus *quermis*, goth. *vaurm-s*, ahd. *wurm*, them.
wurmi, für skr. *krími-s* und *kŕmi-s* ͚), lit. *kirminis*, irländ.

---

*) Ich betrachte jetzt in Abweichung von einer früheren Vermu-
thung und in Übereinstimmung mit dem *Uṇádi*-Buche *kram* g e h e n
als die Wz. dieses Wortes, wobei daran zu erinnern, dafs auch mehrere Benennungen der Schlange von Wurzeln der Bewegung stammen (s. p. 78). Es wäre demnach *krími* eine Schwächung von *krámi*
(vgl. osset. *kʹalm* W u r m und S c h l a n g e), wozu man sich, da *r*
leicht umstellt wird, eine Nebenform *karmi* als Ausgangspunkt für

cruimh, albanes. *krüm, krimb.* — Unserem *warm* und dem
goth. *varmjan* wärmen stellt das Sanskrit *ǵar-má-s* Wärme
gegenüber, wofür man im Goth. *gvarm(a)-s* zu erwarten hätte.
Gv kommt aber im German. überhaupt am Wort-Anfange
nicht vor, wie auch im Lat. kein *gu*; doch ist *vivo* aus einem
vorausgegangenen *guivo* zu erklären und mit der skr. Wz.
ǵiv leben zu vermitteln, wozu unter andern auch der goth.
Stamm *qviva* lebendig, nom. *quius* gehört. — In Bezug
auf das goth. *h* ist noch zu bemerken, dafs es sowohl unser
h als *ch* vertritt, und daher wahrscheinlich nicht in allen
Stellungen gleiche Aussprache hatte. Vor *t*, z. B. in *nahts*
Nacht, *ahtau* acht, *mahts* Macht; sowie vor *s*, z. B. in
vahsja ich wachse (skr. *váks'ámi*), und am Wort-Ende,
wo unser *h* unhörbar geworden ist, wird es wohl wie *ch*,
dagegen vor Vocalen wie unser anfangendes *h* gelautet
haben. — Auch das Alt- und Mittelhochdeutsche setzen für
unser *ch* ein blofses *h* in der Verbindung mit *t* und *s* (*naht*,
aht, *wahsu*, *wahse*). Am Wort-Ende erscheint im Mhd. *ch*
unter andern in den einsylbigen Formen des Praet. von
Grimm's 8ter, 9ter und 10ter Conj., z. B. in *léch* ich lieh,
zóch ich zog, *sach* ich sah, gegenüber dem Praes. *lihe*,
ziuhe, *sihe*; doch kommt bei der 9ten Conjug., und in den
ältesten Handschriften überhaupt, auch *h* vor (s. Grimm
p. 431, 7). Das Ahd. meidet dagegen in den meisten Quellen *ch* (oder dafür doppeltes *hh)* am Wort-Ende, und setzt
in dieser Stellung *h*, auch da, wo die Aspirata die Verschiebung einer altgermanischen Tenuis ist, z. B. im Accus. der
geschlechtlosen Pronomina, wo *mih, dih, sih* für goth. *mik*,
thuk, sik, mhd. und nhd. *mich, dich, sich* steht. Im Innern
des Wortes zeigt das Ahd., ausgenommen vor *t*, in den
meisten Quellen *ch*, oder statt dessen *hh*, für goth. *k*, sofern
dies überhaupt eine Verschiebung zur Aspirata erfahren hat

---

das lat. *vermis* und goth. *vaurm-s* (für *vurms* nach §. 82) und osset.
kalm denken mag, während das irländ. und alban. *cruimh, crüm* die
alte Stellung des *r* unverrückt gelassen haben.

(s. §. 87), daher z. B. *suochu* oder *suohhu* i c h s u c h e (goth.
sôkja), praet. *suohta*; mhd. *suoche, suohte* (goth. *sôkida*). —
Die gutturale Tenuis wird, abgesehen von *qu = kw* im
Alt- und Mhd. sowohl durch *k* als durch *c* ausgedrückt,
deren Gebrauch G r i m m im Mhd. so unterscheidet, dafs er *c*
nur als Endbuchstaben und in der Mitte vor *t* setzt, und die
Gemination des *k* durch *ck* ausdrückt (Gramm. I. p. 422 ff.) —
Die Verbindung *kw* wird im Alt- und Mhd. wie im Nhd.
durch *qu* ausgedrückt, doch ist sie, aufser im Ahd., nur
sparsam erhalten, indem am Anfange meistens, und am Ende
regelmäfsig, der *w*-Laut gewichen ist, im Falle nicht am Anfange das *w* im Vorzug vor dem Guttural sich behauptet
hat — analog dem oben erwähnten *wêr* für *hwer* — wie dies
namentlich in *weinen*) für goth. *qvainôn*, altnord. *qveina* und
veina, schwed. *hvina*, angels. *cvanian* und *vanian*, der Fall ist.
Ich erwähne hier, das Mhd. übergehend, nur die Formen,
wo das goth. *qv* sich im Nhd. in der Schreibung *qu* behauptet hat. Diese sind: *quick* für goth. *quiu-s*) (also auch
erquicken); *queck* (in *Queck*silber) und *quem* (in *bequem*), gegenüber der goth. Wz. *qvam* k o m m e n (*qvima, qvam, qvê-
mun*); dagegen einfach *komme, kam, Kunft* (*Ankunft*), letzteres
für goth. *qvumts* (them. *qvumti*). Das *o* von *komme* halte
ich für die Entartung von *u* (vgl. *chumu* i c h k o m m e bei
Notker, alts. *cumu*), und dieses für die Vocalisirung des *w*
(*qu = kw*) von *quimu*, so dafs also der wahre Wurzelvocal
(im Praes. *i* für ursprüngliches *a*) unterdrückt ist, ungefähr wie
in skr. Formen wie *usmás* w i r w o l l e n, aus *vasmás* (s. p. 46).
So schon im Ahd. *ku* oder *cu* für *qu* (= *kw*), z. B. in *cum* (*veni!*)
für *quim* = *kwim, kunft*, bei N o t k. mit Aspirata für Tenuis,
chumft). Das Lateinische bietet ähnliche Erscheinungen dar,

) Schon das Ahd. hat bei diesem Verbum (*weinôn*) den Guttural
spurlos untergehen lassen.

) Them. *qviva*; über die Erhärtung des *w* zum Guttural s. p. 35.

) G r i m m drückt sich über diese Erscheinung nicht ganz
deutlich aus, oder er fafst sie anders, indem er vom Mhd. (p. 442)

indem z. B. *quatio* (d. h. *qvatio*) bei Belastung durch Comp.
seinen Vocal von sich stöfst und das *v* vocalisirt (*concutio*),
und so auch den Stammvocal des Interrogativs im Genit.
und Dat. *cujus, cui* (aus älterem *quojus, quoi*) unterdrückt.
In *ubi* und *uter* ist, sehr merkwürdig, von dem alten
Interrogativstamme (skr. *ka,* goth. *hva*) gar nichts übrig
geblieben, sondern nur der euphonische Zusatz *v* in vocali-
scher Auflösung. — In den streng ahd. Quellen besteht auch
ein aspirirtes *qu,* als Verschiebung der älteren Tenuis; es
wird durch *quh,* oder, was natürlicher ist, durch *qhu* ausgedrückt, oder auch durch *chu*; z. B. *quhidit* er spricht
(bei *Is*), *qhuidit* bei *Kero,* für goth. *qvithith*; *chuementemu*
kommendem in den ahd. Hymnen. — Besondere Be-
achtung verdient die Erscheinung, dafs *qu* oder *chu* auch
als Entartung von *zu = zw* vorkommt (Grimm p. 196),
wobei der Übergang des Linguals in einen Guttural an
den umgekehrten Wechsel im Griechischen erinnert, wo
wir oben (§. 14) *τ* als Entartung von *k* gesehen haben.
Also wie z. B. *τίς* für vêd. *kis,* lat. *quis,* so umgekehrt bei
Kero gelegentlich *quei* zwei (acc. n.), *quifalôn* zweifeln,
quifalt zweifältig, *quiro* zweimal, *quiski* zweifach,
quiohti frondosa; für *zuifalôn* etc.

2) *a.* Die gothischen Dentale sind: *t, th, d.* Für *th* hat
das gothische Alphabet einen besonderen Buchstaben. Im
Hochdeutschen vertritt *z* (= *ts*) die Stelle der Aspiration des
t, so dafs der Hauch durch einen Zischlaut ersetzt ist.

---

sagt: „Zuweilen mischt sich *u* (von *qu = kw*) mit dem folgenden
Vocal und zeugt ein kurzes *o* in *kom* für *quam, kone* für *quëne, komen*
(inf.) für *quëmen.*" Von Mischung des *u* (d. h. *w*) mit dem folgenden Vocal kann keine Rede sein, wenn dieser, wie ich annehme, in
Analogie mit ähnlichen Erscheinungen im Skr. und Lat. vollkommen
unterdrückt ist. In den Fällen, wo dem goth. *qvu,* z. B. von *qvumft-s,*
im Hochd. *u* gegenüber steht (ahd. *chumft, kunft*), kann man zwei-
felhaft sein, ob dieses *u,* wie ich vermuthe, wirklich die Vocalisirung
des goth. *v* sei, wie unfehlbar in *cum veni!* oder ob jenes *v* unterdrückt, der folgende Vocal aber erhalten sei, wie in unserem *kam.*

Neben diesem *z* besteht aber im Althochdeutschen auch noch das alte gothische *th* fort*). — Es gibt zwei Arten von *z*, welche im Mhd. nicht auf einander reimen; in der einen hat das *t* das Übergewicht, in der andern das *s*, und diese letztere wird von Isidor *zs*, und ihre Verdoppelung durch *zss* geschrieben, während er die Verdoppelung der ersten Art durch *tz* gibt. Im Nhd. hat die zweite Art den blofsen Zischlaut bewahrt, wird aber durch die Schrift noch, wenn gleich nicht überall, von dem eigentlichen *s* unterschieden. Etymologisch fallen beide Arten des alt- und mhd. *z* zusammen, und stehen gothischem *t* gegenüber.

2) *b.* Als ausnahmsloses Gesetz ergibt sich aus der Vergleichung des Germanischen mit den urverwandten Sprachen die Vertilgung derjenigen *t*-Laute, welche in der Zeit der Sprach-Einheit des indo-europäischen Stammes am Wort-Ende standen**), es sei denn, dafs dem u r s p r ü n g l i c h e n Endconsonanten noch ein schützender Vocal zur Seite getreten sei, wie dies bei Pronominal-Neutris wie *thata* = skr. *tat*, send. *taḍ*, gr. τό, lat. *is-tud* der Fall ist. Dagegen *thathrô* v o n d a, *aljathrô* a n d e r s w o h e r, und ähnliche Adverbia, gegenüber den sanskritischen Ablativen auf *á-t*, von Stämmen auf *a* (*áśvá-t* e q u o, von *áśva*); *bairai* e r t r a g e für skr. *báré-t* aus *bárai-t*, send. *barôi-ḍ*, gr. φέροι. Die *t*-Laute aber, welche im erhaltenen Sprachzustande des Germanischen am Ende stehen, hatten ursprünglich sämmtlich noch einen Vocal, oder einen Vocal mit nachfolgendem Consonanten zur Seite. Man vergleiche *bairith* e r t r ä g t

---

*) Unser neuhochdeutsches *th* ist nach G r i m m (S. 525) unorganisch und verwerflich. „Es ist weder in Aussprache noch Abkunft eigentlich aspirirt, sondern nichts als baare Tenuis."

**) Ich bin in der früheren Ausgabe erst bei Behandlung der goth. Adverbia auf *thrô, tarô* und der Personal-Endungen (2te Abtheilung 1835 p. 399) zur Wahrnehmung des oben ausgesprochenen Gesetzes gelangt, nachdem ich vorher in den slavischen Sprachen ein a l l g e m e i n e s Vertilgungsgesetz der ursprünglichen Endconsonanten entdeckt hatte (l. c. p. 339).

I.   8

mit skr. *b̆árati, bairand* sie tragen mit *b̆áranti, vait*
ich weiſs mit *vĕ́da* *), *gaigrôt* ich weinte mit *ćakránda.* Veranlassung zu schlieſsenden *t*-Lauten geben dem
Gothischen die Substantivstämme auf *a* und *i*, welche diese
Vocale sammt der Casus-Endung im Acc. sg. (bei Neutralstämmen auf *a* auch im Nom.) unterdrückt haben, daher
z. B. *fath* dominum (them. *jadi*, nur am Ende von Compp.)
für skr. *páti-m.* — In Übereinstimmung mit den germanischen Sprachen haben auch das Altpersische und Griechische
die schlieſsenden *t*-Laute abgelegt, daher im Altpers. z. B.
abara er trug, griech. ἔφερε, für skr. *áb̆arat*, ṣend. *abaraḍ*
oder *baraḍ.* Das Neupersische zeigt zwar *t*-Laute am
Wort-Ende, aber, wie das Germanische, nur solche, die
nicht von Haus aus am Ende standen; so steht namentlich
dem oben erwähnten goth. *bairith, bairand* im Neupers.
bered, berend gegenüber.

3) Die Labiale sind im Gothischen: *p, f, b,* mit ihrem
Nasal *m.* Das Hochdeutsche hat bei diesem Organ, wie das
Sanskrit bei den sämmtlichen, eine doppelte Aspiration, eine
dumpfe (*f*) und eine tönende (vgl. §. 25.), welche *v* geschrieben wird, und dem skr. व *b̆* näher steht. Im Nhd. fühlen
wir keinen phonetischen Unterschied zwischen *f* und *v*; allein
im Mhd. zeigt sich *v* dadurch als weicher denn *f*, daſs es
1. am Ende der Wörter in *f* umgewandelt wird, nach demselben Grundsatze, wornach in dieser Stellung die Mediae
in Tenues übergehen; daher z. B. *wolf*, nicht *wolv*, aber
Genit. *wolves*; 2. daſs es in der Mitte vor dumpfen Consonanten in *f* übergeht, daher z. B. *zwelve*, aber *zwelfte*; *f nve,*
aber *fünfte, funfzic.* — Am Anfange der Wörter scheinen
f und *v* im Mhd. gleichbedeutend, und ihr Gebrauch ist
in den Handschriften schwankend, doch *v* vorherrschend
(Grimm p. 399, 400). Ebenso im Althochdeutschen, doch
gebraucht Notker *f* als den ursprünglichen, von Haus aus

---

*) Ein Perfect mit unterdrückter Reduplication und gegenwär-
tiger Bedeutung, vgl. gr. οἶδα.

stehenden Hauchlaut, und *v* als die weichere oder tönende
Aspiration, und setzt daher letztere vorzugsweise in dem
Falle, wo das vorhergehende Wort mit einem der Buchstaben schliefst, die nach §. 93[b]. eine Media der Tenuis
vorziehen (Grimm pp. 135, 136), z. B. *demo vater, den vater,*
aber *des fater* *). — Viele ahd. Quellen enthalten sich gänzlich des anfangenden *v* (namentlich Kero, Otfrid, Tatian)
und schreiben beständig *f* dafür. — Die Aspiration des *p*
wird im Ahd. zuweilen auch durch *ph* ausgedrückt, am
Anfange meistens nur in fremden Wörtern, wie *phorta,*
phenning, in der Mitte und am Ende gelegentlich auch in
echt deutschen Formen, wie *wërphan, warph, wurphumês,*
bei Tatian; *limphan* bei Otfrid und Tatian. Nach
Grimm hat *ph* in vielen Fällen ganz wie *f* gelautet. „In
Denkmälern aber, die gewöhnlich *f* gebrauchen, hat das *ph*
mancher Wörter unleugbar die Aussprache des *pf*, z. B.
wenn Otf. *kuphar* (cuprum), *scepheri* (creator) schreibt,
ist doch nicht anzunehmen, dafs noch *kufar, sceferi* gesprochen werden dürfe" (p. 132). — Im Mhd. ist das ahd. anfangende *ph* fremder Wörter in *pf* übergegangen (Grimm
p. 326). In der Mitte und am Ende steht hier *pf*, erstens,
stets nach *m*, z. B. *kampf* (pugna), *tampf* (vapor), *krem-*
pfen (contrahere). In diesem Falle ist *p* eine euphonische
Zugabe zum *f*, um die Verbindung mit dem *m* bequemer
zu machen. Zweitens, in Zusammensetzungen mit der un-
trennbaren Präposition *ent*, die vor der labialen Aspirata ihr
t ablegt; daher z. B. *enpfinden*, später und wohllautender
empfinden, für *ent-finden*. Drittens, nach kurzen Vocalen
wird der labialen Aspirata gerne ihre Tenuis vorgesetzt, in
Formen wie *kopf, kropf, tropfe, klopfen, kripfen, kapfen*
(Grimm p. 398). „Daneben findet in denselben Wörtern
auch wohl *ff* statt, als *kaffen, schuffen.*" Hier hat sich also

---

*) Vgl. Graff III. p. 373, wo nur zwei Belege für anfangendes
v hinter einem harten Cons. (z) angeführt sind, dagegen viele mit *f*
hinter Vocalen und Liquiden.

das *p* dem folgenden *f* assimilirt, denn *f*, obgleich die
Aspiration des *p*, wird doch nicht wie das skr. *p̂*, d. h.
wie *p* mit deutlich vernehmbarem *h*, ausgesprochen, sondern
die Laute *p* und *h* sind zu einem dritten, zwischen *p* und
h liegenden, gleichsam einfachen Laute vereinigt, welcher
daher der Verdoppelung fähig ist, wie sich im Griechischen
φ mit ϑ verbindet, während die Verbindung von *ph*+*th*
unmöglich wäre.

4) Den skr. Halbvocalen entsprechen im Gothischen
j, *r*, *l*, *v*; eben so im Hochdeutschen; nur dafs in ahd.
Handschriften der Laut des indisch-gothischen *v*, unseres *w*,
meistens durch *uu*, in mhd. durch *vv*; *j* in beiden durch *i*
geschrieben wird. Wir setzen mit Grimm für alle Perio-
den des Hochdeutschen *j*, *w*. Nach einem anfangenden Consonanten wird im Ahd. der Halbvocal *w* in den meisten
Quellen durch *u* ausgedrückt, z. B. *zuelif* zwölf, goth.
tvalif. — Wie im Sanskrit und Send die Halbvocale *y* (=*j*)
und *v* oft, zur Vermeidung des Hiatus, aus den entsprechenden Vocalen *i* und *u* entspringen, so auch im Germanischen,
z. B. goth. *suniv-ê* filiorum vom Stamme *sunu*, mit guṇir-
tem *u* (*iu* §. 27). Gewöhnlicher aber findet sich im Germanischen der umgekehrte Fall, dafs nämlich *j* und *v* am Ende
und vor Consonanten sich vocalisirt haben (vgl. §. 72), und
nur vor vocalisch anfangenden Endungen geblieben sind;
denn wenn z. B. *thius* Knecht im Genitiv *thivis* bildet, so
ist geschichtlich nicht dieses *v* aus dem *u* des Nominativs
hervorgegangen, sondern *thius* ist eine Verstümmelung von
thivas (s. §. 135), so dafs nach Ausfall des *a* der vorhergehende Halbvocal sich vocalisirt hat.

5) In Vorzug vor anderen germanischen Sprachen hat
das Gothische aufser dem zum skr. ष *s* stimmenden harten
s auch einen weichen Zischlaut, welchen Ulfilas durch
einen formell zum gr. Z stimmenden Buchstaben ausdrückt,
dessen er sich auch bei Übertragung von Eigennamen bedient, in welchen ζ vorkommt. Ich kann aber daraus nicht
mit Grimm die Folgerung ziehen, dafs dieser goth. Zisch-

laut gleich dem altgriech. ζ die Aussprache *ds* gehabt habe,
und dafs er also nicht sowohl ein schwächeres *s* als ein
durch die vorschlagende Media gehemmtes *s*, und somit ein
zusammengesetzter Buchstabe sei. Ich vermuthe vielmehr,
dafs das gr. ζ im vierten Jahrhundert schon die Aussprache
des neugr. ζ, d. h. die eines weichen *s* hatte, weshalb Ulfilas diesen Buchstaben geeignet finden konnte, den Laut des
gelinden *s* seiner Sprache darzustellen. Ich bezeichne ihn
jetzt in lateinischer Schrift, wie den entsprechenden Laut
des sendischen ſ (§. 57) und slavischen з (§. 92. *l.*) durch ẕ.
In etymologischer Beziehung erscheint dieses ẕ, welches, abgesehen von fremden Eigennamen, am Wort-Anfange nicht
vorkommt, überall als Umwandlung des harten *s*, und zwar
im Innern des Wortes entweder zwischen zwei Vocalen,
oder zwischen Vocal oder Liquida, und Halbvocal oder Liquida oder Media, namentlich vor *j*, *v*, *l*, *n*, *g*, *d**). Beispiele
sind *thi-ẕôs*, *thi-ẕai* für skr. *tá-syâs*, *tá-syái* (hujus, huic
fem.), *thi-ẕê*, *thi-ẕô* für skr. *tê'-s'âm*, *tá'-s âm* (horum,
harum), *bair-a-ẕa* du wirst getragen für skr. *b́ár-a-s ê*
(med.), *juhiẕan-s* die jüngeren für skr. *yáviyâns-as*, *talẕ-jan*
belehren, *iẕva***) für skr. *yus'má*, *saiẕlêp* ich schlief für
skr. *sus'vápa* (s. §. 21*ᵇ.*), *mimẕa* (them. neut.) Fleisch für
skr. *mánsá* (nom. acc. *mânsá-m*), *fairẕna* Ferse für ahd.
fërsna, *raẕn*, them. *raẕna*, Haus (s. §. 20), *aẕgô* Asche für
altnord. *aska*, angels. *asca*. Schliefsendes ẕ kommt nur selten, und zwar vorzüglich aus Rücksicht für einen folgenden
Anfangsvocal vor (s. Grimm p. 65); so findet sich der oben
erwähnte Stamm *mimẕa* nur im Accus. in der Form *mimẕ*
(Cor. I. 8. 13) vor *aiv*, und vom Neutralstamm *riqviẕa* Fin-
sternifs (skr. *ráǵas*) findet sich der Nomin. *riqviẕ*, Math.
VI. 23, vor *ist*. Doch auch daselbst vor *hvan* wie? Dafs

---

*) Zur Verbindung eines Zischlauts mit folgendem *b* gibt die
goth. Grammatik und Wortbildung keine Veranlassung.

**) Thema der obliquen Casus plur. des Pronom. der 2ten Person,
s. §. 167.

aber der harte Zischlaut am Wort-Ende dem Gothischen
besser zusagt als der weiche, erhellt unter andern daraus,
dafs das skr. *s* des Comparativsuffixes *iyáns* (in den schwachen Casus *íyas*) in gothischen Adverbien wie *mais* mehr
ein hartes *s* zeigt, in der Declination aber ein weiches, daher
maiza major, gen. *maizin-s*. — In der Wahl zwischen *s*
und *z* scheint jedoch auch der Wort-Umfang mafsgebend zu
sein, so dafs der schwächere Laut dem stärkeren in um-
fangreicheren Formen vorgezogen wird, und hieraus erklärt
es sich, dafs schliefsendes *s* vor den Anhängepartikeln *ei*
und *uh* in *z* übergeht, in Formen wie *thizei* cujus, *thanzei*
quos, *vileizuh* willst du? im Gegensatze zu *this* hujus
(skr. *tásya*), *thans* hos, *vileis* du willst. Auf diesem
Princip beruht auch das Verhältnifs der durch Reduplication belasteten Form *saizlép* ich, er schlief, zu
slépa ich schlafe, und das des Genitivs *Môsêzis* zum Nominativ *Môsês*. Mit diesem Lautschwächungsprincip steht,
wie ich glaube, auch die Erscheinung im Zusammenhang,
dafs das Althochdeutsche, welches den ihm fehlenden weichen Zischlaut meistens durch *r* ersetzt — z. B. in Comparativen und in der Pronominaldeclination — bei gewissen
auf *s* ausgehenden Wurzeln, diesen Zischlaut im Praeter.
nur in den e i n s y l b i g e n Formen beibehält (d. h. in der
ersten und 3ten P. sg.), in den m e h r s y l b i g e n aber in
r umwandelt; daher z. B. von der Wz. *lus* verlieren
(praes. *liusu*) zwar *lôs* ich, er verlor, aber *luri* du ver-
lorst, *lurumês* wir verloren.

   87. 1) Aus der Vergleichung germanischer Wurzeln
und Wörter mit entsprechenden der urverwandten Sprachen
ergibt sich ein merkwürdiges Consonanten-Verschiebungs-
gesetz, wornach, abgesehen vom Hochdeutschen, welches
eine zweite Umwälzung in seinem Consonantismus erfahren
hat (s. u. 2.), die alten Tenues zu Aspiraten, die Aspiratae
zu Medien und diese zu Tenues geworden sind; daher z. B.
goth. *fôtu-s* Fufs für skr. *pâ'da-s*, *tunthu-s* Zahn für skr.

dánta-s, *brôthar* **Bruder** für skr. *ʊ̆rắtar* *). In der Verschiebung der Tenues zu Aspiraten zeigt das Ossetische eine
beachtungswerthe Übereinstimmung mit unserem Lautver-
schiebungsgesetz, doch nur am Wort-Anfange, wo die ursprünglichen *p* regelmäfsig zu *f*, so die *k* zu *kʻ* und die *t*
zu *tʻ* geworden sind, während in der Mitte und am Ende
die alten Tenues meistens zu Medien sich erweicht haben**).
Man vergleiche z. B. (das Ossetische nach G. Rosen):

---

*) Es war mir bei meiner früheren Behandlung dieses Gegen-
standes (erste Ausg. p. 78 ff.) entgangen, dafs schon **Rask** in seiner
Preisschrift *„Undersögelse om det gamle Nordiske eller Islandske
Sprogs Oprindelse"* (Kopenhagen 1818), wovon **Vater** in seinem „Ver-
gleichungstafeln der europäischen Stammsprachen" betitelten Werke
eine Übersetzung des interessantesten Theiles gegeben hat, das obige,
in der That unübersehbare Gesetz klar und bündig ausgesprochen
hat, jedoch nur mit Berücksichtigung des Verhältnisses der nordi-
schen Sprachen zu den klassischen, und ohne der zuerst von J. **Grimm**
bewiesenen zweiten Lautverschiebung des Hochdeutschen zu gedenken. Er bemerkt nämlich (nach **Vater** p. 12): „Von den stummen
Mitlautern wurden besonders häufig:

π zu *f* als: $\pi\alpha\tau\acute{\eta}\rho$, *fadir.*

τ zu *th* als: $\tau\varrho\epsilon\tilde{\imath}\varsigma$, *thrir*; *tego*, eg *thek*; $\tau\acute{\upsilon}$, *tu*, *thú.*

$\varkappa$ zu *h*: $\varkappa\varrho\acute{\epsilon}\alpha\varsigma$, *hræ* (todter Körper); *cornu*, *horn*; *cutis*, *hud.*

β wird oft behalten: $\beta\lambda\alpha\sigma\tau\acute{\alpha}\nu\omega$ (sprosse), *blad*; $\beta\varrho\acute{\upsilon}\omega$ (wälze
    fort), *brunnr* (Wasserquelle); *bullare*, *at bulla.*

δ zu *t*: $\delta\alpha\mu\acute{\alpha}\omega$, *tamr* (zahm).

γ zu *k*: $\gamma\upsilon\nu\acute{\eta}$, *kona*; $\gamma\acute{\epsilon}\nu o\varsigma$, *kyn* oder *kin*; *gena*, *kinn*; $\acute{\alpha}\gamma\varrho o\varsigma$,
    akr.

φ zu *b*: $\varphi\eta\gamma\acute{o}\varsigma$, dänisch *bög* (Buche); *fiber*, *bifr*; $\varphi\acute{\epsilon}\varrho\omega$, *fero*,
    eg *ber.*

ϑ zu *d*: $\vartheta\acute{\upsilon}\varrho\eta$, *dyr.*

χ zu *g*: $\chi\acute{\upsilon}\omega$, dänisch *gyder* (giefse), $\acute{\epsilon}\chi\epsilon\iota\nu$, *ega*; $\chi\acute{\upsilon}\tau\varrho\alpha$,
    grýta; $\chi o\lambda\acute{\eta}$, *gali."*

**) Ich habe auf diese Erscheinung bereits in meiner Abhand-
lung über die kaukasischen Glieder der indo-europäischen Sprachen
p. 76 f. Anm. 31. aufmerksam gemacht.

Sanskrit	Ossetisch	Gothisch
pitár Vater	*fid*	*fadar*
páṅča fünf	*fonz*	*fimf*
pṛččámi (Wz. *prač'*)	*farsin*	*fraihna*
ich frage		
pántá-s Weg	*fandag*	ahd. *pfad, fad*
párśvá-s Seite	*fars*	. . . . . .
paśú-s Thier	*fos* Heerde	*faihu* Vieh
ka-s wer?	*k'a*	*hva-s*
kásmin in wem?	*k'ami* wo	. . . . . .
kadá' wann?	*k'ad*	. . . . . .
kásmát von wem?	*k'amei* woher? *)	. . . . . .
kart, kṛt spalten	*k'ard* mähen **)	. . . . . .
tanú-s dünn	*t'ænag* (*Sjögren*)	altnord. *thunn-r*
trásyámi ich	*t'arsin* ich fürchte	. . . . . .
zittere		
tap brennen	*taft* Hitze	. . . . . .

Die skr. aspirirten Mediae, wenigstens die dentalen, sind
im Ossetischen, wie in den lettischen, slavischen und germanischen Sprachen (abgesehen vom Hochdeutschen) zu reinen Medien geworden, daher z. B. *dalag* unterer für skr.
ád'aras ***), wozu, meiner Meinung nach, auch die goth.
Adverbia *dala-thrô* von unten, *dala-th* hinab, *dala-tha*
unten †) gehören, sowie das Substantiv *dal* (them. *dala*)
Thal. *Dimin* rauchen stimmt zum skr. *d'úmá-s* Rauch,

---

*) Schliefsendes *i* als Ersatz eines *t* oder *s* findet sich öfter im
Ossetischen; darum erkenne ich in den Ablativen auf *ei* (*e-i*) die
sanskritischen auf *á-t* von Stämmen auf *a.*

**) Über die verwandten Formen der europ. Schwestersprachen
s. Gloss. Scr. a. 1847. p. 81.

***) Die Ersetzung des skr. *r* durch *l* ist im Osset. eben so ge-
wöhnlich als in den europ. Schwestersprachen.

†) Das Suffix stimmt zum skr. *tas* (mit Verlust des *s*), z. B. von
yátas woher, wo, und wohin (relat.).

slav. *dümʐ*, lit. *dúmai* *), nom. pl. vom Stamme *dúma*.
Ardag halb stimmt zum skr. *ard̓á*; *müd* Honig zu *mád̓u*,
gr. μέϑυ, angels. *medu*, *medo*, slav. *medʐ*; *midœ* innerer zu
mád̓ya-s mittlerer, goth. *midja* (them.). Für skr. *ð*
zeigt das Ossetische *v* oder *f*, doch gibt es nur wenig ver-
gleichbare Wörter, worunter *arvade* Bruder für skr. *ðrátá*
(nom.), mit vorgeschobenem Hülfsvocal und Umstellung des
r, wie in *art̓a* drei, aus *tra* (skr. *tráyas*, nom. m.), *arfug*
Augenbraue für *frug*, skr. *ðrú-s*, gr. ὀ-φρύ-ς. Vielleicht
hat in dem osset. Worte das *r* einen Einfluſs auf die Erzeugung der Aspirata geübt, wie in *firt̓* Sohn für skr.
putrá-s. — Die aspirirte Media der Gutturalklasse ist dem
Osset. verblieben, z. B. in *g̓ar* warm (skr. *g̓armá* Wärme),
vollständiger erhalten in *g̓arm-k̓anin* wärmen, warm
machen; in *g̓os* Ohr (skr. *g̓os̓áyámi* ich verkünde,
ursprünglich mache hören) send. und altpers. *gaus̓a*
Ohr; *mig̓* Wolke für skr. *még̓á-s*. — Hinsichtlich der
Verschiebung der alten Mediae zu Tenues gleicht das Neu-
Armenische dem Germanischen, indem es den 2ten, 3ten
und 4ten Buchstaben des Alphabets (für gr. β, γ, δ) die
Aussprache *p*, *k*, *t* gegeben hat (s. Petermann, gramm.
linguae Arm. p. 24). Ich behalte aber bei gelegentlicher
Darstellung armenischer Wörter durch latein. Schrift die
frühere Aussprache bei, und schreibe daher z. B. die Benennung der Zahl 10 (դասն) nicht *tasn*, nach Analogie des goth.
taihun, sondern *dasn*, in genauerem Einklang mit dem skr.
dás̓an aus *dákan*. — Auch im Griechischen gibt es einige
Verschiebungen alter Mediae zu Tenues, doch nur, wie zuerst Ag. Benary gezeigt hat **), zur Herstellung des Gleich-
gewichts, in Formen, welche am Ende der Wurzel eine
ursprünglich weiche Aspirata durch eine dem Griechischen

---

*) Nom. pl. m. vom Stamme *dúma* (Rauch), das so genau wie
möglich zum ·kr. *d̓úmá* stimmt.

**) Römische Lautlehre p. 194 ff., wo auch von ähnlichen Erschei-
nungen im Lat. die Rede ist.

allein zur Verfügung stehende h a r t e ersetzt haben, die
dann die Erhärtung der anfangenden Media zur Tenuis veranlafst hat*). Man beachte das Verhältnifs von πιϑ zur skr.
Wz. *band* binden (s. p. 13), von πυϑ zu *bud* wissen,
von παϑ zu *bad* quälen, von πῆχυ-ς zu *bâhú-s* Arm,
von παχύ-ς zu *bahú-s* viel, von κυϑ zu *gud* bedecken,
von τριχ Haar als wachsendes **) zu *dṛh* wachsen (aus
drah oder *darh*). Das Lateinische, welchem die Aspiration des
t fehlt, zeigt *puto* und *patior* gegenüber den griech. Wurzeln πυϑ, παϑ, und *fid* mit z u r ü c k g e t r e t e n e r Aspiration für πιϑ.

2)   Im Hochdeutschen ist nach der ersten, allen german.
Sprachen gemeinschaftlichen Consonantenverschiebung noch
eine zweite, ihm allein eigenthümliche eingetreten, die ganz
dieselbe Richtung genommen hat, wie die erste, indem sie
ebenfalls von der Tenuis zur Aspirata, von dieser zur Media
herabsteigt, und die Mediae zu Tenues hinaufzieht. Diese
zweite Lautverschiebung, worauf zuerst G r i m m aufmerksam
gemacht hat, ist am durchgreifendsten bei den *t*-Lauten eingetreten, wobei, wie bereits bemerkt worden, *z* = *ts* die
Stelle der Aspirata vertritt. Man vergleiche z. B.

Sanskrit	Gothisch	Althochdeutsch
dánta-s Zahn	*tunthus*	*zand*
damáyámi ich bändige	*tamja*	*zamôm*
páda-s Fufs	*fótus*	*fuoz*
ádmi ich esse	*ita*	*izu, izzu*
tvam du	*thu*	*du*
tanómi ich dehne aus	*thanja*	*denju*
brátar Bruder	*bróthar*	*bruoder*
dá setzen, legen, machen	*dê-di* That ***)	*tuom* ich thue

*) S. vergleichendes Accentuationssystem. Anm. 19.
**) Über den Grund des ϑ von Θρίξ, Θριξί s. §. 104.
***) Thema in den Compp. *ga-dêdi*, *missa-dêdi*, *vaila-dêdi*.

Sanskrit	Gothisch	Althochdeutsch
daŕs', *dŕs'* wagen	*ga-dars* ich wage*)	*ge-tar*, 2. P.
		ge-tars-t.
rudírá-m Blut **)	alts. *rod* roth	*rot*

Die Gutturale und Labiale sind, abgesehen von denjenigen Sprachquellen, welche Grimm die „strengalthochdeutschen" nennt, am Wort-Anfange von der 2ten Lautverschiebung wenig berührt worden. Unser *k, h, g, f, b* von Wörtern wie *kinn*, goth. *kinnu-s, kann*, g. *kan, Hund*, g. *hunds, Herz*, g. *hairtô, gast*, g. *gasts, gebe*, g. *giba, fange*, g. *faha, Vieh (= Fieh)* g. *faihu, Bruder*, g. *brôthar, binde*, g. *binda, biege*, g. *biuga*, haben sich von der Stufe, worauf sie in den entsprechenden goth. Wörtern stehen, nicht verdrängen lassen. Dagegen haben ziemlich viele Endbuchstaben von Wurzeln mit gutturalem oder labialem Ausgang die 2te Verschiebung erfahren. Man vergleiche z. B. *breche, flehe, frage, hange, lecke, schläfe, laufe, b-leibe*, mit den verwandten goth. Formen *brika, fléka, fraihna, haha, laigô, slépa, hlaupa, af-lifnan* übrig bleiben. Ein Beispiel mit anfangendem *p* als Verschiebung eines goth. oder gemeingermanischen *b* für skr. *ƀ*, gr. *φ*, lat. *f*, liefert unser *Pracht* (ursprünglich *Glanz*), welches wurzelhaft mit dem goth. *bairht-s* klar, offenbar, angels. *beorht*, engl. *bright*, sowie mit dem skr. *ƀrág̑* glänzen, gr. *φλέγω*, lat. *flagro, fulgeo*, zusammenhängt. — Da in der hochdeutschen zweiten Lautverschiebung die Ersetzung der Aspirata des *t* durch *z = ts* als eine besondere Merkwürdigkeit hervortritt (s. Grimm I. p. 592), so darf ich nicht unterlassen hier zu erwähnen, daß ich in einer, dem Hochdeutschen ziemlich fern liegenden, jedoch, meiner Mei-

---

*) Praet. mit Praesens-Bedeutung; vgl. lit. *drasùs* kühn, griech. *Θρασύς*, keltisch (irländ.) *dasachd „fierceness, boldness"*; s. Gloss. Scr. a. 1847, p. 186.

**) Ursprünglich *rothes*, vgl. *róhita-s* aus *ród̑ita-s* und unter andern das gr. *έρυθρός*, lit. *raudù* rothe Farbe, *raudōna-s* roth.

nung nach, urverwandten Sprache, dieselbe Verschiebung
von *t* zu *ts*, und zwar als Ersatz ·der fehlenden Aspiration
des *t*, wahrgenommen habe; ich meine das Madagassische *).
Dieses Idiom liebt wie die germanischen Sprachen die Verschiebung von *k* zu *h*, und von *p* zu *f*, setzt aber, wie das
Hochdeutsche, *ts* (unser *z*) für aspirirtes *t*; daher steht z. B.
futsi weifs (vgl. skr. *pútá* rein) zum malayischen *pútih*
und javanischen *puti*, hinsichtlich des *ts* für *t*, in demselben
Verhältnifs wie z. B. das ahd. *fuoz* Fufs zum goth. *fôtus*,
und hinsichtlich seines *f* für *p* in dem Verhältnifs des gothisch-
hochdeutschen *fôtus*, *fuoz*, zum skr. griech. lat. *pá'da-s*,
πcῦς, *pes*. So zeigt unter anderen auch *hulits* Haut gegenüber dem mal. *kúlit* eine doppelte Veränderung im Geiste
des hochdeutschen Verschiebungsgesetzes, ungefähr wie unser
Herz mit *z* für goth. *t* (*hairtô*) und *h* für lat. *c*, gr. κ, von
cor, κῆρ, καρδία **); so *fehi* Band für skr. *pá'sa-s* Strick,
(aus *pá'kas*, von *pas* binden); *mi-feha* binden. So
durchgreifend ist jedoch im Madag. die Umwandlung des *t*
in *ts* ***) nicht eingetreten, wie die von *k* in *h* und von *p* in *f*,
und man findet auch häufig das reine *t* bewahrt; z. B. in *fitu*
sieben gegenüber dem tagal. *pito* †); in *hita* sehen für
neuseel. *kitea*, tagal. *quita* (= *kita*), welche Formen trefflich
zur skr. Wz. *kit* (*ćikêtmi* ich sehe) stimmen (l. c. p. 56).
Wegen der ursprünglichen Identität des skr. *ć* und *k* darf
auch die skr. Wurzel *ćit* oder *ćint* denken, wovon *ćê'tas*

---

*) S. „Über die Verwandtschaft der malayisch-poly-
nesischen Sprachen mit den indisch-europäischen."
p. 133 ff. Anm. 13.

**) Das skr. *h* von *hṛd* (aus *hard*) scheint erst nach der Sprach-
trennung aus *k* entstanden zu sein, wofür sowohl die klassischen als
die german. Sprachen zeugen.

***) Dafür auch *ts'* oder nach französischer Schreibart *tch*.

†) Ich glaube darin das skr. *saptá* zu erkennen, mit Verlust der
Anfangssylbe und eingeschobenem Vocal zur Erleichterung der Aussprache, wie z. B. im tahitischen *toru* drei für skr. *tráyas* (l. c.
p. 12 f.).

Geist als denkender, hierher gezogen, und somit eine
frühere Vermuthung, dafs चित्‌ *éit* nur eine Erweiterung
von *éi* sammeln (*niś-éi* entschliefsen) sei, beseitigt
werden *).

88. Die lettischen und slavischen Sprachen stimmen
mit den germanischen in Bezug auf Consonantenverschiebung nur darin überein, dafs sie die sanskritischen aspirirten Mediae in reine Mediae umgewandelt haben. Man vergleiche z. B.

Sanskrit	Litauisch	Altslav.	Gothisch
b̔ú seyn	*bú-ti* (inf.)	*bü-ti*	*baua* **)
b̔rá'tar Bruder	*bróli-s*	*bratrz*	*bróthar ·*
b̔rú-s Augenbraue	*bruwi-s*	*brzvj*	*brahv* n.
ub̔áú beide	*abbù*	*oba*	*bai* (plur.)
lúb̔yámi ich	*lùbju*	*ljubü*	*-lubô*
wünsche		Liebe	Liebe ***)
hańsá-s Gans	*źasi-s*	russ. *gusj*	engl. *goose*
lag'ú-s leicht	*lengwa-s*	*lĭgzkz* †)	*leiht-s*

*) Ich erinnere daran, dafs auch der skr. Wz. *vid* wissen, die
muthmafsliche Grundbedeutung sehen entschwunden ist, welche das
griech. Fιδ mit der des Wissens vereinigt, und das lat. *vid* allein bewahrt hat; ferner, dafs die Wz. *bud* wissen ursprünglich ebenfalls
sehen bedeutet haben mufs, welche Bedeutung durch das send. *bud*
allein vertreten ist. Ich vermuthe auch einen Zusammenhang der skr.
Wz. *tark* denken mit *dars'*, aus *dark*, sehen (δέϱκω); also mit
Verschiebung der anfangenden Media zur Tenuis (so z. B. *tṛñh* neben
dṛh wachsen). Auf *tark* aber stützt sich vielleicht das madagassische
tsereq Gedanke (l. c. p. 135).

**) Ich wohne, mit gunirtem *u* = skr. *av* von *b̔áv-á-mi*
ich bin.

***) In dem Comp. *brôthra-lubô* Bruderliebe. Über die
Media im lat. *lubet* s. §. 17.

†) ΛhΓЗKЗ enthält ein angetretenes Suffix und liefse im Skr.
lag'u-ka-s erwarten. Das goth. *leiht-s*, them. *leihta*, ist seiner Form
nach ein Passivpart., wie *mah-t-s*, them. *mahta*, von der Wz. *mag*

Sanskrit	Litauisch	Altslav.	Gothisch
dárs'-i-tum wagen	*drys-ti*	*drⱬꙅ-a-ti*	*ga-dars* ich wage
mádu Honig	*medù-s*	*medⱬ*	ags. *mëdo*
vidavá Wittwe	. . . . . .	*vĭdova*	*viduvó*

Beachtung verdient, dafs in den lettischen und slavischen Sprachen die ursprünglichen weichen Gutturale, sowohl reine als aspirirte Mediae (skr. *ḫ* = weichem χ mitbegriffen) sehr häufig zu weichen Zischlauten geworden sind, im Litauischen zu *ź* (= franz. *j*) und im Slav. zu з *ꙅ* oder ж *ꙅ'*; so z. B. in dem oben erwähnten lit. *żasis* Gans. Andere Beispiele dieser Art sind: *żádas* Rede, *żōdis* Wort (skr. *gad* sprechen); *żinaù* ich weifs, slav. зилти *ꙅna-ti* wissen, skr. Wz. *ǵńá* (aus gná); *żiêma* Winter, slav. зима *ꙅima*, skr. *ḫimá-m* Schnee; *weżu* ich fahre, slav. везꙗ *veꙅuń*, skr. *váḫámi*; *laiżau* ich lecke, slav. *ob-liꙅ-a-ti* (inf.), skr. *léḫ-mi*, caus. *léḫáyámi*, goth. *laigó*; *meżu* mingo, skr. *méḫámi* (Wz. *miḫ*). — Das slav. ж *ꙅ'* ist von späterem Ursprung als з *ꙅ*, und, wie es scheint, erst nach der Trennung der slav. Sprachen von den lettischen erzeugt, die ihm bei vergleichbaren Formen in der Regel ein *g* gegenüberstellen. Man vergleiche z. B. живꙗ *ꙅivuń* ich lebe (skr. *ǵív-á-mi* aus *gív.*) mit dem altpreufs. *gív-a-si* du lebst (skr. *ǵív-a-si*) und dem lit. *gywa-s* (*y* = *í*) lebendig, *gywênu* ich lebe*); жена *ꙅena* Frau mit dem altpr. *genna-n* (acc.), șend. *gĕna*, *gĕna*, skr. *ǵáni-s*, *ǵáni*; жрꙋновⱬ *ꙅrⱬnovⱬ* Mühlstein mit dem lit. *girna* (Mühlstein in der Handmühle), goth. *qvairnu-s*, skr. *ǵar* (*ǵŕ*) aus *gar* zermalmen. — Da das șend. ꙅ *ꙅ* und ₠ *ꙅ'* ebenso

können (slav. *moguń* ich kann) = skr. *mańh* wachsen. Es steht also auch das *h* von *leihts* wegen des folgenden *t* für *g*, welches man für das skr. *g'* zu erwarten hätte. Über das skr. *h* als weiches χ s. §. 23).

*) Jedoch *ż'ywijo-s* ich erhalte mich = *g'ívayámi* ich mache leben.

wie das slav. З ş und Ж ş' ihren Ursprung einem weichen
Guttural, ӡ h mitbegriffen, s. §. 23, oder einem aus g entsprungenen ǵ verdanken, so darf hier nicht unerwähnt bleiben, daſs die slavisch-litauischen und şendischen weichen Zischlaute sich zuweilen in einem und demselben
Worte einander begegnen. Man vergleiche das şend. ⲱ૯ᲔᲔ
şima Winter (= skr. *himá* Schnee) mit dem eben erwähnten lit. und slav. *zïëma*, ЗИМА *şima*; ᲔᲔᲔᲔᲔᲔᲔᲔᲔ
şbayêmi ich rufe an (skr. *hváyâmi* ich rufe) mit
ЗВАТН *şva-ti* rufen; ⲱᲔᲔᲔ *şnâ* wissen mit *zïnau* ich
weiſs, ЗНАТН *şna-ti* wissen; ᲔᲔᲔᲔᲔᲔᲔ *vaşâmi* ich
fahre mit *wezù*, ВЕЗѪ *veşuň*; ᲔᲔᲔᲔᲔᲔᲔᲔ *maişâmi*
mingo mit *myzù*; ᲔᲔ *şi*[*]) leben (skr. *ǵiv*) mit der treuer
erhaltenen slav. Wurzel ЖНВ *şïv*; ૯૯Ე *aşĕm* ich (skr.
ahám) mit ΛЗ *aş*, lit. *aſ*[**]).

---

[*]) Auch *g'ï*, für *şïv*, *g'ïv*. Von *şi* belegt Burnouf (Yaçna,
Notes p. 38) den Imper. med. *şayad'wĕm* lebet. Eine andere Ver-
stümmelungsart der skr. Wz. *g'ïv*, im Send, ist *şu*, oder *g'u*, wobei
der Vocal übersprungen ist und *v* sich vocalisirt hat. Von ᲔᲔ *g'u*
kommt *g'va* lebend und von ᲔᲔ *şu*: *şuvana* id. In letzterem
kann ich aber nicht mit Burnouf (Y. Notes p. 88 Anm. 8.) ein Part.
praes. med. erkennen, sondern nur eine Bildung, die den sanskritischen Adjectiven auf *ana* entspricht, wie z. B. *g'val-aná-s* glänzend. — Die in der ersten Ausg. dieses Buches (p. 128) ausgesprochene
Vermuthung, daſs auch das gr. ζάω zur skr. Wz. *g'ïv* gehöre (wovon nach Unterdrückung des *v* *g'ayámi* kommen würde), nehme ich
zurück, weil, meiner jetzigen Überzeugung nach, das gr. ζ bloſs für
skr. *y*, niemals für *g* oder *g* steht. Ich glaube daher jetzt die gr. Wz.
ζᾱ mit der sanskritischen या *yá* gehen, wovon *yá-trá* Lebens-
mittel, identificiren zu müssen, und mache darauf aufmerksam, daſs
auch im Ossetischen eine im Skr. gehen bedeutende Wurzel, nämlich *éar*, die Bedeutung leben angenommen hat. — Zum skr. *g'íva-s*
Leben stimmt das gr. βíος aus βíϜος, für γíϜος (s. vergleichendes
Accentuationssystem p. 217).

[**]) Das Litauische scheint weiche Zischlaute am Wort-Ende nicht
zu gestatten, daher *aſ'*, nicht *az'*, gegenüber dem slav. ΛЗ.

89.   Verletzungen des germanischen Consonantenver-
schiebungsgesetzes durch Verharrung auf der alten Stufe oder
durch unregelmäfsige Verschiebungen finden im Gothischen
nicht selten im Innern des Wortes, noch viel häufiger aber am
Ende statt. *D* für das nach §. 87 zu erwartende *th* zeigen
z. B. *fadar* V a t e r und *fidvôr, fidur* v i e r. Für .ersteres gewährt das Althochd. *fatar*, so dafs also in Folge der 2ten
Consonanten-Verschiebung das ursprüngliche *t* des skr. *pitá*
(them. *pitár*), gr. πατήρ, lat. *pater* zurückgekehrt ist. *B* für
f zeigen z. B. *sibun* s i e b e n (angels. *seofon*) und *laiba* Ü b e r-
b l e i b s e l, gegen *af-lif-nan* übrig b l e i b e n, skr. *rić* (aus
rik) v e r l a s s e n, lat. *lic*, gr. λιπ. Unverschobenes *g* zeigt
z. B. *biuga* i c h b i e g e (skr. Wz. *ɓug* b i e g e n). Unverschobenes *d* zeigen *skaida* i c h s c h e i d e und *skadus* S c h a t-
t e n, sofern ersteres, wie kaum zu bezweifeln, zur skr. Wz.
ćid aus *skid* (s. p. 26), und letzteres zu *ćad* (aus *skad*) be-
d e c k e n gehört. Unverschobenes *p* zeigt *slêpa* i c h s c h l a f e
für skr. *svấp-i-mi* (s. §. 20).

90.   Auch am Wort-Anfange findet man unverschobene
Mediae im Einklange mit entsprechenden Sanskrit-Formen.
Man vergleiche:

Sanskrit	Gothisch
bandʼ b i n d e n	*band* i c h b a n d
budʼ w i s s e n	*budum* w i r b o t e n
gardʼ, gṛdʼ begehren	*grêdus* H u n g e r *)
gắu-s E r d e	*gavi* G e g e n d (them. *gauja*)
graɓ n e h m e n	*grip* g r e i f e n
duhitár (them.) T o c h t e r	*dauhtar*

---

*) D. h. Verlangen nach Speise. *Hungrja* i c h h u n g e r e und
huhrus H u n g e r ziehe ich zur skr. Wz. *kắṅksʼ* w ü n s c h e n. Zu
gardʼ, gṛdʼ, wovon *gṛdnú-s* g i e r i g, gehören höchst wahrscheinlich
auch das goth. *gairnja* i c h b e g e h r e, das engl. *greedy*, keltische
(irländische) *gradh* „love, charity", *graidheag* „a beloved female"
(s. Gloss. Scr. a. 1847 p. 107).

Sanskrit	Gothisch
dvǎ́ra-m Thür	*daur* (them. *daura*)
dalá-m Theil*)	*dail-s*

In Folge einer unregelmäfsigen Verschiebung erscheint
g für skr. *k* in *grêta* ich weine, praet. *gaigrôt* == skr.
krándâmi, *ćakránda*. Eine unverschobene Tenuis zeigt
têka ich berühre, gegenüber dem lat. *tango*, wofür sich im
Skr. kein zuverlässiger Anhaltspunkt findet.

91. 1) Als durchgreifendes Gesetz gilt im Gothischen,
und mit wenigen Ausnahmen auch in den übrigen germanischen Mundarten **), die Unverschiebbarkeit der alten Tenues hinter *s* und den Aspiraten *h* (*ch*) und *f*. Die genannten Buchstaben gewähren nämlich einer ihnen nachfolgenden
Tenuis einen sicheren Schutz, obwohl man glauben könnte,
dafs besonders *sth* keine unbequeme Verbindung wäre, wie
auch im Griechischen ϑ hinter σ wirklich öfter die Stelle
eines ursprünglichen τ einnimmt ***), während τ hinter Aspiraten gar nicht vorkommt und dagegen die Verbindungen
χϑ, φϑ beliebt sind.   Man vergleiche dagegen hinsichtlich
der Fortdauer alter Tenues, unter den angegebenen Bedingungen, im Gothischen *skaida* ich scheide mit *scindo*, σχίδ-
νημι, skr. *ćinádmi* (s. p. 26); *fisk-s* (them. *fiska*) mit *pisci-s*;
speiva (Wz. *spiv*, praet. *spaiv*) mit *spuo*; *stairnô* Stern
mit skr. *stár* (vêd.); *steiga* ich steige (Wz. *stig*) mit skr.
stignốmi id., gr. στείχω; *standa* ich stehe mit lat. *sto*,
gr. ἵστημι, send. *histâmi*†); *is-t* er ist mit skr. *ás-ti*; *naht-s*

---

*) Die Wz. *dal* bedeutet aufbrechen, bersten und das Causale (*dâláyâmi* oder *dál.*) theilen. Im Slavischen heifst ДѢЛИТИ
djeliti theilen. Über andere Vergleichungspunkte s. Gloss. Scr.
a. 1847 p. 165.

**) Über das schon im Ahd. vorkommende *sch* für *sk* s. Grimm
I. 173 und Graff VI. 402 ff.

***) Über σϑ für στ s. p. 23.

†) Über den Schutz, den auch im Send die Zischlaute einem folgenden *t* gewähren, s. §. 38.

Nacht mit skr. *nákt-am* bei Nacht; *dauhtar* Tochter
mit *duḫitár* (them.); *ahtau* acht mit *ásṭáu* (vêd. *asṭáú*),
gr. ὀκτώ.

2) In Folge des in Rede stehenden Lautgesetzes hat
auch das skr. Suffix *ti*, welches vorherrschend weibliche
Abstracta bildet, hinter den unter 1) angegebenen Buchstaben in allen germanischen Dialekten seine alte Tenuis
bewahrt, während dieselbe hinter Vocalen im Gothischen, '
ebenfalls in Abweichung von dem gewöhnlichen Verschiebungsgesetze, zur Media statt zur Aspirata geworden ist;
daher z. B. die Stämme *fra-lus-ti* Verlust, *mah-ti* Macht,
Kraft (Wz. *mag* können, skr. *maṅh* wachsen), *ga-skaf-ti*
Schöpfung (Wz. *skap*), im Gegensatze zu den Stämmen
wie *dê-di* That, *sê-di* Saat (beide nur am Ende von
Composs.), *sta-di* m. (Wz. *sta* = skr. *sťa* stehen) Stelle,
Ort, *fa-di* m. Herr (skr. *pá-ti* für *pá'-ti*, Wz. *pá* herrschen). Nach Liquiden erscheint dieses Suffix sowohl in
der Form *thi* (im Einklang mit dem allgemeinen Verschiebungsgesetze), als in der von *di*; daher z. B. die weiblichen
Stämme *ga-baur-thi* Geburt, *ga-faur-di* Versammlung,
ga-kun-thi Achtung, *ga-mun-di* Gedächtniſs*), *ga-qvum-
-thi* Zusammenkunft. Eine Form auf *m-di* ist nicht zu
belegen, auch kaum zu erwarten; im Ganzen aber stimmt
das hier besprochene Lautgesetz auffallend zu einer ähnlichen Erscheinung im Neupersischen, wo ein ursprüngliches
t grammatischer Endungen und Suffixe nur hinter harten
Zischlauten und Aspiraten (ﺱ *f*, ﺥ *ch*) sich behauptet hat,
hinter Vocalen und Liquiden aber in *d* umgewandelt wird;
daher z. B. *bes-ten* binden, *dás'-ten* haben, *táf-ten* anzünden, *puch-ten* kochen; dagegen *dá-den* geben, *ber-den*
tragen, *ám-den* kommen, *mán-den* bleiben. — Das
Hochdeutsche hat in Folge der 2ten Lautverschiebung die
Media des goth. *di* wieder zur ursprünglichen Tenuis zurück-

---

*) In Wz. und Suffix identisch mit dem skr. *ma-ti* Verstand,
Einsicht, Meinung; Wz. *man* denken.

geführt, während hinter *s*, *h* (*ch*), *f* die Tenuis der Urperiode
geblieben ist; daher z. B. die Stämme *sâ-ti* Saat, *tâ-ti*
That, *bur-ti*, *gi-bur-ti* Geburt, *fer-ti* Fahrt, in scheinba-
rem Einklang mit dem unverschobenen *ti* von Stämmen wie
an-s-ti Gnade, *mah-ti* Macht, *hlouf-ti* Lauf. Es fehlt
aber auch dem Hochdeutschen nicht an Formen mit *di* hinter einer Liquida, in Analogie mit dem Gothischen. So
wenigstens der Stamm *scul-di* Schuld (Wz. *scal* sollen).

3) Am Wort-Ende liebt das Gothische die Ersetzung
von Medien durch Aspiratae, ebenso vor schliefsendem *s*.
In Folge dieser Neigung lautet z. B. von dem oben erwähnten Stamme *fadi* der Nom. *faths*, und es wäre Unrecht,
dieses *th* nach §. 87. 1. aus dem ursprünglichen *t* des skr.
Stammes *páti* zu erklären. Die sanskritischen Passivparticipia auf *ta*, deren *t* im Goth. hinter Vocalen (seine gewöhnliche Stellung) zu *d* sich erweicht hat, enden im Nom.
sg. masc. regelmäfsig auf *th-s* (für *da-s*), und im Acc. auf
th; z. B. *sôkith-s* quæsitus, acc. *sôkith*. Dafs aber *sôkida*
das wahre Thema sei, folgere ich unter andern aus den
Pluralformen *sôkidai*, *sôkida-m*, *sôkida-ns*, sowie aus dem
Femininstamm *sôkidô*, nom. *sôkida*. — In Folge der Neigung
zu schliefsenden Aspiraten — im Fall ein Vocal vorangeht —
für Mediae, findet man in den endungslosen Formen der
1sten und 3ten P. sg. des Praet. starker Verba Formen wie
bauth, von der Wz. *bud* bieten, *gaf* von *gab* geben (praes.
giba). Doch geht *g* nicht in *h* über, sondern bleibt unverändert, wie z. B. in *staig* ich stieg, nicht *staih*.

4) Auch das schliefsende *th* der Personal-Endungen erkläre ich nicht nach §. 87. 1. als Verschiebung einer ursprünglichen Tenuis, sondern im Sinne von nr. 3) als Folge der
Neigung zu schliefsenden Aspiraten statt zu erwartender
Mediae. Ich fasse also z. B. das *th* von *bairith* nicht als
Verschiebung des *t* des skr. *ðár-a-ti* und lat. *fert*, sondern
ich nehme an, dafs die Personal-Endung *ti* (ebenso wie das
Suffix *ti* hinter Vocalen) im Germanischen *di* geworden sei,
und von da im Gothischen, nach Abschleifung des *i*, zu *th*.

Also wie *fath* dominum, vom Stamme *fadi*, zum skr.
páti-m sich verhält, so *bair-i-th* (für *bair-a-th*) zu *ƀár-a-ti*.
Als Beweis dient das Passiv *bair-a-da* für *bair-a-dai*, gegenüber dem skr. medialen *ƀár-a-tê* (aus *-tai*) und gr. φέρ-ε-ται;
wo also der Umstand, dafs dem Personalconsonanten noch
ein Vocal folgt, die Media geschützt hat, die im Altsächsi-
schen, welches von Ersetzung schliefsender Mediae durch
Aspiratae nichts weifs, auch am Wort-Ende geblieben ist
(*bir-i-d* für goth. *bair-i-th*), während das Angelsächsische die
Media zur aspirirten Media verschoben hat (*bër-e-dh*). Das
Hochdeutsche hat in Folge der ihm eigenthümlichen z w e i -
t e n Lautverschiebung (§. 87. 2.) das im Gothischen zu *th*
gewordene *d* der 3ten Singularperson regelrecht zur Tenuis
verschoben, und ist so auf einem Umwege wieder zur ursprünglichen Form zurückgekehrt *); also *bir-i-t* für altsächs.
bir-i-d, goth. *bairi-th*, skr. *ƀár-a-ti*. — In der 3ten P. pl.
zeigt das Gothische, anstatt des ursprünglichen *t*, aus Rücksicht für das vorangehende *n*, ein *d*, durch dessen gesetzmäfsige Verschiebung (nach §. 87. 2.) im Alt- und Mhd. das
ursprüngliche *t* wiederhergestellt worden, so dafs z. B. das
ahd. *bërant*, mhd. *bërent*, in dieser Beziehung besser zum skr.
ƀáranti, gr. φέροντι, lat. *ferunt* stimmen, als zum goth.
bairand und altnord. *bërand*. — In der z w e i t e n Pluralperson mufs die skr. Endung *t́a* nach §. 12 als Entstel-
lung von *ta* (gr. τε, lit. *te*, slav. тε) gefafst werden, wofür
im Goth., wegen des vorangehenden Vocals, *da* zu erwarten
wäre (s. nr. 2), woraus, nach Abfall des Endvocals, *th* (s. nr. 3)
geworden ist, während das Altsächsische die Media bewahrt
hat und z. B. *bër-a-d* dem goth. *bair-i-th* (*i* nach §. 67) und
skr. *ƀár-a-t́a* gegenüberstellt; während das Angels. und
Altnordische die Media aspirirt haben, wodurch *bër-a-dh*
(in den beiden Dialekten) dem skr. medialen *ƀár-a-d́vê*

---

*) Eine unrichtige Erklärung des goth. *th* und ahd. *t* der 3ten P.
sg. in der 1sten Ausg. §. 90 ist bereits daselbst bei Besprechung der
Personal-Endungen (p. 662 §. 457) in obigem Sinne berichtigt worden.

ihr traget sehr nahe kommt. Doch haben die germanischen aspirirten Mediae mit den sanskritischen nichts gemein, da sie eben so wie die aspirirten Tenues, nur viel später, aus den entsprechenden Nicht-Aspiraten sich entwickelt haben, während die skr. weichen Aspiratae älter sind als die harten, wenigstens ध *d'* älter als *t'* (s. §. 12). — Auch einige ahd. Sprachquellen, namentlich die Übersetzung des Isidor und die Glossae jun. *A.* besitzen aspirirte Mediae, nämlich *dh* und *gh*, die aber in ihrem Ursprung wesentlich unterschieden sind; denn *dh* ist überall die Erweichung einer harten Aspirata (*th*), z. B. in *dhu* du, *dhrî* drei, *widhar* wider, *wërdhan* werden, *wardh*, für goth. *thu, threis, vithra, vairthan, varth*; dagegen ist *gh* die Entartung einer Media durch den rückwirkenden Einfluſs eines folgenden weichen Vocals (*i, î, ë, e, ê, ei*), daher z. B. *gheist* Geist, *ghibu* ich gebe, *ghibis* du gibst, *ghëban* geben, gegen *gab* ich gab; *daghe* Tage (dat.) gegen *dagá* nom. acc. pl. (Grimm pp. 161 f., 182 f.).

92. Wir wenden uns nun zur näheren Betrachtung des altslavischen Schrift- und Lautsystems, mit gelegentlicher Berücksichtigung des Litauischen, Lettischen und Altpreuſsischen, wobei es uns hauptsächlich darauf ankommt, die Verhältnisse der altslavischen Laute zu denen der älteren Schwestersprachen anzugeben, von welchen sie entweder die treuen Überlieferungen, oder mehr oder weniger entstellende Entartungen sind.

a. Das alte skr. आ *a* hat insoweit im Slavischen ein ganz gleiches Schicksal erfahren wie im Griechischen, als es am häufigsten durch *e* oder *o* (ε, ο), die immer kurz sind, vertreten wird, am seltensten *a* (ѧ) geblieben ist. Auch wechseln, wie im Griechischen, ε und ο im Innern der Wurzeln, und wie z. B. λόγος zu λέγω sich verhält, so im Altslav. возъ *vozъ* Wagen zu *vesůň* ich fahre. Und wie im Griechischen der Vocativ λόγε zum Thema λογο sich verhält, so im Altslav. *rabe* serve! zu *rabo*, nom. *rabъ* servus. Das *o* gilt für gewichtiger als *e*, aber *a* für schwerer

als *o*; und *a* steht daher am häufigsten einem skr. langen *á*
gegenüber, namentlich antworten · den weiblichen Stämmen
auf श्रा *á* im Altslav. stets Formen auf *a* (vgl. *vǐdova*
Wittwe mit विधवा *vidʼavá*), welches im Vocativ eben so
zu *o* geschwächt wird (*vǐdovo*!), wie oben *o* zu *e*. Auch
als Endbuchstabe des ersten Gliedes eines Compos. schwächt
sich *a* zu *o*, z. B. *vodo-nosъ* Wasserkrug (wörtlich
Wasserträger) für *voda-*; gerade wie im Griech. Μουσο-
τραφής, Μουσο-φίλης und ähnliche Compp., die das weibliche
a oder *η* zu *o* geschwächt haben. Wenn daher auch *a* im
Altslav. ein kurzer Vocal ist, so gilt es doch in etymologischer Beziehung meistens als die Länge des *o*, so dafs
hierin das Altslav. im umgekehrten Verhältnifs zum Gothischen steht, wo sich uns *a* als die Kürze des *ô* erwiesen
hat, und *ô* im Verkürzungsfalle ebenso zu *a* wird, wie das
altslav. *a* zu *o*. — Das Litauische entbehrt, wie das Gothische, des kurzen *o*, denn sein *o* ist stets lang, und entspricht etymologisch dem langen *á* der urverwandten Sprachen. Ich bezeichne es, wo es nicht mit einem Accentzeichen versehen ist, durch *õ* und schreibe daher z. B. *mõtẽ*,
Weib (ursprünglich Mutter), plur. *mõterẽs*, für skr. *mátá́*,
mátár-as; von *rankà* Hand kommt der Genit. *rankõ-s*,
wie im Goth. z. B. *gibô-s* von *giba*; d. h. in den beiden
Sprachen hat sich vor dem Casuszeichen die ursprüngliche
Länge des Endvocals des Stammes (skr. *á*) behauptet, während der ungeschützte Nomin. den Vocal gekürzt, aber die
ursprüngliche *a*-Qualität bewahrt hat. Langes *a* scheint im
Litauischen blofs durch den Accent, aus ursprünglicher Kürze,
erzeugt zu sein, indem kurzes *a*, im Fall es den Ton erhält (ausgenommen vor Liquiden mit folgendem Consonanten) verlängert wird *), daher z. B. *nágₐ-s* Nagel, unguis,
plur. *nagaì* (l. c. p. 50), für skr. *naḱá-s*, *naḱáʼs*; *sápna-s*
Traum, pl. *sapnaì*, für skr. *svápna-s*, *svápnás*. — Zuweilen ist 'im Litauischen das skr. oder ursprüngliche lange

---

*) S. Kurschat, Beiträge zur Kunde der litau. Sprache, II. p. 211.

á auch durch *û* = *uo* (einsylbig) vertreten, z. B. in *dûmi* ich
gebe für skr. *dádámi, akmû* Stein, gen. *akmen-s,* für
skr. *áśmá, áśman-as* (s. p. 40), *sessû* Schwester, gen.
sesser-s, für skr. *svásá, svásur.* Man vergleiche mit diesem lit. *û* = *uo* *) das althochd. *uo* für goth. *ô* und skr.
á, z. B. in *bruoder* für goth. *brôthar,* skr. *bráʹtar.* — Über
langes *e* (*ě*) aus ursprünglichem *á* s. unter *e.* — Wir kehren zum Altslavischen zurück, um zu bemerken, daſs dasselbe das skr. kurze *a* in Verbindung mit einem folgenden
Nasal unverändert behauptet hat, wenn ich Recht habe, den
vocalischen Bestandtheil des **Ѧ**, worin, wie in **Ѫ**, zuerst
V o s t o k o v einen nasalirten Vocal erkannt hat, als *a* zu fassen.
Zu Gunsten dieser Ansicht spricht schon der Umstand, daſs
die Form des **Ѧ** offenbar auf das griech. A sich stützt, wie
es denn auch früher wie *ja* gelesen wurde, d. h. wie in
der Regel das russische **Я**, welches ihm auch bei entsprechenden Wörtern gewöhnlich gegenübersteht. Man vergleiche z. B. **МѦСО** *manso* Fleisch (skr. *mâṅsá-m*) mit
dem russ. **МЯСО** *mjáso,* und **ИМѦ** *imań* N a m e (skr. *náʹman,*
them.) mit dem russ. **ИМЯ** *imja.* Wenn aber im Altslav.
Ѧ auch häufig für *e* der lebenden slavischen Sprachen, und
auch als Vertreter des *e* von Lehnwörtern vorkommt, z. B.
in **СЕПТѦБРЬ** *septańbrĭ* September, **ПАТИКОСТИ**
(*πεντηκοστή*), so mag der rückwirkende Einfluſs des Nasals
die Modification der Aussprache bewirkt haben, wie im
Französischen, wo zwar *septembre, Pentecôte* geschrieben,
aber *a* für *e* gesprochen wird. — Den Buchstaben **Ѫ**, welcher früher wie *u* gelesen wurde, übertrage ich durch *uń,*
vor Labialen durch *um;* z. B. **ДѪТИ** *duńti* wehen (vgl.
ДОУНѪТИ id. und das skr. *dʹû-nôʹ-mi* ich bewege),
ГОЛѪБЬ *golumbĭ* Taube (*columba*). Doch fehlt es auch

---

*) Dies ist nach K u r s c h a t (l. c. pp. 2, 34) die frühere oder ur-
sprüngliche Aussprache des *û*; die jetzige ist fast wie *ō.* S c h l e i c h e r
(Lituanica p. 5) gibt ihm die Aussprache *ō* mit nachklingendem *a.*
Jedenfalls beruht die Schreibart *û* auf der Aussprache *uo,* wobei
daran zu erinnern, daſs für das ahd. *uo* dialektisch auch *ua* vorkommt.

nicht an Gründen, das vocalische Element des Ѫ als *o* zu fassen *). In etymologischer Beziehung führt dasselbe meistens zu einem ursprünglichen *a*-Laut mit nachfolgendem Nasal; man vergleiche z. B. пѪть *puṅti* Weg, russ. пупь *putj*, mit skr. *pánťan* (starkes thema); ЖИВѪ *ṣ̌ivuṅ* ich lebe, russ. ЖИВУ *ṣ̌ivu*, mit skr. *ǵĭvámi*; ЖИВѪТь *ṣ̌ĭvuṅti* sie leben, russ. ЖИВУШь *ṣ̌ivuť*, mit skr. *ǵĭvanti*, ВЬДОВѪ *vĭdovuṅ* viduam, russ. *vdovu*, mit skr. *vidʼavám.* Für skr. *ú* steht Ѫ in БѪДѪ *bunduṅ* ich werde sein (infin. БѪ1ТИ *bü-ti*, lit. *bú-ti*), russ. *budu*, gegenüber der skr. Wz. *bû.*

b. Ꙁ *i* und ꙋ̈ *ĭ* erscheinen im Altslavischen beide als Н *i*, und der Unterschied der Quantität ist aufgehoben, wenigstens finde ich nicht, daſs ein langes *i*, oder überhaupt lange Vocale, dem Altslavischen irgendwo nachgewiesen seien **). Man vergleiche ЖИВѪ *ṣ̌ivuṅ* ich lebe mit skr. *ǵĭvámi*, und dagegen ВИДѢТИ *vidjeti* sehen mit der skr. Wz. *vid* wissen, an deren *Guṇa*-Form *vêd* (*vêd-mi* ich weiſs) das altsl. ВѢМь *vjemĭ* ich weiſs (für *vjedmĭ*), inf. *vjes-ti*, sich anschlieſst, so daſs *vid* und *vjed* vom slavischen Standpunkte aus als zwei verschiedene Wurzeln erscheinen. Das kurze *i* hat sich im Slavischen auch häufig zu kurzem *e* (ε) entartet, wie im Griechischen und Althochd. (s. §. 72); namentlich zeigen die *i*-Stämme in mehreren Casus, und gelegentlich auch am Anfange von Compositen, ε für Н; daher z. B. ГОСТЕХ͛ *goste-chu* in den Gästen, vom Stamme ГОСТИ *gosti*, ПѪ̈ТЕВОЖДь *puṅte-voṣ̌dĭ*, ὁδηγός, für *puṅti-*. — Auch ь vertritt nicht selten im Innern der Wörter die Stelle eines skr. kurzen *i*, und es wird wohl die Aussprache eines ganz kurzen *i* gehabt haben

---

*) S. Miklosich, Vergleichende Lautlehre der slavischen Sprachen p. 43 ff.

**) S. Miklos. l. c. p. 163. Im Slovenischen veranlaſst der Accent die Verlängerung ursprünglich kurzer Vocale, wobei an eine ähnliche Erscheinung im Litauischen zu erinnern .(s. p. 134), sowie an die Vocalverlängerung, welche im Nhd. der Accent verursacht.

(s. Mikl. vergl. Lautl. p. 71). Ich übertrage es jetzt durch
ï*). Beispiele sind ВЬДОВА *vĭdova* Wittwe, russ. *vdova,*
für skr. *vidʹavá;* ВЬСЬ *vĭsĭ* jeder (russ. ВССЬ *vesj,* fem.
vsja,̃ neutr. *vse*) für skr. *vĭśva* (them.), lit. *wissa-s* ganz;
КСТЬ *jestĭ* er ist, СѪТЬ *suntĭ* sie sind, für skr. *ásti,*
sánti.

    c. Ꙋ *u* und Ѫ *û* sind im Altslavischen in den am
treuesten erhaltenen Formen beide zu Ꙑ geworden **); auf

---

  *) In der ersten Ausgabe, und gelegentlich auch noch in dem
Vorhergehenden, setzte ich *j* für das altsl. Ь, dessen Vertreter im
Russischen (Ь) von Gretsch als halbes *i* dargestellt, und von seinem
Übersetzer Reiff (p. 47) mit den moullirten Tönen im Französischen, in Wörtern wie *travail, cicogne,* verglichen wird. Im Slovenischen wird dieser Buchstabe, wo er sich überhaupt erhalten hat,
wirklich durch *j* ausgedrückt. Dies ist jedoch, wie es scheint, nur
am Wort-Ende hinter einem vorhergehenden *n* oder *l* der Fall; obwohl auch in dieser Stellung das altslav. Ь sich nicht durchgreifend
als *j* behauptet hat. Man vergleiche z. B. *ogénj* Feuer mit ОГНЬ
ognĭ, kanj Pferd mit КОНЬ *konĭ, prijatelj* Freund mit
ПРНІАТЕЛЬ *prijatelĭ;* dagegen *dan* Tag mit ДЬНЬ *dĭnĭ* (vgl.
den gleichbedeutenden skr. Stamm *dĭna* masc. neut.). Ich halte das
a des slov. *dan* für eine blofse Einfügung, die durch die Unterdrückung des Endvocals nothwendig geworden ist; so das *e* von *ves*
jeder, fem. *vsa,* neut. *vse,* gegenüber dem altsl. ВЬСЬ *vĭsĭ,*
ВЬСІА *vĭsja,* ВЬСЕ *vĭse.* Sollte im Altslavischen die Aussprache des
schliefsenden Ь der des mittleren nicht völlig gleich gewesen
sein, so müfste man jenem die Aussprache unseres *j* geben und nur
dem mittleren die eines kurzen *i.* Soviel scheint gewifs, dafs das
schliefsende Ь mit dem vorhergehenden Consonanten keine Sylbe
bildete, und dafs z. B. ВЬСЬ *vĭsĭ* jeder, vom Stamme *vĭsjŏ* (s. u. *k.*),
kein zweisylbiges, sondern ein einsylbiges Wort war, welches man
also in lateinischer Schrift durch *visj* oder *vĭsj* umschreiben könnte,
wenn es nicht gerathen schiene, einem und demselben Buchstaben
der Urschrift überall dieselbe Vertretung zu geben. Für das Russische
behalte ich die Umschreibung des Ь durch *j* bei.

  **) Wir drücken diesen zusammengesetzten Buchstaben durch *ü*
aus. Seine Aussprache ist im Russischen, nach Reiff (bei Gretsch

diese Weise stimmt z. B. БЗІ *bŭ* (Infin. БЗІТН *büti*, lit.
búti) zur skr. Wz. *bŭ* sein; МЗІШЬ *müs'ĭ* Maus zu
mûs'á-s, ІЗІНЗ *sünŭ* Sohn zu *sûnú-s*, ДЗІМЗ *dümŭ*
Rauch zu *d'úmá-s*; ЧЕТЗІРНК *ćetürije* vier zu *ćatúr*
(schwaches thema). Die Beispiele, wo ЗІ *ü* für ऊ *u* steht,
sind jedoch seltener als die, wo ЗІ *ü* dem langen ऊ *û* entspricht denn kurzes *u* ist, wie oft im Ahd. (§.77), so gelegentlich auch im Slavischen, zu *o* geworden; daher z. B. СНОХА
snocha Schwiegermutter für skr. *snus'á*. Viel häufiger aber steht an der Stelle des skr. kurzen *u* im Altslavischen З, d. h. der Grundlaut von ЗІ. Dieser Buchstabe,
der im Russischen keine phonetische Geltung mehr hat, mufs
im Altslavischen noch als deutlich vernehmbares *u* gesprochen worden sein (s. Miklos. l. c. p. 71); ich gebe ihn von
nun an in lateinischer Schrift, zur Unterscheidung von ОУ *u*,
durch *ŭ**). Beispiele, wo dieses З im Innern des Wortes
einem skr. *u* entspricht, sind: ДЗШТН *dŭs'ti* Tochter,
russ. ДОЧЬ *doćj*, für skr. *duhitá*, lit. *duktĕ*; БЗДѢТН *bŭd-
jeti* wachen, lit. *bundŭ* ich wache, *budrŭs* wachsam,
skr. Wz. *bud'* wissen, med. aufwachen; ІЗПАТН *sŭp-
-a-ti* schlafen, skr. *suptá-s* schlafend (aus *svaptás*),
susupimá wir schliefen; РЗДѢТІ СА *rudjeti saṅ* rubes-
cere, skr. *rud'irá-m* Blut (als rothes), lit. *raudà* rothe
Farbe; ЛЬГЗКЗ *lĭgŭkŭ* leicht, skr. *lag'ú-s*. Das З von
ДЗВА *duva* zwei für skr. *dváu* dient zur Erleichterung
der Aussprache, indem dem Halbvocal В *v* noch sein ent-
sprechender Halbvocal vorgeschoben wurde, wie im Sanskrit
bei einsylbigen Stämmen auf *û*, z. B. in *buv-ás* terrae

II. p. 666), wie im Französischen *oui*, sehr kurz und einsylbig ausgesprochen; nach Heym ungefähr wie *ü* in Verbindung mit einem
sehr kurzen *i*. Doch bleibt sie sich nicht in allen Umgebungen dieses
Buchstabens gleich (Reiff l. c.) und lautet nach anderen Consonanten
als Labialen wie ein dumpfes, getrübtes *i* („*i sourd ou étouffé*").

*) In dem Vorhergehenden habe ich den Originalbuchstaben bei-
behalten, und in der früheren Ausgabe dafür ein Apostroph gesetzt.

(gen.) vom Stamme *ŏû*, im Gegensatze zu Formen wie
vadv-a̔s (feminae) von *vadû̔*. Für skr. langes *û* erscheint ꙁ in бρꙁвь *brŭvĭ* Augenbraue = skr. *ŏrú̔-s*. —
Da *a* in allen indo-europäischen Sprachen der Schwächung
zu *u* unterworfen ist, so darf es nicht befremden, dafs uns
im Altslavischen auch häufig ꙁ *ŭ* für skr. *a* oder *â* begegnet;
so z. B. in кρꙁвь *krŭvĭ* fem. Blut, russ. *krovj*, worin ich
das skr. *krávya-m* Fleisch zu erkennen glaube *), dessen
Halbvocal im lit. *krauja-s* sich zu *u* vocalisirt hat; — in
der Präp. *сꙁ sŭ* mit, lit. *su*, gr. σύν, für skr. *sam*; in der
Endung χꙁ des Gen. pl. der Pronominal-Declination für skr.
sâm, lat. *rum*, altpreufs. *son* (s. unter *g.*), und in der allgemeinen pluralen Dativ-Endung мꙁ *mŭ* für skr. *ŏyas*, lat.
bus, lit. *mus*.

  d. So wie ꙁ *ŭ*, so erscheint auch ꙁı *ü* gelegentlich
als Schwächung eines ursprünglichen *a*, oder *â*. Für skr. *a*
steht ꙁı *ü* in der ersten P. pl., wo мꙁı *mü* dem skr. *mas*
und lat. *mus* entspricht; z. B. вєꙁємꙁı *veş-e-mü* für skr.
váh-â-mas, lat. *veh-i-mus*. Im Accus. plur. der weiblichen
Stämme auf ᴀ *a* betrachte ich das schliefsende ꙁı *ü* als Entartung dieses ᴀ *a* oder skr. und latein. *â*, so dafs eine wirkliche Casus-Endung in Formen wie вьдовꙁı *vidovü* gar
nicht vorhanden ist, da die ursprüngliche Endung, nämlich
s des skr. *vidavâ-s*, lat. *viduâ-s*, nach dem unter *m.* aufgestellten Gesetze wegfallen mufste. Es werden sich später,
bei näherer Betrachtung der Declination, noch andere ꙁı *ü*
als scheinbare Casus-Endungen ergeben, während sie in
der That nur Entartungen des Endvocals des Stammes sind.

---

*) Ich habe auf die höchst wahrscheinliche Verwandtschaft der
slavischen Benennung des Blutes mit einer sanskritischen des Flei-
sches schon in der ersten Ausg. dieses Buches (p. 347 Anm. *) und
später in dem im J. 1840 erschienenen ersten Hefte der neuen Ausgabe meines Glossarium Scr. (p. 88) aufmerksam gemacht und an
letzterem Orte unter andern auch das keltische (gaelische) *cru*, ebenfalls Blut (wallis. *crau*), hierher gezogen.

e. Dem skr. Diphthong *é* aus *ai* entspricht in vergleichbaren Formen in der Regel ѣ *je.* Man vergleiche z. B.
вѣмь *vjemĭ* ich weifs mit skr. *védmi,* пѣна *pjena*
Schaum mit *péna-ø* id., свѣтъ *svjetŭ* Licht mit *śvêtá*
(them.) weifs, ursprünglich glänzend. Die wichtigsten
Stellen in der Grammatik, mit ѣ für skr. ए *ê,* sind: der
Local. sg. der Stämme auf *o* = skr. *a* (s. u. *a.*), z. B. новѣ
novje in novo für skr. *návê;* der Nom. Acc. Voc. *du* der
weiblichen Stämme auf ᴀ *a* und der neutralen auf *o* = skr.
a, z. B. вьдовѣ *vidovje* zwei Wittwen = skr. *vidavê,*
мАсѣ *mańsje* (vom Neutralstamme *mańso* Fleisch) = skr.
mâńsê; der Dual und Plural des Imperativs, worin ich den
skr. Potentialis erkenne; z. B. in живѣте *śiv-je-te* lebet
das skr. *śĭv-ê-ta* ihr möget leben. — Das in dem
ѣ der Aussprache nach enthaltene *j* fasse ich jetzt als einen
den slavischen Vocalen sehr beliebten Vorschlag *), der z. B.
in ксмь *jesmĭ* ich bin = skr. *ásmi,* in ıАмь *jamĭ* ich
esse = अद्मि *ádmi,* auch graphisch (durch ı) vertreten ist.
Der Grundlaut des ѣ, nämlich das *e,* mufs ursprünglich lang
gewesen sein (s. Mikl. l. c. p. 92 ff.), und ich betrachte dieses
e, ebenso wie das lateinische und ahd. *ê* (s. §§. 5. 79.), als
eine vom Sanskrit (dessen *é* nach p. 7 verhältnifsmäfsig jung
ist) unabhängig eingetretene Zusammenziehung von *a* und *i.*
Ich berufe mich, zum Beweise der Richtigkeit dieser Ansicht,
auf die Erscheinung, dafs in den nahe verwandten lettischen Sprachen nicht selten noch das organische *ai,* oder
dafür *ei,* dem slav. ѣ *je* gegenübersteht; z. B. im altpreufs.
Nom. pl. masc. der Pronominaldeclination finden wir *stai*
diese (hi) für skr. *tê,* altslav. ти *ti,* welches letztere, wie
der Singular des Imperativs (живи *śivi* lebe = जीवेस्
śivé-ø du mögest leben) von dem ursprünglichen Diph-

---

*) Über eine ähnliche Erscheinung im Albanesischen s. die oben
(p. 12) erwähnte Abhandlung p. 2. Ich erinnere hier nur an das Verhältnifs von *jam* ich bin zu der dieses Vorschlags entbehrenden 3. P.
is'tŝ, oder *es'tŝ* (l. c. p. 11).

thong *ai* nur den Schlufstheil bewahrt hat, während das Altpreufsische Formen bietet wie *dais* gib (lat. *dês*), *daiti* gebet, *imais* nimm (goth. *nimais* du nehmest), *idaiti*, auch *ideiti*, esset *). *Ei* für skr. *ê* zeigt unter andern auch das altpr. *deiwa-s* Gott für skr. *dévá-s*, ursprünglich glänzend (Wz. *div* glänzen), worauf sich das slav. дѣва *djeva* Jungfrau, als glänzende stützt (Mikl. Radices p. 27). Das Litauische gewährt, wie bereits gezeigt worden (§. 26. 5.), für das skr. *ê*, oder dessen Urform *ai*, sowohl *ei* als *ai*, aufserdem aber die zusammengezogene Form *ê* **); letztere z. B. in *dêweris* für skr. *dévará-s*, lat. *lêvir*. — Sowie das lat. *ê* nach §. 5 nicht blofs von diphthongischer Herkunft, sondern auch gelegentlich wie das gr. η die Entartung eines ursprünglichen *á* ist, so auch das slav. ѣ und lit. *ê*. Diese stehen für *á* z. B. in дѣти *dje-ti* machen, lit. *dê-mi* ich lege, deren Wz., wie das gr. θη (τίθημι, θήσω) auf die skr Wz. *dâ* setzen, *vi-dá* machen sich stützen; in мѣра Mafs, lit. *mêrà* (*miêrà*), von der skr. Wz. *má* messen; in вѣтрх *vje-trŭ* Wind***), lit. *wêjas*, von वा *vá* wehen, goth. *vô* (*vaivô* ich, er wehte); in dem Suffix дѣ *dje*, neben dem gewöhnlichen да *da* = skr. *dá* der pronominalen Zeit-Adverbia, namentlich in кѫгдѣ *kugdje* wann? für das gewöhnliche *kugda* (Mikl. vgl. Lautl. p. 14), lit. *kadà*, skr. *kadá*. Dagegen stimmt das locative Suffix де (von кѫде *kŭde* wo? ннѣде *inĭde* anderswo), wel-

---

*) Gothisch *itaith*, s. „Über die Sprache der alten Preufsen" p. 29.

**) Geschrieben *ê* oder *ie*, dessen *i* nicht gehört wird (s. Kurschat Beiträge II. p. 6 f.) oder *ê*. Die anderwärts ausgesprochene Vermuthung (Altpreufs. Anm. 15), dafs das lit. *ie*, z. B. von *diewa-s*, und die Endung *ie* des Nom. pl. masc. der Pronominaldeclin., als Umstellung von *ei* gefafst werden könne, nehme ich zurück. Doch beharre ich bei der Ansicht, dafs das lit. *tie* diese (*hi*) auf das skr. *tê*, und nicht auf *tyê* sich stütze.

***) Das Suffix stimmt zum skr. *tra* (gr. τρο, lat. *trŏ*) und ist verwandt mit *tár*, *tr* von *vá-tár*, nom. *vá-tá* Luft, Wind.

ches ich früher übersehen habe *), zum ṣend. Suffix *d'a*, skr.
ḥa (aus *d'a*), z. B. von ṣend. *i-d'a,* skr. *i-ḥá* hier.

f. Dem skr. *ó* aus *au* entspricht das slav. ογ *u,* welches, worauf die Schrift hindeutet, ursprünglich wie *ou* wird
gelautet haben, obgleich es in den lebenden Sprachen durch
ein kurzes *u* (russ. у) vertreten ist. Vor Vocalen erscheint ов
für ογ, wie im Sanskrit *av* für *ó = au* (s. §. 26. 6.); daher z. B.
плов‑ж *plovuň* ich schiffe, schwimme für skr. *plá-
vámi***) (Wz. *plu*), gegenüber dem Infin. плоγти *pluti*
= skr. *plô'-tum* aus *plaútum,* abgesehen von der Verschiedenheit der Suffixe. Zu слов‑ж *slovuň* ich höre
würde im Sanskrit *śrávámi* stimmen, wenn *śru* hören,
Infin. *śrô'-tum* (slav. слоγти) zur ersten Conjugationsklasse
gehörte. Zum skr. Causale *bôdáyitum* wissen machen,
wecken, stimmt das altslav. боγдити *bud-i-ti* wecken,
während das primitive бждѣти *büdjeti* wachen in seinem
ж *ŭ* dem skr. *u* der Wz. *bud'* begegnet. — In den Causa-
tiven гоγбити *gubiti* zerstören erscheint ογ als Guṇirung des жı *ŭ* (s. u. *c.*) von гжıбн‑жти *gübnuňti* zu
Grunde gehen. Im Genitiv dual. stimmt die slav. Endung ογ *u* zum skr. *ôs* (= *aus*) mit nothwendiger Unterdrückung des *s* (s. u. m.), z. B. джвою *duvo-ju* (ю = *j*ογ)
duorum für skr. *dváy-ôs.* Man vergleiche noch ογсτα
usta (plur. neut.) Mund, *ustĭna* Lippe, mit dem skr.
ôśťa Lippe; *turŭ* Stier mit lat. *taurus,* griech. ταῦρος,
skr. *stŭrá-s***) , goth. *stiur-s* (them. *stiura*); юнж *junŭ*
jung, *junakŭ* Jüngling, *junostĭ* Jugend, mit dem lit.
jaunikkátis Jüngling, *jaunystė* Jugend, *jaun-ménŭ* das
neue Mondlicht, skr. *yúvan* (them.) jung; соγχж *suchŭ*
trocken mit lit. *sáusa-s,* gr. σαυσαρός, skr. *suśká-s.* Es

---

*) Es hätte in §. 420 der ersten Ausg. erwähnt werden sollen.

**) Ich setze das Activum, obwohl die Wz. *plu* vorzüglich nur im
Medium gebräuchlich ist, also *plávê.*

***) Im Vêda-Dialekt, s. Weber, indische Studien, I. 339. Anm.
Im Ṣend entspricht ⲱⲉⲩⲕⲱ *s'taura* Lastthier.

erhellt aus einigen dieser Beispiele, dafs das slav. oγ
auch in Formen vorkommt, wo das Skr. den reinen Vocal
u, entweder kurz, oder, und zwar vorherrschend, lang; das
Litauische aber *au* zeigt, so dafs man die Umwandlung des
ursprünglichen *u* in oγ (ursprünglich *ou*), lit. *au*, mit derjenigen vergleichen könnte, welche das althochdeutsche *û* im
Neuhochdeutschen regelmäfsig erfahren hat, z. B. in *Haus*,
für ahd. *hûs* (s. §. 76 Schlufs).   Es mag daher das oben
erwähnte ЮНЗ *junû*, lit. *jaun* (von *jaun-menû*), mit der skr.
zusammengezogenen Form *yûn* der schwachen Casus (s. §. 109)
vermittelt werden. — Altslavisches oγ für skr. *ú*, oder ю
(= *j*oγ) für ѫ *yû*, findet sich unter andern noch in дoγ-
нѫтн wehen, gegenüber der skr. Wz. ц *d́u* bewegen,
(*d́ú-nô´-mi* ich bewege) und юχʌ *juch́a* Brühe (lit.
jukka Blutsuppe) gegenüber dem skr. *yús´á-s* masc., *yú-
s´á-m* neut. °), lat. *jús, júris*, aus *júsis* (s. §. 22). — Für oγ
in Verbindung mit vorangehendem *j* setzt das cyrillische
Alphabet, wie bereits gezeigt worden, ю, obwohl diese
Verbindung eigentlich die Sylbe *jŏ* darstellen sollte.   Es
kommt aber diese Lautverbindung aus später anzugebendem
Grunde (s. u. *k.*) im Slavischen gar nicht vor.

    g. Die Consonanten sind, abgesehen von dem in ʌ
und ѫ enthaltenen Nasallaut, folgende:

> **Gutturale:** κ, χ (*ch*), г.
> **Palatal:** ч (*č*).
> **Dentale:** т, д, ц (*z* = *ts*).
> **Labiale:** п, б (*b*).
> **Liquidae:** ʌ, м, н, ρ.
> **Halbvocale:** *j*, в (*v*).
> **Zischlaute:** с (*s*), ш (*s´*); з (*s*), ж (*s´*).

°) Nach **Wilson** „*pease soup, pease porridge, the water in
which pulse of various kinds has been boiled.*" Über χ für skr.
s oder *s´* s. u. *g.*

In Bezug auf das χ ist es wichtig zu beachten, daſs
diese Aspirata in den slavischen Sprachen verhältniſsmäſsig
jung, und erst nach der Trennung der lettischen Sprachen
von den streng slavischen aus einem früheren Zischlaut entstanden ist *). Durch die Wahrnehmung dieser Erscheinung
sind mir manche, früher räthselhafte Formen der slavischen
Grammatik klar geworden, namentlich die Verwandtschaft
der bereits oben (p. 139) erwähnten Endung χъ *chŭ* mit den
sanskritischen Endungen *s ám* und *s u*, und die der Praete-
rita auf χъ, worin man früher Verwandte der griechischen Perfecten auf *κα* zu erkennen glaubte **), mit den
sanskritischen und griechischen Aoristen auf *sam* (*s'am*),
σα. Das Litauische zeigt *k* für ursprünglichen Zischlaut in
dem oben (p. 143) erwähnten *jukka* und in den Imperativen
auf *ki*, 2te P. pl. *ki-te*, worin ich den skr. Precativ, d. h.
den Aorist des Potentialis (gr. Optat.) nach der im Medium
üblichen Bildung erkenne, weshalb ich z. B. das *k* von *dŭ-
ki-te* geben für identisch halte mit dem slav. χ von ДАХЪ
dachŭ ich gab, ДАХОМЪ *dachomŭ* wir gaben, und mit
dem skr. *s* von *dá-sí-d'vám* ihr möget geben. Hiervon später mehr.

---

*) Der umgekehrte Übergang, nämlich der von Gutturalen *in*
Zischlaute, durch den rückwirkenden Einfluſs eines folgenden weichen Vocals, ist in den slavischen Sprachen an und für sich klar
(s. Dobrowsky p. 39 - 41), denn es beruht darauf z. B. das Verhältniſs
der Vocative ДОУШЕ *dus'e*, БОЖЕ *bos'e* zu ihrem Stamme ДОУХО
ducho „*πνεῦμα, spiritus*”, БОГО *bogo* Gott. Die Entstehung des
χ aus ursprünglichen Zischlauten, wodurch manche grammatische
Formen ein ganz originelles Ansehen gewonnen haben, konnte dagegen nur aus der Vergleichung mit urverwandten Sprachen, vorzüglich mit dem Skr. und Send erkannt werden, obwohl auch schon die
litauischen Locative pl. auf *se* oder *sa* zu der Vermuthung hätten
führen können, daſs das χ der altslav. Locativ-Endung aus *s* entstanden sei.

**) S. Grimm, Gramm. I. p. 1059, γ), Dobrowsky (Gramm. I.
Cap. II. §. 19. Cap. VII. §. 90.) faſst das χ als Personal-Endung.

h. Was den Ursprung des slav. ч *ć* und seine gelegentliche, jedoch zufällige Begegnung mit dem gleichlautenden Buchstaben im Sanskrit und Ṣend anbelangt, so verweise ich auf §. 14 (p. 26). Von anderem Ursprung ist in der Regel das litauische *ć* *); dieses entspringt im Innern des Wortes aus *t,* durch den rückwirkenden Einflufs eines nachfolgenden, jetzt kaum mehr hörbaren *i,* im Fall diesem *i* ein anderer Vocal nachfolgt; daher z. B. *deganćiôs* (gen. sg.) gegenüber dem Nomin. *deganti* die brennende (skr. *dáhanti*). — Die palatale Media (ҕ̣ *ǵ*) fehlt dem Slavischen, nicht aber dem Litauischen, wo *dź* der Aussprache nach die Stelle des skr. ҕ̣ = *dsch* vertritt, wofür man daher passend *ǵ* schreiben würde. Am Anfange des Wortes erscheint dieser Laut in echt litauischen Wörtern sehr selten (s. Nesselmann's Wörterb. p. 167); in der Mitte entspringt er unter denselben Verhältnissen aus *d,* unter welchen *ć* für *t* eintritt; daher z. B. *źôdźiô* des Wortes, *źôdźiui* dem Worte, *źôdźei* die Wörter, gegenüber dem Nom. sg. *źôdis.* Der Stamm ist eigentlich *źôdia,* wofür jedoch, nach der angegebenen Lautregel, *źôdźia* oder *źôdźie* (s. u. *k.*) müfste gesprochen werden.

i. ц *z* wird, gleich unserem *z,* wie *ts* gesprochen, ist aber in etymologischer Beziehung ebenso wie ч *ć* eine Entartung von *k,* und erscheint unter gewissen Umständen durch den rückwirkenden Einflufs von и *i* und ѣ *je* als euphonischer Vertreter des *k* (Dobrowsky p. 41); daher z. B. пеции *pezi* koche, пеѵѣте *pezjete* kochet, von der Wz. πεκ (skr. *pa* aus *pak*), praes. *pekuṅ,* 2. P. *peć-e-s̈i* (skr. *páć-a-si*), infin. *pes̈-ti.*

k. Für *j* fehlt dem Cyrillischen Alphabet ein selbstständiger Buchstabe, da derselbe, in einer auf das griech. ι sich stützenden Form, mit dem folgenden einfachen oder nasalirten Vocal durch eine Verbindungslinie zu einem Gan-

---

*) Dies ist die ältere Schreibart für den Laut *tsch*; die gewöhnlichere ist *cz,* die mir weniger passend scheint.

zen vereinigt wird. So gewinnen wir die als besondere Buchstaben geltenden Ligaturen ꙗ *ja,* ꙗ *jaṅ,* ⱖ *je,* ю *ju* (s. u. *f.*), ꙋ *juṅ.* Die Verbindung eines *j* mit kurzem *o* kommt im altslavischen Lautsystem nicht vor, und zwar darum nicht, weil *j* durch seine Assimilationskraft ein folgendes о zu є umgewandelt hat *); daher z. B. крає.мꙊ *krajemŭ* (dat. pl.) für *krajomŭ,* vom Stamme *krajo* (Rand), dessen Endvocal im Nom. und Acc. sg. unterdrückt wird, wornach der Halbvocal sich zu *i* vocalisirt, daher крдн *krai* margo, marginem, für *krajŭ.* Man vergleiche in dieser Beziehung die litauischen Nominative und Accusative der Masculinstämme auf *ia,* wie *jaunikkis* (Bräutigam), *jaunikki-ṅ,* für *jaunikkia-s, jaunikkia-ṅ* (gen. *jaunikkiŏ*) und die gothischen wie *hairdei-s* (= *hairdî-s,* s. §. 70), *hairdi,* vom Stamme *hairdja.* Zuweilen ist im Altslavischen von dem zu erwartenden ⱖ nur das є geblieben, dafs *j* aber unterdrückt worden; so z. B. im Nom. Acc. der Neutralstämme auf *jo,* z. B. морє mare, für морⱖ, vom Stamme *morjo.* Hinter Zischlauten, ч *č* und ц *z,* welche der Aussprache nach auf einen Zischlaut ausgehen, mitbegriffen, wird überhaupt das *j* unterdrückt; daher z. B. дꙋша *dus'a* Seele (lit. *dusià*) für *dusja,* aus *duchja;* мꙊжємь *munšemi* (instrum.) für *munšjemi,* aus *munšjomi,* vom Stamme *munšjo* (Mann, vgl. skr. *manusyà* Mensch), Nom. Acc. мꙊжь *munšĭ* (Mikl. Formenlehre p. 7). — Analog der Umwandlung des slav. о in є, durch den Einflufs eines vorhergehenden *j,* ist die Erscheinung, dafs im Litauischen die männlichen Stämme auf *ia* (mit Nominativen auf *is*) ihr *a* durch den assimilirenden Einflufs des vorhergehenden *i* in mehreren Casus in *e* umwandeln, namentlich im Dativ dual. und im Nom. Voc. Dat. und Instr. plur.; so dafs in dieser Wortklasse überhaupt *ia* fast ebenso unerhört ist, als im Slavischen

---

*) Man vergleiche den in §. 42 beschriebenen Einflufs des sendischen *y,* welches jedoch noch der Beihülfe eines *i, ĭ* oder *ĕ* der folgenden Sylbe bedarf.

jo *). Man vergleiche *jaunikkim, jaunikkiei, jaunikkiems, jau-
nikkieis,* vom Stamme *jaunikkia,* mit den entsprechenden Formen *pŏnam, pŏnai, pŏnams, pŏnais,* vom Stamme *pŏna,* Nom.
pŏnas Herr. — Durch den assimilirenden Einfluſs 'eines *i*
erkläre ich auch den Unterschied, der zwischen Mielcke's
(oder Ruhig's) 3ter und 2ter Declination stattfindet. Ihr
Nominativ sollte auf *ia* und ihr Gen. sg. und Nom. pl. auf
iŏ-s ausgehen; dafür aber steht *e, ĕ-s,* indem nämlich das *i,*
nachdem durch seinen Einfluſs das folgende *a* zu *e,* und *ŏ*
zu *ĕ* (= *ē*) umgewandelt war, selber weggefallen, wie wir
oben (p. 146) slavische Formen auf ε für ιε gesehen haben.
Daſs die litauischen Feminina wie *żwáke* Licht, *giesme* Lied
(Mielcke p. 33) ihr *e* aus *ia* oder *ja,* und ihr *ĕ* (*ē*) aus *iŏ*
oder *jŏ* erzeugt haben, folgere ich besonders aus dem Genitiv des Duals und Plurals, wo das *i* oder *j* wegen des
folgenden *û* sich behauptet hat, daher *żwakiú, giesmjú* **). —
Durch die Palatallaute *ć, dz'* (= ꝣ *ǵ*) wird die Umwandlung eines nachfolgenden *ia, iŏ* in *e, ĕ* gehemmt, daher z. B.
winićia Weinberg, Gen. *winićiŏs,* Dat. *winićiai; pradźia*
Anfang (*pra-dĕmi* ich fange an), *pradźiŏs, pradźiai;* nicht
winiće, pradźe etc. Es muſs daher auch in dem unten erwähnten Masc. *swećias* die Unterlassung der Zusammenziehung und der Umwandlung von *a* in *e* dem Einflusse des
vorhergehenden *ć* zugeschrieben werden. — Ich mache hier
noch darauf aufmerksam, daſs das *ē* der lateinischen 5ten

---

*) Ganz vereinzelt steht, wie es scheint, der Stamm *swećia* Gast
(Mielcke p. 26), der aus später anzugebendem Grunde im Nom. *sg.*
die Zusammenziehung zu *i,* und in den oben genannten obliquen
Casus die Umwandlung in *ie* unterläſst; also *swećia-s, swećia-m* (dat.
du.) etc.

**) Letzteres nur im Gen. pl. (Mielcke p. 33), dagegen *żwákiú*
sowohl im Dual als im Plural; es leidet aber kaum einen Zweifel,
daſs für *giesmú* der zwei Lieder, wenn diese Form überhaupt
richtig ist, früher *giesmjú* gesagt wurde. Ruhig setzt auch im
Gen. pl. *giesmú,* für *giesmjú.*

Declination, die ich für ursprünglich identisch mit der 1sten halte, sich ebenfalls durch den euphonischen Einfluſs des ihm mit wenigen Ausnahmen, vorangehenden *i* erklären läſst. Das Gesetz ist aber im Lateinischen weniger durchgedrungen als im Litauischen, da den meisten Wörtern auf *ié-s* auch solche auf *ia* zur Seite stehen; z. B. *effigia, pauperia, canitia, planitia,* neben *effigié-s, pauperié-s, canitié-s, planitié-s.* — Im Send findet man weibliche Singular-Nominative auf ꭓꭒꜱꜱ *yê* für *ya* (aus *yá*), deren *ê* ohne Zweifel durch die Assimilationskraft des *y* zu erklären ist, in geringer Abweichung von dem oben (§. 42) aufgestellten Gesetze, wornach zur Erzeugung eines *é* aus *a* oder *á* aufser dem vorangehenden *y* auch noch ein nachfolgendes *i, í* oder *ê* der folgenden Sylbe mitwirken. Beispiele ſendischer Nominative auf *yê* sind: ꭓꜱꜱꭓꜱ *bráturyê* cousine, von *brátar* (*brátaré* nach §. 44) Bruder, ꭓꜱꜱꭓꜱ *túiryê* eine Verwandte im vierten Grade (V. S. p. 380). In ꭓꜱꜱꭓ *kainê* Mädchen*) ist der *é*-erzeugende Laut weggefallen, wie in den litauischen Formen wie *zwáke, giesme*; dagegen steht in ꭓꜱꜱꜱ *nyáke* Grofsmutter und ꭓꜱꜱꭓ *péréné* plena, welches letztere sehr oft in Beziehung auf ꜱꜱꜱ *ſáo* Erde vorkommt, das *é* ohne besondere Veranlassung für *a,* aus *á,* gegenüber den männlichen Nominativen *nyákô* Grofsvater (V. S. pp. 378, 379) *pérénô* plenus, von den Stämmen *nyáka* (von dunkelem Ursprung), *pérena* **). Über den Singular-Nominativ hinaus erstreckt sich aber im Send das weibliche *é* nicht, und wir finden von *kainê* den Accus. *kanyaṁm* = skr. *kanyám* (V. S. p. 420). Von *bráturyê, nyáké* und *péréné* weiſs ich keine obliquen Casus zu belegen.

---

*) Für skr. *kanyá*, von der Wz. *kan* glänzen, wie oben (p. 141) im Slavischen *djeva* Jungfrau von दिव् *div* glänzen.

**) Skr. *púrṇá* von der Wz. *par* (*pṛ*), wovon *píparmi* ich fülle. Für das ſendische *péréna* hat man ein skr. *parṇa* vorauszusetzen.

l. Von den oben (unter *g.*) aufgestellten Zischlauten entspricht der erste (ɛ *s*) in etymologischer Beziehung sowohl dem skr. dentalen *s* (स्), als dem aus *k* entsprungenen palatalen *ś* (श्), während, was wichtig ist zu beachten, das Litauische die beiden Buchstaben unterscheidet, und in der Regel *s* für skr. स् *s* und dagegen *s'* *) für श् *ś* zeigt. Man vergleiche in dieser Beziehung z. B.

Sanskrit	Litauisch	Slavisch
s a mit **)	*s a*	*s ŭ*
svápna-s Traum	*sapna-s*	*sŭpanije* Schlaf
svádú-s süfs	*saldùs* (§. 20)	*sladŭ-kŭ*
svásá Schwester	*sessŭ*	*sestra*
śatá-m hundert	*s'imta-s*	*s to*
dáśa zehn	*déśimti-s*	*desańtĭ*
śákâ Ast	*s'akà*	russ. *su k'*
śvit weifs sein ****)	*s'wěćiù* ich leuchte	*svjetŭ* Licht †)
áśvá Stute	*áśwa*	. . . . . .
áśru Thräne	*aśara*	. . . . . .
aśṭán acht††) (them.)	*aśtŭni*	*osmĭ*

---

*) So schreibe ich für *sz*, welches offenbar als einfacher Zischlaut angesehen werden mufs, mit der Aussprache des skr. श् *ś'*, slav. Ш und unseres *sch*, welches letztere in den in §. 47 erwähnten Fällen aus dem gewöhnlichen *s* hervorgegangen ist, sonst aber die Entartung von *sk* ist.

**) Am Anfange von Compositen.

****) Ursprünglich glänzen; vêd. *s'vêtyá'* Morgenröthe, als glänzende.

†) СВѢТ-А-ТИ glänzen. Das slav. Ѣ und lit. *ě* gründen sich auf die skr. *Guṇa*form *s'vêt*, s. unter *e*.

††) Vêdische Accentuation; vgl. gr. ὀκτώ. Das *s'* dieses Zahlwortes ist die euphonische Umwandlung eines palatalen *s'* (vgl. *as'ṭti* achtzig), wegen des folgenden *t*-Lautes, wie z. B. in *das'ṭá* gebissen, von der Wz. *dańs'*, aus *dańk*, gr. δακ.

Es fehlt dem Litauischen auch nicht an Formen mit
reinem *s* für skr. *ś.* Ein Beispiel ist *wissa-s* jeder für
skr. *viśva-s.* — Das slavische ш entspricht zwar lautlich dem skr. *s',* ist aber ebenso wie dieses und unser *sch,*
wo letzteres für alt- und mhd. *s* steht (s. §. 47), selbständig
aus dem reinen *s* erzeugt. So entspricht z. B. in der 2ten
P. sg. praes. in der Regel шн *s'i* der skr. Endung *si,* und
zwar ohne Rücksicht auf den vorhergehenden Buchstaben
(vgl. §. 21ᵇ⁾.); daher z. B. живєшн *ś'ives'i* (skr. *ǵ'iv-a-si*)
du lebst, нмашн *imas'i* du hast, trotz des in letzterem
Beispiel dem Zischlaut vorangehenden *a,* welches im Skr.
die Umwandlung eines ursprünglichen *s* in *s'* nicht gestattet;
dagegen hat sich in ксн *jesi* du bist, = skr. *á-si* für *ássi;*
вѣсн *vjesi* du weifst, = skr. *vét-si* aus *véd-si;* гасн
jasi du issest, = skr. *át-si* für *ád-si;* да-сн *dasi* du
gibst = skr. *dádá-si,* das reine *s* behauptet. Mir scheint
im Slavischen hinsichtlich der Erhaltung des u r s p r ü n g -
l i c h e n dentalen Zischlauts der betreffenden Personal-Endung der Wort-Umfang mafsgebend zu sein, so dafs nur
e i n s y l b i g e Verbalstämme das alte *s* geschützt haben,
während mehrsylbige dessen Schwächung zu *s'* veranlafst
haben; daher der Gegensatz zwischen *imas'i* einerseits, und
jasi, dasi andererseits; obwohl нмамь *imamĭ* ich habe
hinsichtlich seiner treueren Erhaltung des Ausdrucks der
ersten Person mit *jesmĭ* ich bin, *jamĭ* ich esse und
damĭ ich gebe auf gleicher Stufe steht, während alle anderen Verba die Endung *mĭ* in den schwachen Nasallaut
umgewandelt haben, welcher in ж enthalten ist und oben
(§. 10) mit dem skr. Anusvára verglichen worden. Man darf
in Folge des Gesagten überall, wo im Slavischen ein ш *s'*
für zu erwartendes ç *s* erscheint, ersteres für eine blofse
Schwächung des letzteren halten *), wobei zu berücksichtigen,
dafs man in allen Sprachen für gewisse Laut- und Form-
schwächungen keinen anderen Grund angeben kann, als den,
dafs alle sprachlichen Formen der Schwächung und Zer-

---

*) Ich halte *s'* für einen schwächeren Laut als das reine *s.*

störung unterworfen sind. So entspricht der skr. Wurzel
siv nähen die altslavische *s̓iv*, wovon *s̓ivuň* ich nähe,
dessen lit. Schwesterform *suwù* das skr. dentale *s* bewahrt
hat. Auch ШОУН *s̓ui* link, them. *s̓ujo*, zeigt *s̓* für skr.
reines *s* des Stammes *savyá*. Dagegen begegnet zufällig
das slav. *s̓* von МЖIШЬ *müs̓ĭ* Maus, them. *müs̓jo*, dem
skr. *s̓* von *müs̓á-s*, von der Wz. *müs̓* stehlen, die nach
§. 21[b]. ihr *s̓* für *s* dem euphonischen Einfluss des vorhergehenden *ŭ* verdankt. Zufällig ist wahrscheinlich auch die
Begegnung des anfangenden *s̓* von *s̓esti* sechs und des
lit. *s̓es̓ini* mit dem anfangenden *s̓* des skr. *s̓as̓* (s. §. 21[b].). —
Was die weichen Zischlaute Ⰸ *s̓* und Ж *s̓̓*, lit. *z, z̓* anbelangt,
so übertrage ich sie, wie die entsprechenden Buchstaben im
Send (ς, ℮ⱱ, s. §§. 57, 59), durch ş, ş̓ (früher durch ζ, *sch*).
In etymologischer Beziehung sind diese Laute fast durchgreifend die Entartungen ursprünglicher Gutturale, und sie
begegnen gelegentlich den skr. und sendischen Palatalen,
weil diese ebenfalls von gutturaler Herkunft sind (s. §. 88.
p. 126 f.) Im Litauischen hat *z* die Aussprache des slav. Ⰸ
und *z̓* die des Ж, doch ist ihm *z* weniger beliebt als dem
Slavischen sein Ⰸ, und es zeigt, sofern es nicht den ursprünglichen Guttural behauptet hat, in der Regel *z̓* gegenüber
dem slavischen Ⰸ, (s. p. 126 f.). Ein Beispiel mit *z* für slav.
Ⰸ *ş* ist *zwána-s* Glocke und das damit zusammenhan-
gende *zwániju* ich läute, gegenüber dem slav. ЗВОНЪ *şvonŭ*
Schelle, ЗВЬН҄ЂТН *şvĭnjeti* tönen. Miklosich (Radices p. 31) zieht diese Ausdrücke zur skr. Wz. *dvan.* Ich
vermittele sie aber lieber mit der skr. Wz. *svan* tönen[*]),
lat. *son* (s. p. 10); denn wenn auch das slav. Ⰸ *ş* in der
Regel die Entartung eines weichen Gutturals ist, so kann
doch eine gelegentliche Entartung eines ursprünglichen harten
Zischlauts in einen weichen keinen Anstofs geben, und Miklosich führt wohl nicht mit Unrecht ЗВЂЗ∆А *şvjeşda* Stern

---

[*]) Ich dachte früher auch an das seltenere *kvaṇ*, wobei jedoch
die Tenuis Bedenken erregt.

zur skr. Wz. *śvid* leuchten (eigentlich *śvind*), ferner ЗРѢТИ
ṣrjeti reifen zu ЗℲ *śrá* kochen, — wovon unregelmäfsig *śṛtá-s* gekocht — ЗЪІБАТИ *ṣübati* agitare zu
kṣub' (Causale *kṣóbáyámi* ich erschüttere), mit Verlust
des Gutturals, welcher die Veranlassung zum skr. *ṣ* für *s* ist.
Ich lege kein Gewicht darauf, dafs in den beiden ersten
Formen das slav. Ɜ *ṣ* einem sanskritischen palatalen, von *k*
stammenden Zischlaut gegenübersteht, da das Slavische sowohl für Ᲊ *s* als für ℥ *ś* ein *t s* verlangt, und die Entstehung des skr. palatalen *ś* aus *k* gleichsam schon vor der
Geburt der slavischen und lettischen Sprachen eingetreten
war (s. §. 21ᵃ⁾.), so dafs wir es also hier im Slavischen nur
mit der Umwandlung eines harten *s* in ein weiches zu thun
haben.   Ein solcher Übergang zeigt sich auch in dem oben
(p. 37) erwähnten РИЗА *riṣa* Kleid (skr. *vas* kleiden,
lat. *ves-tis*) und den damit zusammenhangenden Wörtern,
wenn ich Recht habe, in ihrem *r* die Entartung eines *v* zu
erkennen. — Erwähnung verdient hier noch ein slavisches
Lautgesetz, wornach dem Д durch den rückwirkenden Einflufs eines folgenden *j*, oder eines aus *j* mit nachfolgendem
Vocal entstandenen ъ*ĭ*, ein Ж *ṣ'* vorgeschoben wird, und unter
denselben Bedingungen dem Т ein Ш *s'*; daher z. B. ІАЖДЬ
jaṣ'dĭ ifs, oder er soll essen, für skr. *adyás* edas,
adyát edat; ДАЖДЬ *daṣ'dĭ* gib, er soll geben, für skr.
dadyás des, *dadyát* det; ВѢЖДЬ *vjeṣ'dĭ* wisse, er soll
wissen, für skr. *vidyás* scias, *vidyát* sciat; ВОЖДЬ
voṣ'dĭ Führer, vom Stamme *voṣ'djo* (Wz. *ved, vod* führen). Das *j* selber fällt weg, im Fall der Vocal, dem es
voranging, erhalten bleibt; daher z. B. ГОСПОЖДА *gospoṣ'da*
Herrin, für *gospodja*; РОЖДѪ *roṣ'duṅ* ich erzeuge, Imperf. РОЖДААХЪ *roṣ'daaχŭ*, für *roṣ'djuṅ, roṣ'djaachŭ*;
МѪШТѪ *muṅs'tuṅ* ich trübe für *muṅs'tjuṅ*; im Gegensatze zu ІАЖДЬ *jaṣ'dĭ* etc., wofür man ІАЖДЬ *jaṣ'dje*
(= skr. *adyás, adyát*) erwarten könnte, wenn das skr. lange
á von Formen wie *adyás* sich zu *o* geschwächt hätte
(s. unter *k.*); oder ІАЖДІА *jaṣ'dja*, im Fall einer blofsen

Kürzung des langen ऋ *â*. Es ist aber der Vocal des skr.
Moduscharakters *yâ* in den wenigen slavischen Verben,
welche auf die skr. 2te Hauptconjugation sich stützen —
es sind deren nur drei — ganz unterdrückt worden, und
der Halbvocal hat sich vor Consonanten zu н *i* vocalisirt
(daher газдите *jaſd-i-te* esset = skr. *ad-yâ'-ta*) und
schliefsend zu ь *i*, also газдь *jaſdi* für skr. *ad-yâ'-s
edas*, *ad-yâ'-t* edat. — Ich fasse die in Rede stehenden
Lautgruppen жд *ſ'd* und шт *s't* in Übereinstimmung mit
Miklosich (vergl. Lautlehre p. 184 ff.) als Umstellungen
von *dſ'*, *ts'* (wie dor. σδ für ζ = δσ), ohne jedoch mit dem
genannten Gelehrten den Zischlaut als „eine Veränderung
des Lautes *j*" zu betrachten. Gegen diese Annahme sprechen, meiner Überzeugung nach, die oben erwähnten Formen
jaſdi, *daſdi*, *vjeſdi*, wo das ь *i*, wie gezeigt worden,
die Verstümmelung einer mit *j* anfangenden Sylbe ist; ebenso in Formen wie вождь *voſdi* Führer, vom Stamme
vosdjo. Es wäre also, wenn man das *ſ'*, z. B. von *daſdi*
als Umwandlung von *j* fafste, das skr. *y* und griech. *ι* (von
διδο-ίη-ς, διδο-ίη) in Formen dieser Art doppelt vertreten,
einmal durch ь *i* und dann durch *ſ'*. Erklärt man jedoch
daſdi aus *dadſ'i*, dieses aber als euphonische Umwandlung
von *dadi*, so treffen wir mit dem oben (unter *h.*) erwähnten
litauischen Lautgesetze zusammen, wornach z. B. *z'ódz'iŏ*
für *z'ódiŏ* gesagt wird, und wo das *dz'* (= slav. дж *dſ'*)
seine Entstehung aus *d* dem rückwirkenden Einflusse des
ihm zur Seite stehenden *i* nebst nachfolgendem Vocal verdankt, in derselben Weise, wie *ć* = тш in gleicher Umge-
bung aus *t* entspringt. Wir stellen also auch in den oben
erwähnten Formen wie *muńs'tuń* ich trübe das slavische
s't (als Umstellung von *ts'* oder ч = *ts'*) den litauischen
Formen wie *degańćiŏ* (aus *degantiŏ*) gegenüber, und vergleichen z. B. mit *weźenćiŏ* (= *weźentsïŏ*) des fahren den
den ihm entsprechenden slav. Genitiv вєсашта *veſańs'ta*
(für *veſańштja* und dieses für *veſańtsja*). Auf den Zusatz *ia*, slav. *jo*, den im Litauischen und Slavischen das

skr. Suffix *nt* in den obliquen Casus erhalten hat, werden wir
später zurückkommen. Hier erinnere ich noch daran, dafs
im Ossetischen die 3te P. plur. praes. das ursprüngliche *t*
der Endung durch den Einflufs des ihm früher zur Seite
gestandenen *i* in *ć = ts'* umgewandelt worden, daher z. B. *ća-*
rinć sie leben (G. Rosen's Ossetische Sprachlehre p. 18).
Der Fall ist um so beachtenswerther, als im Sanskrit das
Part. praes. durch sein Suffix *nt* in einer äufserlichen Analogie
zur 3ten Pluralperson auf *nti* steht, und als aus der Form
der letzteren immer auch die des Part. praes. erschlossen
werden kann; z. B. aus dem unregelmäfsigen *uśánti* sie
wollen (Wz. *vaś*, s. p. 46) ein Participialstamm *uśánt* (in
den starken Casus).

m. Von grofsem, aber zerstörendem Einflufs auf die
Grammatik der slavischen Sprachen ist das schon oben
(p. 113 Anm. **) erwähnte Gesetz, wornach, abgesehen von
dem in Ѫ und Ѧ enthaltenen schwachen Nasallaut (s. p. 135),
alle ursprünglichen Endconsonanten unterdrückt werden
mufsten *), so dafs in den lebenden slavischen Sprachen nur

---

*) Ich glaubte früher (erste Ausg. §. 255. *l.*) das Gesetz der Unterdrückung ursprünglicher Endconsonanten auf die mehrsylbigen
Wörter beschränken zu müssen, und im Genitiv und Locativ pl. der
ersten und zweiten Person, НАСЪ, ВАСЪ, wofür Dobrowsky НАС
nas, ВАС *vas* schreibt, die sanskritischen Nebenformen नस् *nas*,
वस् *vas* zu erkennen (l. c. §. 338). Ich habe aber diese Ansicht
später dahin berichtigt, dafs der Zischlaut der genannten Formen im
Genitiv auf die skr. Endung *sám*, altpreufs. *son*, und im Locativ auf
die skr. Endung *su* sich stütze (l. c. p. 1078 Anm. *), obwohl ich damals noch *na-s*, *va-s* für *na-sŭ*, *va-sŭ* las. Gibt man dem Ъ die
Aussprache *ŭ*, so hört auch der Singular-Nominativ АЗЪ ich, wofür Dobrowsky unrichtig АЗ *as* schreibt, auf, als einsylbiges
Wort zu erscheinen, und es ist hier vom skr. *ahám* und sendischen
aṣěm nur das schliefsende *m* weggefallen, während das gothische *ik*,
wie die lebenden slavischen Dialekte, z. B. das slovenische *jaз*, auch
den vorletzten Vocal verloren hat. Im Altslavischen gibt es nur
äufserst wenige einsylbige Wörter, während sie in den jüngeren

solche Consonanten am Wort-Ende vorkommen, denen ursprünglich noch ein Vocal zur Seite stand, wie z. B. im
slovenischen *delam* ich arbeite, 2. P. *delaš*, aus *de-
lami, delaši*, dagegen im Imperativ *delaj* in den 3 Personen des Singulars, weil hier in dem entsprechenden skr.
Potentialis die Personal-Consonanten *m, s, t* das Wort schlie-
fsen*). Auch im Altslavischen haben viele Endungen erst durch

---

Dialekten hauptsächlich durch Unterdrückung oder Verstummung
des **Z**, ferner durch die häufige Unterdrückung eines schliefsenden
ь *ĭ* äufserst zahlreich geworden sind.

*) Im Altslavischen gibt es überhaupt gar keine Endconsonanten,
denn wo bei Dobrowsky, dem ich in der ersten Ausg. dieses Buches gefolgt bin, consonantisch schliefsende Formen erscheinen, ist
entweder ein **ь** *ĭ*, oder ein **Z** *ŭ* (s. unter c.), welches Dobrowsky
für lautlos hielt, weggelassen. Er schreibt z. B. **НЕСЕТ** für **НЕСЕТЬ**
neseŭ (er trägt) und **НЕСЕМ** für **НЕСЕМZ** *nesemŭ* (wir tragen). Für die Erforschung der grammatischen Beziehungen des
Slavischen zum Sanskrit waren solche Unrichtigkeiten nicht sehr
störend, denn man konnte auch in *neset, nesem* nicht verkennen,
dafs ersteres auf sanskritische Formen wie *váh-a-ti* er fährt, letzteres auf solche wie *váh-â-mas* wir fahren sich stütze, wie z. B.
das goth. *bair-i-th* auf भरति *b'ár-a-ti* (s. p. 113) und *bair-a-m* auf
भरामस् *bár-â-mas* (s. §. 18). Das **Z**, auch wenn man ihm mit
Miklosich die Aussprache *ŭ* gibt, hätte man, ohne Berücksichtigung der urverwandten Sprachen, für einen euphonischen Zusatz zur
Vermeidung consonantischer Endlaute halten können, wie z. B. das *a*
gothischer Neutra wie *thata* für skr. *tat* (s. p. 113) und männlicher
Singular-Accusative wie *tha-na* für skr. *ta-m*, gr. τό-ν, oder wie
das italiänische *o* in dritten Pluralpersonen wie *amano*, aus *amant*,
wo die Unterdrückung des *t* nothwendig war, aber auch das *n* ohne
Anfügung eines Hülfsvocals nicht hätte erhalten werden können, was
den Übelstand völliger Gleichheit des Singulars und Plurals würde
veranlafst haben, wie im Gothischen für *bairaina* ferant, ohne das
dem Pluralzeichen *n* angefügte unorganische *a*, wahrscheinlich *bairai*,
also dem Singular gleichlautend, würde gesagt worden sein. Das
Althochdeutsche ist durch spätere Unterdrückung des unorganischen *a*
wieder zu einer dem Urtypus unseres Sprachstammes näher stehenden
Form zurückgekehrt, und stellt *bĕrên* dem goth. *bairaina* gegenüber.

die Entdeckung dieses Gesetzes ihre Rechtfertigung und die
Möglichkeit ihrer Vermittelung mit gleichbedeutenden Bildungen der urverwandten Sprachen gewonnen. Formen wie
nebes-e coeli, *nebes-ŭ* coelorum, *sünov-e* filii (plur.)
dürfen nun den sanskritischen wie *nábas-as*, *nábas-âm*,
súnáv-as, den griechischen wie νέφε(σ)-ος, νεφέ(σ)-ων, βότρυ-ες,
als ebenbürtig gegenübergestellt werden, und zwar mit demselben Rechte, womit wir oben (p. 113) das gothische *bairai* und griech. φέροι dem skr. *bárêt* und send. *barôiḍ*
zur Seite gestellt haben. In der Declination der weiblichen
Stämme auf Λ *a* erscheint ЗІ *ü* sowohl im Genitiv sg., als
im Nominat. plur.; es entspricht an beiden Stellen der litauischen Form auf *ō-s* (für *a-s*). Man vergleiche ρЖКЗІ *runkü*
(χειρός, χεῖρες) mit dem gleichbedeutenden lit. *rankô-s*, und
vidovü viduae (nom. pl.) mit dem skr. Pluralnominativ
vid'avâs. Im Instrumentalis pl. erklärt sich die Abweichung
der Formen auf ЗІ *ü*, aus Stämmen auf *o* (für skr. und
lit. *a*), von den Instrumentalen auf *mi* anderer Wortklassen
dadurch, dafs die Stämme auf *a* im Sanskrit den Instr. pl.
auf *áis*, im Litauischen auf *ais* bilden, während alle anderen
Wortklassen im Sanskrit den genannten Casus durch die
Endung *bis*, im Litauischen durch *mis* (aus *bis*) bilden. Es
stimmt daher z. B. zum litauischen *wilkais* (vom Stamme
wilka = skr. *vṛ'ka* aus *varka* Wolf) und skr. *vṛ'káis*
das slav. BΛЗКЗІ *vlükü*, dagegen zum lit. *rankô-mis* das
slav. *runka-mi*, und zum skr. *vid'avâ-bis* das slav. *vido-
va-mi*. Wenn aber dem skr. *súnú-bis* und lit. *sunu-mis*
im Altslav. nicht *sünü-mi* oder *sünŭ-mi*, sondern *sünü* gegenübersteht, so kommt dies daher, dafs im Altslavischen die
Stämme auf *o* (aus *a*) und die auf *u* in ihrem Declinationstypus
sich mit einander vermischt haben. Hiervon später mehr. —
Das Litauische behauptet in Bezug auf das Endlautgesetz
vor den slavischen Sprachen nur den einzigen Vorzug, dafs
ihm das uralte schliefsende *s* an verschiedenen Stellen
der Grammatik noch verblieben ist, nicht aber überall; es
zeigt z. B. *sunau-s* für skr. *súnô-s* (aus *sünaú-s*) Sohnes,

as'wōs equae (nom. pl.) aus *as'wās* = skr. *áśvās* (nom. und acc. pl.); aber bei den Personal-Endungen ist das schliefsende *s* ebenso durchgreifend verloren gegangen, als es bei Casus-Endungen (mit der einzigen Ausnahme des Genit. du., wo auch das Ṣend den schliefsenden Zischlaut eingebüfst hat) überall, wo sich Gelegenheit dazu bietet, erhalten ist. Daher z. B. *sek-a-wa* wir beide folgen für skr. *sáć-á-vas*, *sek-a-ta* ihr beide folget für *sáć-a-t'as*; *sek-a-me* wir folgen für *sáć-á-mas.* Zu einem schliefsenden *t* würde unter andern die 3te Person des Imperativs = skr. Potent., wo sie sich behauptet hat, Veranlassung bieten; es ist aber unterdrückt worden, daher *esie* er sei (*te esie* dafs er sei) für स्यात् *syát* (verstümmelt aus *asyát*), altlat. *siet*, gr. εἵη; *dŭdie* (*te dŭdie*) er gebe für *dadyá't*, slav. ДАЖДЬ *daṣ'di* (s. p. 152), gr. διδοίη. Auch die germanischen Sprachen haben von allen ursprünglichen Endconsonanten fast nur das *s* — wofür im Gothischen auch *ẓ* — am Wort-Ende geschützt, und aufserdem das *r* in Wörtern wie goth. *brôthar* Bruder = skr. *brá'tar* (them. und Voc.). Doch sind schon dem Althochdeutschen sehr viele schliefsende *s* grammatischer Endungen entschwunden, die das Gothische noch bewahrt hat. Man vergleiche z. B.

Gothisch	Althochdeutsch
vulfs lupus	*wolf*
vulfôs lupi (pl.)	*wolfá* *)
gibôs **)	*gëbô*
iẓôs ejus (fem.)	*irá*
anstais gratiae (gen.)	*ensti*
ansteis (nom. pl.)	*ensti*

Aufser *s* und *r* erscheinen in den germanischen Sprachen nur solche Consonanten am Ende, die in einem früheren Sprachzustande entweder einen blofsen Vocal oder

---

*) Zugleich Accusativ.

**) Gen. sg. und Nom. Acc. pl. vom Stamme *gibô*.

einen Vocal mit nachſolgendem Consonanten hinter sich
hatten, wie dies in Ansehung der *t*-Laute und des *m* bereits
bemerkt worden *). Es erscheinen aber in Folge solcher
Verstümmelungen auch Gutturale, Labiale, sowie die Liquidae
l, *m*, *n* (*r* ist ohnehin geduldet) am Wort-Ende; z. B. *baug*
ich bog, er bog, für skr. *buб̆ŏ́ǵa*; *saişlĕp* ich schlief,
er schlief, für skr. *susʹvắpa*; *vulf* lupum für skr. *vṛʹka-m*,
lit. *wilkaṅ*; *stal* ich stahl, er stahl, mit unterdrücktem *a*;
mĕl Zeit (them. *mĕla*); *auhsan* bovem, für skr. *úksắṇ-am*
(vĕd. *uksắṇ-am*); *bindan* binden für skr. *bắnḍana-m*
das Binden. Eine besondere Bewandtniſs hat es mit dem
Ausgang *un* der 3ten P. pl. des Praeteritums. Hier stand
offenbar dem *n* früher ein *d* und noch früher die Sylbe *di*
zur Seite (vgl. dor. τετύφαντι); es verhält sich also z. B.
saişlĕpun sie schliefen zu *saişlĕpund* aus *saişlĕpundi*, wie
unser *schláfen* (*sie scháfen*) zum goth. *slĕpand* = skr. *svá-
panti*.

93ᵈ⁾. Wir wenden uns wieder zum Sanskrit, um in
Ansehung der wesentlichsten Lautgesetze dasjenige anzugeben, was nicht schon bei der Lehre der einzelnen Buchstaben vorgetragen, wo namentlich von vielen Consonanten
gesagt wurde, daſs sie weder am Ende, noch vor starken
Consonanten in der Mitte geduldet, und wie sie in dieser
Lage ersetzt werden. Auſserdem ist zu bemerken, daſs
eigentlich nur Tenues das sanskritische Wort schlieſsen können, Mediae aber nur vor tönenden Buchstaben (§. 25.) entweder erhalten werden, wenn sie ursprünglich einen Wortstamm schlieſsen, oder an die Stelle einer Tenuis oder Aspirata treten, wenn diese im Satze vor tönende Laute zu
stehen kommen. Als Beispiele wählen wir *ḥarít* grün
(vgl. *viridis*), *vĕda-víd* Vĕda-kundig, *ḍana-lắб̆* Reich-
thum-erlangend. Diese Wörter sind nach §. 94. ohne
Nominativ-Zeichen; man sagt also z. B. *ásti* (er ist) *ḥarít*,
ásti vĕda-vít, *ásti ḍana-láp*; hingegen *ḥaríd asti*,

---

*) Über schlieſsende *t*-Laute s. p. 113 und über *m* §. 18.

vêda-vid asti, dana-láb asti; auch *harid bavati* etc.
Mit diesem sanskritischen Lautgesetze trifft das Mittelhochdeutsche sehr nahe zusammen, welches zwar in Abweichung
vom Sanskrit Aspirate am Ende duldet — nur mit Umwandlung des tönenden *v* in das dumpfe *f*, s. §. 86. 3. —
aber gleich dem Sanskrit, und unabhängig von dem §. 87
erläuterten Verschiebungsgesetze, die Mediae am Wort-Ende
regelmäfsig durch Tenues ersetzt *); daher z. B. den Genitiven *tages, eides, wibes*, in dem, der Flexion und des Endvocals des Stammes (§. 116) beraubten Nom. und Accus.
sg. die Formen *tac, eit, wip* gegenüberstehen. So beim Verbum; z. B. die Wurzeln *trag, lad, grab* bilden in der flexionslosen 1. und 3. Pers. sing. Praet. *truoc, luot, gruop*,
Plural: *truogen, luoden, gruoben*. Wo hingegen die Tenuis
oder Aspirata (*v* ausgenommen) radical ist, da findet keine
Lautveränderung in der Declinat. und Conj. statt; z. B. *wort*,
Gen. *wortes*, nicht *wordes*, wie im Skr. *dádat* der gebende,
Gen. *dádatas*, nicht *dádadas*; aber *vit* wissend, Gen.
vidás, vom Stamme *vid*. Im Ahd. sind die verschiedenen
Denkmäler in Vollziehung dieses Gesetzes nicht einstimmig.
Im Einklang damit steht Isidor darin, dafs er *d* am Ende
in *t*, und *g* in *c* umwandelt; z. B. *wort, wordes; dac, dages*. —
Das Gothische schliefst nur die labiale Media vom Wort-
Ende aus, setzt aber dafür nicht die Tenuis, sondern die
Aspirata; daher z. B. *gaf* ich gab im Gegensatze zu *gébum*,
und die Accusative *hlaif, lauf, thiuf* gegenüber den Nominativen *hlaibs, laubs, thiubs*, Gen. *hlaibis* etc. Die gutturale
und dentale Media (*g, d*) werden vom Gothischen am Ende
geduldet, doch zeigt sich in einzelnen Fällen auch bei diesen Organen eine Vorliebe für die schliefsende Aspirata;
man vergleiche *bauth* ich bot mit *budum* wir boten,

---

*) Auf eine ähnliche Erscheinung im Albanesischen habe ich in
der oben (p. 12) erwähnten Abhandlung p. 52 Note aufmerksam
gemacht.

von der Wurzel *bud*; *aih* ich habe, mit *aigum* wir
haben *).

---

*) Es kann auffallen, dafs im Sanskrit die Anfangsbuchstaben der
Wörter gewissermafsen strengere Anforderungen an den Endconsonanten eines vorangehenden Wortes machen, als die Anfangsbuchstaben der grammatischen Endungen und Wortbildungssuffixe an den
vorangehenden Consonanten einer Wurzel oder eines Wortstammes;
indem nämlich die mit einem Vocal, Halbvocal oder Nasal anfangenden Endungen und Suffixe keine Umwandlung irgend eines vorangehenden Consonanten veranlassen. Man sagt z. B. *yud́-ás͵* des
Kampfes, *yud́-yá-té* es wird gekämpft, *harit-as* des
grünen, *pát-a-ti* er fällt, im Gegensatze zu गुद् अस्ति *yúd*
asti oder अस्ति युत् *ásti yút*, *harid asti.* Den Grund dieser
Erscheinung erkenne ich, in Übereinstimmung mit Boehtlingk
(Bull. hist. phil. der St. Petersburger Akad. T. VIII. No. 11), darin,
dafs die Verbindung der inneren Theile eines Wortes unter einander
eine engere ist, als die zwischen End- und Anfangslaut zweier zu-
sammenstofsender Wörter. Es ist nämlich z. B. die Verbindung
zwischen dem *d́* des Stammes *yud́* Kampf oder der Wurzel *yud́*
kämpfen mit der Genitiv-Endung *as* von *yud́-ás* (lautlich zu
zu theilen *yu-d́ás*) und dem Passiv-Character *ya* von *yud́yáté*
(= *yu-d́yáté*), oder die Verbindung der Wurzel *śak* können
mit dem Klassencharacter *nu* von *śaknumás* (*śa-knumás*) wir
können, eine ebenso innige, als am Wort-Anfange z. B. die Verbindung des *d́* mit *a* in *d́ana-m* Reichthum, oder des *d́* und
yái der Wurzel *d́yái* denken, oder die Verbindung des *k* und *na*
der Wz. *knaí* verletzen; d. h. der Endconsonant der Wurzeln und
Wortstämme schliefst sich der folgenden Sylbe an und bildet einen Bestandtheil derselben, während die Endconsonanten der Wörter ganz dem
Worte angehören, dessen Ausgang sie sind, jedoch aus Wohllautsrück-
sichten sich dem folgenden Anfangsbuchstaben insofern assimiliren, als
die Tenuis, die dem Wort-Ende zukommt, vor tönenden Buchstaben
in einen tönenden Buchstaben ihres Organs, und zwar in die reine
Media übergeht. Auf dieselbe Weise fafst im Wesentlichen auch
W. v. Humboldt diese Erscheinung, indem er („Über die Kavi-
Sprache" Einleitung p. 153) den Unterschied zwischen der lautgesetzlichen Behandlung der Endconsonanten und der mittleren daraus
erklärt, dafs der Anfangsvocal eines Wortes immer von einem gelinden,

93*b)*. Auch im entgegengesetzten Sinne des eben erwähnten sanskritischen Lautgesetzes findet im Althochdeut-

---

Hauch begleitet sei und sich nicht in d e m Verstande an den Endconsonanten des vorhergehenden Wortes anschliefse, in welchem
das Sanskrit den Consonanten mit dem in derselben Sylbe auf ihn
folgenden Vocal als unlösbar Eins betrachtet. — Wenn aber nicht
alle Consonanten-Verbindungen, welche im Innern des Wortes sich
zeigen, auch am Anfange vorkommen oder möglich sind, und z. B.
gegenüber den Formen wie *baddá* g e b u n d e n , *labdá* e r l a n g t
(euphonisch für *band-tá, lab-tá*) sich keine Wörter oder Wurzeln
finden, welche mit *dd* oder *bd* anfangen, so nöthigt uns dies, an dem
Princip, dafs im Innern des Wortes der Endconsonant einer Wurzel,
der Ausprache nach, zur folgenden Sylbe zu ziehen sei, nicht mit
zu grofser Strenge festzuhalten.   Eine mit *bd* anfangende Wurzel
wäre zwar möglich, da im Griechischen *t*-Laute hinter anfangenden
Mutis anderer Organe wirklich vorkommen; es ist aber unmöglich,
zwei Mutae desselben Organs am Anfange einer Sylbe, sei es am
Wort-Anfange oder in der Mitte, hintereinander hören zu lassen, und
ich glaube daher, dafs wir genöthigt sind, *baddá* in der Ausprache
so zu theilen, dafs wir die reine Media der ersten Sylbe, und die aspirirte der 2ten zukommen lassen, also *bad-dá* sprechen, und es
scheint auch natürlicher, wenigstens leichter, *lab-dá* als *la-bdá* zu
sprechen. — Wenn Aspiratae am sanskritischen Wort-Ende ebenso
wenig geduldet werden als in der Mitte vor einer folgenden Muta, so
liegt der Grund in der den skr. Aspiraten eigenthümlichen Ausprache
(s. §. 12). Auf *bh* und *dh* nach sanskritischer Ausprache kann die
Stimme nicht ruhen; wenn aber das Sanskrit die Endconsonanten
mit dem Anfangsbuchstaben des folgenden Wortes verbände, und uns
nicht die Endconsonanten als Ruhepunkte anwiese, so wäre kein
Grund, Begegnungen wie *yúd asti* (p u g n a e s t) zu vermeiden
und statt dessen *yúd asti* zu sprechen, weil die Stimme viel leichter
auf einer Media ruht, als auf einer Aspirata von sanskritischer Art.
Die Sprache gibt uns also durch ihre Endlautgesetze eine Mahnung
zur Worttrennung, und wenn man das sogenannte Virâma oder
Ruhezeichen nicht geeignet findet, um in der Dêvanâgari-Schrift ein
consonantisch endigendes Wort vom folgenden zu trennen, so möge
man statt dessen ein anderes Zeichen erfinden, oder den Gebrauch
der Dêvanâgari-Schrift in unseren Drucken ganz aufgeben. Was

schen, wie zuerst J. Grimm erkannt hat (I. 138, 158, 181),
ein Verhältnifs zwischen End- und Anfangsbuchstaben zweier
zusammentreffender Wörter statt, jedoch nur bei Notker.
Dieser zieht am Anfange der Wörter die Tenues den Medien
vor, und bewahrt die letzteren, wo sie an und für sich ein
Wort beginnen *), nur hinter Vocalen und Liquiden, verwandelt aber dieselbe am Anfange eines Satzes, sowie hinter
Mutis (*h, ch* als Aspirata des *k* mitbegriffen) und *s*, in die
entsprechende Tenuis, also *b* in *p*, *g* in *k* und *d* in *t*; daher
z. B. *ih pin* ich bin; aber *ih ne bin* non sum, *helphentpein*
Elfenbein, aber *miniu beine* meine Beine; *abkot* Abgott,
aber *minan got* meinen Gott; *lehre mih kan* lehre mich
gehen, aber *wir giengen* wir gingen, *laz in gan* lafs ihn
gehen; *ih tahta* ich dachte, *arges tahton sie* arges dach-
ten sie, aber *so dahta ih*. Beginnt aber ein Wort in Folge
der zweiten Consonantenverschiebung (§. 87. 2.) schon an und
für sich mit einer Tenuis, so richtet sich diese, wie ich
jetzt glaube, in Abweichung von Grimm und meiner früheren Fassung dieses Gesetzes (erste Ausg. p. 90), behaupten zu dürfen, nicht nach dem vorhergehenden Endlaut, sondern bleibt auch hinter Vocalen und Halbvocalen in der
Regel unverändert. Veranlassung zu solchen, vom hoch-

---

mich betrifft, so nehme ich keinen Anstand, युद्ध ब्रस्ति zu schreiben,
damit man nicht युद्रस्ति wie *yu-da-sti* spreche. In gewissen Fällen ist jedoch die Zusammenziehung zweier Wörter oder die phonetische Aufhebung der Individualität zweier zusammentreffender Wörter nothwendig; man kann z. B. *dēvy asti* dea est und *vadv asti*
femina est nicht anders aussprechen, als so, dafs man den aus *t* und
u lautgesetzlich hervorgegangenen Consonanten (*y = j*) mit dem
Vocal des folgenden Wortes zu einer Sylbe vereinigt; was uns jedoch
nicht hindert, in der Schrift die Worttrennung zu bewahren, da der
Gedanke sie sich nicht nehmen läfst.

*) D. h. wo im Mittel- und Neuhochdeutschen und in einem
Theile der althochdeutschen Quellen die gothische oder urdeutsche
Media fortbesteht, oder wo nach §. 87. 2. eine Media für ältere Aspirata
eingetreten ist.

deutschen Standpunkte aus, primitiven Anfangs-Tenues geben
jedoch fast nur die Dentale, während bei Gutturalen und
Labialen in den meisten Quellen des Althochd., sowie im
Mittel- und Neuhochdeutschen, die gothischen Mediae gröfstentheils unverändert geblieben sind *). Ich verweise zur
Bestätigung der Unveränderlichkeit anfangender Tenues,
namentlich des *t*, unter andern auf die von Graff unter
tag Tag, *tuon* thun, *tât* That, *teil* Theil und *toufen*
taufen, ohne Rücksicht auf das in Rede stehende Gesetz **),

---

*) S. p. 123. Auch die Wurzel, wovon unser *Pracht* stammt, ist
bei Notker noch als eigentlich mit *b* anfangend aufzufassen; eben so
die Notkerische Form für unser *Pein* und das davon abstammende
Verbum. Der Labial dieser Wörter erscheint daher bei Notker nur
am Anfange eines Satzes und hinter nicht-liquiden Consonanten als
Tenuis. — Auf Fremdwörter lege ich kein besonderes Gewicht, doch
verdient es Beachtung, dafs *paradys* und *porta* ihr *p* hinter Vocalen
und Liquiden unverändert lassen (*fone paradyse* Ps. 35, 13 u. 108, 15;
diu porta 113, 1; *dine porta* 147, 2).

**) Hätte Graff seine zahlreichen Belegstellen bei Wörtern mit
anfangendem *t* zur schärferen Bestimmung des Notkerischen Gesetzes
umfassend benutzt, so würde er schwerlich im 5ten Bande seines
Sprachschatzes (p. 2) in Bezug auf den Gebrauch des anfangenden *d*
und *t* gesagt haben, dafs bei Notker *t* nach anderem Auslaut als
Vocal und Liquida, oder am Anfange des Satzes stehe, dafs aber auch
öfter der organische althochd. Anlaut unangetastet bleibe, z. B. in
demo tagedinge, *allero tugedo*. Gewifs ist, dafs — wenn man im
Notkerischen Sprachgebrauch die Wörter, welche auch im Mittel-
und Neuhochdeutschen mit *t*, als Verschiebung eines gothischen *d*, beginnen, von denjenigen unterscheidet, welche mit *d* als Verschiebung
eines goth. *th* anfangen — Formen wie *tagedinge* und *tugedo* hinter
Vocalen als vollkommen gesetzmäfsig und durchaus nicht als Verletzungen einer Lautregel erscheinen, und dafs man es im Gegentheil
zu den Ausnahmen seltener Art rechnen müfste, wenn man *demo da-
gedinge* und *allero dugedo*, statt *demo tagedinge, allero tugedo* fände.
Eine Form *duged* für *tuged* (Tugend), oder auch ein *d* in dem entsprechenden Verbum, läfst sich unter den Belegstellen bei Graff und
vielleicht in allen Notkerischen Schriften überhaupt nicht blicken,

gegebenen Belegstellen, wovon ich einige Beispiele hersetze:
*der tag chumet, in dien tagen, uber sie tages, alle taga, in
tage, be tage, fore tage, fone tage ze tage, an demo jungestin
tage, jartaga, wechetag, frontag, hungartag*; *do liez ih sie tuon,
so tuondo, daz solt du tuon, ze tuonne, daz sie mir tuon, ge-
tan habet*; *mennischen tat, getat* Handlung, *ubiltat* Übel-
that, *ubiltatig* übelthätig, *wolatate* Wohlthaten, *meintate*
Übelthaten, *missetat*; *fone demo niederen teile, geteilo* par-
ticeps, *zenteilig* zehntheilig; *getoufet* getauft. — Höchst
selten zeigt Notker für das aus goth. *d* entstandene und
ihm als ursprünglich geltende *t* ein *d*; so z. B. in dem ganz
vereinzelt stehenden *undat* Unthat, dessen *d* ich lieber als
Erhaltung der älteren gothischen Media ansehen möchte,
denn als eine dem vorhergehenden *n* zu Liebe eingetretene
Umwandlung des *t.* Auch für das hinter Vocalen und Liquiden überaus zahlreich zu belegende *tag* findet man gelegentlich *dag*, was Verdacht gegen die Richtigkeit der Lesart erregt; so Ps. 55, 2 *allen dag*, aber gleich darauf *allen tag*.
Dagegen gibt es unter den bei Notker, wie im Mittel- und
Neuhochdeutschen, mit *d* (für goth. *th*) anfangenden Wörtern
einige, welche nur sehr selten die hinter nicht-liquiden Consonanten, oder am Satz-Anfange, zu erwartende Umwandlung
in *t* erfahren. Unter diesen macht sich besonders das Pronomen der 2ten Person sg. bemerklich; z. B. Ps. 10. *b.* 2:
daz solt du tuon das sollst du thun; 19, 5: *daz du*; 27, 1:
ne sist du; 43, 19: *gechertost du*; 2, 8: *so gibo ih dir*. Beispiele von *du* am Anfange des Satzes sind; *du bist* (3, 4),
du truhten (4, 7); *du gebute* (7, 8). Auch der Artikel behält hinter nicht-liquiden Consonanten und am Satz-Anfange
gerne sein *d* bei, daher z. B. Ps. 1, 1: *der man ist salig,
der*; 3: *daz rinnenta wazzer*; ten *weg dero rehton.* Abgesehen von solchen Anomalien und einigen verdächtigen Lesarten, glaube ich nun das Notkerische Gesetz auf den Grund

---

obwohl dem anfangenden *t* dieser Wörter meistens ein Vocal oder
eine Liquida vorhergeht.

des Gesagten so formuliren zu dürfen: 1) Anfangende Mediae gehen am Anfange eines Satzes und hinter nicht-liquiden Consonanten in ihre entsprechende Tenuis über, bleiben aber hinter Vocalen und Liquiden unverändert. 2) Anfangende Tenues und Aspiratae bleiben in allen Stellungen unverändert. Die Bestimmung 2) könnte jedoch wegbleiben, da sie sich von selbst versteht, wenn kein Gesetz die Umwandlung anfangender Tenues und Aspiratae unter gewissen Umständen vorschreibt.

94. Zwei Consonanten werden im Sanskrit im erhaltenen Zustande der Sprache, am Ende eines Wortes nicht mehr geduldet, sondern der letzte wird abgeworfen. Diese Verweichlichung, die erst nach der Sprachspaltung eingetreten sein kann, da dies Gesetz weder vom Send noch von den europäischen Schwestersprachen anerkannt wird, hat in manchen Punkten nachtheilig auf die Grammatik gewirkt, und mehrere alte, von der Theorie geforderte Formen, verstümmelt. Im Hochdeutschen könnte man etwa mit dieser Erscheinung den Umstand in Verbindung setzen, daß Wurzeln auf doppelte Liquida (*ll*, *mm*, *nn*, *rr*) in flexionslosen Formen, und vor Consonanten der Flexionen, die letzte abwerfen. Auch von doppeltem *h* und *t* wird schließend das letzte abgelegt, daher z. B. von *stihhu* (p u n g o), *ar-prittu* (s t r i n g o), das Praet. 1. und 3. Pers. *stah*, *arprat*. Im Mhd. wird außerdem auch in der Declination von *ck* und *ff* am Wort-Ende das letzte abgeworfen; z. B. *boc*, Gen. *bockes*, *grif*, *griffes*; von *tz* muß das *t* weichen, z. B. *schaz*, *schatzes*.

95. Zwischen ein schließendes ऩ *n* und einen dumpfen Consonanten der dentalen, cerebralen und palatalen Klasse*) wird im Sanskrit ein Zischlaut vom Organ der folgenden Muta eingeschoben, und das *n* durch den Einfluß dieses Zischlauts in Anusvára oder Anunásika (*ṅ*, *ñ*) umgewandelt; daher z. B. *áḃavaṅstátra* oder *áḃavañstátra*

---

*) Man berücksichtige, daß die Palatale ihrer Aussprache nach mit einem *t*-Laut beginnen (*č* = *ts'*).

sie waren dort, für *dŭavan tátra*; *asmiñśćáraṇê* oder
asmiñśćáraṇê an diesem Fuſse, für *asmin ćáraṇê*.
Hierzu stimmt die Erscheinung, daſs im Hochdeutschen in
gewissen Fällen zwischen ein radicales *n* und das *t* einer
Endung oder eines Suffixes ein *s* eingeschoben wird; z. B.
von der Wurzel *ann* begünstigen kommt im Ahd. *an-s-t*
du begünstigst, *on-s-ta* oder *onda* ich begünstigte,
an-s-t Gunst; von *brann* kommt *brun-s-t* Brunst; von
chan stammt *chun-s-t* Kenntniſs, Wissenschaft, unser
Kunst, worin sich, wie in *Brunst* und *Gunst*, das euphonische *s* noch erhalten hat. Das Gothische zeigt diese Erscheinung vielleicht nur in *an-s-ts* und *allbrun-s-ts* (holo-
caustum). Im Lateinischen zeigen *manstutor* (*qui manu
tuetur*) und *mon-s-trum* (von *moneo*) ein euphonisches *s* dieser Art.

96. Weiteren Umfang hat das euphonische Vermitte-
lungs-*s* im Sanskrit hauptsächlich nur noch bei präfigirten
Präpositionen gewonnen, die überhaupt gerne die innigste
und bequemste Verbindung mit der folgenden Wurzel eingehen. Auf diese Weise kommt das euphonische *s* zwischen
den Präpositionen *sam*, *áva*, *pári*, *práti*, und gewissen mit
k anfangenden Wörtern vor. Hierzu stimmt merkwürdig
das im Lateinischen an *ab* und *ob* vor *c*, *q* und *p* antretende *s* *), was der Präposition *ab* auch im isolirten Zustande
vor den genannten Buchstaben gelassen wird. Hierher ist
auch zu ziehen das von Festus erwähnte *cosmittere* für
committere (s. Schneider p. 475), wenn nicht etwa ein ursprüngliches *smitto* für *mitto* in dieser Zusammensetzung erhalten
ist. Im Griechischen zeigt *σ* eine Neigung sich mit *τ*, *Ϩ* und
μ zu verbinden, und kommt vor diesen Buchstaben als
euphonisches Bindemittel, besonders nach kurzen Vocalen
vor, in Fällen, die hier keiner besonderen Aufzählung bedürfen. In Compositen wie *σακεσπάλος* rechne ich das *σ*,

---

*) Daſs wir mit Vossius *ob-solesco* theilen, und nicht mit
Schneider (S. 571) *obs-olesco*, bedarf kaum einer Vertheidigung.

gegen die gewöhnliche Ansicht, zum Stamme des ersten
Gliedes (§. 128). — Es bleibt noch übrig, hier der Einschiebung eines euphonischen Labials zu gedenken, welche
dem Altlateinischen mit dem Germanischen gemeinschaftlich
ist, und dazu dient, die Verbindung des labialen Nasals mit
einem Dental-Laut zu erleichtern. Das Lateinische setzt *p*
zwischen *m* und ein folgendes *t* oder *s*; das Gothische und
Ahd. setzen *f* zwischen *m* und *t*. So z. B. *sumpsi, prompsi,*
dempsi, sumptus, promptus, demptus; gothisch *andanum-f-ts*
Annehmung; ahd. *chum-f-t* Ankunft. — Im Griechischen
findet sich noch die Einschiebung eines euphonischen β nach
μ, und eines δ nach ν, um die Verbindung von μ, ν mit ρ
zu erleichtern (μεσημβρία, μέμβλεται, ἀνδρός, s. Buttm. Aus-
führl. Gr. Sprachl. §. 19. Anm. 2.), während das Neupersische
ein euphonisches *d* zwischen den Vocal einer präfigirten
Präposition und den des folgenden Wortes einsetzt, wie
be-d-ô ihm.

97. Am Ende der Wörter bietet das Griechische —
Dialekt-Eigenheiten wie ρ für ς ausgenommen, s. §. 22 —
wenig Veränderliches dar. Die Veränderung des ν, in alten
Inschriften, beim Artikel und dem präfigirten σύν, ἐν und
πάλιν, stimmen zu den Veränderungen, welche im Sanskrit
nach §. 18 das schliefsende ग्म् *m* aller Wörter nach Mafs-
gabe des Organs des folgenden Buchstaben erleidet. Auch
ist das schliefsende ν im Griechischen meistens aus μ hervorgegangen, und steht diesem Buchstaben, den das Griechische am Ende nicht duldet, in entsprechenden sanskritischen, sendischen und lateinischen Formen gegenüber. Oft
ist ν auch aus einem schliefsenden ς hervorgegangen; so
entspricht z. B. μεν (dorisch μες) und im Dual τον den skr.
Personal-Endungen *mas, tas, tas*. Diese schon anderwärts
von mir gegebene Erklärung des ν aus ς fand ich seitdem
auch durch das Prâkrit unterstützt, wo auf ähnliche Weise
das schliefsende *s* der Instrumental-Endung plur. मिस् *bis*
in das trübe *n* (Anusvâra §. 9) übergegangen ist, und हिं *hin*
für मिस् *bis* gesagt wird. — In Anschung der Vocale ver-

dient noch bemerkt zu werden, daſs im Sanskrit — aber
nicht im Ṣend — auch bei dem Zusammentreffen vocali-
scher Ausgänge und Anfänge dem Hiatus vorgebeugt wird,
entweder durch Zusammenfließsung der sich begegnenden
Vocale, oder dadurch, daſs Vocale, denen ein verwandter
Halbvocal zu Gebote steht, in diesen übergehen, wenn ein
unähnlicher Vocal darauf folgt. Man sagt z. B. अस्तीदम्
ástídám est hoc, und अस्त्य् अयम् *ásty ayám* est hic.
Der Deutlichkeit wegen, und weil das Zusammentreffen
zweier Vocale allzuoft zweien oder mehreren Wörtern das
Ansehen eines einzigen geben würde, schreibe ich in meinen
neuesten Text-Ausgaben अस्तो 'दम्, um durch unser Apostroph, welches ich im Sinne eines Zusammenfließsungs-
zeichens gebrauche, anzudeuten, daſs der bei दम् *dam* fehlende Vocal schon in dem Endvocal des vorhergehenden
Wortes enthalten ist. Man würde vielleicht noch besser
अस्तो॒ 'दम् schreiben, um gleich beim ersten Worte anzudeuten, daſs sein End-Vocal durch Contraction entstanden
ist, und das folgende Wort daran Theil hat *).

98. Betrachten wir nun die Veränderungen in der
Mitte der Wörter, d. h. die der End-Buchstaben der Wurzeln und Nominalstämme vor grammatischen Endungen, so
zeigt sich in dieser Beziehung am meisten Leben, Kraft und
Bewuſstsein im Sanskrit; und diese Sprache steht insoweit
noch auf dem ältesten Standpunkt, als in ihr die Bedeutung
jedes einzelnen Radicaltheiles noch so stark gefühlt wird,
daſs derselbe zur Vermeidung zu groſser Härte wohl mäſsige
Umänderungen erleiden, aber, einige Vocal-Elisionen ausge-

---

*) Nach den Original-Handschriften können wir uns in dieser Be-
ziehung nicht richten, da diese gar keine Worttrennung zeigen, und
ganze Verse ohne Unterbrechung zusammenschreiben, gleichsam als
hätten sie bloſs sinnlose Sylben, und keine bedeutsamen, in jeder Stellung selbständig bleibenden Wörter darzustellen. Da man also noth-
wendigerweise von den indischen Gewohnheiten abgehen muſs, so ist
gewiſs die vollständigste Trennung auch die vernünftigste.

nommen, nicht ganz aufgehoben, oder durch zu grofse Nachgiebigkeit und zu kühne Übergänge ganz unkenntlich gemacht werden kann.　Doch bietet das Sanskrit mehr als
irgend eine andere der verwandten Sprachen Veranlassung
zum Kampfe unverträglicher Consonanten dar, der aber meistens ehrbar und kräftig geführt wird. Vocale und schwache
Consonanten (§. 25) grammatischer Endungen und Suffixe
äufsern keinen Einflufs auf den vorhergehenden Consonanten; stärkere Consonanten fordern aber, wenn sie dumpf
sind (§. 25), eine Tenuis, und sind sie tönend, eine Media
vor sich; z. B. t und t' dulden nur k, nicht k', g, g'; nur t,
nicht t', d, d' etc.　Dagegen duldet d' nur g, nicht k,
k', g'; nur d, nicht t, t', d'; nur b, nicht p, $\acute{p}$, b' vor sich.
Nach diesem Gesetze haben sich die Endbuchstaben der
Wurzeln und Nominalstämme zu richten, und es bietet sich
dazu häufige Veranlassung dar, weil, im Verhältnifs zu den
verwandten Sprachen, ungleich mehr Verba als in diesen
die Personal-Endungen unmittelbar mit der Wurzel verbinden; und auch unter den Casus-Endungen sind viele, welche
mit Consonanten anfangen (भ्याम् *b'yám*, भिस् *b'is*, भ्यस्
b'yas, सु *su*). Um Beispiele zu erwähnen, so bildet die
Wurzel अद् *ad* essen zwar *ádmi* ich esse, aber nicht
ád-si, *ád-ti*, *ad-t'á*, sondern *át-si*, *át-ti*, *at-t'á*;
dagegen im Imperativ अद्धि *ad-d'i* ifs. — Der Wortstamm
पद् *pad* Fufs bildet im Locativ plur. पत्सु *pat-sú*, nicht
pad-sú; dagegen bildet महत् *maḥát* grofs im Instrum.
pl. *maḥád-b'is*, nicht *maḥát-b'is*.

99.　Das Griechische und Lateinische sind im erhaltenen Zustande der Sprache dem erwähnten Consonanten-
kampf entweder ganz aus dem Wege gegangen, oder zeigen,
in Ansehung des ersten der sich berührenden Consonanten,
zu grofse Nachgiebigkeit oder Unempfindlichkeit für seinen
Beitrag zur Bedeutung des Wortes, indem sie denselben
entweder ganz aufgeben, oder zu stark verändern, d. h. ihn
aus den Grenzen seines Organs herausführen.　Weniger
Veranlassung zu schweren . Consonanten - Verbindungen als

das Sanskrit zeigen die genannten Sprachen hauptsächlich
dadurch, daſs auſser ἐς und ἰϑ im Griechischen, und *es*, *fer*,
vel im Lateinischen — in der älteren Sprache auch *ed* —
keine consonantisch schlieſsende Wurzel die Personal-Endungen, oder einige derselben, ohne Hülfe eines Bindevocals
anknüpft (ἐσ-τί, ἐσ-μέν, ἐσ-τέ, ἰϑ-μεν, ἴσ-τε, *est*, *es-tis*, *fer-t*, *fer-
tis*, *vul-t*, *vul-tis*). Das griechische Perfect. pass. macht eine
Ausnahme, und fordert euphonische Veränderungen, die zum
Theil innerhalb der vom Sanskrit beobachteten natürlichen
Grenzen liegen, zum Theil dieselben überschreiten. Die
Gutturale und Labiale bleiben auf der alten Stufe und
beobachten vor σ und τ das in §. 98 erwähnte skr. Lautgesetz, wornach κ-σ (ξ), κ-τ, π-ς (ψ), π-τ bei Wurzeln mit
schlieſsendem κ, γ, χ oder π, β, φ, gesetzt wird, weil das
dumpfe σ oder τ weder Mediae noch Aspiratae vor sich
duldet; daher τέτριπ-σαι, τέτριπ-ται, von τριβ; τέτυκ-σαι, τέτυκ-
ται, von τυχ. Darin entfernt sich aber das Griechische vom
Sanskrit, daſs μ den vorhergehenden Consonanten nicht unverändert läſst, sondern Labiale sich assimilirt, und die gutturale Tenuis und Aspirata in die Media umwandelt. Für
τέτυμ-μαι, τέτριμ-μαι, πέπλεγ-μαι, τέτυγ-μαι würde nach sanskritischem Princip (§. 98) τέτυπ-μαι, τέτριβ-μαι, πέπλεκ-μαι, τέτυχ-
μαι gesagt werden. Die *t*-Laute gehen in ihrer Nachgiebigkeit zu weit, und verlassen das bei den Gutturalen befolgte
sanskritische oder ursprüngliche Princip, indem δ und ϑ,
statt vor σ und τ in τ überzugehen, vor σ ausfallen, vor τ
und μ aber in σ übergehen (πέπεισ-ται, πέπει-σαι, πέπεισ-μαι;
für πέπειτ-ται, πέπειτ-σαι, πέπειϑ-μαι oder πέπειδ-μαι). Die
Declination bietet nur durch das ς des Nominativs und der
Endung σι des Dativ plur. Gelegenheit zur Consonanten-
Veränderung dar, und es gelten hier dieselben Grundsätze
wie beim Verbum und in der Wortbildung; *kh* und *g* werden wie im Sanskrit zu *k* (ξ = κ-ς), und *b* und *ph* zu *p*.
Die *t*-Laute hingegen fallen, abweichend vom Sanskrit, und
dem in dieser Beziehung verweichlichten Zustande des Griechischen gemäſs, ganz aus; man sagt πού-ς für πότ-ς, πο-σί

für πoτ-σί, was ursprünglich und naturgemäſs für πόδ-ς,
πoδ-σί wird gesagt worden sein.

100. Im Lateinischen zeigt sich Veranlassung zur Con-
sonanten-Veränderung hauptsächlich vor dem *s* des Perfects
und dem *t* des Supinums oder anderer mit *t* anfangender
Verbal-Substantive oder Adjective (Participien); und es ist
im Einklang mit dem in §. 98 erwähnten sanskr. Gesetze,
und dem Urzustande der Sprache gemäſs, daſs der tönende
Guttural vor *s* und *t* in *c*, der tönende Labial in *p* übergeht, wie in *rec-si* (*rexi*), *rec-tum*, von *reg*; *scrip-si*, *scrip-tum*,
von *scrib*. Auch ist es im Einklang mit dem Sanskrit, daſs
h, als Aspirata, keine Verbindungen mit s t a r k e n Consonanten (s. §. 25) eingeht. Obwohl das skr. ह़ *h* eine tönende,
d. h. weiche Aspirata ist (s. §. 23), das latein. *h* aber eine
dumpfe oder harte, so stimmen doch die beiden Sprachen
darin mit einander überein, daſs sie ihr *h, h* vor *s* in die
gutturale Tenuis umwandeln, daher z. B. im Lateinischen
vec-sit (*vexit*) für *veh-sit*, wie im Skr. *áváksít*, von *vah*
fahren, und wie im Griech. z. B. λεύκ-σω (λεύξω) von der
Wz. λιχ, analog dem skr. *lêk-s'yámi* l i n g a m von *lih*. Vor
t und *t'* folgt das skr. *h* speciellen Lautgesetzen, auf die ich
hier nicht näher eingehen will; ich erwähne nur, daſs z. B.
von *dah* b r e n n e n der Infinitiv *dág-d'um* (für *dáh-tum*)
kommt, indem sich das *t* des Suffixes nach dem vorangehenden Endbuchstaben der Wurzel richtet und dessen Aspiration übernimmt, während die lateinischen Formen wie
vec-tum, trac-tum dem Grundsatze getreu bleiben, worauf die
Perfecta *vec-si, trac-si* beruhen. — Wenn im Lateinischen von
zwei End-Consonanten einer Wurzel der letzte vor dem *s*
des Perfects abfällt, (*mul-si* von *mulc* und *mulg*, *spar-si* von
sparg), so stimmt dies zu dem sanskritischen Lautgesetze,
durch welches von zwei End-Consonanten eines Nominalstammes der letzte vor Consonanten der Casus-Endungen
abfällt. — *D* sollte vor *s* in *t* übergehen, dann würde etwa
eine theoretisch zu bildende Form *claut-sit* von *claud* übereinstimmen mit skr. Bildungen wie *á-táut-sít* er stieſs

von *tu d.* Statt dessen läfst sich aber das *d* entweder ganz verdrängen (vgl. ψεύ-σω, πεί-σω), so jedoch, dafs zum Ersatz ein kurzer Wurzelvocal verlängert wird, z. B. *di-vî-si;* oder, was seltener geschieht, es assimilirt sich das *d* dem folgenden *s,* wie z. B. in *ces-si* von *ced.* Bei Wurzeln auf *t,* die seltener sind, tritt gewöhnlich Assimilation ein, wie z. B. in *con-cus-si* von *cut;* dagegen *mi-si,* nicht *mis-si,* für *mit-si,* von *mit* oder *mitt.* — Auch *b, m* und *r* liefern Beispiele zur Assimilation durch *jus-si, pres-si, ges-si* *).

101. Die Wortbildungssuffixe, welche mit *t* anfangen, als deren Repräsentant das des Supinums gelten möge, verdienen noch eine besondere Betrachtung, in Ansehung der durch den Conflict des *t* mit dem vorhergehenden Consonanten erzeugten Lautverhältnisse. Nach dem ursprünglichen, vom Sanskrit beobachteten Gesetze, sollte ein wurzelhaftes *t* vor *tum* unverändert bleiben, und *d* in *t* übergehen; wie z. B. in मेत्तुम् *b́ét-tum* spalten von *b́id.* Nach dem entarteten griechischen Lautverhältnifs sollte ein wurzelhaftes *d*

———————

*) Die Wz. *ger* bietet keinen zuverlässigen Vergleichungspunkt mit dem Sanskrit und anderen Schwestersprachen dar, und es könnte daher auch *s* als der ursprüngliche Endbuchstabe der Wz. angesehen werden, wie dies offenbar bei *uro, us-si, us-tum* (skr. *us´* brennen) der Fall ist. Dürfte man gelegentlich am Wort-Anfange, wie häufig in der Mitte, das lat. *g* als Vertreter eines skr. *h* fassen, so würde ich *gero* am liebsten auf die skr. Wz. *har, hr* nehmen zurückführen, worauf wahrscheinlich das gr. χείρ Hand als nehmende sich stützt. Ist aber die lat. Media ursprünglich, so dürfte wohl Benfey (gr. Wurzell. II. p. 140) Recht haben, *gero* mit skr. *grah* (vêd. *grab́*) nehmen zu vermitteln, wozu ich in meinem Glossar (erstes Heft, 1840, p. 111) auch *grá-tus* gezogen habe, so dafs es, wie *acceptus,* eigentlich angenommen bedeutet. Ist aber das *r* von *gero* ursprünglich, so beruht sein Übergang in *s* vor *s* und *t* auf demselben Grundsatze, wornach im Sanskrit ein schliefsendes *r* vor einem anfangenden *t, t* und *s* zu *s* (vor *s* nach Willkür auch zu *h*) wird, daher z. B. *b́rátas táráya* Bruder rette! *b́rátas sáca* Bruder folge!

oder *t* vor *t* in *s* übergehen. Von dieser zweiten Stufe findet man noch einen Überrest in *comes-tus, comes-tura, claus-
trum* (analog mit *es-t, es-tis*), von *edo, claudo*; es gibt aber
kein *comes-tum, comes-tor*, sondern dafür *comêsum, comêsor*. Man
könnte fragen, ob in *comêsum* das *s* der Wurzel oder dem
Suffix angehöre, ob das *d* von *ed* oder das *t* von *tum* in *s*
übergegangen sei? Die Form *com-es-tus* könnte für die
Wurzelhaftigkeit des *s* zeugen; allein schwerlich ist die
Sprache von *estus* sogleich zu *êsus* übergesprungen, sondern
zwischen beiden stand wahrscheinlich ein *essus*, analog mit
ces-sum, fis-sum, quas-sum etc., indem das *t* von *tum, tus* etc.
dem vorhergehenden *s* sich assimilirte. Aus *essum* ist *êsum*
entstanden durch Verdrängung des einen *s*, wahrscheinlich
des ersten; denn wenn von doppelter Consonanz die eine
aufgehoben wird, so ist es in der Regel die erste (εἰμί aus
ἐσμί, πο-σί aus πσδ-σί). — Nachdem die Sprache durch Formen wie *ê-sum, câ-sum, divî-sum, fis-sum, quas-sum* an ein
s bei den eigentlich mit *t* anfangenden Suffixen sich gewöhnt
hatte, konnte *s* leicht auch in Formen eindringen, wo es
nicht der Assimilation seinen Ursprung verdankt. *Cs* (*x*) ist
eine beliebte Verbindung, daher *fic-sum, nec-sum* etc. für
fic-tum, nec-tum. Auch die Liquidae, *m* ausgenommen, zeigen sich einem folgenden *s* besonders geneigt, am meisten
das *r*; daher z. B. *ter-sum, mer-sum, cur-sum, par-sum, ver-
sum*; im Gegensatze zu *par-tum, tor-tum*. *S-t* für *r-t* zeigt
ges-tum, wenn *ger* wirklich die Urgestalt der Wurzel ist
(p. 172 Anm.); dagegen steht *tos-tum* für *tors-tum*, und *torreo*
durch Assimilation für *torseo* [*]. Unverändertes *r* vor *t* zeigen *fer-tus, fer-tilis*, wie im Skr. *bár-tum* tragen, im Gegensatze zu dem am Wort-Ende nöthigen Übergang des *r* in
s, vor anfangendem *t* (*brátas táráya*, vgl. p. 172 Anm.). —
L zeigt im Lateinischen die Formen *fal-sum, pul-sum, vul-sum*

---

[*] Vgl. gr. τέρϸομαι, skr. *tars*, *trs* dursten (ursprünglich
trocken sein), goth. *ga-thairsan* verdorren (Wz. *thars*),
thaursu-s trocken, *thaursja* ich durste.

im Gegensatze zu *cul-tum.* Am Wort-Ende scheint jedoch
dem Lateinischen *ls*, da hier die beiden Consonanten in einer
und derselben Sylbe vereinigt wären, unerträglich, wie daraus
erhellt, dafs die Stämme auf *l* auf das Nominativzeichen *s* verzichten; daher z. B. *sal* für *sal-s* gegen gr. ἄλ-ς; *sol* für *sol-s*;
consul für *consul-s.* Daher bildet auch wohl *volo* in der
2ten P. nicht *vul-s*, nach Analogie von *vul-t, vul-tis*, sondern
vi-s. — *N* zeigt *ten-tum, can-tum* gegen *man-sum.* Die übrigen Formen auf *n-sum* haben, aufser *cen-sum*, ein wurzelhaftes *d* eingebüfst, wie *ton-sum, pen-sum.*

102. In den germanischen Sprachen zeigt einzig das *t*
Veranlassung zu euphonischer Umwandlung eines vorhergehenden wurzelhaften Consonanten; z. B. in der zweiten Sin-
gular-Person des starken Praeteritums, wo jedoch das *t* im
Althochdeutschen nur bei einer kleinen Anzahl von Zeitwörtern erhalten ist, die mit der Form eines Praeteritums
gegenwärtige Bedeutung verbinden. Auch bei den aus diesen Verben entspringenden schwachen Praeteriten erzeugt
das *t* des angefügten Hülfsverbums dieselben euphonischen
Verhältnisse. Wir finden in diesen Formen das Germanische
auf gleicher Stufe mit dem Griechischen, darin, dafs es ra-
dicale *t*-Laute (*t, th, d* und im Alt- und Mhd. auch *z*) vor
einem antretenden *t* in *s* umwandelt. Daher z. B. im Gothischen *and-haihais-t* (confessus es) für *and-haihait-t*,
qvas-t (dixisti) für *qvath-t, ana-baus-t* (praecepisti) für
ana-baud-t. Im Alt- und Mhd. steht *weis-t* du weifst für
weiz-t. Darin, dafs das Gothische aus der Wurzel *vit* im
schwachen Praeteritum *vis-sa* (ich wufste) bildet — für
vis-ta aus *vit-ta* — gleicht es, in Ansehung der Assimilation,
den in §. 101 erwähnten lateinischen Formen wie *quas-sum*
für *quas-tum* aus *quat-tum.* Das Althochdeutsche aber, welches zwar ebenfalls *wis-sa* setzt, aber von *muoz* nicht *muos-sa*,
sondern *muo-sa*, entspricht in letzterem Falle den lateinischen
Bildungen wie *cá-sum, clau-sum.* Anders verhält es sich
im Althochdeutschen mit denjenigen Verben der ersten schwachen Conjugation, welche langsylbig, meistens durch z w e i

End-Consonanten, im Praet. das *t* des Hülfsverbums unmittelbar an ·die Wurzel ansetzen. Hier findet ein Übergang von *t*-Lauten in *s* nicht statt ·), sondern *t*, *z* und selbst *d* bleiben unverändert; und nur, wenn ihnen ein anderer Consonant vorhergeht, werden *t*, *d* abgeworfen, *z* hingegen beibehalten; z. B. *leit-ta* duxi, *gi-neiz-ta* afflixi, *ar-ôd-ta* vastavi, *walz-ta* volvi, *liuh-ta* luxi für *liuht-ta,* *hul-ta* placavi für *huld-ta.* Von geminirten Consonanten wird nur Einer, und von *ch* oder *cch* nur *h* behalten; andere Consonanten-Verbindungen aber bleiben ungestört; z. B. *ran-ta* cucurri für *rann-ta,* *wanh-ta* vacillavi für *wanch-ta,* *dah-ta* texi für *dacch-ta.* Das Mhd. folgt im Wesentlichen denselben Grundsätzen, nur weicht ein einfaches wurzelhaftes *t* vor dem Hülfsverbum, und steht daher z. B. *lei-te* dem ahd. *leit-ta* gegenüber; dagegen kann bei Wurzeln auf *ld* und *rd* das *d* behauptet, und das *t* des Hülfsverbums aufgegeben werden — z. B. *dulde* toleravi — wenn nicht etwa *dul-de* zu theilen, und die Erweichung des auxiliaren *t* zu *d* anzunehmen ist. Naturgemäfs ist der, jedoch nicht überall eintretende, Übergang von *g* in *c* (vgl. §. 98); z. B. *anc-te* arctavi für *ang-te*; aber gegen dieses Gesetz bleibt *b* unverändert. Vor den mit *t* anfangenden Wortbildungssuffixen ··) werden sowohl im Goth. als im Hochdeutschen gutturale ¦und labiale Tenues und Mediae in ihre Aspirata umgewandelt, obwohl die Tenuis selber zu einem folgenden *t* stimmt. So z. B. im Goth. *vah-tvô* Wache von *vak,* *sauh-t(i)s* Krankheit von *suk,* *mah-t(i)s* Macht von *mag,* *ga-skaf-t(i)s* Schöpfung von *skap,* *fragif-t(i)s* Verlobung

---

·) Ich schreibe diese Vernachlässigung des Wohllautsprincips dem Umstande zu, dafs erst in verhältnifsmäfsig später Zeit das zwischen der Wz. und dem angehängten Hülfsverbum gestandene *i* ausgestofsen wurde (*gi-neiz-ta* aus *gi-neiz-i-ta*).

··) Mit Ausnahme des hochdeutschen Passiv-Participiums schwacher Form, welches, in der Verknüpfung seines *t* mit der Wurzel, der Analogie des eben beschriebenen Praeteritums folgt.

von *gib*, geschwächt aus *gab*; ahd. *suht, maht, gi-skaft* Ge-
schöpf, *gift* Gabe *). Die Dentale ersetzen die Aspirata
th durch den Zischlaut (*s*), wie dies im Gothischen vor dem
Personal-Charakter *t* des Praet. der Fall ist, da *th* mit *t*
zu verbinden unmöglich ist. Die Wortbildung gewährt jedoch nur wenige Beispiele dieser Art; hierher gehört unser
Mast, verwandt mit dem gothischen *mats* Speise und *mat-
jan* essen. Im Goth. entspringt das *s* von *blôstreis* Ver-
ehrer, Anbeter, aus dem *t* von *blôtan* verehren, *beist*
Sauerteig kommt wahrscheinlich von der Wz. *bit* beifsen
(s. p. 52 und Grimm II. S. 208). — Das Şend stimmt in dieser
Beziehung zum Germanischen, noch mehr aber zum Griechischen, indem es nicht nur vor ‹٣› *t*, sondern auch vor ‹٤› *m*
seine *t*-Laute in ‹٩› *s* oder ‹٣› *s̀* umwandelt; z. B. ‹٩٦٩٨٠›*s* *irista*
gestorben von der Wz. ‹٦›*s* *irit́*; ‹٩٦٩٤٩٠›*j* *basta* gebunden von ‹٢،٩٩٩٤›*j* *bandʹ*, mit ausgestofsenem Nasal
(wie im Neupers. ‹٩٩٤٠٣› *besteh* von ‹٩٤٦› *bend*); ‹٩٤٩٣٩٠٩›
aisma Holz für skr. ‹٩٢٩٩› *iďmá*. Die Wahl des Zischlauts (‹٣› *s̀* oder ‹٩› *s* vor *t*) hängt von dem vorhergehenden
Vocal ab, so dafs ‹٣› *s̀* hinter *a*-Lauten steht, und ‹٩› *s* hinter anderen Vocalen (vgl. §. 51); also ‹٩٦٩٤٩٠٩٠›*j* *basta* gegen
‹٩٦٩٨٠›*j* *irista* **). Vor *d*, womit ein harter Zischlaut un-
verträglich wäre, erscheinen weiche Zischlaute als euphonische Vertreter des *t*-Lauts, und zwar ‹٥› *z* hinter *a*-Lauten
und ‹٦٥› *z̀* hinter anderen Vocalen; daher z. B. ‹٣٩٥٩٠› *dazdi*
gib für *dad-di* (wofür man im Skr. ‹٢٩٢› *dadʹi* zu erwarten hätte), ‹٩٦٩٨٠٩› *ruzta* er wuchs (aor. med.) für
rudʹta. Es mag hier noch daran erinnert werden, dafs
im Şend gelegentlich auch am Wort-Ende *t*-Laute zu Zischlauten geworden sind, wie im Griechischen z. B. in ὅς aus

---

*) Über ähnliche Erscheinungen im Şend und Neupersischen
s. §. 34. p. 62.
**) Im lithographirten Codex des V. S. steht auch häufig ‹٩٦٩٨٠›*s*
iris̓ta, wie ich auch in der ersten Ausgabe (p. 102) geschrieben
habe. Ich halte aber jetzt diese Lesart für fehlerhaft.

δοϑ für δόϑι, πρός aus προτ für προτί.   In gleichem Verhältnifs wie πρός zu προτί steht das ṣendische ⴑⴑⴑ *aś*[*]) sehr —
wenn ich Recht habe, darin die skr. Praeposition *áti* über,
in Verbindung mit Substantiven und Adjectiven viel,
übermäfsig, sehr, zu erkennen — zur treuer erhaltenen
Form *aiti* (nach §. 41 für *ati*).   Sowie im Sanskrit z. B.
atiyaśas viel Ruhm, oder übermäfsigen Ruhm habend,
atisundara sehr schön, übermäfsig schön; so im
Ṣend *as-q'arẽnáo* der sehr glänzende, oder viel
Glanz habende, *as-q'arĕtĕmaübyô* den sehr fressen-
den (eigentlich sehr fressendsten, Superl.), *as-auǵaś*
viel Stärke habend, nach Neriosengh *mahábala*,
d. h. grofse Stärke habend. — Anerkannt ist die Entstehung des ⴑ *ś* der Praeposition ⴑⴑ *uś* auf, aufwärts, aus
dem *t* des entsprechenden skr. *ut*. — Im Altpersischen haben
schliefsende *t*- und Zischlaute insofern gleiches Schicksal
erfahren, als sie beide hinter *a* und *á* unterdrückt worden;
hinter anderen Vocalen aber ist *s'* als Vertreter des skr.
Ṛ *s* geblieben und ṛ *t* in *s'* übergegangen; daher *ak'unaus'*
er machte, für skr. *ákṛṇôt* (vĕdisch), und es leidet keinen
Zweifel, dafs *ak'unaus'* im Altpersischen zugleich als 2te P.
galt und als solche dem vĕdischen *ákṛṇôs* gegenüberzustellen
ist, wie auch in der Declination *s'* sowohl als Nominativ-
und Genitiv-Endung vorkommt (*k'uru-s'* Cyrus, *k'urau-s*
Cyri = skr. *kuru-s*, *kurô-s*), als auch als Ablativ-

---

[*]) Die Lesarten schwanken zwischen ⴑⴑⴑ *as* und ⴑⴑⴑ *as'*.
Spiegel, in seiner Erklärung des 19ten Fargard des Vendidad (in
dem besonderen Abdruck p. 92), gibt der letzteren Form auf den
Grund, dafs sie in den besten Handschriften sich finde, den Vorzug.
Ich halte die, wie es scheint, gar nicht vorkommende Form ⴑⴑ *as'*
für die richtige, und zwar wegen des dem Zischlaut vorhergehenden *a*.
Das *a* aber, welches gelegentlich noch hinter dem Zischlaut erscheint,
fasse ich als Bindevocal, wie dasjenige, welches man zuweilen zwischen die Praeposition *us'* auf und das folgende Verbum eingeschoben
findet, z. B. in *us'-a-histata* stehet auf (V. S. p. 456). Mit dem
weiblichen Substantiv *as'á* Reinheit (nom. *as'a*) hat die Praep.
as oder *as'* nichts zu thun.

I.   12

Endung gegenüber dem sendischen ݆ *ḍ* (aus *t* s. p. 68),
nämlich in *bábiru-s'* *) aus Babylon. — Das Sanskrit,
welches schliefsendes *t* hinter allen Vocalen verträgt, zeigt
doch gelegentlich ebenfalls am Wort-Ende ein *s* für ein zu
erwartendes *t*, z. B. in *adás* jenes (nom. und acc.), welches, wie ich nicht zweifle, eine Entartung von *adát* ist,
in welcher Gestalt es zu andern Pronominal-Neutren, wie
z. B. *tat* dieses, jenes, *anyát* anderes, stimmen würde.
In der 3ten P. pl. des reduplicirten Praet. steht *us* höchst
wahrscheinlich für *anti*, z. B. *tutupús* für *tutupanti*
(= dor. τετύφαντι) und im Potentialis für *ánt* oder *ant*,
also *vidyús* sciant für *vidyánt*, *baré-y-us* ferant
für *baré-y-ant*, send. *barayĕn*, gr. φέροιεν. Aus der Neigung zur Schwächung eines schliefsenden *t* zu *s* erkläre ich
jetzt auch die Erscheinung, dafs in den meisten Wortklassen
der Ablativ sg. dem Genitiv gleichlautet. Man darf z. B.
aus sendischen Ablativen auf *ói-ḍ* und *au-ḍ* (݆݆݆), von
Stämmen auf *i* und *u*, sanskritische wie *agné-t* (igne) *súnó-t*
(filio) folgern; dafür aber steht *agné-s*, *súnó-s*, wie im
Genitiv, durch dessen Beispiel gleichsam verführt, der Ablativ sein schliefsendes *t* in *s* umgewandelt hat, was aber
nicht bei denjenigen Wortklassen eingetreten ist, die im Genitiv auf *sya* ausgehen, oder wie *máma* mei, *táva* tui
ganz vereinzelt dastehen. Diese haben das alte *t* des Abla-
tivs bewahrt und stellen z. B. *ásvá-t* equo dem Genitiv
ásva-sya, und *ma-t*, *tva-t* den Genitiven *máma*, *táva*
gegenüber, indem hier eine Nachahmung des Genitivs durch
blofse Umwandlung eines schliefsenden *t* in *s* nicht möglich
war. Wäre aber im Sanskrit der Ablativ in den meisten
Wortklassen wirklich durch den Genitiv ersetzt, so wäre

---

*) In der Inschrift von Bebistun II. 65; wahrscheinlich fehlerhaft
für *bábirau-s'*, so dafs in der Urschrift statt ⊢⟨⟨ (*r'*), welches nur
vor *u* vorkommt, ⊐⊢ (*r*), welches ein *a* in sich enthalten kann, stehen
sollte, wie schon anderwärts (Monatsbericht, März 1848 p. 144) bemerkt worden.

es unerklärlich, dafs nicht auch die Stämme auf *a* und der Demonstrativstamm *amú* (gen. *amú-s'ya* nach §. 21[b]). ablat. *amú-s'má-t*), ferner die Pronomina der ersten und zweiten Person ihre Genitive in den Ablativ übertragen haben, und warum nicht auch im Dual und Plural eine gemeinschaftliche Form für Genitiv und Ablativ besteht. — Ein enges Verhältnifs zwischen *t* und *s* erweist sich im Sanskrit auch durch den umgekehrten Übergang von *s* in *t*. Dieser findet statt, erstens bei dem Zusammentreffen eines wurzelhaften *s* mit dem *s* des Auxiliarfuturums und Aorists, daher z. B. *vat-syámi* habitabo, *avátsam* habitavi, von der Wz. *vas*; zweitens im Nom. Acc. Voc. sg. neut. und vor den mit *b* oder *s* anfangenden Casus-Endungen des Suffixes *váṅs* (starke Form) und der Wurzeln *sraṅs* und *d'vaṅs* fallen, wenn sie am Ende von Compositen im Sinne des Part. praes. erscheinen.

103. Die slavischen und lettischen Sprachen stellen sich in der Behandlung der *t*-Laute den klassischen, germanischen und dem Send zur Seite, und stimmen besonders zum Griechischen darin, dafs sie die schliefsenden *t*-Laute der Wurzeln nicht nur vor einem folgenden *t* in *s* umwandeln, sondern auch vor *s* unterdrücken; daher im Altslavischen von *jami* ich esse (für *jadmi*, skr. *ádmi*) die 3te P. *jas-ti*, für skr. *át-ti* aus *ad-ti*, und im Litauischen von *ēd-mi* ich fresse die 3te P. *es-ti* gegenüber dem altlat. *es-t*; so auch im Altslav. *das-ti* er gibt und im Lit. *dûs-ti* id. für *dad-ti*, *dûd-ti*, skr. *dádá-ti*, dor. δίδωτι. Zum skr. *vét-ti* er weifs, für *véd-ti*, stimmt das altslav. вѢстѢ *vjes-ti*, aus *vjed-ti*. Besonders häufige Veranlassung zur Umwandlung von *t*-Lauten in *s* geben im Litauischen und Slavischen die Infinitive auf *ti*; so kommt z. B. im Lit. von der Wz. *wed* führen, und im Altslavischen von der in Laut und Bedeutung entsprechenden Wz. вЕД, der Infinitiv *westi*, вЕСТИ. Veranlassung zur Unterdrückung eines *t*-Lauts vor einem folgenden *s* gibt dem Litauischen das Futurum; so kommt z. B. von der Wz. *ēd* fressen das Futurum

12'

ĕ-siu *) für skr. *at-syámi*, aus *ad-syámi*, wofür man
im Griech. *ἕ-σω* (wie ψεύ(ὄ)-σω, πεί(Ϸ)-σω) zu erwarten hätte;
von *skut* schaben kommt das Fut. *sku-siu* für *skut-siu*.
Dem Altslavischen gibt die unmittelbare Anknüpfung der
Personal-Endung *si* an einige, schon mehrmals erwähnte
Wurzeln auf *d*, und an den reduplicirten Praesensstamm
dad Veranlassung zur Unterdrückung eines *d*; daher z. B.
ꙗси *ja-si* du issest für *jad-si*, skr. *át-si*. Eine andere
Veranlassung zeigt sich in einigen, erst spät an das Licht
gezogenen Aoristen, welche statt des oben (§. 92. *g.*) erwähnten χ das ursprüngliche ϲ bewahrt haben, daher z. B. ꙗсꙋ
ja-sŭ ich afs für *jad-sŭ*, analog den griechischen Aoristen
wie ἔψευ-σα für ἔψευδ-σα, und gegenüber den sanskritischen
wie *atáut-sam* ich stiefs von der Wz. *tud.* Das Slavische gestattet überhaupt nicht die Verbindung einer Muta
mit *s*, daher auch *po-gre-san* sie begruben (Wz. *greb*)
für *-greb-san* oder *-grep-san*. Dagegen verbindet das
Litauische sowohl Labiale als Gutturale mit *s* und *t*, ohne
jedoch, wie man erwarten sollte, *b* und *g* in ihre Tenuis
umzuwandeln; daher z. B. *dirbsiu, degsiu* (fut.), *dirbti,
degti* (infin.), von *dirbau* ich arbeite, *degù* ich brenne
(intrans.). Beachtung verdient noch, dafs das Altslavische
vor *st* die Erhaltung eines vorangehenden Labials gestattet,
dabei aber *b* in *p* umwandelt, daher погрепсти *po-grep-
-s-ti* begraben. Das *s* ist hier eine euphonische Einfügung, ungefähr wie in gothischen Stämmen wie *an-s-ti*
Gnade (Wz. *an*, s. §. 95). Für *po-grep-s-ti* kommt jedoch
auch *po-gre-s-ti* vor, und ohne euphonisches *s*, *po-gre-ti*
(s. Miklosich, Radices p. 19). Ersteres mag, hinsichtlich
der Erhaltung der euphonischen Zugabe in Vorzug vor dem
wesentlichen Consonanten, mit lateinischen Formen wie

---

*) Dafs der 1sten P. sg. des Fut. ein *i* zukommt, und dafs dieses *i*
wirklich heute noch deutlich vernommen wird, erfahren wir durch
Schleicher („Briefe über die Erfolge einer wissenschaftlichen
Reise nach Litauen" p. 4).

o-s-tendo für *ob-s-tendo*, *a-s-porto* für *ab-s-porto* verglichen
werden.

104ᵃ⁾. Wenn im Sanskrit nach §. 98 die Aspiration
einer Media unterdrückt werden muſs, so geht dieselbe,
unter gewissen Bedingungen und nach besonderen Gesetzen,
entweder auf den Anfangs-Consonanten der Wurzel zurück,
doch nur auf eine Media, oder rückt vor auf den Anfangs-Consonanten des folgenden Suffixes. Man sagt z. B. *bŏt-syámi*
ich werde wissen für *bŏd'-syámi*, *vêda-bŭt* Vêda-
kundig für *-bŭd'*, *bud-dá* wissend für *bud'-tá*, *dŏk-
syámi* ich werde melken für *dŏḥ-syámi*, *dug-dá*
gemolken für *duḥ-tá*. Im Griechischen findet sich ein
merkwürdiger Überrest von dem ersten Theile dieser Aspi-
rations-Verschiebung *), indem bei einigen mit τ anfangenden
und mit einer Aspirata schließenden Wurzeln die Aspiration,
wo sie vor σ, τ und μ unterdrückt werden muſs — weil
eine Aspirata mit keinem dieser Buchstaben sich vereinigen
läſst — auf den Anfangs-Buchstaben zurückgeworfen, und τ
darum in ϑ umgewandelt wird. Daher τρέφω, ϑρέπ-σω (ϑρέψω),
ϑρεπ-τήρ, ϑρέμ-μα; ταφή, ϑάπ-τω, ἐτάφην, τέϑαμ-μαι; τρύφος;
ϑρύπ-τω, ἐτρύφην, ϑρύμ-μα; τρέχω, ϑρέξομαι; ϑρίξ, τριχός; ταχύς,
ϑάσσων. Im Geiste dieser Aspirations-Ersetzung bekommt
auch ἐχ den Spirit. asp., wenn χ in seine Tenuis übertreten
muſs (ἐκτός, ἔξω, ἕξις) **). — Auch das Lateinische zeigt einige

---

*) Vgl. J. L. Burnouf im Journ. Asiat. III. 368. und Butt-
mann S. 77, 78.

**) Man pflegt diese Erscheinungen lieber so zu erklären, daſs
man annimmt, die genannten Formen enthielten wurzelhaft zwei
Aspirationen, wovon aber, weil ein euphonisches Gesetz die Aufein-
anderfolge zweier aspirirter Sylben nicht duldet, überall nur Eine
sich zeigen dürfte. Dies wäre dann vorzugsweise die letzte gewesen,
und die erste käme nur dann zum Vorschein, wenn die letzte durch
den folgenden Consonanten in ihre Tenuis überzugehen genöthigt
wird. Dieser Auffassung steht aber im Wege, daſs, wegen der Unbe-
liebtheit zweier zu dicht auf einandergehäufter Aspirationen, die
Sprache schon in der ursprünglichen Einrichtung der Wurzeln einem

Beispiele mit zurückgetretener Aspiration, am deutlichsten
bei *fido* (s. p. 12 f.) und den damit zusammenhangenden
Wörtern, deren Verhältnifs zur griechischen Wurzel πιϑ so
zu erklären ist, dafs die dem Lateinischen fehlende Aspiration der Dentalklasse durch Aspirirung des Anfangsconsonanten ersetzt ist. Was das Verhältnifs des griech. πείϑω
zur skr. Wurzel *band'* binden anbelangt, so beruht die
anfangende griech. Tenuis für sanskritische Media auf einem
ziemlich durchgreifenden Gesetze, worauf zuerst Ag. Benary
aufmerksam gemacht hat (Die Römische Lautlehre p. 195 ff.).
Es besteht darin, dafs die Erhärtung einer sanskritischen,
oder ursprünglichen, weichen Aspirata zu einer harten, am
Ende einer Wurzel, in der Regel auch, zur Wiederherstellung der Symmetrie, die Umwandlung einer anfangenden
Media in die organgemäfse Tenuis veranlafst; also πιϑ für
bidh gegenüber der skr. Wz. *band'*. Man vergleiche auch
das Verhältnifs von πυϑ zu *bud'* wissen, von παϑ zu *bâd'*

---

solchen Übelstande vorgebeugt, und niemals zugleich zum Anfangs-
und Endlaut einer Wurzel einen aspirirten Consonanten gewählt
haben wird. Im Sanskrit, dessen Wurzeln vollständig gesammelt
sind, gibt es keine mit anfangender Aspirata gegenüber einer schliefsenden. Anstöfsig sind aber im Griechischen die Formen ἐϑάφϑην,
τεϑάφϑαι, τεϑάφϑω, τεϑάφαται, τεϑράφϑαι, ἐϑρέφϑην.
Vielleicht sind sie Verirrungen des Sprachgebrauchs, der, einmal ge-
wohnt an die anfangende Aspiration durch die sehr häufigen Fälle,
wo sie die schliefsende zu ersetzen hat, dieselbe als wurzelhaft zu
fühlen anfing, und weiter um sich greifen liefs, als gesetzlich war.
Auch könnte man sagen, dafs, weil φϑ (wie χϑ) im Griechischen
eine so beliebte Verbindung ist, dafs sie auch für πϑ und βϑ gesetzt wird — während nach §. 93 ein ursprüngliches φϑ in πϑ übergehen müfste — aus diesem Grunde die Aspirationslust der Wurzel
durch ἐτάφϑην etc. noch nicht befriedigt war, sondern, als stünde
das φ nur aus Rücksicht für das ϑ, die ursprüngliche Schlufs-Aspira-
tion auf den Anfangsbuchstaben der Wurzel zurücktreten mufste. Es
bliebe bei dieser mir richtiger erscheinenden Erklärung nur noch
τεϑάφαται zu verantworten.

quälen, von πῆχυς zu *báḥú-s* Arm, von παχύς zu *baḥú-s*
viel ⁾, von κυϑ zu *gud* bedecken, von τριχ (Haar als
wachsendes) zu skr. *dṛḥ* (aus *draḥ* oder *darḥ*) wachsen. Eine Verletzung des Gesetzes zeigt z. B. βαϑύς, wenn
es, wie ich mit **Benfey** vermuthe, aus γαϑυ-ς zu erklären
ist ⁾ und zum skr. *gáḥ* aus *gád* submergi gehört, welche
Wurzel in meinem Glossar (fasc. 1, 1840, p. 2), auch als
möglicher Ausgangspunkt des skr. *agáda-s* sehr tief bezeichnet worden ⁾).

Die sanskritischen Accente.

104ᵇ⁾. Das Sanskrit hat zur Bezeichnung der eigentlichen Tonsylbe zwei Accente, genannt *udátta* (d. h. gehoben) und *svarita*, d. h. tonbegabt (von *svara* Ton,
Accent). Der Udátta entspricht dem griechischen Acutus,
durch dessen Zeichen wir ihn auch bei Anwendung der lateinischen Schrift ausdrücken †). Er kann auf jeder Sylbe des
Wortes stehen, so lang dasselbe auch sein möge, und findet
sich z. B. auf der ersten Sylbe von *ábubódiśámaḥi* wir
wünschen zu wissen (med.), auf der zweiten von *ta-
nómi* ich dehne aus und auf der letzten von *babandimá*
wir banden. Der Svarita ist von viel seltnerem Gebrauch
und bezeichnet die Tonsylbe bei einzelnen Wörtern an und
für sich, d. h. aufser dem Zusammenhang der Rede, nur

⁾ S. vergleich. Accentuationssystem p. 224 Anm. *

⁾ Γ für β, wie z. B. in βίβημι, βαρύς, βοῦς, βίος, für skr.
gigámi, *gurú-s* (aus *garú-s*), *gáu-s*, *gíva-s* (aus *gíva-s*).

⁾ So seitdem auch in **Benfey's** Gr. Wurzell. II. p. 66. Es
könnte zu dieser Wurzel auch *gádá-s* vadosus, non profundus,
gezogen, und somit *agádá-s* als die Negation von *gádá-s* gefafst
werden.

† Bei langen Vocalen setze ich das Accentzeichen dem die Länge
ausdrückenden ˆ zur Seite.

hinter den Halbvocalen *y* und *v*, im Fall diesen ein Consonant vorhergeht; doch ist auch in solcher Stellung der Acutus entschieden vorherrschend und findet sich z. B. ohne Ausnahme in Futuren wie *dásyáti* er wird geben, in Passiven wie *tudyátê* er wird gestofsen, in Intensiven wie *bêṽidyátê* er spaltet, in Denominativen wie *namasyáti* er verehrt (von *námas* Verehrung), in Potentialen wie *adyá̃m* ich möge essen, in Imperativen med. wie *yuñksṽá* verbinde. Beispiele mit dem Svarita, den ich in Übereinstimmung mit **Benfey** durch das Zeichen des Gravis ausdrücke, sind: *manusyà-s* Mensch, *manusyễ-ṽyas* den Menschen, *ṽár-yá̃* Gattin, *vákyà-m* Rede, *nadyàs* Flüsse, *svàr* Himmel, *kvà* wo? *vaďvàs* Frauen. Wahrscheinlich hatten *y* und *v* in den svaritirten Formen eine mehr vocalische als consonantische Aussprache, ohne jedoch mit dem folgenden Vocal z w e i Sylben zu bilden *), was nur des Metrums wegen zuweilen in den Vêda-Hymnen geschieht, ohne dafs jedoch in einem solchen Falle ein Acutus in den Svarita umgewandelt wird; so ist z. B. im Rigv. I. 1. 6 *tvám* d u der Aussprache nach zweisylbig, wahrscheinlich mit dem Ton auf dem *a* (*tu-ám*). Wo aber eine s v a r i t i r t e Sylbe des Metrums wegen sich in zwei zertheilt und z. B. *dútyàm = dútiam* (zweisylbig) zu einem drei-

---

*) Vgl. **Böhtlingk** („Ein erster Versuch über den Accent im Sanskrit” St. Petersburg 1843 p. 4), von dem ich in der obigen Erklärung nur darin abweiche, dafs ich das aus *y* und *v* wiederherzustellende *i* und *u* mit dem folgenden Vocal zu e i n e r Sylbe vereinige, ohne darum zu bestreiten, dafs z. B. *kanyá̃* T o c h t e r, wofür ich *kanìá* (zweisylbig) lese, in einer früheren Sprachperiode (ich möchte sagen, vor der Entstehung des Svarita) dreisylbig war und den Acut auf dem *i* hatte, wie z. B. im Griechischen σοφία. Wollte ich mir erlauben, bei svaritirten Formen ein *i* für *y* und *u* für *v* zu setzen, so würde ich vorziehen, den Svarita, statt durch den Gravis, durch das Zeichen des griech. Circumflexes auszudrücken und dieses auf das *i* und *u* zu setzen, oder in die Mitte zwischen das *i* oder *u* und den folgenden Vocal.

sylbigen Worte wird, mufs der Accent, weil die Veranlassung zum Svarita wegfällt, als Acutus erscheinen, also
dúti-am, wie auch Böhtlingk (Chrestomathie p. 263)
accentuirt *). Fafst man *i* und *u* (für *y*, *v*) mit dem folgenden Vocal als Diphthong — der darum keine lange Sylbe
zu bilden braucht — so kann man *ua*, z. B. von *sùar* Himmel (geschrieben *svàr*), mit dem althochdeutschen Diphthong
ua, z. B. von *fuaz* Fufs (einsylbig, neben *fuoz*) vergleichen,
und *ia*, z. B. von *nadìas* (zweisylbig, geschrieben *nadyàs*)
mit dem althochd. Diphthong *ia*, z. B. von *hialt* ich
hielt **). — Man beachte auch die Accentuation griechischer
Formen wie πόλεως, die auf dem Umstande beruht, dafs über
das ε hier so schnell hinweggegangen wird, dafs die beiden
Vocale auf den Ton nur den Einflufs Einer Sylbe haben
(s. Buttmann §. 11. 8. Anm. 6). Aus dem Umstande, dafs
der Svarita sich überall über zwei Vocale zugleich erstreckt
(s. auch §. 104*c)*.), mufs die Folgerung gezogen werden, dafs
derselbe ein schwächerer Accent sei als der Udátta oder
Acutus, der sein ganzes Gewicht auf einen einzigen Punkt
fallen läfst, während die Kraft des Svarita dadurch gebro-
chen wird, dafs er über zwei Vocale sich hinzieht, die zwar
der Aussprache nach zu Einer Sylbe verschmolzen sind, aber
doch beide gehört werden, und auch nicht so entschieden
eine phonetische Einheit darstellen, wie etwa im Griechischen die Diphthonge αι, ει, οι, αυ, ευ, und im Deutschen die
Diphthonge *ai, ei, au, eu*, wo die beiden Elemente sich inni-
ger durchdrungen haben, als *ua, ia* in den oben erwähnten
althochdeutschen Formen. Es kann auffallen, dafs im Sanskrit
oxytonirte Stämme wie *nadí* Flufs, *vadú* Frau, in ihrer

---

*) S. vergleichendes Accentuationssystem Anm. 30. zur Berichti-
gung von l. c. p. 13, wo die Auflösung der Halbvocale *y* und *v* sva-
ritirter Sylben, wozu sich nur selten Veranlassung findet, geleugnet
wurde.

**) Nach Grimm's scharfsinniger Erklärung aus *hihalt* für goth.
haihald.

Declination hinsichtlich des Accents so behandelt werden,
dafs in den Fällen, wo der Ton auf die Casus-Endung
herabsinkt, die starken Casus (s. §. 129) den schwächeren
Accent (*svarita*), die schwachen aber den stärkeren (*acutus*)
erhalten, also z. B. *nadyàs* (*nadìas*) Flüsse, *nadyáù*
(*nadìáu*) zwei Flüsse, *vadvàs* (*vadùas*) Frauen, *vad-*
váù (*vadùáu*) zwei Frauen, im Gegensatze zu *nadyás*
des Flusses, dat. *nadyái* etc., *vadvás* der Frau (gén.),
dat. *vadvái.* Der Grund kann, meines Erachtens, nur
darin liegen, dafs in den starken Casus dem Stamme eine
gröfsere Formfülle zukommt (vgl. *báantas* φέροντες mit
báatas φέροντος), als in den schwachen; lautreicher aber
erscheinen *nadí* und *vadú* in den starken Casus dadurch,
dafs sie vor vocalisch anfangender Endung die vocalische
Natur ihrer End-Buchstaben nicht ganz aufgeben, indem
nadìas, nadìáu, vadùas, vadùáu, wenn gleich zweisylbig, doch in der Aussprache ein längeres Verweilen bei
dem Stamme erfordern, als Formen wie *nadyás, vad-*
vás, wo *y* und *v* von ganz entschieden consonantischer
Natur sind.

104ᶜ). Im Zusammenhang der Rede tritt der Svarita
an die Stelle des Acutus, 1) nothwendig, wenn hinter einem
schliefsenden betonten *ê* (*ế*) oder *ô* (*ố*) ein anfangendes ton-
loses *a* elidirt wird, z. B. *kô 'si* wer bist du? aus *kô*
asi, für *kás asi*; *tế 'vantu* diese mögen schützen (für
tế avantu). Wahrscheinlich rührt auch diese Accentuation
aus einer Zeit her, wo das *a* hinter dem *ê* und *ô* noch gehört wurde, ohne jedoch eine volle Sylbe zu bilden [*]).
Hierbei ist daran zu erinnern, dafs in den Vêda's das anfangende *a* hinter einem schliefsenden *ô* öfter vollständig
erhalten ist, z. B. Rigv. I. 84. 16.: *kô adyá.* 2) willkür-
lich, wenn ein betonter Endvocal mit einem tonlosen Anfangsvocal zusammengezogen wird; doch ist in diesem Fall

---

[*]) Ich erinnere an die althochdeutschen Diphthonge *ea, oa,* obwohl hier der erste Theil des Diphthongs an und für sich kurz ist.

im Rig-Vêda der Acutus entschieden vorherrschend und der Svarita, wie es scheint, auf das Zusammentreffen eines schliefsenden betonten *i* mit einem anfangenden unbetonten beschränkt, wie z. B. I. 22. 20, wo *divi* im Himmel mit dem tonlosen *iva* wie zu *divíva* zusammengezogen erscheint *).

104*d*). Wenn ein betonter Endvocal vor einem vocalisch anfangenden Worte in seinen entsprechenden Halbvocal übergeht, so fällt der Ton, und zwar als Svarita, auf das folgende Wort, im Fall dessen Anfangsvocal tonlos ist, z. B. *prtivy àsi* du bist die Erde (aus *prtiví asi*), *urv àntáriksam* die weite Luft (aus *urú antáriksam*). Ist aber der Anfangsvocal des zweiten Wortes betont, so kann auf diesen der Ton des vorhergehenden Wortes nicht übergehen, und geht also verloren, z. B. *nady átra* der Flufs hier, für *nadí átra*; *svádv átra* das Süfse hier, für *svádú átra*. Wenn betonte Diphthonge sich in *ay, áy, av, áv* auflösen, so behält natürlich das *a* oder *á* den dem Diphthong zukommenden Ton, z. B. *táv á'yátam* kommt beide her, für *táú á'yátam* (Rigv. I. 2. 5). Dasselbe geschieht vor grammatischen Endungen, z. B. *súnáv-as* filii vom Stamme *súnú* mit *Guṇa*, d. h. mit vorgeschobenem *a*, *agnáy-as* ignes, von *agni* mit *Guṇa*, *náv-as* naves, von *náú*. Wenn oxytonirte Stämme auf *i, i* oder *u, ú* ihren Endvocal vor vocalisch anfangenden Casus-Endungen in ihren entsprechenden Halbvocal (*y, v*) umwandeln, so fällt der Ton auf die Casus-Endung, und zwar meistens als Acutus, und in einzelnen Fällen, nach

---

*) Das *S'atapatha-Bráhmaṇa* des *Yagur-Véda* gebraucht mit seltenen Ausnahmen den Svarita in allen Fällen, wo ein acuirter Endvocal mit einem tonlosen Anfangsvocal zusammenfliefst (s. Weber, V. S. II. p. 9 f.). Wo ein mit dem Svarita betonter Endvocal mit einem tonlosen Anfangsvocal zusammenfliefst, behält der zusammengezogene Vocal den Svarita auch im Rig-Vêda, z. B. I. 35. 7: *kvé-dá'nim*, aus *kvà* wo? und *idá'nim* nun.

näherer Bestimmung der Grammatik, als Svarita (vgl. §. 104ᵇ⁾.
Schluſs).

104ᶜ⁾. Das Zeichen des Svarita steht in der Original-
schrift auch zur Bezeichnung des Nachtons, d. h. der Sylbe,
welche unmittelbar auf die eigentliche Tonsylbe folgt und
mehr Ton hat als die weiter davon abliegenden *). Dagegen hat die der Tonsylbe vorangehende Sylbe weniger Ton
als die übrigen tonlosen Sylben und heiſst in der Kunst-
sprache *anudáttatara* tonloser (Comparativ von *anu-
dátta* nicht gehoben, d. h. unbetont), oder *sannata-
tara* gesenkter. Diese Sylbe wird durch eine darunter-
gesetzte wagerechte Linie bezeichnet. Die eigentliche Tonsylbe
aber bleibt unbezeichnet und wird bloſs aus den umgebenden
Sylben, entweder desselben Wortes oder der angrenzenden
Wörter, erkannt.

> Anmerkung 1. Man darf wohl annehmen, daſs auch in den oben
> (§. 104ᶜ⁾.) erwähnten Zusammenziehungen wie *divíva* aus *divi
> iva* der Gebrauch des Svarita sich darauf gründe, daſs zwar das
> *i* einsylbig, aber doch so gesprochen wurde, daſs man zwei innig
> verschmolzene *i*, ein betontes und ein unbetontes vernahm, wie

---

*) Man könnte mit diesem secundären oder „enklitischen Svarita",
wie Roth ihn nennt (Yâska p. LXIV), den Ton des 2ten Gliedes
unserer Composita wie Fuſsgänger vergleichen; denn hier hat
zwar Fuſs den Hauptton und der 2te Theil des Compositums ist dem
1sten hinsichtlich der Betonung untergeordnet; es hat aber demunge-
achtet die Tonsylbe des 2ten Gliedes der Zusammensetzung fast eben
so viel Ton, als wenn es allein stünde. Eben so in Wörtern wie
Müſsiggänger, wo, in Abweichung von dem skr. secundären
Svarita, die Tonsylbe des 2ten Gliedes des Compos. nicht unmittelbar
an die nachdrucksvollere Tonsylbe des 1sten Theiles angrenzt. Jedenfalls verdient es Beachtung, daſs in unseren deutschen Compositen
die Individualität der einzelnen Glieder der Zusammensetzung nicht
in derselben Weise aufgehoben wird, wie in den Sprachen, welche
nicht dem logischen Betonungsprincip huldigen, indem z. B. in dem
Compositum Oberbürgermeister zwar das erste Glied am
stärksten betont ist, aber auch das 2te und 3te ihren Ton behalten.

nach den griechischen Grammatikern der Circumflex den Acut
und Gravis in sich vereinigt; was nur so verstanden werden
kann, daſs ein circumflectirter Vocal in der Aussprache in einen
betonten und unbetonten Theil zerfällt, da der Gravis, wo er
nicht auf Endsylben als gemilderter Acut erscheint, wie der skr.
Anudâtta (§. 104*e)*.) die Negation oder Abwesenheit des Accents
bedeutet.   Es muſs also wohl im Griechischen z. B. ποδῶν
gegenüber dem skr. Oxytonon *padā́m* entweder wie ποδόον
gesprochen worden sein (jedoch zweisylbig), oder so, daſs hinter
einem langen *o* noch ein ganz kurzes, keine Sylbe bildendes,
nachtönte.   Jedenfalls stört dieses Ineinandergreifen zweier Vocale den Nachdruck des Accents, und der Acut, der in ποδῶν als
= ποδόον oder ποδώον, und im skr. *divíva* = *diví iva*
(dreisylbig) enthalten ist, kann nicht so kräftig sein, als der von
padā́m pedum.   Für die Vergleichung des skr. Svarita mit
dem griech. Circumflex passen Fälle wie *divíva*, wofür man
mit griechischer Schrift διϜῖϜα schreiben könnte, darum am
besten, weil hier der in Rede stehende Accent auf einem durch
Zusammenziehung entstandenen langen Vocal ruht, wie in griechischen Formen wie τιμῶ, τιμῶμεν, ποιῶ, ποιῶμεν, abgesehen
davon, daſs an dem skr. *í* von *divívá* zwei Wörter Theil haben,
und daſs in einem und demselben Worte das Sanskrit niemals
durch Zusammenziehung zum Gebrauch des Svarita veranlaſst
wird, wenn man nicht die p. 186 erwähnten Fälle wie *nadyàs*
Flüsse, *vadvàs* Frauen = *nadìas*, *vadùas* (⌣⌣) hierherziehen will, die jedoch dadurch, daſs die beiden, durch den
Svarita vereinigten Vocale nur eine kurze Sylbe bilden, sich von
griechischen circumflectirten Sylben wesentlich unterscheiden.
Überhaupt gehen die beiden Sprachen in ihrer Anwendung des
in Rede stehenden Accents einander so aus dem Weg, daſs in
dem ganzen Umfang der Grammatik und des Wortschatzes derselben keine Formen vorkommen, in welchen der skr. Svarita
einem griechischen Circumflex gegenüberstünde, und wir müssen
uns bei Vergleichung des griechischen Accentuationssystems mit
dem sanskritischen damit begnügen, daſs wir z. B. den griechischen Formen wie ποδῶν, νεῶν (dor. νᾶῶν), ζευκτοῖσι,
ζευκταῖσι, δοτῆρες, νᾶες gleichbedeutende und bildungsver-
wandte Formen gegenüberstellen können, welche den Accent,
wenngleich den Acutus, in derselben Sylbe zeigen, wo ihn die

erwähnten griechischen als Circumflex haben. Man vergleiche
also damit *padá͛m, náva͛m, yuktéśu* (aus *yuktai-śu*),
yuktáśu *), *dátáras, návas.* Es erhellt hieraus, daſs die
beiden Sprachen den Circumflex, wenn wir auch den skr. Svarita
mit Boehtlingk so nennen wollen, unabhängig von einander
erst nach ihrer Trennung erzeugt haben, und daſs er in beiden
auf formeller Entartung beruht. Es ist z. B. eine Entartung
des Sanskrit, daſs es bei gewissen Wortklassen nicht alle Casus
aus dem vollen, ursprünglichen Thema bilden, und daſs z. B.
bárantas = gr. φέροντες von einem anderen Stamme entspringt, als z. B. der Genit. sg. *báratas* = gr. φέροντος, und
ebenso ist es eine Entartung, daſs Stämme wie *nadí* Fluſs
(fem.) und *vadú* Frau ihr schlieſsendes *í* und *ú* in den starken
Casus (s. §. 129) anders behandeln als in den schwachen, wenngleich die letztere Formverschiedenheit durch die Schrift nicht
bemerklich wird, indem der Halbvocal, der z. B. im Gen. sg.
नद्यास् *nadyás,* वध्वास् *vadvás* steht, auch im Nom. pl.
नद्यस् *nadyas,* वध्वस् *vadvas* erscheint, obgleich, wie
oben bemerkt worden, die beiden letzten Formen höchst wahrscheinlich so gesprochen wurden, daſs *ìa, ùa* (aber nur ei ne
und zwar kurze Sylbe darstellend) gehört wurde, und daſs das
rasche Aufeinanderfolgen zweier Vocale in ein er Sylbe zu
einer verschiedenen Betonungsart Anlaſs gab (*nadìas, vadùas*
gegen *nadyás, vadvás*). Dagegen ist es z. B. eine dem Sanskrit fremde Entartung im Griechischen, daſs lange Vocale vor
einer kurzen Endsylbe, im Fall sie den Ton haben, anders betont,
und gewiſs auch anders gesprochen wurden, als an anderen Stellen
des Wortes, also δοτῆρες gegenüber dem sanskritischen paroxy-
tonirten *dátáras.* — Ich muſs hier noch darauf aufmerksam
machen, daſs auch in den lettischen Sprachen auſser dem Acutus, womit sich jede Sprache begnügen sollte, ein Accent besteht,
welcher eine groſse Ähnlichkeit mit dem griechischen Circumflex darbietet, obwohl die damit betonten Vocale ihre unaccen-
tuirte Hälfte voranstellen, und die accentuirte folgen lassen.
Ich meine den sogenannten geschliffenen Ton, der im litauischen
Sprachbau eine viel gröſsere Rolle spielt als im sanskritischen

———————

*) Ich setze nach §. 250. diese beiden Locative den griech. Dati-
ven gegenüber.

der Svarita oder im griechischen der Circumflex, und in seiner Erzeugung von beiden unabhängig ist. Kurschat, dem wir eine genauere Kenntnifs des litauischen Accentuationssystems verdanken, beschreibt den geschliffenen Ton (II. p. 39) so: „Die Eigenthümlichkeit der geschliffenen Vocale besteht darin, dafs bei der Aussprache derselben der Ton Anfangs auf einer niedern Stufe schwebt und sich sodann mit einem Sprunge zu einer höhern Stufe erhebt, so dafs ein solcher Vocal gleichsam aus zwei Vocalen zusammengesetzt erscheint, von denen der erste tonlos, der andere dagegen betont ist." Manche Wörter von gleicher Form und gleicher Vocalquantität unterscheiden sich in ihrer Bedeutung, je nachdem ihr Accent der „gestofsene" oder der „geschliffene" ist; so heifst z. B. *pajẃdinti*⁎⁾ reiten lassen, aber *pajẃdinti* anschwärzen, *soũditi* richten, aber *soúditi* salzen, *doũmań* den Sinn, aber *doúmań* den Rauch⁎⁎⁾, *is͑drŷks* er wird ausreifsen, aber *is͑drŷks* mit blofsem Hemd, *primĩńsiu* ich werde erinnern (skr. *man* denken, lat. *memini*), aber *primĩ́ńsiu* „ich werde antreten". Kurschat bezeichnet den geschliffenen Ton bei langen Vocalen, auf denen er vorherrschend seinen Sitz hat, durch ˆ, ausgenommen bei dem langen hellen *e*, welches er, wo ihm der geschliffene Ton zukommt, mit einem umgekehrten Circumflex bezeichnet, z. B. *gĕ́ras*. Bei kurzen Vocalen, die ebenfalls den geschliffenen Ton haben können, bezeichnet der genannte Gelehrte sowohl den gestofsenen als den geschliffenen Ton durch das Zeichen des Gravis, unterscheidet aber den geschliffenen Ton, welcher bei kurzen Vocalen nur vor Liquiden vorkommt, vom gestofsenen durch ein Zeichen an der Liquida selber, und zwar bei *m, n, r* durch einen darüber gesetzten horizontalen Strich, und bei *l* durch Durchstreichung

---

⁎⁾ Ich wähle hier, um zu gleicher Zeit die Quantität und die Betonung anschaulich hervorzuheben, für die betonten Vocale griechische Buchstaben, obwohl dies beim o - Laut, der im Lit. immer lang ist, streng genommen nicht nothwendig wäre.

⁎⁎⁾ Etymologisch sind die beiden letztgenannten Wörter insofern identisch, als sie beide mit dem skr. *d͑úmá-s* Rauch und gr. Ͽυμός verwandt sind.

desselben, z. B. *mîr̄ti* s t e r b e n, *gìrditi* t r ä n k e n; ersteres
mit geschliffenem, letzteres mit gestofsenem Ton des kurzen *i*.
Ich würde es für zweckmäfsiger halten, den gestofsenen Ton, sowohl der kurzen als der langen Vocale, durch den Acutus zu
bezeichnen, dem er wirklich entspricht, und dagegen den geschliffenen Ton k u r z e r Sylben durch den Gravis, also *gìrditi,*
mìrti, ersteres mit gestofsenem, letzteres mit geschliffenem Ton
des kurzen *i*. Zur Andeutung der Länge müfste man sich dann
auf andere Weise zu helfen suchen°),„während nach K u r s c h a t's
Schreibart das Zeichen des Acutus sowohl den gestofsenen Ton
als die Länge des Vocals andeutet.

A n m e r k u n g 2.   Das Princip der sanskritischen Accentuation
glaube ich darin zu erkennen, dafs die weiteste Zurückziehung
des Accents, also die Betonung der ersten Sylbe᾽ des Wortes,
für die würdigste und kraftvollste Accentuation gilt, und ich
glaube dasselbe Princip auch für das Griechische in Anspruch
nehmen zu dürfen, nur dafs hier, in Folge einer erst nach der
Sprachtrennung eingetretenen Verweichlichung, der Ton nicht
höher als auf der drittletzten Sylbe stehen kann, und dafs eine
lange Endsylbe den Ton auf die vorletzte Sylbe herabzieht, so
dafs z. B. in der 3ten P. du. des Imperat. praes. φερέτων für das
unmögliche φέρετων dem skr. *b́áratā́m* (d i e b e i d e n s o l l e n
t r a g e n) und im Comparativ ἡδίων für ἥδιων dem skr. *svá-*
díyán der süfsere (vom Positivstamme *svádú* = gr. ἡδύ)
gegenübersteht, während im Superlativ die Betonung von
ἥδιστος der des skr. *svá'dis̓f̓as* vollkommen entspricht, weil
hier dem Griechischen keine Veranlassnng gegeben ist, von der
alten Betonung abzuweichen, deren Absicht in vorliegendem
Falle dahin geht, die Begriffssteigerung auch durch die höchste
Steigerung der Betonung zu versinnlichen.   Einen recht schlagenden Beweis für die Würde und Thatkraft der Betonung der
anfangenden Worttheile und zugleich eine sehr merkwürdige
Übereinstimmung der sanskritischen und griechischen Accentuation bietet die Erscheinung dar, dafs beide Sprachen bei der

---

°) In meinem vergleichenden Accentuationssystem p. 87 ff. habe
ich den Gravis (`) als Zeichen des geschliffenen Tons neben ˆ als
Zeichen der Länge gesetzt, z. B. *z̓olȇ* G a n s.

Declination e i n s y l b i g e r Wörter in den s t a r k e n
Casus (s. §. 129), die auch hinsichtlich der Accentuation vom
Sprachgeist gleichsam als die vornehmsten ausgezeichnet werden, den Accent auf den Stamm legen, in den s c h w a c h e n aber
denselben auf die Casus-Endung herabsinken lassen; daher z. B.
im Sanskrit und Griechischen der Gegensatz zwischen dem Genitiv *padás,* ποδός und dem Accus. *pádam,* πόδα. Andere
Beweise für die Gültigkeit des Satzes, daß in den beiden Sprachen die weiteste Zurückschiebung des Accents — die im Sanskrit keine Grenze kennt, im Griechischen aber bedingt ist —
als die würdigste Betonung gilt, werden sich im Verlauf dieses
Buches von selbst ergeben *).

---

*) Eine Zusammenstellung der unter diesen Gesichtspunkt fallen-
den Erscheinungen gibt mein vergleichendes Accentuationssystem
p. 16 — p. 23.

⋙❘◆•✿•◆❘⋘

Von den Wurzeln.

105. Es gibt im Sanskrit und den mit ihm verwandten Sprachen zwei Klassen von Wurzeln; aus der einen, bei weitem zahlreichsten, entspringen Verba, und Nomina (substantive und adjective), welche mit Verben in brüderlichem, nicht in einem Abstammungs-Verhältnisse stehen, nicht von ihnen erzeugt, sondern mit ihnen aus demselben Schoofse entsprungen sind. Wir nennen sie jedoch, der Unterscheidung wegen, und der herrschenden Gewohnheit nach, „Verbal-Wurzeln"; auch steht das Verbum mit ihnen in näherem formellen Zusammenhang, weil aus vielen Wurzeln durch blofse Anschliefsung der nöthigen Personal-Endung jede Person des Praesens gebildet wird. Aus der zweiten Klasse entspringen Pronomina, alle Urpraepositionen, Conjunctionen und Partikeln; wir nennen diese „Pronominalwurzeln", weil sie sämmtlich einen Pronominalbegriff ausdrücken, der in den Praepositionen, Conjunctionen und Partikeln mehr oder weniger versteckt liegt. Alle einfachen Pronomina sind weder ihrer Bedeutung noch der Form nach auf etwas allgemeineres zurückzuführen, sondern ihr Declinations-Thema ist zugleich ihre Wurzel. Die indischen Grammatiker leiten indessen alle Wörter, auch die Pronomina, von Verbalwurzeln ab, obwohl die meisten Pronominalstämme auch in formeller Beziehung einer solchen Herleitung widerstreben, weil sie gröfstentheils mit *a* enden, einer sogar aus blofsem *a* besteht; unter den Verbal-Wurzeln aber gibt es keine einzige auf *ă*, obwohl langes *a* und alle anderen Vocale, श्री *âu* ausgenommen, unter den Endbuchstaben der Verbal-

wurzeln vorkommen. Zufällige äufsere Identität zwischen
Verbal- und Pronominalwurzeln findet statt, z. B. ॒ *i* bedeutet als Verbalwurzel **gehen**, als Pronominalstamm **dieser**.

106. Die Verbalwurzeln sind wie die Pronominalwurzeln
einsylbig, und die von den Grammatikern als **Wurzeln**
aufgestellten mehrsylbigen Formen enthalten entweder eine
Reduplicationssylbe, wie *gágar*, *gágŗ* **wachen**, oder eine
mit der Wurzel verwachsene Praeposition, wie *ava-d'ir*
verachten, oder sind aus einem Nomen entsprungen, wie
kumár **spielen**, welches ich von *kumárá* **Knabe** ab-
leite. — Aufser dem Gesetze der Einsylbigkeit sind die sanskritischen Verbalwurzeln keiner weiteren Beschränkung unterworfen, und die Einsylbigkeit kann unter allen möglichen
Gestalten, in der kürzesten und ausgedehntesten, sowie in
den in der Mitte liegenden Stufen hervortreten. Dieser freie
Spielraum war auch nothwendig, wenn die Sprache innerhalb der Grenze der Einsylbigkeit das ganze Reich von
Grundbegriffen umfassen sollte. Die einfachen Vocale und
Consonanten genügten nicht; es mufsten auch Wurzeln geschaffen werden, wo mehrere Consonanten, zu einer un-
trennbaren Einheit verbunden, gleichsam als einfache Laute
gelten; z. B. *st'á* **stehen**, eine Wurzel, in welcher das
Alter des Beisammenseins des *s* und *t'* durch das einstim-
mige Zeugnifs aller Glieder unseres Sprachstamms unterstützt wird; so ist in इक्न्द *skand* **steigen** (lat. *scand-o*)
die alte Consonanten-Verbindung an den beiden Grenzen
der Wurzel durch die Begegnung des Lateinischen mit dem
Sanskrit gesichert. Der Satz, dafs schon in der ältesten
Periode der Sprache ein blofser Vocal hinreicht, um einen
Verbalbegriff darzustellen, wird durch die merkwürdige
Übereinstimmung bewiesen, mit welcher fast alle Individuen
der indo-europäischen Sprach-Familie den Begriff **gehen**
durch die Wurzel *i* ausdrücken.

107. Die Natur und Eigenthümlichkeit der sanskri-
schen Verbal-Wurzeln läfst sich noch mehr verdeutlichen
durch Vergleichung mit denen der semitischen Sprachen.

13*

Diese fordern, so weit wir in das Alterthum zurückgehen
können, drei Consonanten, welche, wie ich schon anderwärts
gezeigt habe *), für sich allein, ohne Hülfe der Vocale, den
Grundbegriff ausdrücken, und wohl momentan zu einer
Sylbe zusammengezwängt werden können, wobei aber die
Verbindung des mittleren Radicals mit dem ersten oder letzten nicht als ursprünglich und wurzelhaft anerkannt werden
kann, weil sie nur vorübergehend ist, und meistens von der
Mechanik des Wortbaues abhängt. So zieht sich z. B. im
Hebräischen *kâtúl* getödtet im Femin., wegen des Zusatzes *áh,* zu *ktúl* zusammen (*ktúláh*), während *kôtêl* tödtend,
vor demselben Zusatze, sich auf die entgegengesetzte Weise
zusammendrängt, und *kôtláh* bildet. Man kann also weder
ktúl noch *kôtl* als Wurzel ansehen; und eben so wenig
kann man die Wurzel suchen in *ktôl,* als Status constructus
des Infinitivs, denn dies ist nur eine Verkürzung der abso-
luten Form *kâtôl,* hervorgebracht durch die ganz natürliche
Eile zu dem vom Infinitiv regierten Wort, welches gleichsam an ihn angewachsen ist. Im Imperativ *ktôl* ist die Verkürzung nicht äufserlich, mechanisch bedingt, sondern mehr
dynamisch, und veranlafst durch die Schnelligkeit, womit
ein Befehl gewöhnlich kundgegeben wird. Die Vocale gehören im Semitischen, im strengsten Gegensatz zu den indo-
europäischen Sprachen, nicht der Wurzel, sondern der grammatischen Bewegung, den Nebenbegriffen und dem Mecha-
nismus des Wortbaues an; durch sie unterscheidet sich z. B.
im Arabischen *katala* er tödtete von *kutila* er wurde
getödtet, und im Hebräischen *kôtêl* tödtend von *kâtúl*
getödtet. Eine semitische Wurzel ist unaussprechbar, weil
man, indem man ihr Vocale gibt, sich schon zu einer speciellen grammatischen Form hinneigt, und nicht mehr blofses
Eigenthum der über alle Grammatik erhabenen Wurzel vor
sich hat. Im indo-europäischen Sprachstamm aber, wenn

---

*) Abhandl. der hist. phil. Kl. der K. Ak. der Wiss. aus dem J.
1824. S. 126 ff.

man seinen ältesten Zustand in den am reinsten erhaltenen
Sprachen zu Rathe zieht, erscheint die Wurzel als ein fast
unveränderlicher geschlossener Kern, der sich mit fremden
Sylben umgibt, deren Ursprung wir erforschen müssen, und
deren Bestimmung es ist, die grammatischen Nebenbegriffe
auszudrücken, welche die Wurzel an sich selber nicht ausdrücken kann. Der Vocal gehört hier mit dem oder den
Consonanten, und zuweilen ohne irgend einen Consonanten,
der Grundbedeutung an; er kann höchstens verlängert oder
durch *Guṇa* oder *Vriddhi* gesteigert werden; und diese Verlängerung oder Steigerung, und später (im Germanischen)
die Erhaltung eines ursprünglichen *a*, gegenüber seiner
Schwächung zu *i* oder *u* (§§. 6, 7.), gehört nicht zur Bezeichnung grammatischer Verhältnisse, die klarer angedeutet
sein wollen, sondern, wie ich glaube beweisen zu können,
nur der Mechanik, der Symmetrie des Formenbaues an.

108. Da die semitischen Wurzeln vermöge ihres Baues
die auffallendsten Anlagen haben zur Andeutung grammatischer Nebenbegriffe durch blofse innere Gestaltung der
Wurzel, wovon sie auch umfassenden Gebrauch machen,
während die indo-europäischen bei der ersten grammatischen
Bewegung zu Zusätzen von aufsen genöthigt sind: so mufs
es befremden, dafs Fr. v. Schlegel *) — indem er die
Sprachen im allgemeinen in zwei Hauptgattungen eintheilt,
wovon die eine die Nebenbestimmungen der Bedeutung durch
innere Veränderung des Wurzellauts, durch Flexion, anzeige,
die andre jedesmal durch ein zugefügtes Wort, was schon
an und für sich Mehrheit, Vergangenheit, ein zukünftiges
Sollen oder andere Verhältnifsbegriffe der Art bedeute —
gerade das Sanskrit und seine Schwestern der ersten, das
Semitische aber der zweiten Hauptgattung beizählt. „Zwar
„kann (heifst es S. 48) ein Schein von Flexion entstehen,
„wenn die angefügten Partikeln endlich bis zum Unkennt-
„lichen mit dem Hauptwort zusammenschmelzen; wo aber

---

*) In seinem Werke über Sprache und Weisheit der Indier.

„in einer Sprache, wie in der arabischen und in allen, die
„ihr verwandt sind, die ersten und wesentlichsten Verhält-
„nisse, wie die der Person an Zeitwörtern, durch Anfügung
„von für sich schon einzeln bedeutenden Partikeln bezeich-
„net werden, und der Hang zu dergleichen Suffixen sich
„tief in der Sprache begründet zeigt, da kann man sicher
„annehmen, dafs das gleiche auch in andern Stellen Statt
„gefunden habe, wo sich jetzt die Anfügung der fremdarti-
„gen Partikel nicht mehr so deutlich unterscheiden läfst;
„kann wenigstens sicher annehmen, dafs die Sprache im
„Ganzen zu dieser Hauptgattung gehöre, wenn sie gleich
„im Einzelnen durch Mischung oder kunstreiche Ausbildung
„zum Theil schon einen andern und höheren Character an-
„genommen hätte." Wir müssen hier vorläufig daran erinnern, dafs im Sanskrit und den mit ihm verwandten Sprachen die Personal-Endungen der Zeitwörter mindestens eben
so grofse Ähnlichkeit mit isolirten Pronominen zeigen, als
im Arabischen. Wie sollte auch irgend eine Sprache, welche
die Pronominalbeziehungen der Zeitwörter durch hinten oder
vorn anzufügende Sylben ausdrückt, in der Wahl dieser
Sylben diejenigen vermeiden, und nicht vielmehr suchen,
die auch im isolirten Zustande die entsprechenden Prono-
minalbegriffe ausdrücken? — Unter Flexion versteht Fr. v.
Schlegel die innere Veränderung des Wurzellauts, oder
(S. 35) die innere Modification der Wurzel, die er S. 48
der Anfügung von aufsen entgegenstellt. Was sind
aber, wenn von $\delta\omega$ oder δo im Griechischen $\delta i\delta\omega\text{-}\mu\iota$, $\delta\acute{\omega}\text{-}\sigma\omega$,
$\delta o\text{-}\vartheta\eta\sigma\acute{o}\mu\epsilon\vartheta\alpha$ kommt, die Formen $\mu\iota$, $\sigma\omega$, $\vartheta\eta\sigma o\mu\epsilon\vartheta\alpha$ anders als
offenbare Zusätze von aufsen, an die im Innern gar nicht,
oder nur in der Quantität des Vocals veränderte Wurzel?
Wenn also unter Flexion eine innere Modification der
Wurzel verstanden sein soll, so hat das Sanskrit und Griechische etc. aufser der Reduplication, die aus den Mitteln
der Wurzel selbst genommen wird, kaum irgend eine Flexion
aufzuweisen. Wenn aber $\vartheta\eta\sigma o\mu\epsilon\vartheta\alpha$ eine innere Modification
der Wurzel δo ist, blofs weil es damit verbunden wird,

daran angrenzt, damit ein Ganzes darstellt; so könnte man
auch den Inbegriff von Meer und Festland als eine innere
Modification des Meeres darstellen, oder umgekehrt. — S. 50
bemerkt Fr. v. Schlegel: „In der indischen oder griechi-
„schen Sprache ist jede Wurzel wahrhaft das, was der Name
„sagt, und wie ein lebendiger Keim; denn weil die Ver-
„hältnifsbegriffe durch innere Veränderung bezeichnet wer-
„den, so ist der Entfaltung freier Spielraum gegeben, die
„Fülle der Entwicklung kann ins Unbestimmbare sich aus-
„breiten und ist oftmals in der That bewundernswürdig
„reich. Alles aber, was auf diese Weise aus der einfachen
„Wurzel hervorgeht, behält noch das Gepräge seiner Ver-
„wandtschaft, hängt zusammen, und so trägt und erhält
„sichs gegenseitig." Ich finde aber die Folgerung nicht begründet, denn wie kann aus der Fähigkeit, die Verhältnifsbegriffe durch innere Veränderung der Wurzel auszudrücken, die Fähigkeit gefolgert werden, die (innerlich
unveränderte) Wurzel ins Unbestimmbare mit von aufsen
antretenden fremden Sylben zu umgeben? Was ist für ein
Gepräge von Verwandtschaft zwischen $\mu\iota$, $\sigma\omega$, $\vartheta\eta\sigma o\mu\varepsilon\vartheta\alpha$ und
den Wurzeln, woran diese bedeutsamen Zusätze sich an-
schliefsen? Erkennen wir also in den Flexionen des indo-
europäischen Sprachstamms keine inneren Umbiegungen der
Wurzel, sondern für sich bedeutsame Elemente, deren Ursprung nachzuweisen die Aufgabe der wissenschaftlichen
Grammatik ist. Wenn sich aber auch der Ursprung keiner
einzigen dieser Flexionen mit Sicherheit erkennen liefse, so
wäre das Princip der Bildung der Grammatik durch Anfügung von aufsen darum nicht minder gesichert, weil
man den Flexionen gröfstentheils schon beim ersten Blick
wenigstens soviel ansieht, dafs sie nicht der Wurzel angehören, sondern von aufsen angetreten sind. Auch gibt
A. W. v. Schlegel, der im Wesentlichen der erwähnten
Sprach-Eintheilung beistimmt *), in Ansehung der sogenann-

---

*) Er stellt jedoch in seinem Werke „*Observations sur la langue*

ten Flexionen zu verstehen, dafs sie keine Modificationen
der Wurzel, sondern fremde Zusätze seien, deren Charakte-
ristisches darin liege, dafs sie für sich betrachtet keine Bedeutung haben. Dies haben aber auch im Semitischen die
grammatischen Anhängesylben oder Flexionen wenigstens insoweit nicht, als sie, wie im Sanskrit, isolirt in vollkommen
gleichem Zustande nicht vorkommen. Man sagt z. B. im
Arabischen *antum* und nicht *tum* für ihr; und im Skr. sind
ma, ta und nicht *mi, ti* die declinirbaren Stämme der ersten
und dritten Person, und *at - TI* er ifst verhält sich zu *TA-m*
ihn wie im Gothischen *IT-a* ich esse zum einsylbigen *AT*
ich afs. Der Grund zur Schwächung des stammhaften *a*
zu *i* ist wahrscheinlich in den verschiedenen Fällen der beiden Schwestersprachen derselbe; nämlich der gröfsere Um-

---

et la littérature provençales" S. 14 ff. drei Klassen auf, nämlich: *Les langues sans aucune structure grammaticale, les langues qui emploient des affixes, et les langues à inflexions.* Von der
letzteren sagt er: *Je pense, cependant, qu'il faut assigner le premier
rang aux langues à inflexions. On pourroit les appeler les langues
organiques, parce qu'elles renferment un principe vivant de dévelop-
pement et d'accroissement, et qu'elles ont seules, si je puis m'exprimer
ainsi, une végétation abondante et féconde. Le merveilleux artifice
de ces langues est, de former une immense variété de mots, et de
marquer la liaison des idées que ces mots désignent, moyennant un
assez petit nombre de syllabes qui, considérées séparément, n'ont
point de signification, mais qui déterminent avec précision le sens du
mot auquel elles sont jointes. En modifiant les lettres radicales, et
en ajoutant aux racines des syllabes dérivatives, on forme des mots
dérivés de diverses espèces, et des dérivés des dérivés. On compose
des mots de plusieurs racines pour exprimer les idées complexes. En-
suite on décline les substantifs, les adjectifs et les pronoms, par gen-
res, par nombres et par cas; on conjugue les verbes par voix, par
modes, par temps, par nombres et par personnes, en employant de
même des désinences et quelquefois des augmens qui, séparément, ne
signifient rien. Cette méthode procure l'avantage d'énoncer en un seul
mot l'idée principale, souvent déjà très-modifiée et très-complexe,
avec tout son cortége d'idées accessoires et de relations variables.*

fang der Wortform mit *i* (vgl. §. 6.). — Wenn nun also
Fr. v. Schlegel's Sprach-Eintheilung ihrem Bestimmungs-
grunde nach unhaltbar ist, so liegt doch in dem Gedanken
an eine naturhistorische Classificirung der Sprachen viel
Sinnreiches. Wir wollen aber lieber mit A. W. v. Schlegel (l. c.) drei Klassen aufstellen, dieselben jedoch so unterscheiden: Erstens, Sprachen ohne eigentliche Wurzeln und
ohne Fähigkeit zur Zusammensetzung und daher ohne Organismus, ohne Grammatik. Hierher gehört das Chinesische,
wo alles, dem Anscheine nach, noch nackte Wurzel ist *)

---

*) Ich sage „dem Anscheine nach", denn wirkliche Wurzeln kann
man dem Chinesischen, wie ich jetzt glaube, in Abweichung von
meiner früheren Darstellung (erste Ausgabe p. 112), nicht zugestehen,
da eine Wurzel immer eine Wortfamilie voraussetzt, deren Mittel-
und Ausgangspunkt sie ist, und wozu man gelangt, wenn man von
allen Wortformen, die einen gemeinschaftlichen Mittelpunkt und
einen gemeinschaftlichen Grundbegriff haben, alles ablöst, was nicht
zur Darstellung dieses Grundbegriffes gehört und in allen Individuen
derselben Wortfamilie, abgesehen von lautgesetzlichen oder euphonischen Umwandlungen (aus Rücksicht für die umgebenden Laute),
vorhanden ist, im Fall nicht im Laufe der Zeit Verstümmelungen eingetreten sind, wie diejenigen, deren wir bei der Lautlehre gedacht
haben. Die Composita, wovon die chinesischen Grammatiken sprechen, sind keine wirklichen Composita, sondern nur neben einander
gesetzte Wörter, wovon das letztere oft nur dazu dient, die Bedeutung
des ersteren näher zu bestimmen; z. B. in dem Wort-Paar *taó lú*
(s. Endlicher, Anfangsgründe der chin. Gramm. p. 170) sind zwei
Wörter zusammengestellt, welche beide unter andern Weg bedeuten
und gemeinschaftlich nichts anders als Weg bedeuten können. Die
von Endlicher (p. 171 ff.) erklärten Ausdrucksweisen sind sprach-
lich eben so wenig Composita, als etwa im Französischen Umschrei-
bungen wie *homme d'affaires, homme de lettres.* Sie ersetzen aber die
Composita solcher Sprachen, die zur Bildung wirklicher Wortver-
bindungen, mit einem gemeinschaftlichen Accent, fähig sind, und
stellen eine begriffliche Einheit dar, wobei man nicht mehr an die
Bedeutung der einzelnen Wörter denkt, sondern an das, was sie zusammen ausdrücken, zumal der Sprachgebrauch über solche Wort-

und die grammatischen Kategorien und Nebenverhältnisse
der Hauptsache nach nur aus der Stellung der Wörter im
Satze erkannt werden können *).   Zweitens, Sprachen mit

Vereine mit einer grofsen Willkür verfügt, indem z. B. die Ausdrücke
für Wasser (*shúi*) und Hand (*sheù*) also (*shúi sheù*) zusammen Steuermann bedeuten, und die Benennung der Sonne (*g̈i*)
und des Sohnes (*tsè*) den Tag bezeichnen, der nämlich als Er-
zeugnifs der Sonne *g̈i tsè* genannt wird. — Ein wurzelhaftes Ansehen haben aber die chinesischen Wörter darum, weil sie alle
einsylbig sind; doch gestatten die wirklichen Wurzeln der indo-
europäischen Sprachen eine gröfsere Mannigfaltigkeit in der Form
als die chinesischen Wörter.   Diese beginnen sämmtlich mit einem
Consonanten und schliefsen (das Südchinesische ausgenommen) entweder mit einem Vocal, Diphthonge und Tripthonge mitbegriffen,
oder mit einem Nasal (*n, ng*) und vorangehendem Vocal.   Nur *l*
macht eine Ausnahme und erscheint als Ausgang hinter *eu* in *eul*
und, *eúl* zwei und *eùl* Ohr.   Ich setze als Beispiele des sehr
beschränkten chinesischen Wortbaues die Zahlwörter von 1—10,
nebst den Benennungen von 100 und 1000, nach Endlicher's
Schreibart her: *'i* 1, *eúl* 2, *san* 3, *ssé* 4, *'u* 5, *lŭ* 6, *tsĭi* 7, *pă* 8,
kieù 9, *shĭ* 10, *pĕ* 100, *tsian* 1000.   Man sieht, dafs hier ein
jedes Zahlwort eine Schöpfung für sich ist, und dafs keine Möglichkeit
vorhanden ist, ein höheres Zahlwort aus einem niedrigeren durch Annahme einer versteckten Zusammensetzung zu erklären.   Am meisten
gleicht die Einrichtung der chinesischen Wörter der der indo-europäischen Pronominal-Wurzeln oder Pronominalstämme, indem diese,
wie oben (§. 105) bemerkt worden, sämmtlich einen vocalischen Ausgang haben.   Von diesem Gesichtspunkte aus könnte man etwa
pă, lŭ, shĭ mit den skr. Interrogativstämmen *ka, ku, ki* vergleichen.   Auch könnten einige sanskritische Substantivstämme verglichen werden, welche ihrer Form nach nackte Wurzeln sind, indem
sie der Wurzel, welcher sie angehören, kein Bildungssuffix angefügt
haben; wie z. B. *bʹâ* Glanz, *bʹí* Furcht, *hrí* Scham.

*) Vortrefflich finden wir den Standpunkt des Chinesischen er-
läutert in W. v. Humboldt's geistreicher Schrift „*Lettre à M. Abel-
Rémusat, sur la nature des formes grammaticales en général, et sur
le génie de la langue Chinoise en particulier.*"

einsylbigen Wurzeln, die der Zusammensetzung fähig sind,
und fast einzig auf diesem Wege ihren Organismus, ihre
Grammatik gewinnen. Das Hauptprincip der Wortschöpfung,
in dieser Klasse, scheint mir in der Verbindung von Verbal-
und Pronominal-Wurzeln zu liegen, die zusammen gleichsam
Seele und Leib darstellen (vgl. §. 105.). Zu dieser Klasse
gehört die indo-europäische Sprachfamilie, und außerdem
alle übrigen Sprachen, sofern sie nicht unter 1. oder 3. be-
griffen sind, und in einem Zustande sich erhalten haben,
der eine Zurückführung der Wortformen auf ihre einfach-
sten Elemente möglich macht. Drittens, Sprachen mit zweisylbigen Verbalwurzeln und drei nothwendigen Consonanten
als einzigen Trägern der Grundbedeutung. Diese Klasse
begreift bloß die semitischen Sprachen, und erzeugt ihre
grammatischen Formen nicht bloß durch Zusammensetzung,
wie die zweite, sondern auch durch bloße innere Modification der Wurzeln. Einen großen Vorzug der indo-europäischen vor der semitischen Sprachfamilie räumen wir zwar
gerne ein, finden ihn aber nicht in dem Gebrauche von
Flexionen als für sich bedeutungslosen Sylben, sondern in
der Reichhaltigkeit dieser grammatischen, wahrhaft bedeutsamen und mit isolirt gebrauchten Wörtern verwandten
Anfügungen; in der besonnenen, sinnreichen Wahl und Ver-
wendung derselben, und der hierdurch möglich werdenden
genauen und scharfen Bestimmung der mannigfaltigsten Verhältnisse; endlich in der schönen Verknüpfung dieser Anfügungen zu einem harmonischen, das Ansehen eines organischen Körpers tragenden Ganzen.

109*ᵃ⁾*. Die indischen Grammatiker theilen die Wurzeln
nach Eigenheiten, die sich nur auf die Tempora, welche
ich die Special-Tempora nenne *), und auf das Part.

---

*) Im Griechischen entspricht ihnen das Praesens (Indic. Imper.
und Optat.; die Form des gr. Conjunct. fehlt dem gewöhnlichen
Sanskrit) und Imperfect., über welche hinaus sich hier ebenfalls gewisse Conjugations-Merkmale nicht erstrecken. Im Germanischen
entspricht das Praes. jedes Modus.

praes. erstrecken, in zehn Klassen ein, die wir sämmtlich
auch im Send wiedergefunden haben, und im folgenden §.
durch Beispiele belegen werden. Hier wollen wir zunächst
die Charakteristik der sanskritischen Klassen geben, und
ihnen das Entsprechende der europäischen Schwestersprachen
gegenüberstellen.

1) Die erste und sechste Klasse setzen ग्र *a* an die
Wurzel, und wir behalten uns vor, über den Ursprung
dieses und anderer Conjugationszusätze bei der Lehre vom
Verbum uns auszusprechen. Der Unterschied der ersten
Klasse, von ungefähr 1000 Wurzeln — fast die Hälfte der
Gesammtzahl — von der sechsten Klasse — welche ungefähr 150 Wurzeln enthält — liegt darin, dafs sie den Wurzelvocal durch *Guṇa* (§. 26.) steigert und ihn betont, während
die sechste ihn rein erhält und den Ton auf die Klassensylbe sinken läfst; daher *bṓd'ati* er weifs von *bud'* 1
gegen *tudáti* er stöfst von *tud* 6. Da ग्र *a* kein *Guṇa*
hat, so kann bei diesem Vocal keine formelle Unterscheidung
zwischen Klasse 1. und 6. stattfinden, sondern nur durch
die Betonung, wodurch sich z.B. *maǵǵ-á-ti* submergitur
zur 6ten Klasse bekennt. Gröfstentheils gehören aber die
Verba mit wurzelhaftem *a* zur ersten Klasse. — Einige Verba
der sechsten schieben einen Nasal ein, der sich nach dem
Organ des Endconsonanten der Wurzel richtet, z.B. *lump-
-á-ti* von *lup* spalten, brechen, *vind-á-ti* von *vid*
finden. — Im Griechischen entspricht ε (vor Nasalen ο, §. 3.)
dem Zusatze ग्र *a*, und λείπ-ο-μεν*), φεύγ-ο-μεν, von ΛΙΠ, ΦΥΓ
(ἔλιπον, ἔφυγον) gehören zur ersten Klasse, weil sie *Guṇa*
haben (§. 26.); während z. B. γλίχ-ο-μαι der sechsten Klasse
anheimfällt **). Vom Lateinischen erkennen wir in der drit-

---

*) Wir setzen den Plural, weil der Singular wegen Verstümme-
lung die Sache weniger deutlich macht.

**) Skr. lange Vocale lassen nur am Ende der Wurzel die Guṇi-
rung zu, bleiben aber anfangend und in der Mitte ohne Beimischung
des *a*; eben so kurze Vocale vor doppelter Consonanz. Die so be-

ten Conjugation, die ich zur ersten erheben würde, die Verwandten der skr. ersten und sechsten Klasse, indem wir
nämlich den Zusatz *i* als eine Schwächung des alten *a* ansehen (§. 6.); auch verhält sich z. B. *leg-i-mus* zu λέγ-ο-μεν
wie im Genit. *ped-is* zu πoδ-óς, wo das Skr. ebenfalls *a* hat
(*pad-ás*). In *leg-u-nt* aus *leg-a-nti* ist das alte *a* durch den
Einflufs der Liquida zu *u* geworden (vgl. §. 7.). — Zu den
nasalirten Formen der skr. 6ten Klasse stimmen analoge
lateinische; namentlich begegnet *rump-i-t* dem oben erwähnten *lump-á-ti*. Mit *vind-á-ti* vergleiche man, hinsichtlich des eingeschobenen *n*, *find-i-t*, *scind-i-t*, *tun-
d-i-t*. — Im Germanischen stehen, mit Ausnahme der unter
2) und 5) erwähnten Verben und des Verb. subst., alle starken Verba in einem einleuchtenden Zusammenhang mit der
skr. ersten Klasse, der hier zum erstenmal in seinem ganzen
Umfang dargelegt wird *). Das der Wurzel beitretende
ऋ *a* ist im Gothischen **) vor einigen Personal-Endungen
unverändert geblieben, vor anderen, wie im Lateinischen, zu
i geschwächt worden (nach §. 67); so *hait-a* (ich heifse),
hait-i-s, *hait-i-th*; 2. Pers. du. *hait-a-ts*; Pl. *hait-a-m*, *hait-i-th*,
hait-a-nd. — Die Wurzel-Vocale *i* und *u* erhalten den *Guṇa*-
Zusatz, wie im Skr., nur dafs sich das guṇirende *a* hier zu
i geschwächt hat (§. 27.), welches mit einem radicalen *i* zu
einem langen *i* (geschrieben *ei*, s. §. 70.) zusammengezogen

schaffenen Wurzeln gehören zur ersten Klasse, z. B. *kri̇́ḍ-a-ti*
er spielt.

*) Die Vermuthung, dafs das *a* von Formen wie *haita, haitam,
haitaima* etc. nicht zur Personal-Endung gehöre, sondern identisch
sei mit dem *a* der skr. 1. und 6. Klasse, habe ich schon in meiner
Recens. von Grimm's Gramm. ausgesprochen, allein die Guṇirung
im Praes., bei allen Wurzeln mit *Guṇa*-fähigen Vocalen, war mir damals noch nicht klar geworden (s. Jahrb. für wissensch. Krit. Febr.
1827 p. 282; Vocalismus p. 48).

**) Wir erwähnen häufig nur das Gothische als den wahren Aus-
gangs- und Lichtpunkt der deutschen Grammatik. Die Anwendung auf das Hochdeutsche ergibt sich leicht von selbst.

wird; daher z. B. *keina* (= *kína* aus *küna*) ich keime von
kin, *biuga* ich biege von *bug*, skr. *b'uǵ*, wovon *b'ugná*
gebogen *). Der skr. Wurzelvocal *a* hat im Gothischen

---

*) Die goth. Wz. *luk* schliefsen verlängert ihr *u* statt es durch
i zu guniren, daher z. B. *us-lúk-i-th* er schliefst auf für *us-*
-liuk-i-th. Hierbei ist es wichtig zu beachten, dafs es auch im
Sanskrit ein vereinzelt stehendes Verbum der ersten Klasse gibt,
welches statt der Gunirung ein wurzelhaftes *u* verlängert, daher
gúh-a-ti er bedeckt (für *gόh-a-ti*) von der Wz. *guh* aus *gud́*
(gr. κυϑ s. p. 183). So im Lateinischen *dŭc-i-t* von *dŭc* (*dux, dŭcis*)
und mit analoger Verlängerung des *i*, *dico*, *fído* (vgl. *judex*,
judĭcis, *causidĭcus*, *fídes*). Hierher gehören auch diejenigen
griechischen Verba, welche ein kurzes υ und ι der Wz. im Praesens
verlängern, wie z. B. τρίβω (ἐτρίβην, τρῐβήσομαι, τρῐβάς, τρῐ-
βεύς), ϑλίβω, (ἐϑλίβην), φρύγω (ἐφρύγην). — Da die gothische
Urschrift kurzes und langes *u* nicht unterscheidet (s. §. 76), so könnte
man auch annehmen, dafs das oben erwähnte *us-luk-i-th* ein kurzes
u habe; ich zweifle jedoch nicht daran, dafs Grimm Recht hatte, in
der 2ten Ausgabe seiner Grammatik (p. 842) *ga-lúka* zu schreiben, da
alle starken Verba mit wurzelhaftem *u* diesen Vocal im Praesens
guniren, und eine Ersetzung der *Guṇa*-Steigerung durch Verlängerung viel wahrscheinlicher ist, als eine Aufhebung des *Guṇa* ohne
alle Entschädigung. Wenn aber das Gothische, was oben (§. 76.)
bestritten worden, überhaupt kein langes *u* hätte, so würde dieser
Umstand gewifs die Form *liuka* geschützt haben, weil dann eine Entschädigung für die Ausstofsung des *i* durch Verlängerung des Grundvocals unmöglich gewesen wäre. — Das *u* von *truda* ich trete
steht, wie die verwandten Dialekte zeigen, für *i*, und gilt mir als
Schwächung des wurzelhaften *a*, welches sich in diesem Verbum, in
Abweichung von allen übrigen von Grimm's 10ter Conjugation, anstatt in *i*, in das weniger leichte und somit dem *a* näher stehende *u*
umgewandelt hat (s. §. 7), und sich also zu Formen wie *giba* verhält wie im Lateinischen *conculco* zu Zusammensetzungen wie *con-
tingo*, nur dafs hier das *l* einen Einflufs auf die Wahl des *u* in Vorzug
vor *i* geübt hat. Dafs das unbelegbare Praeteritum von *truda* nicht
anders lautet als *trath*, plur. *trēdum*, wie Grimm (I. p. 842) ansetzt,
scheint mir kaum einem Zweifel unterworfen, obwohl Grimm selber in Bezug auf den Plural seine Ansicht geändert hat (Geschichte

ein dreifaches Schicksal erfahren. Entweder ist er in den
Special-Temporen unverändert geblieben, z. B. in *far-i-th*
er **wandert** für skr. *cár-a-ti* (§.14.); oder das alte *a* hat
sich in den Special-Tempp. zu *i* geschwächt, daher z. B.
qvim-i-th er **kommt** gegen *qvam* ich **kam**, er **kam** (skr.
Wz. *gam* gehen, s. p. 14 f.); oder drittens, es ist das alte
a völlig untergegangen und das daraus durch Schwächung
entstandene *i* gilt als wirklicher Wurzelvocal, welcher wie
das organische, schon im Sanskrit stehende *i* behandelt wird,
d. i. in den Special-Tempp. durch *i* und im Praet. sg. durch
a gunirt wird, im Praet. pl. aber sich rein erhält. Hierher
gehört das oben erwähnte *kin* **keimen**; Praes. *keina*, Praet.
sg. *kain*, pl. *kin-um*. Die entsprechende skr. Wurzel ist
nämlich *ǵan* **erzeugen, geboren werden** (s. §. 87. 1);
so auch verhält sich *greipa*, *graip*, *gripum*, von *grip* **ergreifen**, zu 𑀕𑀭𑀳 *graʙ* (Vêda-Form) **nehmen**); dagegen hat
z. B. *bit* **beißen**) (*beita*, *bait bitum*) ein ursprüngliches,
schon im Skr. stehendes *i* (vgl. मिद् *ʙid* **spalten**).

2) Die vierte Klasse sanskritischer Wurzeln fügt denselben die Sylbe *ya* bei und stimmt hierin mit den Specialtempp. des Passivs überein; auch sind die hierher gehören-

---

d. d. Sprache p. 846 f.), und nun *tródum* setzt für *trêdum*. Zu Gunsten der letzteren Form spricht das Althochdeutsche durch Formen
wie *drâti* (Conjunct.) und *fur-trâti* (2. P. sg. indic.). Wenn es
aber einen goth. Plur. praet. *tródum* gegeben hätte, so würde ihm
wahrscheinlich im Singular *tróth* gegenüber stehen, nach Analogie
von *fôr, fôrum*, praes. *fara*, so daß dann das Praes. *truda* zu **Grimm's**
7ter Conjugation zu ziehen wäre, und zu den übrigen Specialformen
derselben hinsichtlich des Wurzelvocals in dem Verhältniß von Formen wie *bundum* **wir banden** zu ihren einsylbigen Singularformen
wie *band* (Conjug. XII.) stünde.

) Das goth. *p* steht unregelmäßig für *ʙ* statt des skr. *ʙ* (s. §. 88);
vgl. lit. *grêbju* **ich nehme**, altslav. *grablju* **ich raube**.

) Kommt nur mit der Präp. *and* und mit der Bedeutung **schelten** vor, entspricht aber der ahd. Wurzel *biz* **beißen**.

den Verba gröfstentheils Intransitiva, wie z. B. *nás-ya-ti*
er geht zu Grund, *hŕs'-ya-ti* er freut sich, *ŕd̂-ya-ti*
er wächst, *kúp-ya-ti* er zürnt, *trás-ya-ti* er zit-
tert. Der Wurzelvocal bleibt in der Regel unverändert,
und erhält, wie die erwähnten Beispiele zeigen, den Ton *),
während das Passiv denselben auf die angehängte Sylbe
herabsinken läfst. Man vergleiche z. B. *nah-yá-tê* er wird
gebunden mit dem Medium *náh-ya-tê* (act. *náh-ya-ti*)
er bindet. Zu dieser Klasse, welche ungefähr 130 Wurzeln enthält, ziehe ich diejenigen gothischen Verba auf *ja*,
welche wie z. B. *vahs-ja* ich wachse, *bid-ja* ich bitte
diesen Zusatz im Praeteritum aufgeben (*vóhs* ich wuchs,
bath ich bat, plur. *bêdum*). Sie haben in den Specialtempp. nur eine zufällige Ähnlichkeit mit Grimm's erster
schwacher Conjugation (*nas-ja* ich rette), deren *ja* aus
anderer Quelle fliefst, und, wie später gezeigt wird, eine
Verstümmelung von *aja* (skr. *aya*, s. unter nr. 6.) ist. Die
zum goth. *vahs* stimmende skr. Wz. *vaks'* gehört zur ersten
Klasse (also *váks'-a-ti* crescit), allein die entsprechende
Send-Wurzel, welche vorherrschend in der zusammengezogenen Form ‏ﻭﺟﺱﻭ‏ *uk's* **) erscheint, gehört zur vierten; daher
in einer von Burnouf (Yaçna, Notes p. 17) citirten Stelle
us-uk'syanti sie wachsen hervor, gegenüber dem gothischen *vahs-ja-nd*. Ich mache noch darauf aufmerksam,
dafs, wenn die gothischen Verba wie *vahsja* eine Mischung
der starken und schwachen Conjug. enthielten, man dann
kein *bidja*, sondern dafür *bad-ja* zu erwarten hätte, wie
z. B. *sat-ja* ich setze (mache sitzen) von der Wz. *sat*

---

*) Ausgenommen in den augmentirten Praeteriten, welche auch
bei der ersten und sechsten Klasse, wie in allen übrigen, durchgreifend das Augment betonen.

**) Über *k's*, wie ich für *k's* schreibe, s. §. 52. Auch im Vêda-
Dialekt kommt bei dieser Wurzel die Zusammenziehung von *va* zu *u*
vor. Im Irländischen heifst *fasaim*, für skr. *váks'ámi*, ich wachse.
Über andere Verwandte dieser Wz. s. Gloss. scr. p. 304.

(*sita, sat, sêtum*), *nasja* ich r e t t e, von *nas* (*ga-nisa* ich
g e n e s e, praet. *ga-nas*). Bei vocalisch endigenden Wurzeln
auf *ô* (= *á* s. §. 69. 1.) kürzt sich das *ô* in den Specialtempp.
zu *a*, und das *j*, vocalisirt zu *i*, vereinigt sich mit diesem *a*
zu einem Diphthong; daher z. B. *vaia* ich w e h e für *va-ja*
und dieses für *vô-ja*, von der Wz. *vô* (praet. *vaivô*) für skr.
v á (perf. *vaváu*), wovon die 3te P. praes. nach der 4ten Klasse
vá'-ya-ti lauten würde. So wie *vaia*, so ziehe ich auch
die beiden anderen Verba von Grimm's 5ter Conjugation
hierher, nämlich *laia* ich s c h m ä h e und *saia* ich s ä e, von
den Wurzeln *lô, sô*. Die Form *saijith* (Marc. IV. 14) er
s ä t steht euphonisch für *saiith*, weil *i* hinter *ai* nicht beliebt scheint, während vor *a* kein *aij* für *ai* vorkommt
(*saiada, saian, saiands, saians*, s. Grimm I. p. 845). Das
Sanskrit bietet ebenfalls in dieser Verbalklasse Kürzungen
von *á* zu *a* dar, wenn man mit B o e h t l i n g k (Sanskrit-
Chrestomathie p. 279 f.) Formen wie *d'á-ya-ti* er t r i n k t
hierherzieht, unter Berücksichtigung, dafs alle Wurzeln,
welche nach den indischen Grammatikern auf *ê, ái, ô* ausgehen, in den allgemeinen Temporen sich den Wurzeln auf
á gleichstellen *) — indem z. B. *d'á-syá'mi* ich w e r d e
t r i n k e n nicht von *d'ê*, sondern von *d'á* (vgl. gr. ϑῆσϑαι)
kommt — so dafs man allen Grund hat, anzunehmen, dafs
es keine Wurzeln mit diphthongischem Ausgang gebe, sondern dafs die Wurzeln, welchen die Grammatiker einen
solchen Ausgang zuschreiben, mit Ausnahme von *ǵyô* (eigentlich *ǵyu*) sämmtlich der vierten Conjugationsklasse anheim-
fallen, und mit Bezug auf ihre Gestaltung in den Special-

---

*) Dafs die Wurzeln, welche nach den indischen Grammatikern auf
einen Diphthong ausgehen, mit Ausnahme von स्यौ *s'yô*, eigentlich
mit *á* schliefsen, ist schon in der ersten Ausgabe meiner kleineren
Sanskritgramm. (1832 §.354) bemerkt worden. Ich habe aber damals,
um die betreffenden Verba in der ihnen von den indischen Grammatikern angewiesenen Conjugationsklasse zu lassen, das *y* in anderer
Weise zu erklären versucht; ebenso in der 2ten Ausg. (1845 p. 211).

tempp. in 3 Klassen zerfallen: 1) Verba, welche das schliefsende *á* der Wurzel vor dem Klassencharakter *ya* unverändert lassen, z.B. *gá'-ya-ti* er singt von *gá* *); 2) solche,
welche wie das oben erwähnte *d'á-ya-ti* das *á* kürzen,
während die indischen Grammatiker *d'áy-a-ti* theilen und
dieses, wie alle ähnlichen Verba, zur ersten Klasse ziehen;
3) Verba, welche vor dem Charakter *ya* den Wurzelvocal
á abwerfen, wornach der Ton natürlich zur Klassensylbe
überwandern mufs. Es gibt deren nur 4, worunter *d-yá-ti*
abscindit, dessen Wurzel *dá* sich klar in *dá-tá-s* abge-
schnitten und *dá-tra-m* Sichel herausstellt. Hinsichtlich der Unterdrückung des Wurzelvocals in den Specialtempp. vergleiche man den Verlust des *á* von *dá* geben
und *d'á* setzen im Potentialis *dad-yá'-m*, *dad'-yá'm*, für
dadá-yá'm, *dad'á-yá'm*, gr. διδοίην, τιϑείην. Wir kehren
zum Germanischen zurück, um zu bemerken, dafs im Althochdeutschen das *j* des Klassencharakters sich häufig dem
vorhergehenden Consonanten der Wurzel assimilirt, daher
z.B. *hef-fu* ich hebe für *hef-ju*, gegenüber dem goth. *haf-ja*,
praet *hóf*; *pittu* ich bitte für *pit-ju*, goth. *bid-ja*. Dies führt
uns zu griech. Verben wie βάλλω, πάλλω, ἄλλομαι (aus βάλ-
jω etc., s. p. 32 f.), die ich ebenfalls zur skr. vierten Klasse ziehe,
da die Consonantenverdoppelung sich nur auf die Special-
tempora beschränkt. Den Formen wie πράσσω, φρίσσω, λίσσομαι liegt eine doppelte Consonanten-Entstellung zum Grunde,
einmal die Entartung eines Gutturals oder Dentals zu einem
Zischlaut, und dann, in Folge einer regressiven Assimilation,
die Umwandlung des früher im Griechischen vorhandenen *j*
in σ; also z. B. πράσ-σω aus πράγ-*jω*, φρίσ-σω aus φρίκ-*jω*,
λίσ-σο-μαι aus λίτ-*jc*-μαι. In derselben Weise erkläre ich
Comparative mit doppeltem σ; wie z. B. γλύσσων aus γλύκ-
jων (γλυκίων), κρείσσων aus κρείτ*jων*. Auch bin ich in der frü-

---

*) Nach den Grammatikern *g á i*, so dafs *g á'y-a-ti* zu theilen, und
das Verbum zur ersten Klasse zu ziehen wäre.

heren Ausgabe *) erst durch Comparative dieser Art zu der
Entdeckung des Zusammenhangs griechischer Verba auf
σσω (attisch ττω) und λλω mit sanskritischen der vierten
Klasse gelangt. Es stützen sich jedoch nicht alle griechischen
Verba auf σσω auf die skr. vierte Klasse, sondern ein Theil
fliefst aus anderer Quelle, jedoch ebenfalls mit einer regressiven Assimilation eines ursprünglichen *j* (skr. ॺ *y*).
Hiervon später mehr. — Dafs das skr. *y* der 4ten Klasse
in entsprechenden griech. Verben auch als ζ vorkommt, in
Formen wie βύ-ζω, βλύ-ζω, aus βύ-jω, βλύjω, und in solchen wie
βρί-ζω, σχί-ζω aus βρίγ-jω, σχίδ-jω, ist bereits oben (p. 32)
bemerkt worden. Ich erwähne hier noch πί-ζω aus πί-jω
als Schwesterform des skr. *pî-yê* (med.) ich trinke, welches
im Activ *pî-yâmi* lauten würde. Der Übergang der primitiven Bedeutung in die causale (trinken, tränken),
ohne formelle Begründung, ist nicht befremdend und findet
sich z. B. auch in ἵστημι und lat. *sisto* gegenüber dem skr.
tis̱t̲âmi, send. *histâmi* ich stehe. — Bei Verben mit
liquiden Endconsonanten der Wurzel kommen auch Ver-
setzungen des zu ι aufgelösten Halbvocals in die vorangehende Sylbe vor; also wie die Comparative ἀμείνων, χείρων;
für ἀμενίων, χερίων, aus ἀμένjων, χέρjων; so z. B. χαίρω aus
χάρ-jω für skr. *hr̥s̱'-yâ-mi*, aus *hár̲s'-yâ-mi* **), μαίν-ε-ται
aus μάν-jε-ται für skr. *mán-ya-tê* (Wz. ꣽꣽ *man* denken). — Zu den oben (p. 209) erwähnten gothischen Formen wie *vaia* ich wehe (aus *va-ja*), *saia* ich säe, aus *sa-ja*,
stimmen zum Theil die griechischen Verba auf αιω, namentlich δαίω ich theile, aus δά-jω, welches seine skr.
Schwesterform *d-yấ-mi* abscindo (p. 210) durch Bewahrung des Wurzelvocals überbietet, und sich in dieser
Beziehung dazu verhält wie διδοίην, τιϑείην zum skr. *dadyấm, dadyấm*. Darin, dafs das ι von δαίω in einigen

---

*) Dritte Abtheilung (1837 §. 501) und 2te Abth. p. 413 f.

**) Das *a* aller Klassensylben wird vor *m* und *v* verlängert, sofern
ein Vocal darauf folgt, was bei *v* überall der Fall ist.

Nominalbildungen, wie δαίς, δαίτη, δαιτρός, sowie in dem
Verbum δαίνυμι mit der Wurzel verwachsen ist, stimmt das
Griechische zu einigen ähnlichen Erscheinungen im Sanskrit,
welches den Verben *vá-ya-ti* er webt, *dá-ya-ti* er
trinkt die Substantivstämme *vḗ-man* (aus *vai-man*)
Weberstuhl und *dḗ-nú* Milchkuh gegenüberstellt,
welche Formen uns nicht veranlassen dürfen, mit den indischen Grammatikern *vḗ* und *dḗ* als wirkliche Wurzeln
anzuerkennen. Es könnten jedoch auch *vḗ-man*, *dḗ-nú*
als Entartungen von *vá-man*, *dá-nú* gefaſst werden, da
Schwächungen von *á* zu *ḗ = ai* auch sonst vorkommen,
z. B. in Vocativen weiblicher Stämme auf *á*, wie *sútḗ*
Tochter! von *sutá*, und in Dualen des Mediums wie *ábó-*
dḗtám die beiden wuſsten aus *ábód-a-átám*. — In
Bezug auf δαίω ich brenne, zünde an habe ich in meinem Glossar die Vermuthung ausgesprochen, daſs es zum
skr. Causale *dáḥ-áyá-mi* ich mache brennen, zünde
an gehöre; doch bestreite ich nicht, daſs es sich auch
formell auf das intransitive *dáḥ-yá-mi* ardeo stützen
könne *); in diesem Falle wäre die Unterdrückung des ι in
Formen wie ἐδαόμην, δάηται, δέδηα ganz in der Ordnung. Von
Verben auf εω haben, wie G. Curtius bemerkt **), diejenigen, bei welchen der Klassencharakter sich nicht über die
Specialtempora hinaus erstreckt, Anspruch darauf, den skr.
Verben der vierten Klasse zur Seite gestellt zu werden, so
daſs das ε als Entartung von ι aus *j* gelten müſste (s. §. 656),
während ich es in der groſsen Mehrheit der Verba auf εω
als Entartung eines skr. *a* fasse (s. unter 6); also z. B. ὠθέω,
aus ὠθϳω. In γαμέω, aus γάμ-ϳω, möchte ich aber, trotz dem,
daſs die allgemeinen Tempora unmittelbar aus γαμ entspringen, ein Denominativum erkennen und somit einen Verwandten des im Sanskrit sehr isolirt dastehenden *ǵam* (aus
gam) Gattin — in dem Compositum *ǵam-pati* Gattin

---

*) S. G. Curtius, Beiträge. p. 95 f.
**) l. c. p. 94 f.

und **Gatte** — wobei daran zu erinnern ist, dafs die skr.
Denominativstämme auf *y a* diese ganze Sylbe in den allgemeinen Tempp. ablegen können, und dafs im Griechischen
auch die auf Assimilation beruhenden Denominativa wie
ἀγγέλλω, ποικίλλω, κορύσσω (aus ἀγγέλ-jω, ποικίλ-jω, κορύϑ-jω)
in den allgemeinen Temporen sich des Zusatzes entledigen
und dieselben aus ἀγγελ, ποικιλ, κορυϑ bilden, daher z. B.
ἀγγελῶ, ἤγγελον, ποικιλῶ, κεκόρυϑμαι. — Das Lateinische zeigt
Überreste der sanskritischen 4ten Klasse in Formen der 3ten
Conjugation auf *io*, wie *cupio, capio, sapio.* Ersteres stimmt
zum skr. *kúp-yá-mi* ich zürne, die beiden letzten zum
althochdeutschen *hef-fu* (goth. *haf-ja* ich hebe) *sef-fu (in-
seffu* intelligo). Vom Litauischen gehören hierher Verba
wie *gný'biu* ich kneife, praet. *gný'bau*, fut. *gný'bsiu*;
grúdz̆u ich stampfe (euphonisch für *grúdiu*, s. §. 92. *h*.)
praet. *grúdau*, fut. *grú-siu* (s. §. 103). Die Verba, welche
vom Altslavischen hierher gezogen werden können, haben
sämtlich eine vocalisch endigende Wurzel, weshalb vielleicht
anzunehmen, dafs ihr *j*, z. B. von пнѭ *pi-jun̆* ich trinke,
пнкшн *pi-jes̆i* du trinkst nur eine euphonische Einschiebung zur Vermeidung des Hiatus sei (vgl. Miklosich
Formenlehre p. 49), obgleich im Sanskrit die Wurzel *pi*
trinken (eine Schwächung von *pá*) wie das analoge gr.
πί-ζω (s. p. 211) wirklich zur 4ten Klasse gehört, so dafs,
wenn man im Slavischen *pi-je-s̆i, pi-je-ti* etc. theilt, diese
Formen vortrefflich zum skr. *pí-ya-sê, pí-ya-tê* (abgesehen von den Medial-Endungen) stimmen würden.

3) Die zweite, dritte und siebente Klasse setzen die
Personal-Endungen unmittelbar an die Wurzel, sind aber
in den verwandten europ. Sprachen, zur Erleichterung der
Conjugation, gröfstentheils in die erste Klasse übergetreten;
z. B. *ed-i-mus*, nicht *ed-mus* (als Überrest des alten Baues
es-t, es-tis); goth. *it-a-m*; ahd. *ëz-a-mês*, nicht *ëz-mês*, gegenüber dem skr. *ad-más.* Die zweite Klasse, wozu *a d* gehört, läfst die Wurzel ohne charakteristischen Zusatz, mit
Gunirung der *Guṇa*-fähigen Vocale vor leichten Endungen

die später erklärt werden sollen *); daher z. B. *ĕmi* gegen
imás, von *i* gehen, wie im Griechischen εἶμι gegen ἴμεν.
Sie begreift nicht mehr als etwa 70 Wurzeln, theils consonantischen, theils vocalischen Ausgangs. Das Griechische zeigt
in dieser und der dritten Klasse fast nur vocalisch endigende
Wurzeln, wie *ἰ, φᾱ, βᾱ, δω, στᾱ, 9η.* Den Consonanten ist
die unmittelbare Verbindung mit den Consonanten der Endungen zu beschwerlich geworden, und nur ἐς (weil σμ, στ
bequem) ist in der skr. zweiten Klasse geblieben **), wie die
entsprechende Wurzel im Lat., Lit., Slavischen und Germanischen; daher *ásti*, ἐστί, lit. *esti*, goth. und hochd. *ist*,
slav. кстъ *jestĭ.* Vom Slavischen gehören noch die Wurzeln *jad* essen und *vjed* wissen hierher, welchen in allen
Personen des Praesens die Endungen sich unmittelbar anschliefsen; so das litauische *êd-mi*, 3. P. *ĕs-t*; plur. *êd-me* =
skr. *ad-más*, *ĕs-te* = *at-t'á.* In Bezug auf einige andere
litauische Verba, welche mehr oder weniger dem Princip
der skr. 2ten Klasse folgen, verweise ich auf Mielcke
p. 135. Vom Lateinischen fallen noch die Wurzeln *i*, *da*,
*stá, fá (fá-tur), flá, qua (in-quam ***)* der skr. 2ten Klasse
anheim. *Fer* und *vel (vul)* haben einige Formen vom alten
Baue bewahrt. Vom Althochdeutschen gehören noch hierher, erstens die Wurzel *gá* gehen, wovon *gán* (für *gá-m*),
gá-s, gá-t, gá-mês, gê-t (für *gá-t*), *gá-nt* (s. Graff
IV. 65), gegenüber dem sanskritischen *g'ágâmi, g'ágâsi* etc.

---

*) S. §. 480 ff., wo auch von dem Einflusse des Gewichtes der En-
dungen auf die Verschiebung des Accents die Rede sein wird. S. auch
vergleichendes Accentuationssystem p. 92 ff.

**) Auch ῆσ-ται gehört hierher, doch ist nur in dieser 3ten P.
= skr. *ás-tè* er sitzt und im Imperf. ῆσ-το = skr. *ás-ta* der
ursprüngliche Endlaut der Wz. gerettet.

***) Vgl. skr. *k'yá'-mi* (ich sage) *k'yá'-si, k'yá'-ti*. Ich
möchte jetzt das *i* von *in-qui-s* etc., anstatt darin die Vocalisirung
des skr. *y* zu erkennen, lieber als Schwächung des *á* fassen, wie das *i*
von *sisti-s* etc.

(vêd. auch *gigámi* etc.), mit Verlust der Reduplication, wodurch
das ahd. Verbum, wie z. B. das lat. *do*, aus der 3ten Klasse
zur zweiten versetzt worden; zweitens *stâ* stehen, wovon
stâ-n, *stâ-st* (bei Notker für *stâ-s*), *stâ-t*; *stâ-mês*
(*ar-stâ-mês* surgimus), *stê-t* (ihr stehet für *stâ-t*),
stâ-nt (s. Graff VI. 588 ff.); drittens *tuo* thun, (auch *tô*
aus *tâ*, nach §. 69. 1); (altsächsisch *dô*), wovon *tuo-n*,
tu-os, tu-ot; tuo-nt '); altsächs. *dô-m*, *dô-s*, *dô-d*; plur. *dô-d*
ihr thuet, zugleich wir thun, ihr thut. Die entspre-
chende skr. Wurzel *dá* setzen, mit Praep. *vi* (*vidá*)
machen *'')*, gehört zur dritten Klasse. Diese enthält ungefähr 20 Wurzeln und unterscheidet sich von der zweiten
durch eine Reduplicationssylbe, in welcher Gestalt sie sich
auch im Griechischen, Lateinischen, Litauischen und Slavischen erhalten hat, am zahlreichsten im Griechischen. Man
vergleiche δίδωμι mit skr. *dádámi* ich gebe, lit. *dúdu* oder
dúmi (aus *dúdmi*), slav. *da-mî* aus *dad-mî*; 3. P. skr. *dádáti*, dor. δίδωτι, lit. *dúda* oder *dús-ti*, *dús-t*, aus *dúd-ti*
(s. §. 103), slav. *das-tî* aus *dad-tî*. Zum skr. *dádámi*
ich setze, lege, 3. P. *dádáti* stimmt das griech. τίϑημι,
τίϑητι; lit. *dedù* (oder *dêmi* aus *dedmî*), *deda* oder *des-t* (aus
ded-t). Im Lateinischen ist das *i* von *sisti-s*, *sisti-t* etc. eine
Schwächung des wurzelhaften *â* von *stâ*, so das *i* von
bibi-s, *bibi-t* eine Schwächung des skr. *â* der Wz. *pâ*, wofür *pô* (nach §. 4) in *pô-tum*, *pô-tor*, *pô-tio*, *pô-culum*,
griech. πω in πῶ-ϑι, πέπωκα, πῶ-μα, gekürzt zu πο in πέπομαι,
ἐπόϑην, ποτός u. a. *''')*. Zu *bibo* stimmt das vêdische *pibámi*,

---

') Die erste und zweite P. pl. sind nicht belegt.

'') Im Ṣend bedeutet *dâ* (für *dá* nach §. 39) auch einfach
machen, schaffen.

''') Man betrachtet gewöhnlich bei gr. Wurzeln, in welchen Kürze
und Länge wechseln, den kurzen Vocal als den ursprünglichen. Die
Vergleichung mit dem Sanskrit beweist aber das Gegentheil; hier
steht z. B. für *dâ* geben, *dá* setzen, legen nirgends *da*, *da*,
sondern die Sprache läfst eher in anomalen Formen die völlige Un-

welches in der Wiederholungssylbe die alte Tenuis bewahrt
und nur am Stamme dieselbe zur Media verschoben hat,
während in der gewöhnlichen Sprache das *b* sich weiter zu *v* erweicht hat *). Die indischen Grammatiker fassen
jedoch *pib* (oder *piv*) als ein Substitut, und das *a*, z. B.
von *píbati*, worin ich nur die Kürzung des wurzelhaften
á erkennen kann, als Charakter der ersten Klasse. Sie
theilen also *pib-a-ti* für *piba-ti*, weil der Vocal dieser
Wurzel und einiger anderen, wovon später (s. §. 508), in
der Conjugation der Analogie des angefügten *a* der ersten
Klasse folgt, und die Accentuation dadurch, dafs dem Ge-
wichte der Endungen kein Einflufs auf die Verschiebung
des Tons gestattet ist, einigermaßen dazu berechtigt, die
betreffenden Verba zur ersten Klasse zu ziehen. In der
Wiederholungssylbe stimmt *pibámi*, durch Schwächung des ·
Wurzelvocals zu *i*, zu griechischen Formen wie δίδωμι, ebenso
die im Vêda-Dialekt neben *gágámi* ich gehe vorkommende
Form *gigámi* = gr. βίβημι. So *sis'akti* sequitur für
sásakti. Dies sind jedoch nur zufällige Begegnungen der
beiden Sprachen in einer erst nach der Sprachtrennung eingetretenen Entartung, in welche auch das lat. *bibo, sisto*
und *gigno* mit einstimmen. Letzteres und das griechische
γίγνο-μαι entfernen sich von dem Princip der skr. dritten
Klasse (wozu auch जजानि *gáganmi* gehört) dadurch, dafs
der Wurzel noch ein Klassenvocal angefügt ist, wenn nicht

---

terdrückung des Wurzelvocals zu, und setzt z. B. *dad-más*, für
daddmás, dem gr. δίδο-μεν gegenüber. Auch kommen unregel-
mäßige Schwächungen von *á* zu *í* vor, z. B. bei der Wz. *há* verlassen (gr. χη in χη-ρός, χῆ-τις), wovon *g'ahímás* wir verlassen, gegenüber dem Sing. *g'áhá-mi.* Der Grund dieser
Schwächungen oder Unterdrückungen des Wurzelvocals wird später
gezeigt werden (s. §. 480 ff.). Für die Wurzel *pá* bestand schon
vor der Sprachtrennung eine Nebenwurzel *pí*, wozu unter andern
die bereits erwähnten griechischen und slavischen Verba gehören.
Die Vocallänge hat sich in πίϑι erhalten.

*) Wenigstens ist *v* die gewöhnliche Schreibart der Handschriften.

etwa anzunehmen ist, dafs die Wurzel *gen*, γεν der beiden
klassischen Sprachen in den Specialtempp. ihren Wurzelvocal durch Umstellung aus der Mitte an das Ende versetzt haben, so dafs also γίγνο-μαι für γίγον-μαι, γίγνε-ται für
γίγεν-ται *), und im Lateinischen *gignis* für *gigin-s* oder *gigen-s*
(skr. *ǵáǵaṅ-si*), *gignimus* für *gigin-mus* oder *gigen-mus* (skr.
ǵaǵan-mas) stehen würde, ungefähr wie im Griechischen
ἔδρακον für ἔδαρκον, πατράσι für πατάρ-σι (skr. Stamm *pitár*,
geschwächt *pitṛ́*) steht. So könnte im Griechischen auch
πίπτω (skr. Wz. *pat* fallen, fliegen) auf Umstellung beruhen. Gewifs ist, wenigstens zweifle ich nicht daran, dafs
das ω von πέπτωκα und das η von πεπτηώς, πεπτηυῖα nichts
als der umstellte und verlängerte Wurzelvocal sind. So das
ω von πτῶμα, πτῶσις und unter andern das η (für ᾱ) von
θνή-σκω, τέθνη-κα, das ᾱ von τεθνᾶσι, das ε von τεθνε-ώς; so
βέβλη-κα für βέβαλ-κα etc. Ich erinnere noch an die von
G. Curtius („De nominum Graecorum formatione" p. 17)
zu einem anderen Zwecke erwähnten Stämme ἀβλή-τ, φυλο-
στρώ-τ (Wz. στορ, skr. *star*, *stṛ*), ἀδμή-τ (Wz. δαμ, skr.
dam), ἀκμή-τ (Wz. καμ, skr. *śam* aus *kam*), ἰθυτμή-τ; sowie an βροτό aus μορτό (skr. Wz. *mar*, *mṛ* sterben). Das
Sanskrit zeigt eine, mit Verlängerung verbundene, Umstellung in der von den indischen Grammatikern als Wurzel
aufgestellten Form *mná* gedenken, aussprechen, preisen (vgl. gr. μινήσκω, μνῆμα u. a.), wovon gelehrt wird, dafs
sie in den Specialtempp. durch *man* ersetzt werde, während
offenbar umgekehrt bei dem betreffenden Verbum die Wurzel *man* in den allgemeinen Formen zu *mná* umstellt, und
verlängert worden. — Dafs aber wirklich reduplicirte Formen auch gerne ihren Wurzelvocal überspringen, an Stellen,
wo Schwächungen überhaupt beliebt sind, zeigt das Sanskrit
durch Formen wie *ǵagmús* sie gingen gegenüber dem
Singular *ǵagáma*, von *gam*.

---

*) Das skr. *ǵáǵanti* er erzeugt würde im Medium, wenn es
darin gebräuchlich wäre, *ǵaǵanté* lauten.

Der sanskritischen dritten Klasse haben wir noch ein
lateinisches Verbum einzureihen, in welchem die Reduplication der Specialtempp. *) etwas versteckt liegt, doch zweifle
ich nicht daran, dafs Pott (E. F. 1. p. 216) Recht hat, das
r von *sero*, als Entartung eines *s* (s. p. 42), und das Ganze
als reduplicirte Form darzustellen. Was die Reduplicationssylbe anbelangt, so ist offenbar das folgende *r* die Veranlassung, dafs dieselbe nicht wie *bibo*, *sisto* und *gigno* ein *i*,
sondern dafür ein *e* hat (s. §. 84). Ist aber *sero* eine reduplicirte Form, so ist das *i* von *seri-s*, *seri-t* nicht die
Klassensylbe der dritten Conjugation, sondern die Schwächung des wurzelhaften *a* von *sa-tum*, also *seri-s*, *seri-t* für
sera-s, *sera-t*; wie *bibi-s*, *bibi-t*, *sisti-s*, *sisti-t* für *biba-s* etc.

Die skr. siebente Klasse, welche nur 25 Wurzeln mit
consonantischem Ausgang enthält, schiebt vor leichten Endungen die Sylbe *na* in die Wurzel ein, vor schweren aber
einen blofsen Nasal vom Organ des Endconsonanten. Die
Sylbe *na* erhält den Ton, daher z. B. *yunágmi* ich verbinde, *ḃinádmi* ich spalte, *ćinádmi* id., von *yuǵ*,
ḃid, *ćid*. Das Lateinische hat die hierher gehörenden Formen, durch Anfügung eines Vocals, der oben (p. 204 f.) erwähnten nasalirenden Abtheilung der sechsten Klasse gleich-
gestellt, womit auch eine nicht unbedeutende Anzahl litaui-
scher Verba mit Nasal-Einfügung in den Specialtemporen
übereinstimmt. Es steht daher im Lateinischen z. B. *jung-i-t*,
find-i-t, *scind-i-t*, *jung-i-mus*, *find-i-mus*, *scind-i-mus* gegenüber
dem skr. *junákti*, *ḃinátti*, *ćinátti*, *yuǵmás*, *ḃind-
más*, *ćind-más*. Im Litauischen verhält sich *limp-ù* ich
klebe an (intrans.), plur. *limp-a-me*, zu seinem Praet.
lipaú, *lip-ō-me*, wie im Skr. *limp-á-mi* ich schmiere,
plur. *limp-á-mas*, zum Aorist *álip-a-m*, *álip-á-ma* **).

---

*) Dazu gehört im Lat. auch das Futurum der 3ten und 4ten
Conjug., weil dieses, wie später gezeigt werden wird (s. §. 692 f.),
nichts anders als ein Conjunctiv des Praesens ist.

**) Unter den übrigen, von Schleicher (Lituanica p. 51 f.) zu-

Im Griechischen vereinigen Verba wie λαμβάνω, λιμπάνω, μανϑάνω zwei Klassen-Charaktere mit einander, durch deren ersten λιμπάνω dem auch wurzelhaft verwandten lateinischen *linquo* und skr. *riṇáčmi*), plur. *riṅčmás* begegnet. Im Gothischen hat das ganz vereinzelt stehende *standa* ich stehe einen Nasal aufgenommen, der sich nicht über die Specialformen hinaus erstreckt (praet. *stóth*, plur. *stóthum* für *stódum*; altsächs. *standu, stód, stódun*), so dafs man ein Recht hat, dieses Verbum den nasalirten Formen der lat. 3ten Conjug. und skr. sechsten Klasse beizugesellen. Das *d* der goth. Wz. *stad* ist jedoch nicht ursprünglich, sondern nur eine mit der Wurzel verwachsene Anfügung, wie das *t* von *mat* messen (*mita, mat, métum*) gegenüber dem skr. *má* messen, und das *s* der Wz. *lus* lösen gegen skr. *lú* abschneiden, gr. λῦ, λῠ.

4) Die fünfte Klasse von ungefähr 30 Wurzeln, hat *nu* zum charakteristischen Zusatz, dessen *u* vor **l e i c h t e n** Endungen gunirt und betont wird. Die **s c h w e r e n** Endungen veranlassen die Aufhebung der Guṇasteigerung und ziehen den Ton auf sich. Im Griechischen entsprechen Formen wie στόρ-νῡ-μι, στόρ-νῠ-μες = skr. *stṛ-ṇṓ-mi*) (ich streue aus), pl. *stṛ-ṇu-más*. In στορ-έ-ννῡ-μι kann das ε nur als ein Hülfsvocal zur Erleichterung der Aussprache gefafst, und das doppelte *ν* aus der bekannten Neigung zur Verdoppelung der Liquidae hinter Vocalen erklärt werden, eine Erscheinung, welche bei der in Rede stehenden Verbalklasse durchgreifend ist; daher auch τίννυμι, ζέννυμι, ζώννυμι, ῥώννυμι, στρώννυμι, χρώννυμι). Dagegen beruht das

sammengestellten litauischen Verben dieser Art finden sich keine wurzelhaften Begegnungen mit analogen sanskritischen.

) Wz. *rič* (aus *rik*) **t r e n n e n**. Über ṇ für *n* s. §. 17ᵇ).

) Aus *stár-ṇṓ-mi*; über ṇ für *n* s. §. 17ᵇ). Das lat. *u* von *struo* erkläre ich durch Umstellung und Schwächung des ursprünglichen *a* der Wurzel *star*; so im Goth. *strau-ja* aus *staur-ja*, im Griech. στρώ-ννῡ-μι.

) Im Sanskrit wird schliefsendes *n* hinter **k u r z e n** Vocalen

erste *v* von ἔννυμι auf Assimilation (aus ἔσ-νυ-μι, skr. Wz. *vas*
anziehen). — In πετ-ά-ννυ-μι und σκεδ-ά-ννυ-μ steht *a* als
Bindevocal.

Die skr. achte Klasse, welche nur 10 Wurzeln
enthält, unterscheidet sich von der fünften blofs dadurch, dafs sie statt *nu* ein blofses *u* der Wurzel anfügt;
man vergleiche z. B. *tan-ó'-mi* ich dehne aus, pl. *tan-
-u-más*, mit dem oben erwähnten *str̥-ṇó'-mi*, *str̥-ṇu-más*.
So wie *tan*, so enden auch, mit Ausnahme von *kar*, *kr̥*
machen, alle übrigen Wurzeln der 8ten Kl. mit einem
Nasal (*n* oder *ṇ*) und man hat daher allen Grund, anzunehmen, dafs der Endnasal der Wurzel die Veranlassung
ist, dafs die Klassensylbe einen Nasal aufgegeben hat, zumal
die einzige, nicht nasalisch endigende, Wurzel der achten
Klasse im Vêda-Dialekt, sowie im Ṣend und Altpersischen,
zur 5ten Klasse gehört; daher vêdisch *kr̥-ṇó'-mi* ich
mache, ṣend. ⵚⵞⵡⵊⵟⵓⵘⵖ *kĕr̆ĕnaumi*, altpers. *ak'unavam*
ich machte, gegenüber dem im klassischen Sanskrit bestehenden *kar-ó'-mi*, *ákar-av-am*. Zum oben erwähnten
tan-ó'-mi, med. *tan-v-ĕ'* (verstümmelt aus *tan-u-mĕ'*)
stimmt das griech. τάν-υ-μαι, und zur 3ten P. *tan-u-tĕ'* das
griech. τάν-υ-ται. Hierher gehören noch ἄν-υ-μι und γάν-υ-μαι;
dagegen steht ὄλλυμι offenbar durch regressive Assimilation
für ὄλ-νυ-μι, ungefähr wie im Prâkrit *aṇṇa* anderer aus
dem skr. *anya* (s. p. 33).

5) Die neunte Klasse setzt *nâ* vor leichten und *nî*
(s. §. 6.) vor schweren Endungen an die Wurzel. Die
Accentuation stimmt zu der 5ten Klasse; daher z. B. *yu-
-nâ'-mi* ich binde, *mr̥d-nâ'-mi* (aus *mard*, vgl. *mordeo*)
ich zermalme; plur. *yu-ni-más*, *mr̥d-ni-más*. Im
Griechischen entsprechen Verba auf νη-μι (aus νᾱ-μι), welche
vor schweren Endungen den Urvocal *ā* in seine Kürze

verdoppelt, wenn das folgende Wort mit irgend einem Vocal anfängt;
z. B. *d'sann átra* sie waren hier, *d'sann ádáú* sie waren
am Anfange.

umwandeln, daher z. B. δάμ-νη-μι im Gegensatze zu δάμ-νἄ-
-μεν. Auch im Sanskrit findet man gelegentlich in alt-epi-
schen Formen statt der Schwächung von *nấ* zu *nî* die Kürzung zu *nă*, z. B. *maṫ-na-d'vấm* (2. P. pl. med.) von *manṫ*
erschüttern, *prấty-agṛḥ-ṇa-ta* (*ṇ* nach §. 17*b*).) von
prati-graḥ nehmen, umfassen (s. kleinere Sanskrit-Gr.
§. 345*')*.). Letzteres stimmt als 3te P. imperf. med. zu griechischen Formen wie ἐδάμ-να-το. Nasale vor schliefsender
Muta im Innern der Wurzel werden ausgestofsen, daher
oben *maṫ-na-d'vấm* für *manṫ-na-d'vấm*; so *bad'-nấ'-mi*
ich binde, *graṫ-nấ'-mi* id., von *band'*, *granṫ*. An letzteres reiht Kuhn (Zeitschr. IV, 320) unter andern das griech.
κλώϑω, mit Berufung auf das oben (p. 182) erwähnte Gesetz.
Ich zweifle nicht an dieser Verwandtschaft, da ich das gleichbedeutende *śranṫ* (aus *kranṫ*), wovon *śraṫ-nấ'-mi*, für
ursprünglich identisch mit *granṫ* halte *)*, so dafs die Erklärung von κλώϑω aus *śrant* (= *krant*) oder *granṫ* auf
Eins hinausläuft. Bedenken könnte eher das gr. ϑ für skr.
ṫ erregen, da ठ *ṫ* nach §. 12. im Griechischen τ erwarten
läfst, ϑ aber in der Regel einem skr. *d'* begegnet. Darum
könnte man annehmen, dafs in den in Rede stehenden skr.
Wurzeln die **dumpfe** Aspirata die Verschiebung einer
tönenden sei, wie dies oben (§. 13) von *nakấ-s* Nagel,
gegenüber dem litauischen *naga-s* und russ. *nogotj*, vermuthet worden. Ich erinnere hier noch an die im Sanskrit
neben *gud'* (*guḥ*) **bedecken** bestehende Wurzel गुण्ठ्
guṇṭ', wovon die erstere, nicht die letztere, dem griech.
κυϑ (s. p. 183) gegenüber zu stellen ist. In Bezug auf die
Wz. श्रन्थ् *śranṫ* verdient noch Beachtung, dafs darauf das
latein. *crê* von *crê-do* = skr. *śrad-dad'ấmi* ich glaube
(wörtlich **ich setze Glauben** oder **thue glauben**) sich
stützt, wenn **Weber**, wie ich nicht zweifle, Recht hat, das

---

*) S. Gloss. Scr. 1847, p. 355 und p. 110 *s*. *v*. 2. *granṫ*, woraus
ich das lat. *glŭt-en* Leim als Bindemittel zu erklären versucht habe.

in dem erwähnten skr. Compositum enthaltene Substantiv
von der Wz. श्रन्थ् *śrant´* oder *śrat´* binden abzuleiten,
wobei noch daran zu erinnern ist, dafs auch das gr. πίστις
von einer Wz. stammt, deren primitive Bedeutung „binden"
ist *). — Aus Formen wie δάμ-νη-μι, δάμ-να-μεν, δάμ-να-τε sind
durch Schwächung des Vocals der Klassensylbe zu o oder ε
Formen entstanden wie δάκ-νο-μεν, δάκ-νε-τε, wozu sich die
1. P. sg. δάκ-νω (aus δάκ-νε-μι) verhält wie z. B. λείπ-ω, aus
λείπ-ο-μι, zu λείπ-ε-μεν, λείπ-ε-τε. Hieran reihen sich lateinische Formen wie *ster-no*, *ster-ni-s*, *ster-ni-t*, *ster-ni-mus*,
gegenüber dem skr. *str̥-n̥ā´-mi*, *str̥-n̥ā´-si*, *str̥-n̥ā´-ti*,
str̥-n̥i-mās, wobei aber der lat. kurze *i*-Laut nichts mit
dem sanskritischen langen *ī* zu thun hat, sondern die Schwächung eines ursprünglichen *a* ist, wie das von Formen wie
veh-i-s, *veh-i-t* = skr. *váh-a-si*, *váh-a-ti*. Ebenso verhält es
sich mit dem einzigen hierher gehörenden gothischen Verbum
fraih-na (ich frage), *fraih-ni-s*, *fraih-ni-th* (aus *fraih-na-s*,
fraih-na-th nach §. 67), praet. *frah*. Vom Litauischen ziehen
wir zu dieser Conjugationsklasse Verba wie *gau-nu* ich
bekomme, dual. *gau-na-wa*, plur. *gau-na-me*; praet. *gaw-au*,
fut. *gau-siu* etc. Das Altslavische hat den Vocal der Klassensylbe vor *n̄* der ersten P. sg. und 3ten P. pl. praes. zu *u*
(ѫ = *un̄* s. p. 135). sonst aber zu ε geschwächt; daher
z. B. ДВИГНѪ *dvig-nu-n̄* ich bewege, 2. P. *dvig-ne-sï*
3. *dvig-ne-tï*; du. *dvig-ne-vje* (ВѢ), *dvig-ne-ta*, *dvig-
ne-ta*; plur. *dvig-ne-me*, *dvig-ne-te*, *dvig-nu-n̄tï*. Darin
aber entfernt sich das Slavische von den übrigen Gliedern

---

*) S. p. 13 und über das componirte *śrad-dadāmi* §. 632.
An und für sich kann man diesem Compositum nicht ansehen, ob der
voranstehende Substantivstamm mit *t*, *t´*, *d* oder *d´* endet, da in allen
Fällen wegen des folgenden *d* der vorangehende *t*-Laut nur als *d* erscheinen könnte (s. §. 93ᵃ). Da es aber keine Wz. *śrat*, *śrad*,
śrad´ oder *śrant´* etc. gibt, so bleibt nur *śrant´* oder *śrat´* binden übrig, um der, aus dem einfachen Gebrauch verschwundenen,
Benennung des Glaubens zur Erklärung zu dienen.

unserer Sprachfamilie, daſs es die Klassensylbe nicht auf
die Specialformen beschränkt, sondern auch in die allgemeinen Formen, die von der Wz. selber ausgehen sollten,
hinüberzieht; und zwar mit Zufügung eines *ṅ* vor Consonanten und am Wort-Ende, und eines *v* vor Vocalen *);
daher z. B. Aorist: *dvig-nuṅ-chŭ*, 2te und 3te P. *dvig-*
-nuṅ; plur. *dvig-nuṅ-ch-o-mŭ, dvig-nuṅ-s-te, dvig-*
nuṅ-s'aṅ. Es können aber auch, was wichtig ist zu beachten, bei consonantisch endigenden Wurzeln der Aorist,
die Participia praet. act. und die Participia praes. und praet.
pass. auf die Klassensylbe verzichten, und so dem Princip des
Sanskrit und anderer Schwestersprachen treu bleiben (s. M i k l o-
s i c h Formenlehre p. 54 ff.). Wenn der genannte Gelehrte (l. c.)
Recht hätte, im Praes. *dvignuṅ* als Verstümmelung von *dvig-*
nvuṅ oder *dvignovuṅ* zu erklären, und somit auch *dvig-*
-ne-s'ï, dvig-ne-tĭ für *dvig-nve-s'ï, dvig-nve-tĭ* oder
dvig-nove-s'ï, dvig-nove-tĭ stünden, so würde man diese
Klasse von Verben zur sanskritischen fünften ziehen und
das in der Ableitungssylbe vorwaltende *e* (als Entartung
von *a*) mit dem im Ṣend gelegentlich dem Charakter *nu*
sich noch anschlieſsenden *a* vermitteln müssen, wodurch
z. B. *kĕrĕ-nvô* du machtest (für *kĕrĕ-nva-š*) aus
ᵁᵇᵘᵂⁱᵉᵖᵉⁱⁱ *kĕrĕ-nau-s* entspringt, wie im Griechischen
eine unorganische Form δεικνύω neben δείκνυμι vorkommt.
Ich bezweifle jedoch, daſs es im Slavischen jemals Formen
wie *dvig-nvun, dvig-nves'ï,* oder solche wie дивигновѫ
dvig-novu-ṅ, dvig-nove-s'ï etc. gegeben habe, und es
scheinen mir die Participia pass. wie *dvignov-e-nŭ* für
sich allein nicht hinreichend, der ganzen in Rede stehenden
Conjugationsklasse eine andere Erklärung zu geben, als diejenige, wodurch sich *-ne-mŭ, -ne-te, -nŭ-ṅtĭ, ne-ta* dem
griechischen νο-μεν, -νε-τε, -νο-ντι, -νε-τον, von Formen
wie δάκ-νο-μεν etc., und dem litauischen *-na-me-, -na-te,*

---

*) Vor *v*, wie auch vor dem *m* des Suffixes des Part. praes. pass.
erscheint der Vocal der Klassensylbe als *o*.

-na-wa, -na-ta von *gau-na-me* etc. gegenüberstellen (s. §. 496).
Sollte aber das Part. praet. pass., z. B. *dvig-nov-e-nŭ*
nicht für sich allein als einer, sonst im Slavischen, wie auch
im Litauischen, unvertretenen Conjugationsklasse angehörend
gefaſst werden, so muſs man ihr *v* als eine euphonische
Anfügung oder Einfügung ansehen. Ich beharre jedenfalls
dabei, die in Rede stehende slav. Conjugationsklasse trotz
des scheinbar widerstrebenden Passivparticipiums zur sanskritischen 9ten Klasse zu ziehen, und mache noch darauf aufmerksam, daſs auch im Ṣend der Charakter *nâ* gelegentlich
gekürzt und dann wie das *a* der ersten und 6ten Klasse
behandelt wird; z. B. ᴡᴘᴊᴜᴧᴊᴇ⁊ᴇᴘᴊ *stĕrĕnaita* er streue
aus (med.), *stĕrĕnayĕn* sie mögen ausstreuen (act.),
analog den Formen wie *baraita* (φέροιτο), *barayen* (φέροιεν),
und im besonderen Einklang mit griechischen wie δάκνοιτο,
δάκνοιεν, wozu auch altpreuſsische wie *en-gau-nai* er
empfange (wie δάκ-νοι, noch mehr wie goth. *fraih-nai* er
frage) stimmen. — Die consonantisch endigenden Wurzeln der
skr. 9ten Klasse zeigen in der 2ten P. sg. imperat. act. den
Ausgang *âna* statt des zu erwartenden *nîhi*, z. B. *kliśânâ*
quäle gegen *yu-ni-hi* (aus *yu-ni-dî*) verbinde. Soll
dieses *âna* nicht auſser allem Zusammenhang stehen mit
dem ursprünglichen Charakter der 9ten Klasse, d. h. mit
der Sylbe *nâ* von *kliś-nâ-mi* ich quäle, so muſs man
ân als Umstellung von *nâ* fassen *), wie z. B. *drakṣyâmi*
(ich werde sehen) als Umstellung von *darkṣyâmi* (und
wie im Griech. ἔδρακον für ἔδαρκον), oder wie die umgekehrte
Umstellung im griech. ϑνη-τός für ϑαν-τός (skr. *ha-tá-s* getödtet für *han-tás* aus *dan-tá-s*). Dem umstellten *ân*
wäre dann noch der Charakter *a* der 1sten und 6ten Klasse
beigetreten, wie sich im Griech. z. B. aus δάμ-νη-μι, πέρ-νη-μι
die Formen δαμνάω, περνά-ω entwickelt haben, und analog
δεικ-νύω aus δείκνυ-μι. Vielleicht standen in einer früheren
Sprachperiode die Imperative wie *kliśâṇâ* nicht isolirt,

---

*) Vgl. **Lassen**, indische Biblioth. III. p. 90.

sondern im Gefolge von untergegangenen Praesensformen
wie *kliš'ánä-mi*, *klišá-na-si*. An solche Formen liefsen
sich griechische wie αὐξάνω, βλαστάνω, und mit eingeschobenem
Nasal, also mit Vereinigung zweier Klassencharaktere, solche
wie λιμπάνω, μανϑάνω anreihen *). Es stünden also die griech.
Imperative wie αὔξ-ανε, λάμβ-ανε in schönem Einklang mit
den sanskritischen wie *klišánä*. Sollte aber diese Ähnlichkeit nur eine scheinbare sein, so müfste man im Griechischen αὔξ-α-νε, λάμβ-α-νε theilen, und den Vocal vor ν als
eingeschobenen Bindevocal fassen, wie in Verben wie στορ-
έ-ννυ-μι, πετ-ά-ννυ-μι (s. unter 4.). Jedenfalls hangen die Verba
auf ανω in irgend einer Weise mit der skr. 9ten Klasse
zusammen.

6) Die zehnte Klasse setzt *áya* an die Wurzel und
ist identisch mit der Causalform; so dafs nur der Umstand,
dafs es viele Verba gibt, welche ihrer Form nach Causalia
sind, aber keine causale Bedeutung haben (wie z. B. *kâm-*
-áya-ti er liebt) den indischen Grammatikern Veranlassung
zur Aufstellung dieser 10ten Klasse gegeben haben kann,
obwohl sie sich von allen übrigen dadurch unterscheidet,
dafs ihr Charakter, jedoch mit Unterdrückung des schliefsenden *a* von *aya*, auf die meisten allgemeinen Tempora
sich erstreckt, und auch in die Wortbildung eingreift. Mehrere Verba, welche von den indischen Grammatikern zu
dieser Klasse gezogen werden, sind meiner Meinung nach
Denominativa; z. B. *kumár-áya-ti* er spielt, von *kumárá*
Knabe (s. §. 106), *šabd-áya-ti* er tönt, von *šabdá* Ton,
Lärm. Auch tragen, wie später gezeigt wird, viele aner-
kannte Denominativ-Verba die Form dieser Klasse. — *Guṇa*-
fähige Vocale erhalten in derselben vor einfacher Consonanz
die *Guṇa*- und als Endvocale, die *Vriddhi*-Steigerung, ein
mittleres *a* wird vor einfacher Consonanz meistens verlängert; daher z. B. *čôr-áya-ti* er stiehlt, von *čur*, *yáv-*
-áya-ti er hält ab, von *yu*; *grâs-áya-ti* er verschlingt,

---

*) Vgl. Lassen, indische Biblioth. III. p. 90.

von *gras*. Aus den europäischen Gliedern unserer Sprachfamilie ziehe ich zu dieser Conjugationsklasse: erstens, die
drei Conjugationen der germanischen schwachen Verba;
zweitens, die 1ste, 2te und 4te Conjugation des Lateinischen;
drittens, die griechischen Verba auf *αζω* (= *ajω*, s. §. 19),
aω, *εω*, *oω* (aus *ajω* etc.); viertens einen grofsen Theil
der litauischen und slavischen Verba, wovon später. — In
Grimm's erster Conjugation schwacher Form hat das skr.
aya seinen Anfangsvocal verloren; sie hat hierdurch, wie
bereits bemerkt (s. unter nr. 2) eine äufserliche Übereinstimmung mit der skr. 4ten Klasse gewonnen, die mich
auch früher getäuscht hat, so dafs ich *tanja* ich zähme dem
skr. *dā́m-yā́-mi* ich bändige (Wz. *dam* cl. 4.) gegenüberstellen zu dürfen glaubte *). Es gehört aber in der That
tam-ja zum skr. Causale *dam-áyā́-mi* (ebenfalls ich bändige); auch ist jenes selber das Causale der goth. Wz. *tam*,
wovon *ga-timith* es geziemt, *ga-tam* es geziemte; so
unter andern *lag-ja* ich lege das Causale von *lag* liegen
(*liga*, *lag*, *legum*). — Im Lateinischen haben die Verba der
4ten Conjugation eine ähnliche Verstümmelung erfahren, wie
im Gothischen die der ersten schwachen; daher *-io*, *-iu-nt*,
ie-ns, z. B. von *aud-io*, *aud-iu-nt*, *aud-ie-ns*, analog dem gothischen *tam-ja*, *tam-ja-nd*, *tam-ja-nds*, gegenüber dem skr.
dam-áyā́-mi, *dam-áya-nti*, *dam-áya-n*. Im Futurum
(seinem Ursprunge nach ein Conjunct.) stimmt *aud-iế-s*,
aud-iế-mus, *aud-iế-tis*, aus *aud-iai-s* etc. (s. §. 5),
zum goth. *tam-jai-s*, *tam-jai-ma*, *tam-jai-th*, skr. *dam-áyế-s*,
dam-áyế-ma, *dam-áyế-ta*. Wo zwei *i* zusammentreffen
sollten, ist Zusammenziehung zu *i* eingetreten, welches lautgesetzlich, wie überhaupt die langen Vocale, vor schliefsenden Consonanten, *s* ausgenommen, gekürzt wird; daher
aud-i-s, *aud-i-t*, *aud-i-mus*, *aud-i-tis*, *aud-i-re*, *aud-i-rem*, für
aud-ii-s etc. Zu einer ähnlichen Zusammenziehung ist das
Gothische aus anderer Veranlassung gelangt (vgl. §. 135),

---

*) Jahrb. für wissensch. Krit. Febr. 1827. p. 283. Vocalismus p. 50.

in Formen wie *sôk-ei-s* du suchst (= *sôk-î-s* für *sôk-ji-s*
aus *sôk-ja-s*, nach §. 67). Man kann aber auch das lange *i*
der latein. 4ten Conjugation so fassen, dafs darin das erste
a des skr. *aya*, geschwächt zu *i*, mit dem folgenden Halbvocal (vocalisirt zu *i*) zu langem *î* zusammengezogen sei,
woraus dann vor Vocalen und schliefsendem *t* ein kurzes *i*
entstehen mufste. Jedenfalls hängt auf eine oder die andere
Weise der Charakter der latein. 4ten Conjug. mit dem der
sanskritischen 10ten zusammen. — In Grimm's 3ter Conjugation schwacher Form fasse ich den Charakter *ai* (ahd. *ê*)
so, dafs ich Unterdrückung des schliefsenden *a* des skr. *aya*
annehme, wornach der Halbvocal, vocalisirt zu *i*, mit dem
vorhergehenden *a* zu einem Diphthong sich vereinigen mufste;
daher in der 2ten P. praes. der 3 Zahlen *hab-ai-s*, *hab-ai-ts*,
hab-ai-th. Vor Nasalen, wirklich vorhandenen oder dage-
wesenen, ist das *i* des Diphthongs unterdrückt worden;
daher *haba* ich habe, plur. *hab-a-m*, 3. P. *hab-a-nd*, gegenüber dem treuer erhaltenen althochdeutschen *hab-ê-m*, *hab-ê-
-mês*, *hab-ê-nt* (oder *hapêm* etc.). Zu diesem goth. *ai* und
ahd. *ê* stimmt das latein. *ê* der zweiten Conjugation; daher
z. B. *hab-ê-s*, vollkommen identisch mit der gleichbedeutenden
althochdeutschen Form. Die lautgesetzlichen Kürzungen
des latein. *ê*, wodurch z. B. *hab-e-t* im Nachtheil gegen das
ahd. *hab-ê-t* und goth. *hab-ai-th* steht, bedürfen kaum einer
Erwähnung. In der 1sten P. sg. vertritt das *ŏ* von *habeo*
das skr. schliefsende *a* des Charakters *aya*, welches in der
ersten P. verlängert wird (*ćôr-áyá-mi*, s. p. 211. Anm.**).
Besondere Beachtung verdient, dafs das Prâkrit, in Analogie
mit der lat. 2ten Conjugation und der germanischen 3ten
schwachen, vom skr. Charakter *aya* in der Regel das letzte
a abgeworfen, und demnach den vorangehenden Theil zu *ê*
zusammengezogen hat; daher steht z. B. *ćint-ê-mi* (ich
denke), *ćint-ê-si*, *ćint-ê-di*, *ćint-ê-mḥa**), *ćint-ê-d'a*,

---

*) Diese Form enthält das Verbum subst., wobei *mḥa* durch
Umstellung für *ḥma* für skr. *smas* steht.

ćint-ê-nti — für skr. *ćint-áyâ-mi*, -*áya-si*, -*áya-ti*,
-*áyâ-mas*, -*áya-t̓a*, -*áya-nti* — hinsichtlich der Endungen im schönsten Einklang mit dem althochdeutschen *hab-ê-m*,
hab-ê-s, *hab-ê-t*, *hab-ê-mês*, *hab-ê-t*, *hab-ê-nt*, und im Wesentlichen auch mit den analogen lateinischen Formen.

In Grimm's 2ter Conjugation schwacher Form und in
der lateinischen ersten hat der skr. Charakter *aya* seinen
Halbvocal verloren und die beiden durch ihn getrennten
kurzen Laute haben sich zu ihrer entsprechenden Länge
vereinigt, im Lateinischen zu *á* (wofür in der 1. P. sg. *ŏ*) und
im Gothischen nach §. 69. I. zu *ô*; daher z. B. *laig-ô* (ich
lecke) *laig-ô-s*, *laig-ô-th*, *laig-ô-m*, *laig-ô-th*, *laig-
-ô-nd* gegenüber dem skr. Causale *lêḥ-áyâ-mi* (aus *laiḥ*.)
lêḥ-áya-si, *lêḥ-áya-ti*, *lêḥ-áyâ-mas*, *lêḥ-áya-t̓a*,
lêḥ-áya-nti, von der Wz. *liḥ* lecken, an deren Guṇirung im Causale das goth. schwache Verbum, welches zur
primitiven Bedeutung zurückgekehrt ist, Theil nimmt. Man
vergleiche hiermit lateinische Formen wie *am-á-s*, *am-á-
mus*, *am-á-tis*, wahrscheinlich aus *cam-á-s* etc. = skr.
kâm-áya-si du liebst *). Das Prâkrit kann ebenfalls den
Halbvocal des Charakters अय *aya* ausstofsen, unterläfst
aber in diesem Falle die Zusammenziehung und stellt z. B.
गणअदि *gaṇaadi* er zählt dem skr. *gaṇáyati* gegenüber. — Im Griechischen ist αζο, αζε, aus *ajo*, *aje* (s. §. 19)
die treueste Überlieferung des skr. Klassencharakters *aya*.
Man vergleiche δαμ-άζε-τε mit dem skr. *dam-áya-t̓a* ihr
bändiget. Im Litauischen und Slavischen hat sich der
Typus der sanskritischen Verbalstämme auf *aya* am treuesten in denjenigen Verben erhalten, welche in der ersten P.
sg. praes. *ôju*, ᚪꙗ *ajun* dem sanskritischen *áyâmi* und
griech. αζω gegenüberstellen **). So wie das oben er-

---

*) S. Gloss. Scr. a. 1847 p. 65.

**) Es hat sich also in den litauischen Bildungen dieser Art das
erste *a* des skr. Charakters verlängert, denn litauisches *ō* entspricht nach
§. 92. p. 134. einem skr. *á*, worauf sich auch in der Regel das slav. *a*
stützt (l. c.). Ich erinnere daher vorläufig an die sanskritischen

wähnte gothische *laigó* ich lecke auf das skr. Causale
lêḥ-áyá-mi sich stützt, so stimmt z. B. das lit. *raudóju* ich
wehklage und das gleichbedeutende slav. ᴘᴢɪⱼᴀⱨ *rüda-
juǹ* zum skr. *rôd-áyá-mi* (aus *raud.*) ich mache weinen, von der Wz. *rud* (ahd. *ruz*, wovon *riuzu* ich weine,
praet. *rouz*, pl. *ruzumês*). Ich setze das Praesens der drei
Sprachen zur Vergleichung her:

Singular.

Sanskrit.	Altslav.	Litauisch.
rôd-áyá-mi	*rüd-aju-ǹ*	*raud-óju*
rôd-áya-si	*rüd-aje-ši*	*raud-óji*
rôd-áya-ti	*rüd-aje-tĭ*	*raud-ója*

Dual.

rôd-áyá-vas	*rüd-aje-vje*	*raud-ója-wa*
rôd-áya-ťas	*rüd-aje-ta*	*raud-ója-ta*
rôd-áya-tas	*rüd-aje-ta*	*raud-ója*

Plural.

rôd-áyá-mas	*rüd-aje-mŭ*	*raud-ója-me*
rôd-áya-ťa	*rüd-aje-te*	*raud-ója-te*
rôd-áya-nti	*rüd-aju-ǹtĭ*	*raud-ója.*

Denominativ-Verba auf *áyá*, deren *a* jedoch nur die Verlängerung
des schliefsenden *a* des Nominalstammes ist. Hierzu stimmen auch,
selbst in der Accentuation, die vêdischen Formen wie *gṛbʽ-áyá-ti*
er nimmt, die sich von den gewöhnlichen Verben der 10ten Klasse
auch dadurch unterscheiden, dafs die Wz. keine Steigerung erhält,
sondern in dem angeführten Beispiele sogar eine Schwächung erfahren
hat (*gṛbʽáyáti* für *grabʽáyáti.* vgl. Benfey, vollst. Gramm. §. 803.
III. und Kuhn, Zeitschr. II. p. 394 ff.). Ich zweifle kaum daran,
dafs auch diese Verba ihrem Ursprunge nach Denominativa sind,
so dafs man z. B. zu *gṛbʽáyáti* ein Adjectiv *gṛbʽa* vorauszusetzen hat,
wie auch neben *suʼbʽáyátê* er glänzt wirklich ein Adjectiv *subá*
glänzend und neben *priyáyáti* er liebt ein Adjectiv *priyá*
liebend und geliebt besteht, wovon unter andern auch das goth.
fria-thva fem. Liebe (them. *-thvó*) stammt, sowie *frij-ó* ich
liebe, 2. P. *frij-ó-s*, welches als Denominativum gefafst zu Formen wie *fisk-ó* ich fische (vom Stamme *fiska*) stimmt.

109*b*). Um nun einzelne Beispiele des verschiedenartigen
Baues der Wurzeln anzuführen, beobachten wir die Ordnung der Endbuchstaben, wählen aber nur solche Beispiele,
die dem Sanskrit mit verschiedenen Schwestersprachen gemeinschaftlich sind, ohne jedoch, was zu weit führen würde,
die angeführten sanskritischen Wurzeln durch alle ihre Ver-
wandtschaften im Ṣend und den übrigen hier behandelten
Sprachen verfolgen zu wollen. Ich werde dagegen gelegentlich auch keltische Formen mit in die Vergleichung
ziehen.

1) Vocalisch endigende Wurzeln. Es gibt im Sanskrit,
wie bereits bemerkt worden (§. 105), keine Wurzeln auf *a*;
dagegen sind die auf *á* ziemlich zahlreich, und es gehören
dazu auch die nach den indischen Grammatikern auf *ê*, *ái*
und *ô* endigenden Wurzeln (s. p. 209 f.). Beispiele sind ग
gá 3. gehen, ahd. *gán* ich gehe (p. 214 f.), lettisch *gaju*
id., gr. βη: βίβημι. — धा *dá* 3. setzen, legen, *vi-dá*
machen, ṣend. *dá* (s. §. 39); *dadańm* ich schuf (V. S.
p. 116), altsächs. *dô-m* ich thue (p. 215), griech. 3η: τίϑημι
= *dádá-mi*; lit. *dê-mi*, *dedù* ich lege, slav. ДѢТИ *dje-ti*
machen, *dje-ja-ti* machen, legen, *dje-lo* Werk, irländ.
deanaim ich thue, *dan* Werk*), — ज्ञा *gńá* wissen, gr.
γνω: γνῶ-3ι, lat. *gna-rus*, *nosco*, *nô-vi*, aus *gnosco*, *gnô-vi*,
ṣend. ᴧᴡᴊᴇᴃ *ṣná*, slav. ЗНА *ṣna*, infin. *ṣna-ti* kennen
(s. p. 126 f.), ahd. *kná*; *ir-kná-ta* er erkannte, *bi-kná-t*,
them. *bi-kná-ti* Bekenntniſs (vgl. gr. γνῶ-σι-ς); irländ.
gnia „knowledge", *gnic* id., *gno* „ingenious". — वा *vá* wehen,
goth. *vô* **), slav. ВѢІАТИ *vje-ja-ti* wehen, *vje-trŭ* Wind.

---

*) Über das Vorhandensein dieser Wz. im Lateinischen s. §. 632.

**) S. p. 209. Diese Wurzel, sowie *só* säen und *ló* verlachen,
verspotten, zeigt nirgends einen consonantischen Zusatz, und ich
sehe keinen hinlänglichen Grund, anzunehmen, daſs es im Germanischen bloſs scheinbar mit langem Vocal ausgehende Wurzeln
gebe, und daſs diese sämmtlich einen Consonanten abgeworfen hätten
(vgl. Grimm II. p. 1). Dagegen zeigt sich eine Tendenz in den

स्था *stâ* stehen, (s. §. 16), ṣend. ᴡᴩᴚᴡ *stâ*: ᴣᴩᴚᴡᴩᴚ-ᴜᴣᴇᴡ *histaiti* er steht; lat. *stâ*, ahd. *stâ* (s. p. 215), gr. στη, slav. *sta*: *sta-ti* stehen, *sta-nu-ṅ* ich stehe; lit. *stô*, *sta*: *stóvju* ich stehe, *stô-na-s* Stand, *sta-tù-s* wider-spenstig. — Beispiele von Wurzeln auf *i*, *î* sind: इ *i* 2. gehen, ṣend. *i*: *upâiti* er nahet (praef. *upa*), griech. ι, slav. *i*: infin. *i-ti*; lat. *î*, lit. *ei*: *eimi* ich gehe, infin. *ei-ti*. Vom Gothischen glaube ich das unregelmäſsige Praet. *i-ddja* ich ging, plur. *i-ddjêdum* hierher ziehen zu dürfen, so daſs *i-ddja* für *i-da*, *i-ddjêdum* für *i-dêdum* stünde. Dagegen möchte ich jetzt den componirten Imperativ *hir-i* komm

---

germanischen Sprachen, den vocalisch endigenden Wurzeln noch einen Consonanten, entweder, und zwar vorzugsweise, *h*, oder *s*, oder einen *t*-Laut beizufügen. Hierbei aber zeigt sich *h* im Althoch-deutschen mehr als eine euphonische Einfügung zwischen zwei Voca-len, denn als einen wirklichen Zuwachs der Wurzel; daher von *knâ* kennen bei Tatian zwar *incnâhu* ich erkenne, *incnâhun* sie erkennen, aber nicht *in-cnâh-tun* sie erkannten, sondern *in-cnâ-tun*. Doch ist nicht durchgreifend bei diesem Verbum im Ahd. zwischen zwei Vocalen ein *h* eingeschoben, es findet sich z. B. bei Otfrid *ir-knait* er erkennt (für *ir-knahit*), *ir-knaent* sie er-kennen; bei Notker *be-chnaet* er erkennt. Ähnlich verhält es sich mit den zu den gothischen Wurzeln *vô* und *sô* gehörenden althochdeutschen Formen (s. Graff I. 621. VI. 54). Dagegen hat das *h* von *lahan* lachen einen entschieden wurzelhaften Charakter, der sich auch im Neuhochd. *lache*, *lachte* bewährt. Es mag daher das goth. *lô* wirklich einen Consonanten verloren haben. Sollte Graff Recht haben, diese Wurzel mit dem skr. *lag'g'* sich schä-men zu vermitteln, so hätte dieselbe im German. causale Bedeutung gewonnen und wäre von der Bedeutung sich schämen machen, zu der des Verlachens, Verspottens übergegangen, und von hier zu der des Lachens. — Wo *s* oder ein *t*-Laut an germanische Wurzeln angetreten ist, sind dieselben fest mit der Wurzel verwach-sen, so namentlich das *s* von *lus* verlieren (goth. *liusa*, *laus*, *lusum*) das *t* von *mat* messen (*mita*, *mat*, *mêtum*), für skr. *lú*, *mâ*; und das *z* des ahd. *fluz* flieſsen (*fliuzu*, *flôz*, *fluzumês*) = skr. *plu*.

her, du. *hir-ja-ts*, plur. *hir-ji-th* *), lieber zur skr. Wz.
yá als zu इ *i* ziehen. Nimmt man eine Kürzung von या *yá*,
wofür man *jô* zu erwarten hätte, zu *ja* an, wie im Lateinischen दा *dá* sich zu *da* gekürzt hat, so muſs *ja* in
seiner Conjugation der Analogie des Klassencharakters *ja*,
sowohl der starken (p. 208), wie der schwachen Conjugation (p. 226) folgen; also *hir-ja-ts* kommt beide her, wie
vahs-ja-ts, *nas-ja-ts*; *hir-ji-th* (nach §. 67) kommt her, wie
vahs-ji-th, *nas-ji-th*. Der Singular *hir-i* zeigt ein kurzes *i*
statt des langen *ei* (= *î*) von *vahs-ei*, *nas-ei*. Diese Abweichung muſs man sich auch gefallen lassen, wenn man die
auf *hir* folgende Sylbe als Charakter der ersten schwachen
Conjugation und *hir* als Verbalwurzel faſst (vgl. Grimm
p. 846). — श्रि *śvi* 1. wachsen. Das lat. *crê* von *crê-vi*,
crê-tum (s. §. 20) kann als Guņirung von *cri* gefaſst werden
(s. §. 5); Verlängerung statt Guņirung zeigt sich dagegen
in *crî-nis* Haar als wachsendes **). Das griech. *κύω* (vgl.
Benfey, gr. Wurzell. II. 164 ff.) und lat. *cu-mulus* stützen
sich auf die zusammengezogene Form *śu*, wozu unter andern auch höchst wahrscheinlich das goth. *hau-hs* hoch
(Suff. *ha* = skr. *ka*) gehört. — स्मि *smi* 1. lachen, slav.
смѣ *smje*, infin. *smje-ja-ti*, wobei das ѣ *je* dem *ê* der
guņirten Form स्मे *smê* entspricht, wovon *smáy-a-ti* er
lacht; irländ. *smigeadh* ***) „a smile"; विस्मि *vi-smi* stau-
nen, lat. *mî-rus* (wie *pû-rus* von पू *pû* reinigen), hiervon
mî-rá-ri. — प्री *prí* erfreuen, lieben, ṣend. *fri-ná-mi*
(*á-fri-ná-mi* ich segne), goth. *frijô* ich liebe (s. p. 229
Anm.), *faihu-fri-ks* geldliebend, geldgierig, *φιλάργυρος*;
slav. прнιατн *pri-ja-ti* Sorge tragen, *pri-ja-telĭ*

---

*) Über *hi-r* vom Demonstrativstamm *hi* s. §. 396.

**) Vgl. gr. *τριχ* gegenüber dem skr. *dŗh* wachsen (p. 183);
man vergleiche auch das skr. *ró'-man* Leibhaar für *ró'h-man*,
von *ruħ* wachsen, und *śiró-ruħa* Haupthaar als kopfwach-
sendes.

***) *g* als Erhärtung von *j*.

Freund, als Liebender (s. Mikl. radd. p. 67), gr. φιλ, umstellt aus φλι, vielleicht lat. *pius* aus *prius* = प्रियस् *priy-á-s*
liebend, geliebt. — श्री *śí* 2. liegen, schlafen mit un-
regelmäfsiger Guṇirung: *śế*t*ế* er liegt, schläft, ṣend.
ﮊﮊﮊ *śaitê*, gr. κεῖται; lat. *quiê*: *quiê-vi*, *quiê-tum*; goth.
hei-va (thema) Haus, (als Ort des Liegens, sich Auf-
haltens, in dem Comp. *heiva-frauja* Hausherr), *hai-ms*,
them. *hai-ma*, Dorf, Flecken; slav. *po-koi* Ruhe, *po-*
-ći-ti ruhen (Mikl. radd. p. 36); lit. *pa-kaju-s* Ruhe. —
Beispiele von Wurzeln auf *u, û* sind: द्रु *dru* 1. laufen:
dráv-á-mi ich laufe, gr. ΔΡΕΜΩ, ἔδραμον, δέδρομα, aus
δρεϝω etc. *) — श्रु *śru* (aus *kru*) 5. hören, gr. κλυ, lat. *clu*,
goth. *hliu-ma*, them. *hliu-man* Ohr, als hörendes, mit ge-
schwächtem *Guṇa* (§. 27); ahd. *hlû-t*, them. *hlû-ta* laut
(gehört), *hlú-ti* Laut; irländ. *cluas* Ohr. Zum Causale
śrâv-ayâ-mi ich mache hören, ṣend. *śrâv-áyê-mi*
ich spreche, sage her, gehört unter andern das lat.
clâmo aus *clâvo*, das lit. *s'lôwiju* ich lobe, preise, das slav.
slav-i-ti preisen. — प्लु *plu* schwimmen, fliefsen,
lat. *plu, flu*: *plu-i-t, flu-i-t*; gr. πλυ: πλέω aus πλέϝω = skr.
pláv-á-mi; πλεύ-σομαι; πλύ-νω, φλύω, βλύω; slav. ПЛОУТИ
pluti schiffen; lit. *plûd*: *plûs-tu* (aus *plûd-tu*) „ich
schwimme über dem Wasser", praet. *plûd-au*;
altnord. *flut*, ahd. *fluz* fliefsen (s. p. 231 Anm.). Im Ṣend,
dem das *l* fehlt (s. §. 45), hat sich diese Wz. zu *fru* um-
gestaltet, und ist in dieser Form zuerst von Spiegel erkannt

---

*) S. §. 20. Die indischen Grammatiker stellen auch eine Wz.
dram auf, wovon aber, aufser in dem grammatischen Gedicht *B῾aṭṭi-*
kắvya, ein primitives Verbum bis jetzt noch nicht belegt worden. Jedenfalls scheinen *dram* und *drav* (letzteres Guṇaform von
dru vor Vocalen) unter sich verwandt, und wenn dem so ist, so
kann *dram* nur als eine Erhärtung von *drav* gefafst werden, wie
im Dual der 2ten P. die Nebenform *vấm* — gegenüber dem *nắu*
der 1sten P. — eine Erhärtung von *vâv* aus *vâu* ist, wofür im
Ṣend ﮊﮊ *vâo* (s. §. 383).

worden, doch nur im Causale *), in Verbindung mit der
Praep. *fra* **). — प pú 9. reinigen, *pu-ná-mi* mit ge-
kürztem *u* (s. kleinere Sanskritgr. §. 345^{a)}., lat. *pú-rus, pu-
tare.* — लू *lú* 9. spalten, abschneiden, gr. λῡ, λῠ, lat.
so-lvo, so-lú-tum = संलू *san-lú*, goth. *lus* (s. p. 231 Anm.),
fra-liusa ich verliere (praet. pl. *-lus-u-m*). Zum Causale (*láv-áyá-mi*) gehört wahrscheinlich das lit. *láu-ju*
ich höre auf, praet. *lów-jau*, fut. *láu-siu*; das slav. рхвати
rŭv-a-ti ausreifsen, und mit zugetretenem Zischlaut,
роушнти *rus-i-ti* „λύειν, *evertere*" (Mikl. radd. p. 75). —
भू *bú* 1. sein, werden, send. *bú: bav-ai-ti* er ist
(§. 41), lit. *bú: bú-ti* sein, slav. бхı *bü: bü-ti*; lat. *fu*, gr.
φῡ, φῠ, goth. *bau-a* ich wohne = *báv-á-mi* ich bin, 3. P.
bau-i-th = *báv-a-ti* ***); ahd. *bi-m* (oder *pim*) ich bin, aus
ba-m für skr. *báv-á-mi*, ungefähr wie im Lateinischen
malo aus *mavolo* für *magis volo*; *bir-u-môs* wir sind, aus
bivumôs, wie z. B. *scrir-u-mes* aus *scriv-u-môs* = skr. *sráv-
-áyá-mas* (s. §. 20).

2) Wurzeln mit consonantischem Ausgang. Wir geben
nur wenige Beispiele, wobei wir die Wurzeln mit gleichem
Vocal zusammenstellen, und in der Ordnung: *a, i, u* fort-

---

*) S. Lassen „*Vendidadi capita quinque priora*" p. 62.

**) Z. B. *fra-frávayáhi* fac ut fluat, 2te P. des Conjunc-
tivs. Auch die 1ste P. *fra frávayámi* scheint dem Conjunctiv
anzugehören. Im Indic. würde ich nach §. 42. *fra frávayémi*
erwarten; der Conjunctiv (*Lét.*) scheint aber an dem ihm charakteristischen *á* festzuhalten und die euphonische Umwandlung des *á* in *é*
nicht zu gestatten. Auch ohne *fra* erscheint das Causale mehrmals im
Vendidad (s. Brockhaus, index p. 288. *frávayéiti* (3. P. praes.),
frávayáiḍ, potent.).

***) S. Grimm, 3te Ausg. p. 101, wo aus der Form *bau-i-th* ge-
wifs mit Recht gefolgert wird, dafs dieses Verbum zur starken Conjugation (also, nach meiner Theorie, zur skr. ersten Klasse) gehört.
Zur skr. Causalform gehört dagegen das Substantiv *bau-ai-ns* (them.
bau-ai-ní) Wohnung. Zu einer skr. Wurzel, welche wohnen
bedeutet, gehört das goth. *vas* ich war, praes. *visa* ich bleibe.

schreiten. Die Vocale ऋ *r*, ॠ *r̂* lassen wir nach §. 1. nicht
als wurzelhaft gelten *). Lange Wurzelvocale vor schliefsender Consonanz sind ziemlich selten und mögen gröfstentheils nicht ursprünglich sein. Am zahlreichsten sind consonantisch endigende Wurzeln mit अ *a*. Beispiele sind: अद्
ad 2. essen, goth. *at* (*ita, at, êtum*), slav. ᛁᚪᛞ *jad* (s. p. 140),
gr. ἐδ, lat. *ed*, lit. *êd* (*êdmi* = skr. *ádmi*). — अन् *an* 2.
wehen**); goth. *us-an-an* aushauchen, sterben, ahd.
un-s-t, them. *un-s-ti* Sturm, gr. ἄν-ε-μο-ς ***), lat. *an-i-mus*,
an-i-ma. — अस् *as* 2. sein, send. ⳁⳋⳁⳃ *as* (*as-ti* er ist),
altpreufs. *as* †), lit. *es*, slav. ᛁᛖᛋ *jes*, gr. ἐς, lat. *es*, goth. *is*
(*is-t* = skr. *as-ti*). — सच् *sac* 1. med. (vêd. auch 3. act.
mit *i* für *a* in der Wiederholungssylbe) folgen, lit. *sek*, lat.
sec, gr. ἑπ. Zum Causale *sac-áyá-mi* glaube ich das goth.

---

*) Burnouf scheint das oben gesagte, schon in der ersten Ausg.
(p. 126) enthaltene, übersehen zu haben, da er mir in seiner
früher (p. 2 Anm.) erwähnten Recension (p. 39) den Vorwurf macht,
dafs ich eine ganze Klasse sendischer Wurzeln, nämlich diejenige,
welche im Sanskrit ein anfangendes, mittleres oder schliefsendes ऋ *r*
enthalte, übergangen habe. Da ich das sendische *ĕrĕ* (s. p. 2)
nicht als Vertreter des skr. *r*, sondern als Vertreter der Sylbe *ar*, und
das skr. *r* in den meisten Fällen als Zusammenziehung der Sylbe *ar*
dargestellt habe, so konnte ich natürlich keine Veranlassung finden,
im Besonderen von sendischen Wurzeln zu handeln, in welchen *ĕrĕ*
für skr. *r* steht.

**) Diese und einige anderen Wurzeln der 2ten Klasse schieben in
den Specialtempp. einen Bindevocal *i* zwischen die Wurzel und
consonantisch anfangende Endungen ein; daher z. B. *án-i-mi*
ich wehe.

***) In Erwägung, dafs die Verba der Bewegung grofsentheils
auch Handlung ausdrücken — z. B. skr. *car* gehen und machen,
vollbringen — darf man unbedenklich mit Pott auch das gr. ἄν-
υ-μι (s. p. 220) hierherziehen.

†) *as-mai* ich bin, s. „Über die Sprache der alten Preufsen";
p. 9.

sôkja ich suche *) ziehen zu dürfen, indem ich annehme, dafs die ursprüngliche Tenuis, wie in *slêpa* ich
schlafe (s. §. 89), unverschoben geblieben sei. — बन्ध्
band 9. binden, ṣend. *band* 10. id., goth. *band* (*binda, band,
bundum*), slav. ВАЗ *vaṅṣ*, inf. *vaṅṣ-a-ti*, gr. πιϑ, lat. *fid*
(s. p. 182). — क्रन्द् *krand* 6. weinen, goth. *grêt* id.**),
irländ. *grith „a shout, outcry".* — Beispiele von sanskritischen
Wurzeln mit *â* vor schliefsender Consonanz sind भ्राज् *brâǵ*
glänzen, griech. φλεγ, lat. *flam-ma*, durch Assimilation aus
flag-ma; flag-ro von einem verlorenen Adjectiv *flag-rus*, wie
z. B. *pú-rus*, von skr. *pú* reinigen; *fulgeo* durch Umstellung aus *flugeo*, goth. *bairh-tei* Licht ***), engl. *brigh-t*. —
राज् *râǵ* 1. glänzen, herrschen (*râ'ǵan* König, als
herrschender), ṣend. ﺭﺍﺵ *râṣ* 10. (s. §. 58), lat. *rego*, goth.
rag-inô (ein Denominativum) ich herrsche, ohne Lautverschiebung (s. §. 89); *reik-s*, them. *reika* (= *rika*) Fürst;
irländ. *ruigheanas „brihtness."* — Beispiele mit इ *i*, ई *î* vor
schliefsender Consonanz sind स्तिघ् *stiǵ* 5. steigen, goth.
stig (*steiga, staig, stigum*), gr. στιχ (ἐστιχον), lit. *staigiõ-s*
ich eile, slav. СТЬЗА *stĭṣa* Pfad, russ. *stignu* und *stigu*
ich hole ein, erreiche; irländ. *staighre „a step, stair".*
— दिश् *diś* 6. aus *dik* zeigen, ṣend. ﺩﺵ *diś* 10., gr. δειχ
mit *Guṇa*, lat. *dic*, goth. *ga-tih* anzeigen, verkündi-
gen (*ga-teiha, -taih, -taihum*). — ईक्ष् *ikś* 1. med. sehen,
scheint mir eine Entartung von *akś* zu sein, wovon *akśa*,
ákśi Auge (ersteres am Ende von Compp.), gr. ὀπ aus ὀκ,
lat. *oc-u-lus*; das goth. *sahv* sehen (*saihva, sahv, sêhvum*;
über das angefügte *v* s. p. 109) enthält vielleicht eine mit der

---

*) Ich mache darauf aufmerksam, dafs das skr. *anv-iś* suchen,
etymologisch nachgehen bedeutet.

**) *grêta, gaigrôt.* Der Ausfall des Nasals ist durch Vocal-
verlängerung ersetzt (*ê* = *â* s. §. 69. 2.), wie in *têka* ich berühre,
flêka ich klage gegenüber dem lat. *tango, plango.*

***) *h* wegen des folgenden *t* (s. §. 91. 2.), das verlorene starke
Verbum wird im Praes. *bairga* gelautet haben.

Wurzel verwachsene Praeposition (vgl. skr. *sam-ikš* sehen),
so dafs *ahv* (nach §. 87.1) für *akv*) die wahre Wurzel wäre.
— ज्ञीव् *ǧîv* 1. leben, altpreufs. *giw-a-si* du lebst =
ज्ञीवसि *ǧîv-a-si*, lit. *gywa-s* lebendig (*y = î*), goth.
qviu-s, them. *qviva* id.; lat. *vivo* aus *guivo* (s. p. 110), gr.
βίος aus γίϛς für γίϝϛς *). Das Send hat von dieser Wz.
meistens entweder den Vocal oder das *v* abgelegt, daher
ǧva lebend, nom. *ǧvô*, V. S. p. 189, *hu-ǧî-ti-s* gutes
Leben habend, pl. *huǧîtayô* l. c. p. 222. Auch ς *š* für
ǧ kommt bei dieser Wz. vor, namentlich in *šayad'wĕm*
lebet (med.) und in dem Adjectiv *šavana* lebend, letzteres von *šu* (aus *šîv*) mit *Guṇa* und *ana* als Suffix (s. p. 127);
vollständig erhalten ist die Wz. in dem Adjectiv *ǧîvya* be-
lebend (wahrscheinlich von einem verlorenen Substantiv
ǧîva Leben). Den ursprünglichen Guttural zeigt ↄᴣↄᴡↄ
gaya Leben in Gemeinschaft mit den zu dieser Wz. gehörenden altpreufsischen und litauischen Formen. — Beispiele
consonantisch endigender Wurzeln mit *u, û* sind: गुष् *ǧus* 1.
lieben, goth. *kus* wählen (*kiusa, kaus, kusum*), irländ.
gus „a desire, inclination", šend. ↄᴡↄᴣↄ *šaus'a* Gefallen,
lat. *gus-tus*, gr. γεύω. — रुद् *rud* 2. weinen, ahd. *ruz* (*riuzu,
rôz, ruzumês*); Caus. *rôdáyâmi* (s. p. 229). — रुह् *ruh* aus
rud 1. wachsen**), šend. *rud'* (2.P. praes. med. ↄᴡↄᴣↄᴡↄ
raud'-a-hê), goth. *lud* (*liuda, lauth, ludum*), altkelt. *rhodora*
eine Pflanze (bei Plin.), irländ. *rud* „a wood, a forest", *roid* „a race",
ruaidhneach „hair". Vom Lateinischen gehört wahrschein-
lich sowohl das Substantiv *rudis* Stab als gewachsener,
(vgl. ahd. *ruota* Ruthe, altsächs. *ruoda*, angels. *rod*), als das
Adject. *rudis* (gleichsam naturwüchsig) hierher. Vielleicht
ist auch *rûs, rûr-is* vom Wachsen benannt und ᴛ *r* die

---

*) Über ζάω = skr. *yá'-mi* ich gehe s. p. 127. Anm.
**) Von der ursprünglichen Form *rud'* kommt *rô'd'-ra-s*,
Name eines Baumes. Im Übrigen wird das Sanskrit bei dieser Wz.
sowohl vom Send wie von den europäischen Gliedern unseres Sprachstamms durch treuere Bewahrung des Endcons. übertroffen.

Schwächung eines ursprünglichen *d* (s. §.17$^{a)}$.). Auf das skr.
Causale *rôḥ-áyá-mi* stützt sich das slav. *rod-i-ti* erzeugen, dessen *o* jedoch auf den reinen Wurzelvocal *u*
sich stützt (s. §. 92. *c.*). Von der primitiven Wz. aber
stammt wahrscheinlich *na-rodŭ* Volk. Das litauische *liu-
dinu* ich erzeuge ist, wenigstens seiner Bedeutung nach,
ein Causale und stimmt durch seinen geschwächten *Guṇa*-
Vocal zum goth. *liuda* ich wachse. Auch *rudŭ* Herbst,
them. *rud-en*, gehört wahrscheinlich zu der in Rede stehenden Wz., und bedeutet, wie mir scheint, ursprünglich soviel als Ernährer oder Vermehrer*). — भूष् *bûṣ* 1. u.
10. schmücken. Man vergleiche mit *bûṣ-áyá-mi* cl. 10.
das irländ. *beosaighim „I ornament, deck out, beautify"*, mit
Berücksichtigung, dafs die irländischen Verba auf *aighi-m*
überhaupt in ihrer Ableitung auf das skr. *aya* sich stützen.
Es könnte aber auch *beos* 'auf die skr. Wz. *bás* glänzen
(eine Erweiterung von *bá*) sich stützen, zumal das Adjectiv
beasach „bright, glittering" bedeutet. Selbst das skr. *bûṣ*
könnte als Entartung von *bás*, d. h. ihr *û* als Schwächung
von *á* gefafst werden, wie oft neben Wurzeln mit kurzem
a auch solche mit kurzem *u* bestehen, z. B. neben *mad* sich
freuen eine Wz. *mud*, neben *band* binden eine Wurzel *bund* cl. 10. (nach *Vôpadéva*). Mit *bû́ṣaṇa* Schmuck
könnte das lat. *ornare* vermittelt werden, wobei uns die
Form *osnamentum* (bei Varro) zu Hülfe käme. Wäre
das *r* von *ornare* ursprünglich, so könnte man sich auch
zur Erklärung dieses Verbums an einen anderen skr. Ausdruck des Schmuckes, nämlich an *áḇaraṇa-m* (von *ḇar*,
ḇṛ tragen, praep. *á*) wenden. — Als Beispiel einer skr.
Wurzel mit einem Diphthong in der Mitte erwähne ich
hier blofs सेव् *sév* 1. ehren, verehren, dienen, be-
dienen etc., griech. σεβ (σέβ-ε-ται = *sév-a-tê*), dessen ε das
in ए *ê* (aus *ai*) enthaltene *a* vertritt.

---

*) Vgl. lat. *auctumnus*. Über andere Verwandte der skr. Wz.
ruḥs. Gloss. Scr. a. 1847 p. 292.

Anmerkung. Unter den im vorhergehenden §. zusammengestell-
ten Wurzeln findet sich kein sendisches Beispiel der 7ten Klasse;
überhaupt fehlt es in derselben an gemeinschaftlichen Verben des Send und Sanskrit. Dagegen besitzt das Send ein
Verbum der 7ten Kl., wozu uns das Sanskrit zwar die Wurzel, aber nicht die entsprechende Conjugationsform liefert. Burnouf (Yaçna p. 471 f.) erklärt ﺱﻭﺟﻭ *čis-ti*, welches Anquetil überall durch *science* übersetzt, aus der Wurzel
čit (nach §. 102. p. 176.) und vermittelt diese, wie ich glaube, mit
Recht, mit der sanskrit. चित् *čit* wahrnehmen, kennen,
denken. Das entsprechende send. Verbum zeigt im Sing. praes.
als 3te und 1ste P. die Formen ﺱﻭﺟﺱ *činasti*, ﺱﻭﺟﺱ
činahmi (ﺱ *s* wegen des vorhergehenden *a*) und in der ersten
P. pl. act. und med. die Formen *čismahi, čismaidé* *). In
den beiden letzten Formen ist der blofse Nasal, welcher vor den
schweren Endungen nach sanskritischem Princip stehen sollte,
ausgestofsen, und durch Verlängerung des vorhergehenden Vocals
ersetzt, ungefähr wie in griechischen Formen wie μέλᾱς, ἱστᾱς,
τύψᾱς, für μέλανς etc. — Einen Beleg der sendischen 8ten
Klasse, die ebenfalls in §. 109$^{b)}$. nicht vertreten ist, gewährt die von
Burnouf, Yaçna p. 432 n. 289 besprochene Form ﺱﻭﺟﺟ
ainauiti **) (*paiti ainauiti* „il censure"), wobei sowohl der
Vocal der Wurzel (*in*), als der der Klassensylbe gunirt ist, was an
das skr. *kar-ó-ti* er macht erinnert, welches mit der starken, nach den indischen Grammatikern, gunirten Form der
Wurzel (s. p. 46) die Gunirung der Klassensylbe verbindet. Im
Véda-Dialekt entspricht *in-ó-ti* mit reinem Wurzelvocal. —
Hinsichtlich der sechsten Klasse ist hier noch zu bemerken, dafs
diese im Send in ihren beiden Abstufungen vertreten ist, sowohl
in der reinen als in derjenigen, welche einen Nasal einfügt. Beispiele sind *pĕrĕs'-a-hi* du fragst ***), *vind-ĕ-nti* sie finden, für skr. *prĕ-á-si, vind-á-nti* (s. p. 204).

---

*) Über die Belegstellen s. Brockhaus, Index zum Vend. Sade.
**) Im lithographirten Codex fehlerhaft ﺱﻭﺟﺟ *ainditi*
(s. §. 41. p. 71.).
***) Das irländische *fiafruighim* „*I inquire, ask*", und was
damit zusammenhängt, scheint eine Reduplicationssylbe zu enthalten.
S. Gloss. Scr. a. 1847 p. 225.

110. Aus den einsylbigen Wurzeln gehen Nomina hervor, substantive und adjective, durch Anfügung von Sylben, die wir nicht, ohne sie untersucht zu haben, als für sich bedeutungslos, gleichsam als übernatürliche mystische Wesen ansehen dürfen, und denen wir nicht mit einem todten Glauben an ihre unerkennbare Natur entgegentreten wollen. Natürlicher ist es, daſs sie Bedeutung haben oder hatten, und daſs der Sprachorganismus Bedeutsames mit Bedeutsamem verbinde. Warum sollte die Sprache accessorische Begriffe nicht auch durch accessorische, an die Wurzel herangezogene Wörter bezeichnen? Alles wird versinnlicht, verkörpert durch die sinnliche, körperliche Sprache. Die Nomina beabsichtigen Personen oder Sachen darzustellen, an welchen das was die abstracte Wurzel ausdrückt, haftet; und am naturgemäſsesten hat man daher in den Wortbildungselementen Pronomina zu erwarten, als Träger der Eigenschaften, Handlungen, Zustände, welche die Wurzel *in abstracto* ausdrückt. Auch zeigt sich in der That, wie wir dies in dem Kapitel von der Wortbildung zeigen werden *), eine vollkommene Identität zwischen den wichtigsten Wortbildungselementen und manchen Pronominalstämmen, die noch im isolirten Zustande declinirt werden. Wenn aber mehrere der Wortbildungselemente aus dem Reiche der selbständig erhaltenen Wörter sich nicht mehr mit Sicherheit erklären lassen, so ist dies nicht befremdend, denn diese Anfügungen stammen aus der dunkelsten Vorzeit der Sprache, und diese ist sich in späterer Periode selber nicht mehr bewuſst, woher sie dieselben genommen hat, weshalb auch das angehängte Suffix nicht immer gleichen Schritt hält mit den Veränderungen, welche mit dem entsprechenden isolirten Worte im Laufe der Zeit vorgehen; oder sich verändert, während jenes unverändert bleibt.

---

*) Vorläufig verweise ich auf meine Abhandlung „Über den Einfluſs der Pronomina auf die Wortbildung" (Berlin 1832, bei F. Dümmler).

Doch kann man, in einzelnen Fällen, die bewunderungswür-
dige Treue, womit die angefügten grammatischen Sylben
Jahrtausende hindurch in unveränderter Gestalt sich erhalten
haben, aus dem vollkommenen Einklang kennen lernen, der
zwischen verschiedenen Individuen der indo-europäischen
Sprachfamilie stattfindet, obwohl diese schon seit undenk-
licher Zeit einander aus den Augen gerückt sind, und jede
Schwestersprache seitdem ihren eigenen Schicksalen und
Erfahrungen überlassen ist.

111. Es gibt auch reine Wurzelwörter, d. h. solche,
deren Thema, ohne Ableitungs- oder Persönlichkeits-Suffix,
die nackte Wurzel darstellt, die dann in der Declination
mit den die Casusverhältnisse bezeichnenden Sylben verbunden werden. Aufser am Ende von Compositen sind solche
Wurzelwörter im Sanskrit von geringer Anzahl, und sämmtlich weibliche Abstracta, wie भी *bî* Furcht, युध् *yud*
Kampf, मुद् *mud* Freude. Im Griechischen und Lateinischen ist die reine Wurzel ebenfalls die seltenste Wortgestalt; doch erscheint sie nicht immer als abstractes Substantiv. Hierher gehören z. B. φλογ (φλόκ-ς), ὀπ (ὀπ-ς), νιφ
(νίπ-ς), *leg* (*lec-s*), *pac* (*pac-s*), *duc* (*duc-s*), *pel-lic* (*pel-lec-s*).
Im Germanischen gibt es, schon im Gothischen, keine rei-
nen Wurzelwörter, obwohl es wegen der Verstümmelung
des Wortstamms im Singular das Ansehen hat, deren viele
zu geben; denn durch die im Laufe der Zeit immer weiter
um sich greifende Verstümmelung der Wortstämme scheinen gerade die jüngsten Dialekte am meisten nackte Wurzeln als Nomina darzubieten (vgl. §. 116.).

Bildung der Casus.

112. Die indischen Grammatiker fassen das declinir-
bare Wort in seiner Grundform, d. h. in seinem von jeder
Casus-Endung entblöſsten Zustande auf, und diese nackte
Wortgestalt wird auch im Wörterbuche gegeben; wir folgen darin ihrem Beispiele, und wo wir sanskritische und
ṣendische Nomina aufführen, stehen sie, wo anderes nicht
ausdrücklich bemerkt, oder das Casuszeichen vom Wortstamme getrennt ist, in ihrer Grundform. Die indischen
Grammatiker gelangten aber zu ihren Grundformen nicht
auf dem Wege selbständiger Forschung, gleichsam durch
eine anatomische Zerlegung oder chemische Zersetzung des
Sprachkörpers, sondern wurden von dem praktischen Gebrauch der Sprache selbst geleitet, der am Anfange der
Composita — und die Kunst zu componiren ist im Sanskrit
eben so nothwendig als die zu conjugiren oder zu decliniren —
die reine Grundform verlangt; natürlich mit Vorbehalt der
durch die euphonischen Gesetze zuweilen nöthig werdenden
kleinen Veränderungen der sich berührenden Grenzlaute.
Da die Grundform am Anfange der Composita jedes Casus-
Verhältniſs vertreten kann, so ist sie gleichsam der Casus
generalis oder der Generalissimus der Casus, der bei
dem unbeschränkten Gebrauch der Composita häufiger als
irgend ein anderer Casus vorkommt. Überall bleibt jedoch
die Sanskrit-Sprache dem bei der Composition gewöhnlich
befolgten strengen und logischen Princip nicht getreu, und,
als wollte sie die Grammatiker necken und ihre Logik auf
die Probe stellen, setzt sie bei den Pronominen der ersten

und zweiten Person den Ablativ plur., und bei denen der
dritten den Nom. Accus. sing. des Neutrums, anstatt der
wahren Grundform, als erstes Glied der Composita. Die
indischen Grammatiker sind nun in dieser Beziehung in die
von der Sprache ihnen gelegte Falle gegangen, und nehmen
z. B. das angeschwollene *asmát* oder *asmád* „von uns"
yusmát oder *yusmád* „von euch" als Ausgangspunkt in
der Declination, oder als Grundform an, obwohl in beiden
Pronominalformen nur *a* und *yu* dem Stamme angehört,
der aber nicht auf den Singular sich erstreckt. Dafs jedoch
ungeachtet dieses Fehlgriffs die indischen Grammatiker auch
die Pronomina zu decliniren verstehen, und dafs es ihnen
an äufserlichen Regeln hierzu nicht gebreche, versteht sich
von selbst. Dafs das Interrogativum in seiner Declination
den Stämmen auf *a* gleicht, kann auch demjenigen nicht
entgehen, welcher das Neutrum किम् *kim* für die ursprüngliche, flexionslose Gestalt des Wortes hält. Páṇini wird
hierbei mit einer ganz lakonischen Regel fertig, indem er
sagt (VII. 2. 103): किम: क: *kimaḥ kaḥ*, d. h. dem *kim* wird
substituirt *ka*[*]). Wollte man im Lateinischen diese sonderbare
Methode nachahmen, und das Neutrum *quid* ebenfalls als Thema
ansehen, so müfste man, um z. B. den Dativ *cu-i* (nach
Analogie von *fructui*) zu vermitteln, etwa sagen *„quidis cus"*,
oder *„quidi cus"*. An einer anderen Stelle (VI. 3. 90.) bildet Páṇini aus *idam* dies (was ebenfalls die Ehre hat als
Wortstamm zu gelten) und *kim* was? ein copulatives
Compositum, nnd durch इदङ्किमोर् ईष्की *idaṅkimôr iškí*
lehrt der Grammatiker, dafs die vermeintlichen Stämme in
den Bildungen, wovon l. c. die Rede ist, statt sich selber,
die Formen *í* und *kí* setzen.

113. Das Sanskrit und diejenigen der mit ihm verwandten Sprachen, welche sich in dieser Beziehung noch

---

[*]) Er bildet nämlich aus *kim*, als Wortstamm betrachtet, einen in
der Wirklichkeit nicht vorkommenden Genitiv *kim-as*, der hier
lautgesetzlich zu *kimaḥ* geworden ist.

auf der alten Stufe behauptet haben, unterscheiden aufser
den beiden natürlichen Geschlechtern noch ein Neutrum,
welches die indischen Grammatiker *klîva*, d. h. Eunuch,
nennen; und welches ein Eigenthum der indo-europäischen
oder vollkommensten Sprachfamilie zu sein scheint. Es hat
seiner Urbestimmung gemäfs die leblose Natur zu vertreten,
doch hält sich die Sprache nicht überall in dieser alten
Grenze; sie belebt was leblos ist, und schwächt auch andererseits (nach ihrer jedesmaligen Anschauungsweise) die Persönlichkeit des natürlich Lebendigen. — Das Femininum
liebt im Sanskrit, sowohl am Stamme wie in den Casus-
Endungen, eine üppige Fülle der Form, und wo es am
Stamm oder in der Endung von den andern Geschlechtern
unterschieden ist, zeichnet es sich durch breitere, tönendere
Vocale aus. Das Neutrum hingegen liebt die gröfste Kürze,
unterscheidet sich aber vom Masculinum nicht am Stamme,
sondern nur in den hervorstechendsten Casus, im Nominativ
und seinem vollkommenen Gegensatze, dem Accusativ, auch
im Vocativ, wo dieser dem Nominativ gleicht.

114. Der Numerus wird im Sanskrit und seinen
Schwestersprachen nicht durch eine besondere, die Zahl be-
zeichnende Anfügung, sondern durch die Wahl oder Modification der Casus-Sylbe unterschieden, so dafs aus dem
Casus-Suffix zugleich der Numerus erkannt wird; z. B. * byam*,
byâm und *byas* sind verwandte Sylben und drücken unter
andern das dative Verhältnifs aus, die erste im Singular
(nur des Pron. der 2ten Pers. und im Plural der beiden
ersten Personen), die zweite im Dual, die dritte im Plural.
Der Dual geht wie das Neutrum im Laufe der Zeit mit der
Schwächung der Lebendigkeit sinnlicher Auffassung am ersten
verloren, oder wird in seinem Gebrauch immer mehr ver-
kümmert, und dann durch den abstracten, die unendliche
Vielheit umfassenden Plural ersetzt. Das Sanskrit besitzt
ihn sowohl beim Nomen wie beim Verbum am vollständig-
sten, und setzt ihn überall, wo er zu erwarten ist. In dem
ihm sonst so nahe stehenden Send findet man ihn selten

beim Verbum, viel häufiger beim Nomen; das Páli hat davon nur noch soviel als das Lateinische, nämlich einen
Überrest in zwei Wörtern, welche z w e i und b e i d e bedeuten; dem Prákrit fehlt er ganz. Von den germanischen
Sprachen hat ihn nur der älteste, gothische Dialekt, aber
eigentlich blofs am Verbum*), während er umgekehrt, um
auch der semitischen Sprachen hier zu gedenken, im Hebräischen nur am Nomen festhielt, im Nachtheil gegen das
auch in vielen anderen Beziehungen vollständigere Arabische,
das ihn beim Verbum gleich vollständig zeigt, während er
im Syrischen auch beim Nomen bis auf wenige Spuren aus-
gestorben ist **).

115. Die Casus-Endungen drücken die wechselseitigen,
vorzüglich und ursprünglich einzig räumlichen, vom Raume
auch auf Zeit und Ursache übertragenen, Verhältnisse der
Nomina, d. h. der Personen der Sprachwelt, zu einander
aus. Ihrem Ursprunge nach sind sie, wenigstens gröfstentheils, Pronomina, wie in der Folge näher entwickelt werden soll. Woher hätten auch die mit den Wortstämmen
zu einem Ganzen verwachsenen Exponenten der räumlichen
Verhältnisse besser genommen werden können, als von denjenigen Wörtern, welche Persönlichkeit ausdrücken, mit dem
ihr inhärirenden Nebenbegriff des Raumes, des näheren oder
entfernteren, diesseitigen oder jenseitigen? So wie bei Zeitwörtern die Personal-Endungen, d. h. die Pronominal-Suffixe
— wenn sie im Laufe der Zeit nicht mehr als das erkannt
und gefühlt werden, was sie ihrem erweislichen Ursprunge
nach sind und bedeuten — durch die dem Verbum voran-

---

*) Über den unorganischen Dual der Pronomina der beiden
ersten Personen s. §. 169.

**) Über das Wesen, die natürliche Begründung und die feineren
Abstufungen im Gebrauche des Duals und seine Verbreitung in den
verschiedenen Sprachgebieten besitzen wir eine geistvolle Unter-
suchung von W. v. Humboldt in den Abhandlungen der Akad.
vom J. 1827; auch einzeln bei F. Dümmler erschienen.

gestellten isolirten Pronomina ersetzt, oder so zu sagen
commentirt werden; so werden im gesunkeneren, bewufst-
loseren Zustande der Sprache die geistig todten Casus-Endungen in ihrer räumlichen Geltung durch Praepositionen,
und in ihrer persönlichen durch den Artikel ersetzt, unterstützt oder erklärt.

116. Ehe wir die Bildung der Casus beschreiben, in
der Ordnung, wie · die Sanskrit-Grammatiken sie aufstellen,
scheint es zweckmäfsig, die verschiedenen Endlaute der
Wortstämme, womit die Casus-Suffixe sich verbinden, anzugeben, sowie die Art zu bezeichnen, wie die verwandten
Sprachen in dieser Beziehung sich zu einander verhalten.
Die drei Grundvocale (*a, i, u*) kommen im Sanskrit sowohl
kurz als lang am Ende von Nominalstämmen vor, also *a, i,
u; á, í, ú.* Dem kurzen, immer männlichen, oder neutralen,
niemals weiblichen *a* gegenüber steht im Şend und Litauischen ebenfalls *a*; ebenso im Germanischen, wo es jedoch,
selbst im Gothischen (in Grimm's erster starker Declination),
besonders bei Substantiven, nur sparsam erhalten, in jüngeren Dialekten aber noch mehr durch ein jüngeres *u* oder
e verdrängt worden ist. Im Griechischen entspricht das *o*
der zweiten Declination (z. B. in λόγc-ς, δῶρο-ν), welches im
Lateinischen in älterer Zeit ebenfalls *o* war, und auch in
der klassischen Zeit in einigen Casus noch *o* geblieben ist,
im Nom. und Accus. sing. aber mit *u* (der zweiten Decl.)
vertauscht wurde *).

117. Dem kurzen *i*, welches in den drei Geschlechtern
vorkommt, entspricht in den verwandten Sprachen derselbe
Vocal. Im Germanischen hat man ihn in Grimm's vierter
starker Declination zu suchen, wo er aber von der Zerstö-
rung und Veränderung der Zeit fast eben so hart als das *a*
der ersten Declination mitgenommen wurde. Im Lateinischen
wechselt *i* mit *e*, daher z. B. *facile* für *facili*, *mare* für *mari*,

---

*) Von der altslavischen Casus-Bildung wird später im Besonde-
ren gehandelt werden.

skr. वारि *vǎ'ri* Wasser. Im Griechischen schwächt sich
das ι vor Vocalen meistens zu dem unorganischen ε. —
Auch das kurze *u* zeigt sich im Sanskrit in den drei Geschlechtern, wie im Griechischen *v*, und *u* im Gothischen,
wo es sich vor *a* und *i* dadurch auszeichnet, dafs es sowohl vor dem *s* des Nominativs wie im flexionslosen Accusativ sich erhalten hat. Im Lateinischen entspricht das *u*
der vierten Declination; so auch im Litauischen das *u* von
Mielcke's vierter Substantiv-Declination. Sie enthält blofs
Masculina; z. B. *sǔnǔ-s* Sohn = skr. *sūnú-s*. Unter den
lit. Adjectivstämmen auf *u* entspricht z. B. *saldǔ* süfs,
Nom. m. *saldǔ-s*, neut. *saldǔ*, dem skr. *svādú-s*, neut.
svādú, gr. ἡδύ-ς, ἡδύ. Vom lit. Fem. *saldì*, gegenüber dem
skr. *svādvī́*, später.

118. Die langen Vocale (*ā́, ī, ū́*) gehören im Sanskrit
vorzüglich dem Femininum an (s. §. 113), stehen niemals
im Neutrum, und im Masculinum höchst selten. Im Send
hat sich das lange schliefsende *ā́*, bei mehrsylbigen Wörtern,
in der Regel gekürzt; ebenso im Gothischen, wo den sanskritischen weiblichen Stämmen auf *ā́* Stämme auf *ṓ* gegenüberstehen (§. 69), deren *ṓ* im flexionslosen Nom. und Accus.
sing. sich zu *a* verkürzt, mit Ausnahme der einsylbigen Formen *sō* die, diese = skr. सा *sā́*, send. *hā́*; *hvô* welche?
= skr. und send. *kā́*. Auch das Lateinische hat das alte
weibliche lange *ā́* im flexionslosen Nom. und Voc. verkürzt,
ebenso das Litauische (s. p. 134), und häufig auch das Griechische, und zwar fast durchgreifend hinter Zischlauten (σ und
die einen Zischlaut enthaltenden Doppelconsonanten), die jedoch auch η als Vertreter des *ā* nicht ganz verschmähen. Dagegen haben die Mutae, die kräftigsten unter den Consonanten,
in der Regel die ursprüngliche Länge geschützt, und zwar in
der gewöhnlichen Sprache als η, im Dorischen als *ā*. Auf
andere, weniger durchgreifende Gesetze, hinsichtlich der Wahl
des *ă, ā* oder η für das e i n e skr. *ā́*, kann hier nicht ein-
gegangen werden. In Bezug auf die lateinischen Masculina
auf *a* und griechischen auf *ā-ς*, *η-ς* verweise ich auf die Wort-

bildung (§§. 914. 910). Das lateinische *ê* der fünften Declination, die in ihrem Ursprung identisch ist mit der ersten,
ist, wie die analogen Formen im Şend und Litauischen, bereits besprochen worden (s. p. 147 f.).

119. Langes *í* erscheint im Sanskrit am häufigsten als
charakteristischer Zusatz zur Bildung weiblicher Stämme;
so entspringt z. B. der weibliche Stamm *mahatí* (*magna*)
aus *mahát*. Für das Şend gilt dasselbe. Im Griechischen
und Lateinischen ist dieses weibliche lange *í* für die Declination unfähig geworden, und wo es noch Spuren zurückgelassen hat, da ist ein späterer, unorganischer Zusatz zum
Träger der Casus-Endungen geworden. Dieser Zusatz ist
im Griechischen entweder *a* oder *δ*; im Lateinischen *c*. So
entspricht z. B. ἡδεῖα dem skr. *svádv-í*, von *svádú* süfs;
-τρια, -τριδ, z. B. in ὀρχήστρια, ληστρίς, ληστρίδ-ος, dem sanskritischen *trí*, z. B. von *ganitrí* Erzeugerin, dem das
lateinische *genitrī-c-s*, *genitrī-c-is* entspricht, während im
Griechischen γενέτειρα und in ähnlichen Bildungen das alte weibliche *i* um eine Sylbe zurückgewichen ist. Dieser Analogie
folgen μέλαινα, τάλαινα, τέρεινα, und substantive Ableitungen
wie τέκταινα, Λάκαινα. Bei Θεράπαινα, λέαινα ist der Stamm
des Primitivs, wie im Nom. masc., um ein τ verstümmelt.
Bei Θέαινα, λύκαινα hat man entweder anzunehmen, dafs das
eigentliche Primitiv auf *ν* oder *ντ* verloren gegangen, oder
dafs, was ich für das richtige halte, dies Bildungen anderer
Art seien, und zu sanskritischen wie *indráṇí* (die Ge-
mahlin Indra's) stimmen (s..§. 837). In Formen auf εσσα
von männlich-neutralen Stämmen auf εντ (für ϝεντ skr. *vant*)
erkläre ich jetzt das 2te σ durch regressive Assimilation aus
j, und dieses als Erhärtung des Feminincharakters *ι*, also
z. B. δολό-εσσα aus δολο-εσϳα für δολο-εϳϳα, wie oben (p. 210)
κρείσσων aus κρείτϳων, λίσσομαι aus λίτϳομαι. Es ist also das *ν*
des Primitivstammes auf εντ unterdrückt, wie in entsprechenden sanskritischen Femininen wie *d'ána-vatî*, von
d'ána-vant reich, in den schwachen Casus (s. §. 129)
d'ána-vat. Dagegen gibt es auch Bildungen auf σσα, bei

welchen, meiner Meinung nach, das zweite σ zwar ebenfalls durch Assimilation aus *j* hervorgegangen ist, dieses *j*
aber mit dem folgenden α auf das sanskritische Suffix या *yá*
(vom männlich-neutralen *y a*) sich stützt; so μέλισ-σα B i e n e
als die mit dem Honig in Beziehung stehende, ihn hervor-
bringende, aus μέλιτ-*ja*, vom Stamme μέλιτ, wie im Sanskrit
z. B. *dív-yá* die himmlische, von *dív* Himmel. Βασί-
λισ-σα und φυλάκισ-σα sind höchst wahrscheinlich, obgleich
ohne Veränderung der Bedeutung ihres Stammwortes, aus
βασιλίδ, φυλακίδ entsprungen und stehen also für βασιλιδ-*ja*,
φυλάκιδ-*ja*; die Sylbe ιδ von φυλακίδ aber, vom männlich-
weiblichen Stamme φύλακ, entspricht, wie oben in λησ-τρί-δ,
dem skr. Feminincharakter ई *î* [*]), der sich im Griechischen
vor dem zugetretenen α immer, und vor δ meistens gekürzt
hat [**]). — Wo griechisches α bei Participialstämmen auf ντ
für sich allein als Femincharakter auftritt, gilt mir dasselbe
als Verstümmelung von ια, so dafs der wahre Ausdruck
des Femincharakters vor dem unorganischen Zusatz α
unterdrückt worden, nachdem durch seinen rückwirkenden
Einflufs ein vorangehendes τ zu σ sich umgewandelt hatte;
daher z. B. φέρουσ-α, ἱστᾱ-σα, aus φεροντ-ια, ἱσταντ-ια, gegenüber
dem skr. *bárant-î* d i e tragende, *tíšťant-î* die stehende. In Θεραποντ-ίδ [***]), eine in ihrer Art einzige Form,
hat sich der wahre Femincharakter mit dem beliebten Zusatz δ und der gewöhnlichen Kürzung der ursprünglichen
Länge behauptet.

---

[*]) S. vergleichendes Accentuationssystem Anm. 253.

[**]) Ein Beispiel, in welchem sich die Länge behauptet hat, ist
ψηφῖδ, von dem ebenfalls weiblichen Stamme ψῆφο, wobei daran
zu erinnern, dafs auch im Sanskrit α, dem das gr. ο entspricht, vor
dem zutretenden Femincharakter *ĭ* wegfällt, daher z. B. *kumár-î*
Mädchen von *kumárá* Knabe; so im Griech. unter andern
σύμμαχ'-ίδ als Fem. von σύμμαχο.

[***]) Seiner Bildung nach ein weibliches Part. praes., entsprungen
aus dem männlichen Stamme Θεράποντ.

120. 1) Das Gothische hat die ursprüngliche Länge des
skr. Feminincharakters im Femininum des Part. praes. und
des Comparativs behauptet, dem *ei* (= *î* nach §. 70) aber
ebenfalls einen unorganischen Zusatz, nämlich ein *n* beigefügt, welches im Nom. sg. nach §. 142 unterdrückt wird;
daher *bairand-ein, juhis-ein,* Nom. *bairand-ei, juhis-ei,* gegenüber dem skr. *bárant-î* die tragende, *yáviyas-î* die
jüngere (zugleich Thema und Nominativ). Zu sanskritischen
Substantivstämmen auf *í*, wie *deví* Göttin, von *devá*
Gott, *kumárí* Mädchen von *kumárá* Knabe stimmen
im Gothischen *aithein* Mutter, *gaitein* Ziege, denen jedoch
keine entsprechenden Masculina gegenüberstehen, denn wenn
auch *aithein* mit *attan* Vater (nom. *atta*) wahrscheinlich
verwandt ist, so kann es doch nicht als regelmäfsiger Abkömmling desselben angesehen werden.

2) Durch den Zusatz von *ô* (aus *á* nach §. 69. 1.) ist aus
dem skr. Feminincharakter *í* im Gothischen *jô* geworden,
indem der *i*-Laut zur Vermeidung des Hiatus in seinen
entsprechenden Halbvocal überging, nach demselben Princip,
wornach z. B. im Sanskrit von *nadí* Flufs der Genit.
nady-á's für *nadí-á's* kommt. Zu dieser Art gothischer
Feminina gehören jedoch nur drei Stämme, nämlich *frijônd-*
-jô (nom. *frijônd-i*) Freundin, vom männlichen Stamme
frijônd (nom. *frijônd-s*). Freund als liebender, *thiu-jô*
Magd, Dienerin, von *thiva* (nom. *thiu-s*) Knecht *), und
mau-jô **) Jungfrau, von *magu* (nom. *magu-s*) Knabe. In

---

*) Hinsichtlich der Unterdrückung des *a* des männlichen Primitiv-
stamms beachte man das Verhältnifs der oben erwähnten Stämme
déoí Göttin, *kumárí* Mädchen zu ihren männlichen Stamm-
wörtern, so wie auch das Gesetz, wornach im Sanskrit überhaupt die
Endvocale der Stammwörter (*u* und die Diphthonge *ô* (*au*) und *âu*
ausgenommen) vor Vocalen und dem Halbvocal च़ *y* abgeworfen
werden.

**) Verstümmelt aus *magu-jô*, ungefähr wie der latein. Comparativ
major aus *magior*. Das skr. *mañh* wachsen ist die gemeinschaftliche Wurzel der gothischen und latein. Form.

allen übrigen Wörtern von Grimm's 2ter starker Feminin-
declination stützt sich der Ausgang *jô* auf sanskritisches या
yâ. Im flexionslosen Nominativ, Accus., Vocativ unterdrückt
das Gothische den Endvocal, im Fall dem *j* eine lange Sylbe
(Positionslänge mitbegriffen) oder mehr als e i n e Sylbe
vorhergeht; daher von den eben erwähnten Stämmen *fri-
jônd-jô, thiu-jô, mau-jô* die Formen *frijônd-i, thiv-i, mav-i,* die
durch diese Verstümmelung ihren sanskritischen Vorbildern
wie *kumârî* wieder näher gerückt sind.

121. Im Litauischen hat sich der skr. Feminincharakter
i ohne Zusatz, jedoch gekürzt, im Nomin. und dem ihm
gleichlautenden Vocativ aller Activparticipia erhalten. Man
vergleiche *degant-i* d i e b r e n n e n d e, *degus-i* d i e g e b r a n n t
h a b e n d e und *degsent-i* d i e b r e n n e n w e r d e n d e mit
den entsprechenden Sanskritformen *dáhant-î, déḥús'-î,
d'aks'yánt-î.* In allen übrigen Casus sind aber diese lit. Participia durch einen ähnlichen Zusatz, wie ihn die oben erwähnten gothischen Stämme *frijôndjô, thiujô, maujô*
und die griechischen wie ὀρχήστρια, ψάλτρια erfahren haben,
in ein anderes Declinationsgebiet übergegangen; und so stimmen namentlich die Genitive *deganćiô-s* (über *ć* für *t*
s. p. 145), *degusiô-s, degsenćiô-s* zu den gothischen wie *fri-
jôndjô-s* und griechischen wie ὀρχηστρίᾱ-ς, oder, was näher
liegt, zu dem Genitiv *wynićiô-s* des oben (p. 147) erwähnten
wynićia (nom.) W e i n b e r g. In Bezug auf die Casus, in
welchen bei den erwähnten Participien *e* für *ia* steht, z. B.
im Dat. *deganćei* etc. (für *deganćiai*), ist M i e l c k e's dritte
Declination zu beachten, deren *e,* z. B. des Nom. *giesme*
L i e d, Dat. *giesmei,* durch den Einfluss des weggefallenen *i*
erzeugt ist, während in *wynićiai, deganćiai* der Palatal-, und
so gewiss auch in *degusiai* der Zischlaut diesen Einfluss ge-
hindert hat (vgl. pp. 146, 147). Man könnte in Folge des
Gesagten vermuthen, dass der unorganische Zusatz, den die
weiblichen Participia in den obliquen Casus erhalten haben,
früher auch im Nominativ gestanden habe, und dass also
z. B. auf litauischem Boden der Nominativ *deganti,* der in

dieser Gestalt dem skr. *dáḥantí* erstaunlich ähnlich sieht,
früher *deganćia*, nach Analogie von *wyniċia* gelautet habe,
wobei man sich darauf berufen könnte, daſs alle männlichen
Adjectivstämme auf *ia* (nom. *is* für *ia-s*, s. §. 134) im Nom.
fem. *i* oder *e* (aus *ia*) zeigen, z. B. *didi* oder *dide* m agna
gegenüber dem männlichen Stamme *didia*, Nom. *didis*. Hiergegen aber ist einzuwenden, daſs in sämmtlichen Activ-
participien auch der Nom. sg. m a s c. und der ihm gleichlau-
tende Vocativ dem Urtypus unseres Sprachstamms, wie später
gezeigt wird, treuer geblieben sind als die übrigen Casus,
und sich in der ursprünglichen Grenze des Wortstammes
behauptet haben; ferner, daſs auch die männlich-neutralen
Adjectivstämme auf *u* im Nom. fem. ein *i* anfügen, indem
z. B. *saldì* die s ü f s e dem masc. *saldù-s* und Neut. *saldù*
gegenübersteht; endlich, daſs es auch, wie später gezeigt
wird, noch manche andere Wortklassen im Litauischen gibt,
deren Nomin. sg. nichts mit dem unorganisch erweiterten
Thema der obliquen Casus zu thun hat.

    122. Das lange *ú* erscheint im Sanskrit ziemlich selten
am Ende der Grundformen, und ist meistens weiblich. Die
gebräuchlichsten Wörter sind *vadú'* Frau, *bú* Erde, *śva-*
śrú Schwiegermutter (*socrus*), *brú* Augenbraue. Letzterem entspricht ὀφρύς, ebenfalls mit langem υ, dessen Declination aber vom kurzen υ nicht abweicht, während im
Sanskrit das lange von dem kurzen weiblichen *u* auf dieselbe Weise wie *í* von *i* unterschieden wird. — Mit Diphthongen enden im Sanskrit nur wenige einsylbige Grundformen, mit ए *é* jedoch gar keine; mit ऐ *ái* nur रै *rái* masc.
R e i c h t h u m, welches die Casus, deren Endung consonantisch anfängt, aus *rá* bildet, worauf das lat. *rē* sich stützt
(s. §.5). Auch Stämme auf आे *ó* sind selten. Die gebräuchlichsten sind *dyó* H i m m e l und *gó*; ersteres ist weiblich und
eigentlich entstanden aus दिव् *div* (ein Wurzelwort, von
दिव् *div* glänzen) durch die Vocalisirung des *v*, wornach
der Vocal *i* zu seinem Halbvocal य् *y* werden mufste. Die
starken Casus (s. §. 129) der Stämme auf *ó* entspringen aus

einem erweiterten Stamme auf श्रौ *áu;* daher Nom. sg.
dyáu-s, plur. *dyáv-as.* Im Acc. sg. hat sich das zu erwartende *áv-am* zu *á-m* zusammengezogen, daher *gám* für
gáv-am *). Zu *dyáu-s* stimmt das griech. Ζεύς, jedoch
mit Verdünnung des ersten Theils des Diphthongs. Das Ζ
entspricht dem skr. य् *y* und das ʊ ist unterdrückt (s. §. 19),
während die äolische Form Δεύς die Muta in Vorzug vor
dem Halbvocal bewahrt hat. Zu Ζεύς aus Jεύς stimmt hinsichtlich des Verlusts der anfangenden Media das lat. *Jov-is,*
Jov-i etc., wovon letzteres auf den skr. Dat. *dyáv-ê* sich
stützt, den man nach Analogie von *gáv-ê* voraussetzen darf.
Der veraltete Nominativ *Jovi-s* hat eine ähnliche Stamm-
Erweiterung erfahren wie *návi-s* gegenüber dem skr. und
griech. *náu-s,* ναῦς. In *Jú-piter,* eigentlich Himmels-
Vater oder Himmelherr **), vertritt *Jú* den skr. Stamm
dyô, aus *dyau,* und zwar so, daſs die Unterdrückung des
ersten Theils des Diphthongs durch Verlängerung des zweiten ersetzt wurde, wie z. B. in *conclúdo* für *conclaudo*
(s. §. 7. p. 18). Um wieder zum Griechischen zurückzukehren,
so stammen die obliquen Casus von Ζεύς sämmtlich vom
skr. Stamm *div* Himmel, also Διός aus Διϝός = skr. *div-ás,*
Διϝί (s. p. 34), Διΐ = Loc. *div-i.* Erwähnung verdient
hier noch eine lateinische Himmelsbenennung, die nur im
Ablativ erhalten ist (*sub dívo*) und einen Nominativ *dívu-m*
oder *dívu-s* voraussetzt. Sie stützt sich auf den skr. Stamm
dêvá (aus *daivá*) glänzend (als Subst. Gott als glänzender) und hat die skr. Guṇirung durch Verlängerung
des Grundvocals ersetzt.

---

*) Der Acc. von *dyô* ist nicht im gewöhnlichen Gebrauch,
findet sich jedoch im Vêda-Dialekt.

**) Das skr. *pitár* (für *patár*) könnte seinem Ursprunge nach
(aus *pá* erhalten, herrschen) eben so gut Herrscher als
Vater bedeuten. Die Schwächung des lat. *pater* zu *piter,* in obigem Compositum, erklärt sich nach §. 6 als Folge der Belastung
durch die Zusammensetzung.

123. Der zweite der oben erwähnten skr. Stämme auf श्री *ô* bedeutet vorherrschend als Masc. Stier und als Fem. Kuh. Im Ṣend entspricht ᒪᘺᘯ *gau*) — vor vocalisch anfangenden Endungen wie im Sanskrit *gav* — im Griechischen βοῦ, welches vor Vocalen ursprünglich βσϝ gelautet haben muſs, wie auch im Lateinischen wirklich *bov* steht. Der Nominativ *bô-s* ersetzt die Unterdrückung des letzten Theils des Diphthongs durch Verlängerung des ersten (vgl. §. 7. Schluſs). In Bezug auf die Ersetzung der ursprünglichen gutturalen Media durch eine labiale steht das griechische βοῦς und lat. *bô-s* zum skr. *gâu-s* (s. p. 252 f.) in demselben Verhältniſs wie z. B. βίβημι zum sanskrit. *ǵá-gâmi* (vêd. auch *ǵigâmi*). Doch ist es wichtig zu beachten, daſs die griech. Kuhbenennung den ursprünglichen Guttural nicht ganz hat untergehen lassen. Ich glaube wenigstens behaupten zu dürfen, daſs die erste Sylbe von γάλα die Kuh, und das Ganze also eigentlich Kuhmilch bedeutet. Der letzte Theil dieses Compos. (them. λακτ) stimmt buchstäblich zum lat. Stamme *lact*; darum ist es auffallend, daſs man die zusammengesetzte Natur dieses interessanten Wortes früher übersehen hat, was vielleicht der verstümmelten Form des Nominativs zuzuschreiben ist. In den Compositen wie γλακτοφάγος ist die Kuh so bescheiden, sich bloſs durch ein γ vertreten zu lassen; doch glaubte Benfey (Gr. Wurzell. I. p. 490), auf den Grund dieser Composita, in γλακτ die Urform der Milchbenennung zu erkennen, indem er diese Sylbe mit einer hypothetischen Sanskritwurzel *glaksʹ* vermittelte, dieses *glaksʹ* aber mit einer ebenfalls hypothetischen Wurzel *mlaksʹ*, woraus die verwandten Sprachen ihre Milchbenennungen geschöpft haben sollten.) — Das skr. *gô* bedeutet als Femin. unter andern

---

) Vgl. *gau-mat* milchbegabt, Milch tragend.

) Im 2ten Bande, 1842 p. 358 gibt Benfey eine andere Erklärung, wornach γλαγ als Wurzel angenommen, diese aber als = μλαγ und letzteres als Methathesis von μελγ dargestellt

auch Erde und führt uns mit dieser Bedeutung zum griech.
γαῖα, welches sich aber nicht unmittelbar auf *gô*, sondern
auf ein davon abgeleitetes Adjectiv *gávya*, fem. *gávyâ*
stützt, welches zwar seiner Bedeutung nach (*bovinus*) zu
gô Rind gehört, was uns aber nicht hindert, anzunehmen,
daſs auch von *gô* Erde ein Adjectiv oder Substantiv *gávya*,
ausgegangen sei. Es erweist sich also γαῖα als eine Verstümmelung von γαϝια oder γαϝϳα. Auf das skr. *gávya*, und
zwar auf dessen Neutrum, stützt sich unter andern auch
der goth. Neutralstamm *gauja*, Nom. Acc. *gavi* Land, Ge-
gend (mit bewahrter Media, s. §. 90), unser *Gau*, welches
schon Döderlein mit dem gr. γαῖα verglichen hat. In der
Benennung der Kuh haben die germanischen Sprachen die
lautgesetzliche Verschiebung der alten Media zur Tenuis eintreten lassen, und so, abgesehen vom Geschlecht, *Kuh* und

---

wird. Dagegen unterstützt Grimm (Geschichte d. d. Spr. p. 999 ff.)
die obige, schon im ersten Hefte der neuen Ausgabe meines Glossars
(1840 p. 108) gegebene Erklärung von γά-λακτ als Kuhmilch
durch analoge keltische Benennungen der Milch, welche ebenfalls
wörtlich Kuhmilch bedeuten, wie z. B. das irländische *b-leachd*
für *bo-leachd* (*bo* Kuh), und Weber hat darauf aufmerksam gemacht
(Indische Studien I. p. 340 Anm.), daſs selbst das Sanskrit unter seinen Milchbenennungen ein Compositum besitzt, dessen erstes Glied
die Kuh bedeutet, nämlich *gô-rasa*, wörtlich Kuhsaft. Im Send
bedeutet *gau* schon für sich allein auch Milch. Was aber die eigentliche Benennung der Milch im Lateinischen und Griech., nämlich die
Sylbe *lact*, -λακτ anbelangt, so habe ich l. c. an die Möglichkeit einer
Verwandtschaft mit der skr. Wz. *duh* (*l* für *d* nach §. 17ᵃ⁾.) erinnert,
wovon *dug-dá* gemolken, wofür man, ohne ein specifisch sanskritisches Lautgesetz, auch *duktá* erwarten könnte, wie z. B. *tyaktá*
verlassen, von *tyag*. Ist diese Verwandtschaft gegründet, so
müſste man das *a* von *lact*, -λακτ als Guna-Vocal ansehen, und
Wegfall des Grundvocals annehmen, also *lact* aus *laukt*. So ist auch
die Sylbe γα von γάλακτ eine Verstümmelung von γαυ = skr. *gô*
(aus *gau*) und send. ᚹᚨᚢ *gau*. Hierbei ist zu beachten, daſs auch
das Send gelegentlich Gunirung der Passivparticipia auf *ta* zeigt,
z. B. in ᚹᚨᚢᚲᚨ *aukta* gesagt, für skr. *uktá*.

Gau einander entfremdet. Die Kuh-Benennung stützt sich
aber, wie mir scheint, ebenfalls auf das skr. Derivatum
gávya, mit Unterdrückung von dessen Endvocal und Vocalisirung des Halbvocals य *y*. Der Stamm und zugleich der
Nom., der keine Endung hat, lautet bei Notker *chuoe* (aus
chuoi), wobei das *uo* ein gothisches *ó* und dieses ein sanskr.
â repräsentirt (s. §. 60. 1.), so dafs also vom skr. *gávya*,
oder vielmehr von seinem Fem. *gávyá*, das *v* unterdrückt,
und zum Ersatz der vorhergehende Vocal verlängert ist.
Eine andere ahd. Sprachquelle zeigt *chuai* (*ua* für goth.
ó = *â*) als Accusativ pl., der aber formell identisch ist mit
dem Nominativ. Die Formen *chua*, *chuo* im Nom. sg., beruhen auf der Erscheinung, dafs dieser Casus, wie auch
der Accusativ, überhaupt, schon im Gothischen, den Endvocal der Stämme auf *i* verloren hat. — Was den Ursprung
des skr. Stammes *gô* anbelangt, so wird er im *Uṇádi*-Buche
von der Wz. *gam* gehen abgeleitet, die also ihren Ausgang
am durch *ó* ersetzt hätte; hierbei wäre also Vocalisirung
des *m* zu *u* anzunehmen, wie im Griechischen häufig *ν* zu *υ*
geworden ist (τύπτουσι τύπτουσα) und im Gothischen die
Sylbe *jau*, z. B. von *êtjau* ich äfse, dem skr. *yâm* von
adyá'm entspricht (§. 675). Ich erkläre jedoch lieber गो
gô aus der Wurzel गा *gâ*, ebenfalls gehen. Im Vêda-
Dialekt stammt aber von *gam* eine Erdbenennung *gmá*,
und wenn das im Şend nur in obliquen Casus erscheinende
şĕm Erde (ऽ *ş* für *g* nach §. 58) sein *m* nicht der Erhärtung eines *v* verdankt — so dafs z. B. der Dativ *şĕmê*
und der Locat. *şĕmi* dem skr. *gáv-ê*, *gávi* entsprächen und mit
ihrem Nomin. und Accus. ऽ‌ऽ *şâo* terra, *şaṅm* terram,
für skr. *gáus*, *gâm*, im Zusammenhang stünden — so könnte
man auch diese Erdbenennung aus der skr. Wurzel *gam*
erklären. Sind aber Benennungen der Erde und des Rindes
nach der Bewegung benannt, so gilt mir doch die Bewegung
der Erde nur als eine passive. Ich deute nämlich die Erde
als die betretene, wie auch der Weg in diesem Sinne im
Sanskrit unter andern *várt-man* (von *vart*, *vṛt* gehen) heifst.

Aus einer skr. Wurzel der Bewegung läfst sich auch das
goth. *airtha* (unser *Erde*) erklären, nämlich aus *ar, ŗ* gehen
(womit anderwärts auch das goth. *air-u-s* Bote vermittelt
worden), so dafs *air-tha,* aus *ir-tha* (nach §. 82), als Schwächung von *ar-tha,* ein Passivparticipium wäre, mit der ge-
setzlichen Lautverschiebung, während sonst die alte Tenuis
dieses Part. im Gothischen zu *d* geworden ist *).

124.　Auf श्रा *âu* ausgehend kenne ich im Sanskrit nur
zwei Wörter: नौ *nâu* f. Schiff und ग्लौ *glâu* m. Mond.
Ersteres ist sehr weit auf dem Ocean unseres grofsen Sprach-
gebiets umhergeschwommen, ohne jedoch im Sanskrit zu
einem sicheren etymologischen Hafen gelangt zu sein.　Ich
glaube, dafs *nâu* eine Verstümmelung sei von *snâu,* wende
mich aber jetzt zu dessen Erklärung lieber an die Wurzel
स्नु *snu* fliefsen (vielleicht auch schwimmen, ⬛ffen)
als an *snâ* baden, wobei ich daran erinnere, dafs eine
andere Benennung des Schiffes, nämlich *plav-a-s,* von einer
Wurzel stammt (*plu*), worauf unter andern unser fliefsen
und das lat. *fluo* sich stützen.　Mit स्नु *snu* mag jedoch *snâ*
baden verwandt sein.　In jedem Falle ist *nâu* eines anfangenden Zischlauts verlustig gegangen, wie dem mit स्नु *snu*
offenbar verwandten griech. νέω (aus νέϝω) schwimmen,
fut. νεύσομαι, das *s* der entsprechenden skr. Wz. entschwunden ist.　Das skr. Verbum gehört zur 2ten Klasse und erhält bei unmittelbarer Anschliefsung der leichten Endungen (s. §. 480 ff.) an die Wurzel die *Vriddhi-* statt der
*Guṇa*steigerung, so dafs wir durch die Form *snâu-mi* ich
fliefse gewissermafsen schon zu dem *Vriddhi-*Diphthong
von *nâu* Schiff vorbereitet werden.　Dafs auch das *a* des
griech. Diphthongs von ναῦ-ς schon an und für sich lang
sei, ist bereits bemerkt worden (§. 4. p. 11). Das lat. *nâv-i-s,*
euphonisch für *nâu-i-s,* zeugt ebenfalls für die ursprüngliche

---

*) S. §. 91. 3.　Da *ar, ŗ* auch erheben bedeutet (s. das Petersb.
Wörterbuch), so kann auch das lat. *al-tus* als ein Passivpart. dieser
Wz. gefafst werden, mit *l* für *r* (s. §. 20.).

Länge des *a*. Des unorganischen Zusatzes *i* enthält sich das
Comp. *naufragus* nebst seinen Abkömmlingen; ebenso *nauta*,
welches man nicht als Zusammenziehung von *návita* anzusehen
braucht. Im Gothischen ist die genau zu 卐 *snu* stimmende,
in ihrer Art einzige Wurzel *snu* (es gibt hier keine andere
auf *u*) zu einem allgemeinen Ausdruck der Bewegung geworden und bedeutet gehen, fortgehen, zuvorkommen,
und es kommt davon auch das Adverbium *sniu-mundô*
eilig. Man könnte aber auch vom gothischen Standpunkt
aus *snav* als Wurzel annehmen, welches sich auf die Form
stützt, in welcher die skr. Wz. *snu* mit *Guṇa* vor Vocalen
erscheint, z. B. in dem Abstractum *snáv-a-s* das Fliefsen,
Tröpfeln. Aus *snav* entspringt wirklich der nur einmal
vorkommende Plural praet. *snêvum* (*ga-snê-vum* Phlpp.
3. 16), während die ebenfalls nur einmal vorkommende
Form *snivun* (Marc. 6. 53: *du-at-snivun* sie landeten)
sich mit einer Wz. *snav* nicht verträgt, aber aus *snu* sich
ungefähr so erklären läfst, wie bei *u*-Stämmen die Genitive
plur., z. B. *suniv-ê* filiorum, von *sunu*, d. h. durch die
schwächere Guṇirung des *u* (§. 27) und Umwandlung des
Diphthongs *iu* in *iv*, wegen des folgenden Vocals. Die Formen
snu-un oder *snv-un*, die man erwarten könnte, scheinen vermieden zu sein, und zwar erstere wegen des Hiatus und des
Übellauts zweier aufeinander folgender *u*, letztere wegen der im
Gothischen unbeliebten Verbindung eines *v* mit einem vorhergehenden Consonanten, Gutturale ausgenommen (s. p. 108 f.). Aus
demselben Grunde vermeidet das Gothische wahrscheinlich auch
im Genitiv plur. Formen wie *sunu-ê* oder *sunv-ê*, und setzt
dafür *suniv-ê* gegenüber den sendischen Pluralgenitiven wie
paśvaṁm (vom Stamme *paśu* Thier), den lateinischen wie
fructu-um, und den griechischen wie βοτρύ-ων. Ich erinnere
noch daran, dafs auch das Sanskrit im reduplicirten Praeteritum, womit das germanische Praeteritum zusammenhängt, die Umwandlung des *u* oder *ú* in blofses *v* am Ende
der Wurzeln nicht zuläfst, sondern die genannten Vocale vor
vocalisch anfangenden Endungen, in guṇalosen Formen,

in *uv* verwandelt; daher z. B. *nunuv-ús* sie priesen, von
nu, *susṇuv-ús* sie flossen, gegenüber dem gothischen
sniv-un.

125. Wir gehen zu den Consonanten über; von die-
sen erscheinen im Sanskrit *n*, *t*, *s* und *r* (ऋ §. 1) am häufigsten am Ende der Grundform; alle übrigen Consonanten
nur an Wurzelwörtern, die selten sind, und an einigen Wortstämmen von unsicherem Ursprung. Wir betrachten zunächst die selteneren oder wurzelhaften Consonanten.
Von Gutturalen finden wir keinen am Schlusse geläufiger
Wortstämme; im Griech. und Lat. hingegen sind sie häufig;
c ist im Lateinischen sowohl wurzelhaft als ableitend, *g* nur
wurzelhaft. Beispiele sind: *duc, vorac, edac; leg, conjug.*
Im Griechischen erscheinen κ, χ und γ nur wurzelhaft oder
an Wörtern unbekannten Ursprungs, wie φριξ, κόραξ, ὄνυχ
(skr. *nak'á*), φλογ. Von den Palatalen erscheinen im Sanskrit
ć und *ǵ* am häufigsten in *váć* f. Rede, Stimme (*vóc*, ὄπ),
rúć f. Glanz (lat. *lúc*), *ráǵ* m. König (nur am Ende von
Compositen), *ruǵ* f. Krankheit. Vom Ṣend gehört hierher
ᒣᖚᖚᖐ *váć* f. Rede, ᥩᢔᖉᤔ *druǵ* f., als Name eines bösen
Dämons, wahrscheinlich von der skr. Wurzel *druh* hassen.
Von den beiden Klassen der *t*-Laute ist die erste oder
cerebrale (ट *t* etc.) am Ende von Wortstämmen nicht gebräuchlich; um so mehr die zweite, dentale oder gewöhnliche *t*-Klasse. Doch kommen द *d*, ध *d'* nur an Wurzelwörtern, und daher selten, त *t'* vielleicht nur in *pat'*, als
Neben-Thema von *pat'in* Weg vor. Beispiele von Stämmen auf *d* und *d'* sind *ad* essend, am Ende von Compositen, *yud'* f. Kampf, *ks'ud'* f. Hunger. Sehr häufig ist
त *t*, da mehrere der gebräuchlichsten Suffixe damit enden;
wie z. B. das Part. praes. auf *ant*, schwach *at*, griech. und
lat. *nt*. Das Griechische zeigt aufser τ auch δ und ϑ am
Ende unwurzelhafter Grundformen; doch scheint mir κόρυϑ
ein Compositum zu sein und die Wurzel ϑη mit abgeleg-
tem Vocal als letztes Glied zu enthalten, und demnach
eigentlich zu bedeuten, **was auf den Kopf gesetzt**

w i r d. — Über den späteren Ursprung des ð in weiblichen
Stämmen auf ið ist in §. 119 Rechenschaft gegeben, namentlich kann man die Patronymica auf ið mit sanskritischen
auf *i*, z. B. मेमी *bàimî* die Tochter Bhìma's vergleichen.
Wahrscheinlich ist auch das ð in weiblichen Patronymen
auf að ein späterer Nachtrag; sie entspringen, wie die auf
ið, nicht aus ihren Masculinen, sondern unmittelbar aus dem
Grundworte des Masculinums, und stehen meines Erachtens
in schwesterlichem, nicht in töchterlichem Verhältnifs zu
demselben. — Im Lateinischen zeigt sich *d* als jüngerer
Beisatz in dem Stamme *pecud*, den das Sanskrit, Şend und
Gothische mit *u* schliefsen (skr. şend. *paśu*, goth. *faihu*). —
Im Gothischen beschränken sich die Grundformen mit schliefsendem *t*-Laut im Wesentlichen auf das Partic. praes., wo
das alte *t* in *d* umgewandelt erscheint, das jedoch nur da,
wo die Form substantivisch steht, ohne fremden Zusatz
bleibt; sonst aber, mit Ausnahme des Nominativs, durch
den Zusatz *an* in ein geläufigeres Declinationsgebiet eingeführt
wird. Die jüngeren germanischen Dialekte lassen den alten
t-Laut unter keiner Bedingung ohne einen dem Wortstamm
beigemischten fremden Zusatz. Im Litauischen steht das
Participialsuffix *ant,* in Ansehung des Nominativs sing. *ańs*
für *ants,* auf der lateinisch-şendischen, über das Sanskrit
hinausreichenden Stufe; allein in den übrigen Casus weifs
auch das Litauische keine Consonanten mehr zu decliniren,
d. h. mit den reinen Casus-Endungen zu verbinden; sondern
es führt dieselben durch einen jüngeren Zusatz in eine Vocal-
Declination hinüber, und zwar wird dem Participialsuffix
ant die Sylbe *ia* beigefügt, durch deren Einflufs das *t* die
euphonische Umwandlung in *ć* erfährt. — Der Nasal dieser
dentalen *t*-Klasse, nämlich das eigentliche *n*, gehört zu den
am häufigsten am Ende von Wortstämmen vorkommenden
Consonanten. Vom Germanischen gehören hierher alle Wörter von Grimm's schwacher Declination, die im Nominativ,
gleich dem Sanskrit und den Masc. und Fem. im Lateinischen, das *n* des Stammes abwerfen, und daher vocalischen

Ausgang haben. Das Litauische bietet dieselbe Erscheinung
dar, im Nominativ, setzt aber in den obliquen Casus seinen
Stämmen auf *n* bald *ia*, bald ein blofses *i* bei.

126. Grundformen mit schliefsendem Labial, den Nasal
(*m*) dieses Organs mitgerechnet, erscheinen im Sanskrit fast
nur an nackten Wurzeln, als letztes Glied von Compositen,
und auch hier nur selten. Im isolirten Gebrauch haben wir
jedoch *ap* f. Wasser und *kakúb'* f. Himmelsgegend,
beide von unsicherem Ursprung, doch höchst wahrscheinlich
mit einem wurzelhaften Endconsonanten. अप् *ap*, in den
starken Casus (s. §. 129) *áp*, ist nur im Plural gebräuchlich, das entsprechende Sendwort auch im Singular (nom.
áfs, s. §. 47, acc. *ápĕm*, abl. *apaḍ*). Auch im Griech.
und Lat. sind Stämme auf *p*, *b*, φ entweder einleuchtend
wurzelhaft, oder von unbekanntem Ursprung, mit wahr-
scheinlichen Wurzelbuchstaben am Ende, oder sie enden im
Lateinischen nur scheinbar mit einem Labial und haben im
Nomin. ein *i* unterdrückt, wie z. B. *plebs* für *plebi-s*, Gen.
pl. *plebi-um*. Man vergleiche hiermit, abgesehen vom Geschlecht, die gothischen Nominative wie *hlaib-s* Brod, *laubs*
Laub, Gen. *hlaibi-s*, *laubi-s*, vom Thema *hlaibi*, *laubi*. Ohne
Zuziehung der verwandten Sprachen kann man im Lateinischen die wahrhaften und ursprünglichen von den scheinbar consonantisch endigenden Stämmen schwer unterscheiden;
denn die Declination auf *i* hat offenbar auf die consonantische eingewirkt, und ein *i* an verschiedene Stellen eingeführt, in denen es ursprünglich unmöglich stehen konnte.
Im Dativ, Ablativ plur. läfst sich das *i* von Formen wie
amantibus, *vôcibus* als Bindevocal, zur Erleichterung der
Anschliefsung der Casus-Endung erklären; doch ist es, wie
mir scheint, richtiger zu sagen, dafs die Stämme *vôc*,
amant etc., weil sie sich mit *bus* nicht verbinden können,
sich in dem erhaltenen Zustand der lateinischen Sprache zu
vôci, *amanti* erweitert haben, so dafs *vôci-bus*, *amanti-bus*
zu theilen wäre. Diese Auffassung von Formen wie *amanti-bus* erweist sich dadurch als die bessere, dafs auch im

Gen. pl. vor *um*, wie vor *a* der Neutra, häufig ein *i* erscheint, ohne dafs man sagen könnte, dafs in *amanti-um*,
amanti-a das *i* zur Erleichterung der Anschliefsung der Endung nöthig wäre. Dagegen wird z. B. *juveni-s*, *cani-s* gesagt, während die Genitive *can-um*, *juven-um* an ältere
Stämme auf *n* erinnern, wie denn im Skr. *śvan* Hund
(verkürzt *śun*) und *yúvan* jung (verkürzt *yûn*), im Griech.
κύων, verkürzt κυν, ihr Thema wirklich mit *n* schliefsen.
Dafs auch die Nominative pl. wie *pedê-s*, *vôcê-s*, *amantê-s*
von Stämmen auf *i* ausgegangen sind, wird später gezeigt
werden. Das Germanische gleicht darin dem Lateinischen,
dafs es mehreren Zahlwörtern, deren Thema ursprünglich
mit einem Consonanten schlofs, zur Bequemlichkeit der Declination ein *i* beigefügt hat; so kommt im Gothischen von
fidvôri (skr. चतुर् *ćatúr*, in den starken Casus *ćat-*
vár) der Dativ *fidvôri-m*. Die Themata सप्तन् *saptán*
sieben, नवन् *návan* neun, दशन् *dáśan* zehn gestalten sich im Ahd. durch ein zutretendes *i* zu *sibuni*, *niuni*,
zëhani, welche Formen zugleich als männliche Nominative
und Accusative gelten, da diese Casus im Ahd. das Casus-
suffix verloren haben. Die entsprechenden gothischen Nominative, wenn sie vorkämen, würden lauten: *sibunei-s*,
niunei-s, *taihunei-s*.

127. Von den Halbvocalen (*y*, *r*, *l*, *v*) sind mir im
Sanskrit य् *y* und ल् *l* niemals am Ende von Wortstämmen
vorgekommen, und व् *v* nur in dem früher erwähnten *div*,
welches in mehreren Casus sich zu *dyô* und *dyu* zusammenzieht. Dagegen ist र् *r* sehr häufig, besonders an
Wörtern, welche durch die Suffixe *tar* und *tár* *) gebildet

---

*) Die Stämme auf *tar*, *tár* und einige anderen ziehen in mehreren Casus, und auch am Anfange von Compositen in der Grundform, ihr *r* mit dem vorangehenden Vocal zu ऋ *ṛ* zusammen, und
dieses *ṛ* wird von den Grammatikern als ihr eigentlicher Endlaut angesehen (§. 1). Ein Beispiel eines Stammes auf *ár*, welcher keine
Zusammenziehung zu *ṛ* zuläfst, ist *dvár* Thür.

sind, welchen in den verwandten Sprachen ebenfalls Stämme
auf *r* gegenüberstehen. Aufserdem erscheint *r* im Lateinischen häufig als Veränderung eines ursprünglichen *s*, wie
z. B. beim Comparativsuffix *iôr* (skr. ईयस् *íyas*, stark *íyáṅs*).
Im Griechischen erscheint *ἀλ* als einziger Wortstamm auf *λ*;
er reiht sich an die skr. Wurzel *sal* sich bewegen, wovon *sal-i-lá* neut. Wasser. Im Lateinischen entspricht
sal; dagegen stützt sich der Stamm *sôl* auf den sanskritischen Stamm *svàr* indecl. Himmel, welcher gewifs nicht
zur Wz. *svar*, *svṛ* tönen gehört (s. Wilson s. v.), sondern zu der von den indischen Grammatikern aufgestellten
Wz. *sur* 6. glänzen, die ich für eine Zusammenziehung
von *svar* halte, worauf das sendische *q'arĕnaś* Glanz
(gen. *q'arĕnaṇhô* s. §. 35 u. 56ᵃ).) sich stützt, wofür im
Skr. *svarṇas*, gen. *svarṇasas* zu erwarten wäre. Da
aber sanskritisches *sv* im Şend auch als *hv* erscheint, so
kann es nicht befremden, dafs *svàr* Himmel als glänzender im Şend durch *hvar* (euphonisch *hvarĕ* nach §. 30)
Sonne vertreten ist, welches vor dem skr. Schwesterwort
den Vorzug der Declinationsfähigkeit behauptet. Im Genitiv,
und wahrscheinlich überhaupt in den schwächsten
Casus (§. 130), zieht sich *hvar* zu *húr* zusammen, daher
hûr-ô aus *húr-as* (nach §.56ᵇ).) gegenüber dem lat. *sôl-is* *).
Eine ähnliche Zusammenziehung wie das eben erwähnte
hûr-ô haben die skr. Stämme *sú'ra* und *sú'rya* Sonne erfahren. Ersteres kommt unmittelbar von der Wz. *svar*
glänzen, letzteres wahrscheinlich von *svàr* Himmel. Zu
einer vorauszusetzenden Form *svárya*, nom. *svárya-s*,
würde sich das griech. *ἥλιος* (*λ* für *ρ*) im Wesentlichen so
verhalten wie *ἡδύ-ς* zu *sváḍú-s*. Dafs *ἥλιο* mit *ἕλη* (wofür
im Skr. *svará* stehen würde) verwandt sei, leidet keinen

---

*) Ich habe schon in den Jahrb. f. wiss. Krit. (März 1831 p. 367)
das sendische *húrô*, welches Burnouf früher mit dem skr. *súrya*
Sonne zu vermitteln suchte, in obiger Weise aus *svar* Himmel
erklärt. So seitdem auch Burnouf selber (Yaçna p. 370).

Zweifel, dafs es aber davon abstamme, ist sehr unwahr-
scheinlich, weil kein Grund zur Vocalverlängerung vorhanden wäre. Das Verhältnifs von ἕλη zu dem eben voraus-
gesetzten skr. *svará* gleicht dem von ἑκυρός zum skr. *svá-
śura-s* (für *svášura-s*); so steht auch das ε von σέλας *)
und σελήνη für ϝα; also σελ für skr. *svar*. Es liefse sich
diese Wz. noch weiter im Griechischen und Lateinischen
verfolgen.

128. Von den skr. Zischlauten erscheinen die beiden
ersten (श् *ś*, ष् *š*) nur an Wurzelwörtern und daher selten;
स् *s* hingegen schliefst einige sehr gebräuchliche Wortbildungssuffixe, wie अस् *as*, welches vorzüglich Neutra bildet,
z. B. तेजस् *téǵas* Glanz, Kraft, von तिज् *tiǵ* schärfen.
Dem Griechischen scheint es an Stämmen auf ς zu fehlen;
dies kommt jedoch daher, dafs dieser Zischlaut zwischen
zwei Vocalen — besonders in der letzten Sylbe — gewöhnlich ausgestofsen wird; daher bilden Neutra wie μένος, γένος
im Genitiv μένεος, γένεος, für μένεσος, γένεσος **). Das ς des
Nomin. aber gehört, wie ich schon anderwärts bemerkt
habe ***), dem Stamme, und nicht der Casusbezeichnung an,
da Neutren kein ς im Nominativ zukommt. Im Dativ plur.
hat sich jedoch in der altepischen Sprache das Σ, weil es
nicht zwischen zwei Vocalen stand, noch erhalten, daher

---

*) Im Suffix wie in der Wz. verwandt mit dem früher erwähnten
sendischen *q̔arĕnas'* Glanz, dessen *n* kein wesentlicher Bestandtheil des Suffixes ist (s. §. 931. *B.*).

**) Das *o* (= skr. *a*) ist in seinem Ursprung identisch mit dem ε
der obliquen Casus, nach welchen man μενες, γενες als Thema anzu-
setzen hat. Die Vocalverschiedenheit beruht darauf, dafs bei der
Belastung des Stammes durch die antretende Casus-Endung das leich-
tere ε der Sprache besser zusagt als das schwerere *o*. Nach demselben
Princip schwächt das Lateinische in dieser Wortklasse das *u*, z. B.
von *opus*, beim Wachsthum der Form zu *e* (*oper-is*).

***) „Über einige Demonstrativstämme” (gelesen in der Akad.
der Wissensch. am 7. Jan. 1830) p. 4 ff.

τεύχεσ-σι, ὄρεσ-σι; eben so in Compositen wie σακές-παλος,
τελες-φόρος, bei denen man mit Unrecht die Anfügung eines
ς an den Vocal des Stammes annahm. Bei γῆρας, γίρα-ος,
für γήρασ-ος stimmt, nach Wiederherstellung des σ des Stammes, die Grundform zum skr. जरस् *ǵarás* Alter, obwohl
die indische Form nicht neutral, sondern weiblich ist. — Im
Lateinischen hat sich in dieser Wortklasse das ursprüngliche
s zwischen zwei Vocalen in r verwandelt, in den flexionslosen Casus aber meistens unverändert behauptet; daher
genus, gener-is = gr. γένος, γένε(σ)-ος, *opus, oper-is* = skr.
(vêd.) *ápas* (Handlung, Werk) *ápas-as* [*]). — Der vêdische, ziemlich vereinzelt stehende Femininstamm *us͐ás*
Morgenröthe, von der Wz. *us͐* (hier glänzen, gewöhnlich
brennen), kann das a in allen starken Casus verlängern,
daher *us͐á͐sam,* Dual nom. acc. *us͐á͐sâ* (vêd. *â* für *âu*), pl.
us͐á͐s-as. Dem Accusativ *us͐á͐sam* entspricht im Ṣend
ϛϛℯⱳₛℰⱳℛⱳⱼ› *us͐áoṇhĕm,* so im Nom. ℰⱳℛⱳⱼ› *us͐áo* (nach
§ 56ᵇ.) für skr. *us͐á͐s.* Den sanskritischen Neutralstämmen
auf *as* entsprechen ṣendische wie ⱳⱳⱼⱳℊ *manaś* Geist,
ⱳⱳℳⱳⱴⱳⱳ *vaćaś* Rede. Zum sanskritischen मास् *mâs* m·
Mond und Monat (them. u. nom., von der Wz. *mas*
messen) stimmt nach §. 56ᵇ. der ṣend. Nominativ ℰⱳℊ
máo Mond, Accus. ϛϛℯⱳₛℰⱳℊ *máoṇhĕm* = skr. *má͐sam*
(p. 85). Im Litauischen entspricht der Stamm *menes,* wie
im Sanskrit sowohl Mond als Monat, s. §. 147.

129. Das Sanskrit und Ṣend haben acht Casus, nämlich aufser den im Lateinischen bestehenden, einen Instrumentalis und Locativ. Diese beiden Casus hat auch das
Litauische; Ruhig nennt ersteren den Ablativus instrumentalis, letzteren Abl. localis; es fehlt aber dem Litauischen
der eigentliche, im Sanskrit das Verhältnifs woher aus-
drückende Ablativ. — In Ansehung der, im Sanskrit nicht

---

[*]) Über andere Gestaltungen des skr. Suffixes *as* im Lateinischen
s. §. 932.

bei allen Wörtern und Wortbildungssuffixen durch alle
Casus sich gleich bleibenden, Grundform ist für diese Sprache
eine Eintheilung der Casus in starke und schwache
zweckmäfsig. Stark sind der Nominativ und Vocat.
der drei Zahlen und der Accus. des Singulars und Duals;
dagegen gehört der Acc. plur., wie alle übrigen Casus der
drei Zahlen, zu den schwachen Casus. Diese Eintheilung gilt jedoch nur für das Masc. und Femininum; beim
Neutrum sind dagegen nur der Nominativ, Acc. und Voc.
des Plurals stark, und alle übrigen Casus der drei Zahlen
schwach. Wo eine doppelte oder dreifache Gestaltung der
Grundform stattfindet, da zeigen, mit einer bewunderungs-
würdigen Consequenz, die als stark bezeichneten Casus
immer die vollste, durch die Sprachvergleichung meistens
als die ursprüngliche sich erweisende Gestalt des Thema's;
die übrigen Casus aber eine Schwächung desselben, die auch
am Anfange der Composita im flexionslosen Zustand erscheint, und daher von den einheimischen Grammatikern
nach §. 112 als eigentliche Grundform aufgestellt wird. Als
Beispiel diene das Participium praes., welches die starken
Casus aus dem Suffix *ant* bildet, in den schwachen aber,
und am Anfange von Compositen, das von den verwandten
europäischen Sprachen, wie auch meistens vom Send, durch
alle Casus beibehaltene *n* ausstöfst; so dafs अत् *at* im
Vorzug vor अन्त् *ant* als Suffix dieses Participiums angegeben wird*). Die Wurzel भृ *bar*, भृ *br* Kl. 1. tragen
z. B. zeigt im genannten Partic. die Form *bárant* als starkes, ursprüngliches (vgl. φέροντ, *ferent*), und *bárat* als
schwaches Thema; daher declinirt sich das Masculinum
wie folgt:

---

*) Das dem *t* oder *n* vorangehende *a* gehört eigentlich nicht zum
Participialsuffix, s. §. 782.

	Starke Casus	Schwache Casus
Singular: Nom. Voc.	*b̆áran*	. . . .
Acc.	*b̆árantam*	. . . .
Instr.	. . . .	*b̆áratā́*
Dat.	. . . .	*b̆árat̄ê*
Abl.	. . . .	*b̆áratas*
Gen.	. . . .	*b̆áratas*
Loc.	. . . .	*b̆árati*
Dual: Nom. Acc. Voc.	*b̆árantāu*	. . . .
Instr. Dat. Abl.	. . . .	*b̆árad̆byâm*
Gen. Loc.	. . . .	*b̆árat̄ôs*
Plural: Nom. Voc.	*b̆árantas*	. . . .
Acc.	. . . .	*b̆áratas*
Instr.	. . . .	*b̆árad̆bis*
Dat. Abl.	. . . .	*b̆árad̆byas*
Gen.	. . . .	*b̆áratấm*
Loc.	. . . .	*b̆áratsu*

130. Wo drei Gestaltungen der Grundform die Declination eines Wortes oder Suffixes durchziehen, da zeigt
sich die schwächste Gestalt des Thema's in denjenigen
schwachen Casus, deren Endungen vocalisch anfangen; die
mittlere vor den mit Consonanten anfangenden Casus-Suffixen. Diese Regel macht eine Eintheilung der Casus in
starke, schwächere oder mittlere, und schwächste zweckmäfsig. Als Beispiel diene das Participium act. des reduplicirten Praet. (griech. Perfect). Dieses bildet die starken
Casus des Masc. und Neutr. aus dem Suffix *váṅs*, die schwächsten aus *us'* (für *us*, s. §. 21[b].) und die mittleren aus *vat* (für
vas); daher zeigt z. B. die Wurzel *rud* weinen im Nom.
und Acc. sg. masc. und plur. neutr. die Formen *rurud-
vā́n* [*], *rurudvā́ṅsam*, *rurudvā́ṅsi* (s. §. 786), im Gen.
sg. du. und plur. masc. und neut. *rurudús'as*, *rurudú-
s'ôs*, *rurudús'ấm*; und im Loc. pl. m. n. *rurudvát-su*.

---

[*] Mit Verlust des *s* nach §. 94.

Der Nom. Acc. sg. neut. lautet *rurudvát*, der Voc. *rúrudvat*.
Der Vocativ sg. masc. zeigt nicht überall die volle Form
des starken Thema's, sondern liebt kurze Vocale; daher
rúrudvan gegenüber dem Nominativ *rurudvá̈n*. Über
die Betonung des Vocativs s. §. 204.

131. Das Send folgt sowohl bei Wortbildungssuffixen,
sowie auch bei manchen vereinzelt stehenden Wörtern,
deren Stamm sich im Sanskrit in verschiedene Gestalten
gespalten hat, im Wesentlichen dem sanskritischen Princip;
doch hat es beim Participium praes. in Vorzug vor dem
Sanskrit gewöhnlich auch in den schwachen Casus den Nasal
beibehalten. So findet man z. B. von dem Participialstamm
ᴦᴅᴜᴡᴊᴊᴊᴡᴅ *fsuyant* düngend, welcher sich als gewöhnliches Epithet des Ackerbauers am zahlreichsten belegen läfst, den Dativ *fsuyantê*, Gen. *fsuyantô*, Acc. pl.
fsuyantô; von ᴦᴅᴜᴡᴡᴅᴅᴜᴡᴅᴅ *saućant* glänzend den Abl.
saućantá̈d und den Gen. pl. *saućĕntaṅm*. Dafs aber
auch die schwachen Formen des Part. praes. dem Send
nicht fehlen, beweisen die vom Stamme *bĕrĕşant* grofs,
hoch (eigentlich wachsend = skr. *vṛhánt*, vêd. *bṛhant*)
vorkommenden schwachen Casus, namentlich der Dativ *bĕrĕ-
şaitê* und der Genitiv *bĕrĕşatô*, gegenüber dem Acc. *bĕ-
rĕşantĕm*. Sonstige Belege von Stammschwächungen in
den schwachen Casus gewährt z. B. das Suffix *vant*, welches vor den vocalisch anfangenden Endungen der schwachen Casus, d. h. in den schwächsten Casus, das *n* ausstöfst,
daher *q'arĕnaṇuhatô* (für *q'arĕnaṇhvatô*, s. §. 62) des
glanzbegabten, gegenüber dem Acc. *q'arĕnaṇuhantĕm*.
Das Suffix *van* zieht sich in den schwächsten Casus zu *un*
zusammen, dessen *u* mit einem vorangehenden *a* sich zu
dem Diphthong ᴖᴡ *au* (s. §. 32) vereinigt; daher z. B. von
asavan rein, mit Reinheit begabt, der Dativ *asaunê*
(ᴖᴡ) gegenüber dem Nom. Acc. Voc. des Plur. *asavanô* *), und

---

*) Man sieht hieraus, dafs der Acc. pl. im Send auch in formeller
Beziehung (im Sanskr. aber nur in Bezug auf den Accent, s. p. 271 f.)
zu den starken Casus gehört.

des Duals *as'avana*, während diese drei Casus im Dual neutr. wie im Sanskrit zu den schwächsten Casus gehören; daher *as'auni* *). — Es gestattet aber auch der Stamm *as'avan* in den **schwächsten** Casus den breiteren Diphthong ⲭⲱ *áu* für ⲩⲱ *au*; daher im Dativ und Genitiv die Formen *as'áunê*, *as'áunô*, neben *as'aunê*, *as'aunô*; im Gen. pl. *as'áunaṁ* neben *as'aunaṁ* **). — Zu der ṣendischen Zusammenziehung von *as'avan* zu *as'aun* oder *as'áun* stimmt diejenige, welche im Sanskrit der Stamm *maǵá-van* (ein Beiname Indra's) in den schwächsten Casus erfährt, indem nämlich auch hier die Sylbe *va* ihr *a* ablegt und das *v* vocalisirt, das so entstehende *u* aber mit dem vorhergehenden *a* zu *ó* = *au* zusammenzieht, daher im Gen. *maǵó'n-as*, Dat. *maǵó'n-ê*, gegenüber dem **starken** Acc. *maǵávân-am*. Aus युवन् *yúvan* entsteht in den schwächsten Casus die Form *yún* (Gen. *yú-n-ás* gegenüber dem Acc. *yúvân-am*); indem nämlich, nach Zusammenziehung der Sylbe *va* oder *vá* zu *u*, dieser Vocal mit dem vorhergehenden *u* zu *û* zusammenfliesen muſs. — Aus dem zusammengezogenen Stamm *yún* entspringt auch durch Anfügung des Feminincharakter *î* (s. §. 119) der weibliche Stamm *yúnî*; hierzu stimmt merkwürdig der durch ein angefügtes *c* erweiterte lateinische Stamm *júni-c* ***) (*júnix*, *júnicis*), der sich zu seinem skr. Vorbild verhält, wie die weiblichen Nomina agentis wie *datrî-c*, *genitrî-c* zu ihren sanskritischen Schwesterformen *dátr-î* Geberin, *ǵanitr-î* Erzeugerin (s. §. 119). Überhaupt fügt sich im Skr. der Feminincharakter *î* bei Wörtern, welche im Masc.

---

*) *as'auni* für *as'aunî*, s. §. 212.

**) S. die Belegstellen in Brockhaus's Index p. 230.

***) Man braucht im Lateinischen bei Aufstellung eines Thema's auf ein Lautgesetz, wornach die Endconsonanten (*s* ausgenommen) eine vorangehende Vocallänge kürzen, keine Rücksicht zu nehmen. Wäre *júnî-c* und nicht *júni-c* das Thema, so könnten die obliquen Casus kein langes *î* haben.

und Neutrum Stammschwächungen zulassen, in der Regel
an den g e s c h w ä c h t e n Stamm der letzteren, daher z. B.
auch *śúnî* Hündin, vom Stamme der schwächsten Casus
des Masc. (Gen. *śún-as*, ṣend. *śûn-ô*). Ich erinnere bei-
läufig noch an das albanesische *ϰϳϵν-ε* Hündin (von *ϰϳϵν*
Hund), in dessen ε, ich, wie in analogen Formen, den
weit verbreiteten skr. Feminincharacter *i* erkenne *).

132. 1) Das oben erwähnte skr. *śvan* Hund gehört zu
den Wörtern mit dreifacher Stamm-Abstufung, ist aber selber nur das Thema der m i t t l e r e n Casus (s. §. 130),
daher z. B. *śvá-ḃyas* **) c a n i b u s. Die starken Casus entspringen, mit Ausnahme des Vocativs *śvan*, aus *śván*, daher
Acc. *śvá'n-am* (ṣend. *śpá'n-ĕm* nach §. 50). Auf diesen
starken Stamm stützt sich das gr. ϰύων, dessen oblique Casus
sämmtlich dem skr. Thema der schwächsten Casus sich anschliefsen; daher stimmt zwar der Genit. ϰυνός zum skr.
śún-as (aus *kún-as*), aber der Acc. ϰύνα nicht zu *śvá'nam*.
Es fehlt aber dem Griechischen auch nicht an Wörtern,
die bei ihrer Declination genauer an der skr. Spaltung in
starke und schwache Casus festhalten; es geht namentlich
das ε der Stämme πατερ, μητερ, ϑυγατερ nur in solchen Casus
verloren, die im Sanskrit zu den s c h w a c h e n gehören,
behauptet sich aber unverändert, oder verlängert sich, in den
starken. Man vergleiche von diesem Gesichtspunkte aus
πατήρ, πάτερ, πατέρ-α, πατέρ-ε, πατέρες mit dem skr. *pitá'*,
pitar (Voc.), *pitár-am*, *pitár-âu*, *pitár-as*, und dagegen den Genit. und Dativ πατρ-ός, πατρ-ί mit den Form-
schwächungen, welche der skr. Genitiv und Locativ (= gr.
Dativ) bei unregelmäfsigen Wörtern erfahren, z. B. in *śún-as*,

---

*) S. die oben (p. 12 Anm.) erwähnte Schrift p. 33.

**) Im Sanskrit wird *n* vor consonantisch anfangenden Casus-
Endungen, wie im Griechischen ν, unterdrückt, daher auch im Loc. pl.
śvá-su gegenüber dem gr. Dat. ϰυ-σί. Auch am Anfange von
Compositen geht skr. *n*, nicht nur vor Consonanten, sondern auch
vor Vocalen, verloren.

śún-i, für *śván-as, śván-i.* Die skr. Verwandtschafts-
wörter können aber hier nicht in Betracht gezogen werden,
weil ihr Genitiv völlig unregelmäfsig ist und die Casus-
Endung verloren hat, der Locativ aber sich der Verstümmelung enthält, welche in der Regel bei stammschwächen-
den Wörtern dieser Casus erfährt; daher *pitári,* nicht
pitrí nach Analogie des griech. πατρί. Im Dual und Plural
hat das Griechische, im Vorzug vor dem Sanskrit, die Thema-
schwächungen nicht aufkommen lassen. — Man darf mit Zu-
versicht annehmen, dafs in der Zeit der Sprach-Einheit
unseres Stammes die Spaltung in starke und schwache Casus
erst in ihrem Beginnen war, und dafs sie z. B. noch nicht
auf die Participia des Praesens sich erstreckte, weil hier
keine der europäischen Schwestersprachen, und selbst das
Send nur in geringem Grade, daran Theil nimmt. Am frü-
hesten mag dagegen die Spaltung in starke und schwache
Casus in Bezug auf die Accentuation eingetreten sein, denn
es ist gewifs kein Zufall, dafs in dieser Beziehung das
Sanskrit und Griechische in wahrhaft bewunderungswürdiger
Weise mit einander übereinstimmen. Es betonen nämlich die
beiden Sprachen bei Wörtern mit einsylbigem Stamm — abgesehen von einigen vereinzelt stehenden Ausnahmen — in
scheinbar launenhafter Willkür, in den drei Zahlen bald die
Endung, bald den Stamm, wobei sich jedoch als Gesetz
herausstellt, dafs diejenigen Casus, die ich in formeller Beziehung als die s t a r k e n bezeichnet habe [*]), sich auch in
der Betonung insofern als stark bewähren, als sie den Ton
auf der Stammsylbe festhalten, während ihn die schwachen
auf derselben nicht behaupten können, sondern ihn auf die
Endung herabsinken lassen; daher z. B. der Genitiv *váćás*
sermonis im Gegensatze zu dem gleichlautenden Plural-
Nominativ *váćas.* Der Accusativ plur., welcher in Bezug auf
die Betonung zu den starken Casus gehört, lautet eben-

---

[*]) Zuerst in der lateinischen Ausgabe meiner Sanskrit-Grammatik
(Grammatica critica etc. 1832 §. 185).

falls *vá'ćas*, und es leidet kaum einen Zweifel, dafs auch
in formeller Beziehung dieser Casus früher zu den starken
gehörte, so dafs er gegen den Accusativ sing. und du. nicht
zurückstand. Ich stelle hier, zur Erleichterung des Über-
blicks, der vollständigen Declination von *vá'ć* f. Rede,
Stimme, die des ziemlich entstellten griechischen Schwester-
wortes ὀπ (aus ϝοκ) gegenüber:

	Starke Casus		Schwache Casus	
	Sanskrit	Griechisch	Sanskrit	Griechisch
Singular: Nom. Voc.	*vá̆k*	ὄπ-ς	. . . .	. . . .
Acc.	*vá'ć-am*	ὄπ-α	. . . .	. . . .
Instr.	. . . . . .	. . . .	*vá̆ć-á'*	. . . .
Dativ	. . . . . .	. . . .	*vá̆ć-é'*	s. Loc.
Ablat.	. . . . . .	. . . .	*vá̆ć-ás*	. . . .
Gen.	. . . . . .	. . . .	*vá̆ć-ás*	ὀπ-ός
Loc. gr. D.	. . . . . .	. . . .	*vá̆ć-í*	ὀπ-ί
Dual: Nom. Acc. Voc.	*vá'ć-áu*	ὄπ-ε	. . . .	. . . .
Instr. Abl.	. . . . . .	. . . .	*vá̆g-b́yá'm*	. . . .
Dat.*)	. . . . . .	. . . .	*vá̆g-b́yá'm*	ὀπϛῖν
Gen. Loc.	. . . . . .	. . . .	*vá̆ć-ó's*	. . . .
Plural: Nom. Voc.	*vá'ć-as*	ὄπ-ες	. . . .	. . . .
Acc.	*vá'ć-as*	ὄπ-ας	. . . .	. . . .
Instr.	. . . . . .	. . . .	*vá̆g-b́ís*	. . . .
Dat. Abl.	. . . . . .	. . . .	*vá̆g-b́yás*	s. Loc.
Gen.	. . . . . .	. . . .	*vá̆ć-á'm*	ὀπ-ῶν
Loc. gr. Dat.	. . . . . .	. . . .	*vá̆k-śú*	ὀπ-σί

2) Bei einer kleinen Anzahl einsylbiger Sanskritwörter
stellt sich der Acc. plur., wie in formeller Beziehung, auch
hinsichtlich der Accentuation auf die Seite der schwachen
Casus, d. h. er läfst den Ton auf die Endung herabsinken.
Hierzu gehören unter andern *rái* Reichthum, *niś* (aus
nik) Nacht, *pad* Fufs, wovon der Plural-Accusativ

---

*) Gr. Dat. Gen. s. §. 221.

ráy-ás, niš-ás[*]), *pad-ás*; letzteres im Nachtheil gegen das
gr. πόδας. Es gibt dagegen im Sanskrit auch einige einsylbige Wörter, welche sich von der Herabsinkung des Accents
ganz frei gehalten haben. Hierzu gehören unter andern
švan Hund und *gố* Stier, Kuh etc., deren griechische
Schwesterformen dem einmal angebahnten Wege weiter gefolgt sind, und also z. B. κυνός, κυνί, βο(F)ί, κυνῶν, βο(F)ῶν, κυσί,
βουσί dem sanskritischen *šún-as, šún-i, gáv-i, šún-ám,*

---

[*]) Da das श *s* von निश् *nis'* aus *k* entstanden ist, so darf man
einen wurzelhaften Zusammenhang zwischen *nis'* und *náktam* (bei
Nacht) annehmen. Letzteres ist der Nachlaſs eines Stammes *nakt*;
ersteres, wie ich jetzt glaube, die Schwächung von *nas'*. Ich vermuthe nämlich, in Abweichung von einer früheren Erklärung von *nis'*
und *nis'á* aus *s't* schlafen praef. *ni* (Gloss. scr. S. 198), daſs beide
Nachtbenennungen von der Wurzel *nas'* (aus *nak*) ausgegangen sind,
einer Wurzel, die wohl auch in einer anderen Conjugationsklasse als
der 4ten (*nás'-ya-ti* er geht zu Grunde) schaden oder ver-
nichten bedeutet haben mag, wie das lat. *noceo*, welches ebenso
wie *nex, necare*, zur skr. Wz. *nas'* gehört und sich auf deren Causalform *nás'-áyá-mi* (also *nôceo* für *nóceo*) stützt. Es würde demn-
nach die Nacht eigentlich als die verderbende, schadende oder
feindliche erscheinen, und das lat. *noc-t, noc-tu, nec-s, noc-eo*,
nebst der Nachtbenennung des Griech., German., Lit., Slavischen
und Albanesischen (*vátg*) einer gemeinschaftlichen „schaden” bedeutenden Wurzel angehören, einer Wurzel, die sich im skr. *nis'*
und *nis'á* (letzteres ebenfalls Nacht) selber geschadet hat, durch die
Vocalschwächung von *a* zu *i*, wie in Formen wie *kir-á-ti* er
streut aus, von der Wz. *kar* (कृ *kţ*), und in gothischen wie *bind-*
-i-th von *band* binden. Vielleicht ist auch das *i* des griech. νίκη
eine Schwächung von *a*, und somit der Sieg als Tödtung (der
Feinde) so genannt. Zur skr. Wz. *nas'* gehören bekanntlich auch
das gr. νέκυς und νεκρός, die auf griech. Boden ebenso wie νίκη
(wovon νικάω, dor. νίκημι) als verwaiste Formen erscheinen. Als
ursprünglich schädlich oder verderblich bedeutend erweisen
sich noch zwei andere skr. Nachtbenennungen, nämlich *s'arvart*,
von der Wz. *s'ar* (शृ *s'ţ*) zerbrechen, zerstören, und *s'atvart*,
von *s'ad* zu Grunde gehen.

gáv-ám, *ivá-su*, *gṓ-s'u* gegenüberstellen. Gewiſs aber ist,
daſs die sanskritischen Formen in Bezug auf die Accentuation auf älterer Stufe stehen als die griechischen, und Überreste einer Sprachperiode sind, in welcher die Spaltung in
s t a r k e und s c h w a c h e Casus noch nicht eingetreten
war. Auf dieser älteren Stufe haben sich auch in Gemeinschaft mit dem Griechischen die einsylbigen Pronominalstämme,
wegen der Energie ihrer Persönlichkeit, nebst dem skr.
Ausdruck der Zahl zwei, eigentlich ein Pronomen, behauptet;
daher z. B. *tḗs'u* in diesen, fem. *tắ-su* (nicht *tēs'ú*, *tāsú*),
wie im Griechischen die epischen Dative τοῖσι, ταῖσι; *dvắ-
ḃyám* im Gegensatze zum griech. δυοῖν *), dagegen *tri-s'ú*
in tribus, *trí-ṇ-ắm* trium (védisch), mit gesunkenem Accent, wie im Griech. τρι-σί, τρι-ῶν, im Gegensatze zum s t a r -
k e n Nom. Acc. neut. τρία (skr. *trí-ṇ-i*).

3) Auch im Litauischen gibt die Accentuation Veranlassung zu einer Eintheilung in s t a r k e und s c h w a c h e
Casus, indem hier alle oxytonirten zweisylbigen Substantive
im Accus. und Dativ sing. und im Nom. Voc. plur., also
mit Ausnahme des Dat. sg. nur in solchen Casus, die im
Sanskrit und Griechischen zu den starken gehören, den Ton
auf die Anfangssylbe zurückziehen **); daher z. B.

Nom. sg.	Acc. sg.	Dat. sg.	Nom. V. pl.
sūnù-s Sohn	*sū́nu-n̄*	*sū́nu-i*	*sū́nŭ-s*
mergà Mädchen	*mérga-n̄*	*mérga-i*	*mérgō-s*
akmŭ́ Stein	*ákmeni-n̄*	*ákmeniu-i*	*ákmen-s* ***)
duktḗ Tochter	*dùkteri-n̄*	*dùkterei*	*dùkter-s* ***)

Bei oxytonirten Adjectiven auf *u* unterbleibt die Zurückziehung des Tons im Dativ. — Man kann diese Zurückziehung

---

*) Gegenüber dem starken Nom. Acc. δύο oder δύω; s. vergleich.
Accentuationssystem §. 25.

**) S. vergleich. Accentuationssystem §. 62 ff. und über ähnliche
Erscheinungen im Russischen §. 65.

***) Nach S c h l e i c h e r, dessen eben erschienene litauische Gram-
matik ich hier zum erstenmal benutzen kann.

des Tons mit derjenigen vergleichen, die das Sanskrit im
Vocativ der drei Zahlen, das Griechische in einigen des Singulars, und die beiden Sprachen in ihren Superlativen auf
isťa-s, ιστο-ς und den entsprechenden Comparativen eintreten lassen.

4) Das Gothische zeigt eine f o r m e l l e Übereinstimmung mit der sanskritischen Spaltung in starke und schwache
Casus, erstens darin, daſs es das *a* seiner Stämme auf *ar*
in den schwachen Casus des Singulars ausstöſst, und nur
in den starken, d. h. im Nom. Acc. Voc. beibehält; zweitens
darin, daſs es bei Stämmen auf *an* das schwere *a* nur in
den eben genannten Casus unverändert läſst, im Genitiv und
Dativ aber zu *i* schwächt, während das Sanskrit bei Stämmen auf *an* das *a*, im Fall ihm nur e i n Consonant vorhergeht, in den schwächsten Casus ganz ausstöſst. Man vergleiche das goth. *brôthar* B r u d e r als Nom. Acc. Voc. mit
dem skr. *bráťá* (s. §. 144), *bráťaram*, *bráťar*, und dagegen den Dativ *brôthr* (ohne Casus-Endung) mit भ्रात्रे
bráťr-ê. Der goth. Genitiv *brôthr-s* stimmt zum şendischen *bráthr-ô* (s. §. 191) und griechischen Formen wie
πατρ-ός. Vom gothischen Stamme *ahan* stimmt der Nom. *aha*,
Acc. *ahan*, Voc. *aha* zu sanskritischen Formen wie *rágá*
(K ö n i g), *rágán-am*, *rágan*, und dagegen der Gen. *ahin-s*,
Dat. *ahin* hinsichtlich der Stammschwächung zu sanskritischen Formen wie *rágñ-as*, *rágñ-ê*, mit unterdrücktem
Vocal der Endsylbe des Stammes.

133. Was die Art der Verknüpfung der Endvocale
der Grundformen mit vocalisch anfangenden Casus-Suffixen
anbelangt, so müssen wir zuvörderst auf eine fast auf das
Sanskrit und die ihm am nächsten stehenden Dialekte (Páli,
Prákrit) beschränkte Erscheinung aufmerksam machen, vermöge welcher, zur Vermeidung des Hiatus neben Rein-Erhaltung der Vocale des Stammes und der Endung, ein euphonisches *n* eingeschoben wird. Dieses Wohllautsmittel kann,
in dem Umfang, wie es im Sanskrit besteht, nicht dem Urzustande des Sprachstamms, den wir hier betrachten, ange-

hören; sonst würde es in den verwandten europäischen
Sprachen, und sogar im Send, nicht fast gänzlich vermifst
werden. Wir betrachten es daher als eine Eigenthümlichkeit des Dialektes, der nach der Zeit der Sprachspaltung in
Indien herrschend geworden, und sich zur allgemeinen Schrift-
sprache daselbst erhoben hat. Dabei ist es nöthig zu bemerken, dafs die Vêda-Sprache sich des euphonischen *n* nicht
in der Allgemeinheit wie das gewöhnliche Sanskrit bedient.
Am häufigsten wird dasselbe vom Neutrum gebraucht, seltener vom Masc. und am seltensten vom Femininum. Letzteres beschränkt dasselbe auf den Genitiv plur., in welchem
auch das Send, wenngleich weniger durchgreifend, sich dieser Einfügung bedient. Hierbei ist es merkwürdig, dafs
gerade an dieser Stelle auch die altgermanischen Sprachen,
mit Ausnahme des Gothischen und Altnordischen, ein euphonisches *n* zwischen den Vocal des Stammes und den der
Casus-Endung einschieben, doch nur in einer einzigen
Declination, nämlich in derjenigen, welche im Sanskrit und
Send durch die weiblichen Stämme auf *á* vertreten ist.
Aufser dem Gebrauch des euphonischen *n* ist im Sanskrit und
Send noch die Gunirung des Stammvocals in gewissen Casus
zu bemerken, wozu auch das Gothische, Litauische und Alt-
slavische Analoga darbieten (§. 26. 4. 5. 6.).

Singular.

Nominativ.

134. Vocalisch endigende Stämme männlichen und
weiblichen Geschlechts haben im indo-europäischen Sprachstamm, unter gewissen Beschränkungen, *s* als Nominativ-
Suffiv, welches im Send nach einem vorhergehenden *a* zu
u zerfliefst, und dann mit dem *a* zu *ó* zusammengezogen
wird (§. 2.); wie dies im Sanskrit nur vor tönenden Buchstaben (§. 25.) geschieht*). Beispiele gibt §. 148. Den Ur-

---

*) Z. B. सुतो मम *sutó máma* filius mei, सुतस् तव *sutá-s*
táva filius tui (§. 22).

sprung dieser Casusbezeichnung finde ich in dem Pronominalstamm स *sa* (er, dieser, jener, weiblich सा *sâ*) und einen
schlagenden Beweis für diese Behauptung darin, dafs das
genannte Pron. in der gewöhnlichen Sprache sich über die
Grenze des Nomin. masc. und fem. nicht hinaus erstreckt,
sondern im Nomin. neutr. und in den obliquen Casus des
Masc. und Fem. durch त *ta*, weiblich ता *tâ*, ersetzt wird,
worüber mehr in der Folge.

135. Das Gothische unterdrückt *a* und *i* vor dem
Casussuffix *s*, ausgenommen bei einsylbigen Stämmen, wo
diese Unterdrückung unmöglich ist. Man sagt *hva-s* wer,
i-s er, aber z. B. *vulf-s* Wolf, *gast-s* Fremdling, Gast,
für *vulfa-s*, *gasti-s* (vgl. *hosti-s*). Bei männlichen substantiven
Stämmen auf *ja* erhält sich jedoch der Endvocal, nur geschwächt zu *i* (§. 67); z. B. *harji-s* Heer. Geht aber, was
meistens der Fall ist, der Schlufssylbe eine Länge, oder mehr
als e i n e Sylbe voran, so zieht sich *ji* zu *ei* (= *î*, §. 70) zusammen; z. B. *andei-s* Ende, *raginei-s* Rath, für *andji-s*,
raginji-s. Diese Zusammenziehung erstreckt sich auch auf
den ebenfalls durch *s* bezeichneten Genitiv. — Den gothischen Nominativen auf *ji-s* entsprechen litauische wie *Atpirk-
tôji-s* Erlöser, deren *i* ebenfalls aus einem älteren *a* hervorgegangen ist[*]); dies folgere ich aus den obliquen Casus,
die meistens mit denen der *a*-Stämme übereinstimmen.
Wo aber der Schlufssylbe *ja* im Litauischen ein Consonant
vorhergeht, was der gewöhnlichere Fall ist, da vocalisirt
sich das *j* zu *i*, und das folgende, aus *a* entsprungene *i*,
wird unterdrückt; daher z. B. *lôbi-s* Reichthum für *lôbji-s*
aus *lôbja-s*. — Die gothischen Adjectivstämme auf *ja* zeigen
im Nom. sg. masc. vier verschiedene Formen, wofür v. Gabe-
lentz u. Loebe (Gramm. p. 74), die jedoch mit Unrecht *i*
als den Ausgang des Stammes annehmen, *sûtis*, *hrains*
niujis, *viltheis* als Muster aufstellen. Die vollständigste
Form *ji-s*, für das nach §. 67 unmögliche *ja-s*, findet statt,

---

[*]) Durch den Einflufs des *j*.

wenn der Sylbe *ja* des Stammes ein Vocal oder ein einfacher Consonant mit vorangehendem kurzen Vocal vorhergeht, daher *niu-ji-s* neu, *sak-ji-s* zänkisch. Es kann daher
auch vom Stamme *midja* der unbelegbare Nomin. masc. nur
midjis (= skr. *mádya-s*, lat. *mediu-s*) lauten. — Geht der
Sylbe *ja* gothischer Adjectivstämme eine lange, consonantisch
endigende Sylbe voran, so zieht *ja* sich im Nom. masc.
entweder zu *ei* zusammen, wie bei ähnlich beschaffenen
Substantivstämmen, oder zu *i*, oder wird, was der gewöhnlichste Fall scheint, ganz unterdrückt. Den ersten Fall belegen Formen wie *althei-s* alt, *vilthei-s* wild; den 2ten:
súti-s süfs, mild, und *airkni-s* heilig; den 3ten: *hrain-s*
rein, *gamain-s* gemein, *gafaur-s* nüchtern, *brúk-s*
brauchbar, *bleith-s* gütig, *andaném-s* angenehm. Hieran
reiht sich *alja-kun-s* ἀλλογενής, wofür man, wegen der un-
zweifelhaften Kürze des *u*, *aljakunji-s* erwarten könnte; es
scheint aber die Belastung des Wortes durch die Zusammensetzung, oder überhaupt der Umstand, dafs dem Suffixe
ja*) in dem Wort-Ganzen mehr als **eine** Sylbe vorhergeht, die Unterdrückung des Suffixes im Nom. veranlafst
zu haben. Die obliquen Casus zeigen überall deutlich, dafs
ia der wahre Ausgang des Stammes ist.

> Anmerkung 1. Die gothischen Stämme auf *ra* und *ri* unter-
> drücken, im Fall dem *r* ein Vocal vorhergeht, das Casuszeichen *s*,
> nicht aber bei vorangehender Consonanz; daher *vair* Mann,
> *stiur* Kalb, junger Stier, *anthar* der andere, *hvathar*
> wer von beiden? von den Stämmen *vaira*, *stiura* etc.; *fruma-
> baur* erstgeborener, von *-bauri*; dagegen z. B. *akr-s*
> Acker, *fingr-s* Finger, *baitr-s* bitter, *fagr-s* schön, von
> *akra* etc. Zu den Formen, in welchen das Casuszeichen sammt
> dem Endvocal des Stammes unterdrückt ist, stimmen lateinische
> wie *vir, puer, socer, levir, alter, pulcer.* So von Stämmen auf
> *ri* Formen wie *celer, celeber, puter.* Doch schützen ein dem *r*
> vorangehendes *a*, *u* und *o*, sowie *e* und *i*, die volle Endung; da-
> her *vérus, sevérus, sérus, mírus, vírus, -parus, (oviparus), cárus.*

---

*) = skr. अय *ya*, s. §. 897 und hinsichtlich des Litauischen §. 898.

nurus, púrus, -vorus (*carnivorus*). Auch kurzes *e* hat die Endung *us* nicht überall untergehen lassen (*mĕrus, fĕrus*). —
Im Gothischen haben auch Stämme auf *sa* und *si*, zur Vermeidung
zweier schliefsender *s*, das Casuszeichen schwinden lassen; daher *laus* los, *leer*, vom Stamme *lausa; drus* Fall*). In *us-
stass* Auferstehung, vom weiblichen Stamme *us-stassi***),
würden ohne Unterdrückung des Casuszeichens sogar drei schliefsende *s* zusammentreffen.

Anmerkung 2. Die gothischen Stämme auf *va* vocalisiren den
Halbvocal, wenn ihm ein kurzer Vocal vorhergeht, vor dem Casuszeichen, so wie auch schliefsend im flexionslosen Acc. und Vocativ der Substantive, zu *u*; daher *thiu-s* Knecht vom Stamme
thiva, Acc. *thiu*; *qviu-s* lebendig (lit. *gywa-s*, skr. *g′ivá-s*),
von *qviva*. So vom Neutralstamm *kniva* Knie der Nom. Acc.
kniu. Geht aber ein langer Vocal dem *v* voran (es findet sich
in dieser Stellung blofs *ai*), so bleibt das *v* unverändert; daher
saiv-s See, *snaiv-s* Schnee, *aiv-s* Zeit. Im Althochdeutschen hat sich dieses goth. *v* vocalisirt, und zwar höchst wahrscheinlich zuerst zu *u*, woraus, in Folge der in §. 77 angegebenen Entartung, *o*; daher *séo* See, *snéo* Schnee, Gen. *sĕwe-s,
snéwe-s*, gegenüber dem goth. *saiv-s, saivi-s, snaiv-s, snaivi-s.*
So auch *dĕo* (Knecht), Gen. *dĕwe-s*, für goth. *thiu-s, thiwi-s.*

Anmerkung 3. Im Send haben die männlichen Stämme auf *a* den
Zischlaut des Nominativs vor der enklitischen Partikel *ća* bewahrt, statt ‫ﺷﻮ‬ *as′* (für skr. अस् *as*) nach §. 56[b)] in *ô* umzuwandeln; daher z. B. zwar *vĕhrkô* Wolf für skr. *vŗ′ka-s*,
litauisch *wilka-s*, goth. *vulf-s*; aber ‫ﺷﻮﺷﻮﺷﻮ‬ *vĕhrkas′ća*
lupusque = skr. *vŗ′kas′ća*. Der Interrogativstamm *ka* wer?
hat auch in Verbindung mit *nâ* Mann (Nom. des Stammes
nar) und mit dem angehängten Pronom. der zweiten P. sg. den
Zischlaut bewahrt, daher *kas′nâ* wer? (wörtlich welcher
Mann?), *kas′tĕ* wer dir? Zwischen *kas′* und den Acc.
thwanm wird in solchen Fällen ein Bindevocal eingeschoben,
wobei die Handschriften schwanken zwischen ε *ĕ* und ς *e*; die
ältesten aber zeigen nach Burnouf (Yaçna, Notes p. 135) ς, wel-

---

*) Ungewifs, ob von *drusa* oder *drusi*, s. Grimm I. 598. Anm. 1.
**) Aus *us-stas-ti* und dieses aus *us-stad-ti* (nach §. 102), ungefähr
wie *vissa* ich wufste aus *vis-ta* für *vit-ta.*

ches auch offenbar dem ϛ vorzuziehen ist (vgl. §. 30), da ϛ als
langer Vocal (s. §. 31) sich weniger als ε *ĕ* zum Bindevocal
eignet. Gewifs aber ist, dafs auch das ε *ĕ* in *kas'ĕthwañm*
(wer dich?) sich in verhältnifsmäfsig später Zeit eingedrängt hat,
denn die Bewahrung des ꙅ *s'* kann nur durch die unmittelbare
Verbindung mit dem *t*-Laut veranlafst sein. In Bezug auf die
enklitische Partikel *ča* ist noch zu bemerken, dafs dieselbe auch
allen anderen Endungen, welche im Sanskrit auf *as* ausgehen,
den Zischlaut geschützt, und auch das vorhergehende Wort vor
anderen Entstellungen, wie vor Kürzungen ursprünglich langer
Vocale, und vor Zusammenziehung der Endung *ayĕ* zu ꙅϛ *eĕ*
bewahrt hat.

136. Das Hochdeutsche hat bis auf unsere Zeit das
alte Nominativzeichen in der Umwandlung in *r* bewahrt,
jedoch schon im Althochdeutschen nur bei Pronominen, und
bei starken Adjectiven, welche sich später als zusammengesetzt
mit einem angehängten Pronomen ergeben werden (s. §. 287 ff.).
Man vergleiche mit dem gothischen *i-s* er und dem lat. *i-s*
das ahd. *i-r*. — Bei Substantiven hat sich das Nominativzeichen in den germanischen Sprachen aufser dem Gothischen nur noch im Altnordischen behauptet, und zwar als *r*,
doch nur bei Masculinen; daher z. B. *hva-r* oder *ha-r* wer?
für goth. *hva-s*, *ûlf-r* Wolf*) für goth. *vulf-s* aus *vulfa-s*,
son-r Sohn für goth. *sunu-s*, skr. und lit. *sûnú-s*, *sûnù-s*.
Die Feminina haben dagegen im Altnordischen das Casuszeichen eingebüfst, daher z. B. *hönd* Hand für goth. *handu-s*,
dâdh That, vom Stamme *dâdhi* (N. Acc. pl. *dâdhi-r*), für
goth. *dêd-s* aus *dêdi-s*.

137. Die weiblichen sanskritischen Stämme auf *â*, und
mit sehr wenigen Ausnahmen die mehrsylbigen auf *î*, nebst
strî Frau, haben, wie die entsprechenden Formen der verwandten Sprachen, das alte Nominativzeichen verloren (mit
Ausnahme der lateinischen *ê*-Stämme), und geben den reinen Stamm; die verwandten Sprachen auch den durch Ver-

---

*) Auch *varg-r* heifst Wolf, welches dem im Skr. als Urform
für *vṛka-s* vorauszusetzenden *várka-s* sehr nahe steht.

kürzung des Endvocals geschwächten Stamm. Über die Kürzungen des *â* s. §. 118. Auch ܝ *i* verkürzt sich im Send,
sogar an dem einsylbigen ܝ‎ *stri* Frau, s. V. S. p. 136,
bei Olshausen S. 28, wo ܝ‎ *stri-ća* feminaque
steht, während sonst das angehängte ܝ *ća* die ursprüngliche Länge der Vocale schützt. — Was das *s* der lateinischen fünften Declination anbelangt, welche oben (p. 147 f.)
als ursprünglich identisch mit der ersten dargestellt worden,
so kann ich darin. nicht mehr einen Überrest aus der Urperiode unseres Sprachstammes erkennen, wodurch das Lateinische das Sanskrit, Send, Altpersische, Griechische, Litauische und Germanische überbieten würde, sondern ich erkenne
darin nur eine Wiederherstellung der, in dieser Wortklasse
höchst wahrscheinlich schon vor der Sprachtrennung weggefallenen, Casus-Endung. Hinsichtlich dieser Wieder-Er-
langung einer verlorenen Casus-Endung mag man das Genitiv-
zeichen *s* unseres deutschen *Herzen-s* vergleichen, während
alle Stämme auf *n* im Althochdeutschen, in den 3 Geschlechtern, des nur vom Gothischen noch bewahrten Genitivzei-
chens *s* verlustig gegangen sind. Zu den Nominativformen
auf *ê-s* (für *ê*) der fünften Declination mag das Lateinische
durch die Analogie der Nominative dritter Declination auf
ê-s (wie *caedê-s*) verführt worden sein. Hier aber macht
das *ê* des Nominativs Schwierigkeit, denn, nimmt man *caedi*
als das echte, ursprüngliche Thema an, so hätte man im
Nominativ nichts anders als *caedis* zu erwarten, wie auch
im Sanskrit, Send, Griechischen und Litauischen alle *i*-Stämme,
sofern sie nicht Neutra sind, im Nominativ sg. wirklich niemals eine andere Form als *i-s* zeigen. Unter den lateinischen Substantiven auf *ê-s*, Gen. *i-s*, finden sich zwei, denen
im Sanskrit Stämme auf *as* gegenüberstehen, nämlich *nubês*
und *sedês*; ersteres ist offenbar verwandt mit dem skr.
Stamme *nábas* Luft, Himmel, dem slav. *nebes* (nom. acc.
nebo, gen. *nebes-c*) und griech. νέφες (gen. νέφε(σ)-ος (s. §. 128).
Im Sanskrit und Slavischen ist dieses Wort, wie im Griechischen, Neutrum; wäre es aber männlich oder weiblich,

so würde der Nom. im Sanskrit *naδâs* und im Griech.
νεφης lauten. So kommt im Sanskrit vom weiblichen Stamme
us'ás Morgenröthe der Nominat. *us'ás*, von *tavás* stark
der männliche Nominativ *tavá's* (vêd.), von *dúrmanas*
schlechtgeistig (*mánas* neut. Geist), der Nom. m. f.
dúrmanâs, neut. (vielleicht ungebräuchlich) *dúrmanas*, und
im Griech. von den Neutralstämmen auf ες, wenn sie am
Ende von Compositen erscheinen, der männliche und weibliche Nominativ auf ης; also δυσμενής, neut. -μενές, gegenüber dem eben erwähnten skr. *dúrmanâs, -nas*. Hierbei
ist es wichtig zu beachten, dafs das Lateinische die griechischen Composita dieser Art, sofern sie ihm als Eigennamen überliefert sind, so flectirt wie *caedês, nubês*, so dafs
zwar im Nom. *Socratês* zu Σωκράτης stimmt, die obliquen
Casus aber aus Stämmen auf *i* entspringen, also Gen. *Socrati-s*,
während man aus dem unverstümmelten Stamm *Socrater-is*
(wie *gener-is* = γένε(σ)-ος) zu erwarten hätte. — Das zweite
lateinische Wort auf *ê-s, i-s*, welches einem sanskritischen
Neutralstamme auf *as* und einem griechischen auf ες entspricht, ist *sedês*, gegenüber dem skr. *sádas* Sitz, Gen.
sádas-as, gr. ἕδος, ἕδε(σ)-ος. Man vergleiche also *sedês* mit
dem Schlufstheile des gr. εὐρυέδης. Das *i* der obliquen Casus von *nubi-s, caedi-s, sedis* etc. läfst sich als Schwächung
des ursprünglichen *a* der sanskritischen Stämme wie *ápas*
Werk, *mánas* Geist fassen, während das *e* von *oper-is*,
gener-is durch den rückwirkenden Einflufs des *r* aus *i* erzeugt ist (s. §. 84). Wäre das ursprüngliche *s* geblieben,
so würde für *operi-s, gener-is* wahrscheinlich *opis-is, genis-is*
stehen. Ich erwähne noch ein merkwürdiges, aber in seiner
Etymologie, vom lateinischen Standpunkt aus, dunkeles Femininum auf *ês*, welches in den obliquen Casus sich un-
verstümmelt behauptet hat, nämlich *Cerê-s, Cerer-is*. Wenn
Pott (Etym. F. S. 1. 197. II. 224 f.) Recht hat, den Namen
dieser Göttin, der Erfinderin des Ackerbaues, von einer
Wurzel abzuleiten, die im Sanskrit pflügen bedeutet, woraus
wir oben (p. 3) das sendische *kars-ti* (skr. *kṛs-ṭi* das

Pflügen) haben entspringen sehen, so würde *Cerê-s* (vom Stamme *Cerer*, ursprünglich *Ceres*) etymologisch die Pflügerin oder pflügende bedeuten, wie das skr. *us'ǎ's* (Morgenröthe) die leuchtende oder glänzende. Die latein. verdunkelte Wurzel hätte also einen Zischlaut hinter dem *r* verloren, ungefähr wie im Griechischen χαρ (χαίρω) gegenüber der skr. Wurzel *hars'*, *hṛs'* sich freuen, wozu wahrscheinlich auch das lat. *hil-aris* gehört. — Der Umstand, dafs in der lat. 3ten Declination zuweilen Nominative auf *ês* und *is* in einem und demselben Worte vorkommen — wie z. B. *canês* neben *canis* — kann meiner Meinung nach keine Veranlassung geben, die beiden Ausgänge als ursprünglich aus gleicher Quelle fliefsend aufzufassen; denn es ist nicht befremdend — da Wörter wie *caedês*, *nubês*, *sedês*, oder, um auch ein Masc. zu erwähnen, *verrês*, in ihren obliquen Casus denen der organischen Stämme auf *i* gleich geworden sind — dafs auch gelegentlich die Form auf *ê-s* durch den Strom der Analogie in den Nominativ solcher Stämme eingedrungen ist, denen im Nominativ nur *i-s* zukommt. Es ist daher für jeden einzelnen Fall zu untersuchen, ob die Form auf *i-s* oder die auf *ê-s* organischer sei. Das Wort *canis*, wofür auch *canê-s*, hätte sich mit dem *i* begnügen sollen, denn es ist, wie das von *juvenis*, nur eine Anfügung an den ursprünglichen Stamm auf *n* (s. p. 287). Zuweilen mag auch das *ês* der fünften Declination, deren *s* vorhin aus dem *s* der 3ten erklärt worden, ihrerseits auf die 3te zurückgewirkt und diese mit Nominativen auf *ês* für *a* (aus *ā*) versehen haben. So scheint mir das Suffix von *fa-mê-s* *) in seinem Ursprung identisch mit dem von *flam-ma*, *fâ-ma* u. a., griech. μη von γνώ-μη, στιγμή u. a. *Famê-licus* weist deutlich auf einen Primitivstamm

---

*) Hunger als Efslust, oder zum Essen veranlassender, sofern es in seiner Wz. zum gr. φαγ und skr. *b'aks'* essen gehört und also für *fagmês* steht (s. Ag. Benary, Röm. Lautlehre p. 155).

famê. — Über die ṣendischen Nominative auf ⁊ *é* s. p. 148
und über die litauischen auf *e* (aus *ia*) p. 147.

138. Die consonantisch ausgehenden Stämme männlichen und weiblichen Geschlechts verlieren im Sanskrit nach
§. 94 das Nominativzeichen *s*; und wenn z w e i Consonanten
den Stamm schliefsen, so geht nach demselben Gesetze auch
noch von diesen der letzte verloren. Daher z. B. *biḇrat*
für *biḇrat-s* der tragende, *tudán* für *tudánt-s* der
stofsende, *vák* (von *váć* f.) für *vák-s'* Rede. Das Ṣend,
Griechische und Lateinische stehen durch die Bewahrung des
Nominativzeichens, nach Consonanten, auf einer älteren Stufe
als das Sanskrit; z. B. im Ṣend ⁊⁊ⲟⲙ *áf-s* (für *áp-s* §. 40)
W a s s e r, ⁊⁊ⲟ⳽ *kĕrĕfs* Körper (für *kĕrĕp-s*), ⁊⁊ⲟⲙ
druḱ-s (vom Stamme *druǵ*) ein D ä m o n, ⁊⁊⳽ⲟⲙ *átar-s*
F e u e r. Das Lateinische und Griechische geben, wo der
Endconsonant des Stammes mit dem Nominativzeichen *s*
sich nicht vereinigen will, lieber einen Theil des Stammes
als das Casuszeichen auf, daher z. B. χάρις für χάριτς, *vir-*
tûs für *virtûts*. Darin stimmen das Lateinische, Aeolische
und Litauische merkwürdig zum Ṣend, dafs *nt* in der Verbindung mit *s* die Form *ns*, *ńs* gibt; so entsprechen *amans*,
τιϑένς, lit. *degańs* der b r e n n e n d e dem ṣend. ⁊⁊⳽⳽⳽⳽⳽
fsuyańs der düngende. — Da das litauische *ń* (s. §. 10)
nicht mehr gesprochen wird, so erinnere ich noch an die
treuer erhaltenen altpreufsischen Participialnominative wie
sídans s i t z e n d. Die gothischen Formen wie *bairand-s* t r a-
g e n d und analoge Substantive wie *frijônd-s* F r e u n d als
l i e b e n d e r, *fijand-s* F e i n d als h a s s e n d e r übertreffen
alle verwandten Sprachen dadurch, dafs sie auch den Endcons. des Stammes vor dem Casuszeichen bewahrt haben.
Hinsichtlich des Ṣend ist hier noch zu bemerken, dafs die
mit dem Suffix *vant* (schwach *vat*) schliefsenden Stämme
ihre Nominative auf zweierlei Weise bilden, indem sie entweder der Analogie des Part. praes. und der lateinischen
Bildungen auf *lens*, aus *vens* (wie z. B. *opulens* von *opu-*
lent) folgen, oder gleich den griechischen Formen wie

ἱστᾰ́-ς von ἱστάντ, λύσᾱ-ς von λύσαντ, das *nt* unterdrücken
und zum Ersatz das vorhergehende *a* verlängern. Der
ersten Bildungsart folgen *thwávaṅs* der dir ähnliche,
und *ćvaṅś* (für *ći-vaṅś* s. §. 410) wieviel?; letzterer die übrigen belegbaren Nominative von Stämmen auf
vant oder *mant*, wobei jedoch zu beachten, daſs aus *á-ś*
lautgesetzlich *áo* werden muſs, so daſs die Analogie mit
griechischen Formen auf *ᾱς* für αντ-ς ziemlich entstellt ist.
Hierher gehört z. B. ⲡⲱ⳹⳹⳽ⲱ *aváo* solcher vom Stamme
avant, aus dem Primitivstamme *a* dieser; *vivaṇháo* (für
-*hváo*) n. pr. für skr. *vivasván*, vom Stamme विवस्वन्
vivasvant. — Erwähnung verdient noch ein im Sanskrit
vereinzelt stehendes Wort, welches zu dem vom Griechischen und Lateinischen in Formen wie χάρις, *virtûs* befolgten Princip insofern stimmt, als es im Nom. das Casuszeichen in Vorzug vor dem Endconsonanten des Stammes
schützt, nämlich ऋवयाड् *avayáǵ* (im Vêda-Dialekt Opfer-
antheil), dessen Nominativ ऋवयास् *avayá-s* (für *ava-*
yák) lautet.

139. 1) Die sanskritischen Stämme auf *n* werfen im
Nominativ masc., bei Neutren auch im Acc. und nach Willkür
im Vocativ, den schlieſsenden Nasal ab und verlängern im
Masc. einen vorhergehenden kurzen Vocal; daher z. B. *dʼaní*
reich von *dʼanín.* Die Suffixe *an*, *man*, *van* und das Wurzelwort हन् *ḥan* tödtend (am Ende von Compp.), nebst
श्वन् *śvan* Hund und einigen anderen Wörtern auf *an*
von unsicherem Ursprung, verlängern das *a* in allen starken Casus, mit Ausnahme des Voc. sg.; daher z. B. *rá́ǵá*
König als herrschender, acc. *rá́ǵán-am.* Das Send
folgt in der Regel demselben Princip, nur daſs es, wie bereits
bemerkt worden, langes *á* am Ende mehrsylbiger
Wörter gewöhnlich kürzt; daher zwar *śpá* Hund, aber
asʼava (vom Stamme *asʼavan*) rein. Das Wurzelwort *ǵan*
tödtend (= skr. *ḥan*) in dem Compos. *vĕrĕthra-ǵan* sieg-
reich (wörtlich *Vĕrĕthra-*tödtend =skr. *vṛtra-ḥan*) bildet
dagegen den Nominativ ⲡⲱ⳽⳾ⲡ⳽ⲟⲝ⳾ⲉⲩ *vĕrĕthraǵáo*, aus

věrěthraǵá-ś, gegenüber dem skr. Nom. *vṛtraḥá.* Die
starken Formen der obliquen Casus behalten wie das skr.
-*ḥan* das kurze *a* der Wurzel *), darum fasse ich das in
dem Diphthong *áo* (für *á-ś*) enthaltene lange *á* als Ersatz
des unterdrückten *n*, wie in analogen griechischen Formen
wie μέλᾱ-ς, τάλᾱ-ς, für μέλαν-ς, τάλαν-ς. Auch im Sanskrit
gibt es einige Stämme auf *n*, welche im Nominativ das Casuszeichen beibehalten, das *n* aber unterdrücken; es sind deren
nur drei, worunter *pántá-s* Weg und *mántá-s* Rühr-
stab (s. kleinere Sanskritgramm. §. 198), Accus. *pántán-am*,
mántán-am. Da die starken Casus derselben überhaupt
ein langes *á* haben, so kann das des Nomin. nicht wie das
griechische und șendische *á* der erwähnten Formen als Entschädigung für das weggefallene *n* gelten, obwohl es wahrscheinlich ist, daſs, wenn die obliquen starken Casus von
pántá-s, *mántá-s* kein langes *á* hätten, ein solches doch
im Nominativ stehen würde.

2) Das Lateinische unterdrückt ein stammhaftes *n* nebst
dem Casuszeichen *s* nur hinter *ó* = skr. *á*; namentlich entsprechen Nominative wie *edó*, *bibó*, *erró*, *sermó* (Rede als
gesprochene, von der skr. Wz. *svar*, *svṛ* tönen) in
ihrem Bildungssuffix *ón*, *món* dem skr. *án*, *mán* der starken Casus von Wörtern wie *ráǵá* König als herrschender, acc. *ráǵánam*, *átmá* m. Seele als sich bewegende (Wz. *at*), Acc. *átmán-am.* Die Femininstämme wie
actión sind wahrscheinlich Erweiterungen von älteren Stämmen auf *ti* = skr. *ti* abstracter Substantive; denn weibliche Stämme auf *n* sind im Skr. höchst selten; auch gibt
es in dieser Sprache kein Suffix *tyán* oder *tyan*, womit
man das lat. *tión* vermitteln könnte. — Was das latein. *i*
der obliquen Stämme auf *in* gegenüber den Nominativen
auf *ó* anbelangt, wie z. B. in *homin*, *arundin*, *hirundin*, *origin*,
imagin, und in Abstracten auf *tudin*, so ist dasselbe, wie
ich jetzt glaube, überall eine Schwächung des *ó* des Nomi-

---

*) Accus. *věrěthráǵaněm* für skr. *vṛtra-haṇam.*

nativs, und also z. B. *homin-is* eine Entartung von *homônis*,
wie auch in der älteren Sprache bei diesem Worte das *ô*
in den obliquen Casus wirklich vorkommt (*hemônem, homô-
nem*). Bei Stämmen aber, welche nicht auf *ôn* ausgehen
oder ursprünglich ausgingen, findet keine Unterdrückung des
n zugleich mit der des Casuszeichens statt, sondern es hat
sich entweder das Casuszeichen oder das *n* behauptet, daher
sangui-s, sanguin-em (wie oben पन्थास् *pánt'á-s, pánt'á-
n-am*) im Gegensatze zu Wörtern wie *pecten, flamen* m.,
-cen (*tubi-cen, fidi-cen, os-cen*), *lien* neben *liênis*. Letzteres könnte aufklärend auf die drei ersten einwirken, und
zur Vermuthung führen, wie ich in der That vermuthe,
daß die männlichen Nominative auf *en* Verstümmlungen von
Formen auf *ni-s* seien, in derselben Weise wie wir oben aus
Stämmen auf *ri* Nominative auf *er* (z. B. *celer* für *celeri-s*)
haben entstehen sehen (s. p. 278). Die vorauszusetzenden
Formen auf *ni-s* für *n* mögen aber ihr *i* als unorganische
Anfügung gewonnen, und später wieder abgelegt haben,
während es an *juveni-s* und *cani-s*, gegenüber den skr. Nominativen *yúvá, śvá* (acc. *yúván-am, śván-am*) haften geblieben ist. *Pect-en* stützt sich in seinem Suffix eben so wie
ôn von *edôn, bibôn* u. a. auf skr. अन् *an*, jedoch auf die
mittleren Casus desselben, und ebenso *men* von *fla-men* auf
मन् *man*. — Im Neutrum zeigt jedoch das Latein. in Abweichung vom Sanskrit, Send und Germanischen nirgends
die Abwerfung des stammhaften *n*, und es steht daher z. B.
nômen im Widerspruch gegen den skr. Nom. Acc. *ná'ma* *),
send. *ná'ma* **) und goth. *namô*. Wäre die Abwerfung des *n*
im Neutrum auf die beiden asiatischen Schwestersprachen beschränkt, so würde ich unbedenklich annehmen, daß sie

---

*) Voc. *ná'man* oder *ná'ma*.

**) Ich bilde diese unbelegbare Form nach Analogie von *bareś-
ma* und *dáma*, von den Neutralstämmen *bareśman* ein Bündel
von Baumzweigen, Anquetil's „Barsom", eigentlich Ge-
wächs, von *bĕrĕś* wachsen) und *dáman* Schöpfung, Volk.

erst nach der Sprachtrennung eingetreten sei. Da aber die
germanischen Sprachen daran Theil nehmen, so wird es
hierdurch wahrscheinlicher, daſs das Lateinische in seinen
Neutralstämmen auf *n* diesen Nasal im Nom. und Acc.,
nach früherer Unterdrückung, wieder zurückgeführt habe
(vgl. §. 143).

140. Die germanischen Sprachen stehen in den älteren
Dialekten insofern im genausten Einverständniſs mit dem
Sanskrit und Ṣend, als sie, ohne eine einzige Ausnahme im
Gothischen, ein schlieſsendes *n* des Wortstammes in allen
Geschlechtern im Nominativ, beim Neutrum auch im Accusativ, unterdrücken. Daher z. B. im Gothischen vom männlichen Stamme *ahman* Geist, als denkender, der Nom.
ahma, Acc. *ahman* (ohne Casus-Endung), wie im Sanskrit
z. B. *átmá'*, Acc. *átmá'n-am*, vom Stamme *á'tman* (Seele),
mit dessen Bildungssuffix das des gothischen Wortes ursprünglich identisch ist (s. §. 799). Auch das Litauische
unterdrückt bei Stämmen auf *n* (sie sind sämmtlich männlich) diesen Nasal im Nominativ, wobei der vorhergehende
Vocal — gewöhnlich *e* — zu *ů* wird, worin ich das skr. *á*
erkenne (s. p. 135), während das *e* der übrigen Casus auf
das skr. *a* der schwachen Casus sich stützt. Im Fall aber
alle Casus dieser Wortklasse im Sanskrit ursprünglich ein
langes *á* hatten, so muſs sich dieses im Litauischen zuerst
zu *a* gekürzt und von da zu *e* geschwächt haben. Man
vergleiche den Nom. *akmů'* Stein mit dem skr. *áśmá*
(aus *ákmá*) und den Genitiv *akmèn-s* mit *áśman-as*. Den
Nominativ *s'ů* Hund fasse ich als Verstümmelung von *s'wů*
= skr. *śvá*, ungefähr wie *sápna-s* Traum für skr. *svápna-s*. Das *u* von *s'un-s* Hundes und aller anderen Casus
stützt sich dagegen, wie das gr. υ von κυν-ός etc., auf die
Zusammenziehung der skr. schwächsten Casus.

141. Neutrale Stämme auf *an* verlängern im Gothischen, nach Abwerfung des *n*, das vorhergehende *a* zu *ó*;
sowohl im Nomin. als im gleichlautenden Accus. und Voc.,
so daſs in diesen Casus das goth. Neutrum sich zum Princip

der s t a r k e n Casus bekennt, wie dies im Sanskrit nur
im Plural der Fall ist *), wo die gothischen neutralen Stämme
auf *an* ebenfalls die Verlängerung des *a* zu *ô* erfahren; daher
z. B. *hairtôn-a* die H e r z e n, *ausôn-a* die O h r e n, *augôn-a*
die A u g e n, *gajukôn-a* die G e n o s s e n, von den Stämmen
hairtan, ausan, augan, gajukan; wie im Sanskrit z. B. *nắ-*
mắn-i nomina von *nắman*, *vártmắn-i* viae, vias, von
vártman. Es hat sich aber im Gothischen die Vocalverlängerung, wie der Vocal selber, nur in dem Falle behauptet, wo die vorhergehende Sylbe von Natur oder durch Position lang ist, oder wo mehr als e i n e Sylbe vorhergeht;
geht aber nur e i n e und zwar kurze Sylbe vorher, wie in
den Stämmen *naman* N a m e, *vatan* W a s s e r, so wird das
a vor *n* nicht nur nicht verlängert, sondern wie in den
sanskritischen s c h w ä c h s t e n Casus ganz unterdrückt;
daher *namn-a* n o m i n a (für *namôn-a* **)), wie im Sanskrit
z. B. *nắmn-as* n o m i n i s für *náman-as*. — Man kann den
Schutz, welchen im Gothischen das *ô* von *hairtôn-a* etc.
durch die vorangehende lange Sylbe erfährt, mit der Erscheinung vergleichen, dafs im Lateinischen die Länge des
á der skr. Wz. *stá* s t e h e n unter dem Schutze der vorangehenden Doppelconsonanz fast durchgreifend sich behauptet hat
(*stá-mus, stá-tis, stá-tum* u. s. w.), während das *á* von द्रा *dá* geben in entsprechenden lat. Formen sich gekürzt hat; ebenso
mit der Erscheinung, dafs im Skr. die Imperativ-Endung *hi*
an Verben der 5ten Klasse sich nur in dem Falle behauptet
hat, wo dem *u* der Klassensylbe aufser dem ihr angehö-
renden *n* noch ein anderer Conson. vorhergeht; daher z. B.

---

*) S. §. 129; daher oben (§. 130) *rurudvắns-i* analog dem
männlichen *rurudvắns-as*; so auch unter andern *ćatvắr-i*
(τέσσαρα) gegenüber dem s c h w a c h e n Acc. masc. *ćatúr-as*
(τέσσαρας).

**) Vom Stamme *vatan* kommt der N. Acc. V. pl. nicht vor; man
darf aber aus dem Dat. *vatn-a-m* schliefsen, dafs dieselben nicht
anders als *vatn-a* lauten.

zwar *śak-nu-ḥí* von *śak* können, aber nicht *ći-nu-ḥí*,
sondern *ći-nú*, von *ći* sammeln. — Will man Rückschlüsse
vom Gothischen auf das Sanskrit machen, so könnte man
aus Formen wie *hairtô*, pl. *hairtôn-a*, die Folgerung ziehen,
daſs auch das sanskritische Neutrum bei Wörtern mit verschiedenen Thema-Abstufungen nicht nur im Nom. Acc. Voc.
plur., sondern auch in denselben Casus des Singulars, und
des im Gothischen verschwundenen Duals, dem Princip der
starken Casus gefolgt sei, daſs also nicht nur *nắmân-i*
nomina, sondern auch im Sing. *nắmắ* für *nắmă* und im
Dual *nắmân-i* für *nắmn-i* gesagt worden sei.

142. Bei der weiblichen Declination kann ich dem Germanischen keine ursprünglichen Stämme auf *n* zugestehen,
sondern ich halte hier das *n* überall, sowohl bei Substantiven als bei Adjectiven, für einen unorganischen Zusatz. Die
gothischen weiblichen Substantivstämme auf *n* zeigen vor
diesem Consonanten entweder ein *ó* (= Ᾱᴵ *â* §. 69) oder *ei*
(= *í* §. 70); dies sind echt weibliche Schluſsvocale, denen
erst in späterer Zeit der Beitritt eines *n* kann zu Theil geworden sein, wodurch sich z. B. *viduvôn* (nom. *viduvô*) von
dem entsprechenden sanskritischen, lateinischen und slavischen Stamm (zugleich Nomin.) *vidʼavâ*, *vidua*, ВЬДОВА
vĭdova, und *svaihrôn* Schwiegermutter (nom. -*rô*) vom
griech. ἑκυρά unterscheidet. Im Sanskrit hätte man von *śvá-
śura* Schwiegervater ein Femin. *śvaśurâ* zu erwarten,
welches jedoch durch das, wie mir scheint, auf Umstellung
beruhende *śvaśrû* (lat. *socru*) auſser Gebrauch gesetzt
wurde*). Was die gothischen Femininstämme auf *ein* anbelangt, so sind sie bereits zum Theil mit sanskritischen auf

---

*) Das männliche *śvásʼura* hat nämlich sein schlieſsendes *a* abgelegt und *ur* zu *rú* umstellt und verlängert. Was die Verlängerung
anbelangt, so ist zu beachten, daſs auch Adjectivstämme auf *u* zum
Theil diesen Vocal im Fem. verlängern können, so daſs z. B. von
tanú m. n. dünn der Femininstamm entweder ebenso lautet, oder
zu *tanúʼ* verlängert wird.

ê vermittelt worden (§. 120. 1.). In den Abstractstämmen wie *mikilein* G r ö f s e, *managein* M e n g e, *hauhein* H ö h e, welche von den Adjectivstämmen *mikila*, *managa*, *hauha* stammen, halte ich jetzt das *ei* für eine Zusammenziehung des skr. secundären Feminin-Suffixes या *yá*, worüber später mehr (§. 896). Jedenfalls ist in dieser Wortklasse das *n* nur ein unorganischer Zusatz. Bei Adjectiven von G r i m m's schwacher Declination sind meiner Überzeugung nach die Femininstämme auf *ón* oder *jón* nicht, wie man erwarten könnte, Ableitungen von ihren entsprechenden Masculin- und Neutralstämmen auf *an*, *jan*, sondern sie sind aus den ihnen entsprechenden starken F e m i n i n s t ä m m e n auf *ó*, *jó* durch ein angefügtes *n* entsprungen. Ich erkenne also z. B. in den gothischen weiblichen Stämmen *qvivón* v i v a, *niujón* n o v a, *midjón* m e d i a (nom. *qvivó*, *niujó*, *midjó*), ebenso wie in den entsprechenden s t a r k e n Femininstämmen, die gleichbedeutenden sanskritischen Stämme *ǵivá'*, *návyá*, *mádyá*. So ist auch der weibliche Substantivstamm *daura-vardón* T h ü r h ü t e r i n nur die Erweiterung des gleichbedeutenden engeren Stammes *daura-vardó* (nom. -*da*) und verhält sich zu demselben im Wesentlichen wie oben der Stamm *viduvón* zum skr. *vid̓avá*. Erwähnung verdient noch, dafs Ulfilas auch den Stamm des gr. ἐκκλησία durch den Zusatz eines *n* erweitert hat, und aus *aikklêsjón* den Genit. *aikklêsjón-s* bildet, während man eher einen Nominativ *aikklêsja* und Genitiv *aikklêsjó-s* hätte erwarten sollen.

143. 1) Wenn einige Glieder einer grofsen Sprachfamilie an einer und derselben Stelle einen Verlust erlitten haben, so mag dies Zufall, und aus dem allgemeinen Grunde zu erklären sein, dafs alle Laute in allen Sprachen, besonders am Ende, der Abschleifung unterworfen sind; aber das Begegnen so vieler Sprachen in dem Verlust an einer und derselben Stelle deutet auf Verwandtschaft oder auf das hohe Alter eines solchen Verlusts, und versetzt in vorliegendem Falle die Ablegung eines stammhaften *n*, im Nominativ, in die Zeit vor der Sprachwanderung, und in den

19 *

Raum des Ursitzes der später getrennten Volksstämme.
Darum ist es auffallend, daſs das Griechische in dieser Beziehung wenig Gemeinschaft mit seinen Schwestern zeigt,
und bei seinen *v*-Stämmen, nach Maſsgabe des vorhergehenden Vocals, meistens entweder bloſs das Nominativzeichen oder
bloſs das *v*, selten beide zugleich aufgibt. Es fragt sich, ob
dies ein Überrest aus der ältesten Sprachperiode sei, oder ob
die *v*-Stämme, vom Strome der Analogie der übrigen Conso-
nanten-Declination, und von dem Beispiele ihrer eignen obliquen Casus fortgerissen, wieder in die gewöhnliche und älteste
Bahn einlenkten, nachdem sie früher einen ähnlichen Verlust
wie das Sanskrit, Send u. s. w. erlitten hatten, wodurch man
zu Nominativ-Formen wie εὐδαίμω, εὔδαιμς, τέρη, τέρε geführt
würde? Ich glaube das letztere und mache zur Unterstützung
dieser Ansicht darauf aufmerksam, daſs auch im Germanischen das vom Gothischen im Nom. stets unterdrückte *n* in
jüngeren Dialekten bei vielen Wörtern aus den obliquen
Casus wieder in den Nomin. eingedrungen ist. Schon im
Althochdeutschen tritt dieser Fall ein, und zwar bei den
weiblichen Stämmen auf *in* (goth. *ein* §. 70), die im Nom.
dem gothischen *ei* den vollen Stamm auf *in* entgegen-
stellen; z. B. *guotlihhin* Ruhm. In unserem Neuhochdeutschen ist die Erscheinung bemerkenswerth, daſs viele ursprüngliche *n*-Stämme männlichen Geschlechts, durch eine
Verirrung des Sprachgebrauchs, im Singular so behandelt
werden als gingen sie ursprünglich auf *na* aus, d. h. als
gebörten sie Grimm's erster starker Declination an. Das *n*
erscheint daher im Nominativ, und der Genitiv gewinnt die
Bezeichnung *s* wieder, die zwar im Gothischen den *n*-Stäm-
men nicht fehlt, ihnen aber im Hochdeutschen vor mehr als
einem Jahrtausend schon entzogen war. Man sagt z. B.
Brunnen, Brunnen-s statt des althochdeutschen *brunno, brun-
nin*, und des gothischen *brunna, brunnin-s*. Bei einigen Wörtern kommt im Nom. neben dem wieder eingeführten *n* auch
die antike Form mit unterdrücktem *n* vor, wie *Backe* oder
Backen, Same oder *Samen*; allein der Genitiv hat auch bei

diesen Wörtern das *s* der starken Declination eingeführt.
Von den Neutren verdient das Wort *Herz* eine Beachtung.
Der Wortstamm ist im Althochdeutschen *hërzan*, im Mhd.
hërzen; die Nominative sind *hërza, hërze*; das Neudeutsche
unterdrückt von seinem Stamme *Herzen* neben dem *n* auch
noch den Vocal, wie dies auch viele m ä n n l i c h e *n*-Stämme
thun, wie z. B. *Bär* für *Büre*. Da dies kein Übertritt in die
starke Declination, sondern vielmehr eine gröfsere Schwächung des schwachen Nominativs ist, so ist im Genitiv die
Form *Herzens* für ein flexionsloses *Herzen* auffallend.

2) Nur an Femininstämmen auf *ον* oder *ων* zeigt das
Griechische, jedoch nicht durchgreifend, im Nom. die Unterdrückung des schliefsenden *ν*. Wo aber *ω* und *ων* neben-
ander vorkommen, ist meistens *ω* die bei den älteren Schrift-
stellern gebräuchliche Form. So Γοργώ, Μορμώ*), Πυθώ, neben
Γοργών, Μορμών, Πυθών. Letzteres declinirt P i n d a r gewissermafsen ganz nach sanskritischem Princip, nur dafs das
Sanskrit von weiblichen Femininstämmen auf *n* wenig Gebrauch macht und im erhaltenen Zustand, auch im Vêda-
Dialekt, vorzieht, den männlich-neutralen Stämmen auf *n* im
Femin. den Charakter *î* beizufügen. Femininstämme auf *n*
scheinen nur am Ende von Compos. vorzukommen, und
auch hier nur höchst selten**). Man vergleiche daher die

---

*) Hinsichtlich seiner verdunkelten Wurzel kann dieses Wort
mit dem skr. *s m a r, s m ŗ* s i c h e r i n n e r n vermittelt werden, die
auch in dem lat. reduplicirten *memor* ihres *s* verlustig gegangen ist,
und worauf anderwärts („Vocalismus" p. 164) unser *Schmer-z*, ahd.
smër-zo, them. *smër-zon* zurückgeführt worden. Die skr. Benennung
des Schmerzes (*vêdanâ* vom Causale der Wz. *vid* w i s s e n) bedeutet
etymologisch d i e W i s s e n m a c h e n d e. Μορμώ als S c h r e c k b i l d
würde also ursprünglich „w a s z u r B e s i n n u n g b r i n g t" bedeuten.
Das Suffix stimmt zum skr. *man*, stark *mân*, welches im Griechischen
durch die Formen μον, μων, μεν und μῑν vertreten ist (§. 797 f.).

**) Von -*han* tödtend, findet sich im *Yagurvêda* (V. 23)
-*hanam* als weiblicher Accusativ, gleichlautend mit dem männlichen.

Declination des Stammes Πυϑών bei Pindar*) mit der
des skr. männlichen *átmán*:

Nom.	Πυϑώ	*átmá'*
Acc.	Πυϑῶν-α	*átmá'n-am*
Dat. skr. Loc.	Πυϑῶν-ι	*átmán-i*
Gen.	Πυϑῶν-ος	*átmán-as.*

In Bezug auf die Derivata Πύϑιος, Πυϑῶος und auf die
Composita wie Πυϑοκλής, Πυϑοδῶρος mag daran erinnert
werden, dafs auch im Sanskrit ein schliefsendes *n* nebst dem
ihm vorangehenden Vocal vor vocalisch oder mit ु *y* anfangenden Ableitungssuffixen in der Regel unterdrückt wird,
daher z. B. *rá́gya-m* Königreich von *rá́gan* König;
ferner, dafs ein schliefsendes *n* am Anfange von Compositen
stets abfällt. Was die gewöhnliche Ausstofsung des *ν* in
dieser Wortklasse und die dann eintretende Zusammenziehung anbelangt, so erinnert Buttmann (I. p. 214) passend
an die analoge Erscheinung in der Declination der Comparative auf ων. — Anstofs können aber bei dieser weiblichen
Wortklasse mit Nominativen auf ω die Vocative auf οῖ erregen, besonders wenn man darin Analoga mit sanskritischen
auf *ê = ai* von Stämmen auf *á* — wie *súté* Tochter! von
sutá' — zu erkennen glaubt (s. §. 205); auch scheint Ahrens
hauptsächlich durch diese Vocative und durch die auf Inschriften im C. I. ziemlich zahlreich vorkommenden Nominative auf ψ, wie Αρτεμψ, Διονυσψ, Φιλυτψ (l. c. p. 82) veranlafst worden zu sein, für alle Wörter mit Nominativen
auf ω, Stämme auf οι anzunehmen**). Im Vocativ könnte

---

*) S. Ahrens in Kuhn's Zeitschr. III. 105.

**) Er sucht diese Ansicht durch die verwandten Sprachen, na-
mentlich durch das Sanskrit zu rechtfertigen, wo z. B. dem Stamme
und Nomin. *dará'* (Erde) der Genitiv-Ablativ *dará'y-ás*, der
Dativ *dará'y-ái*, der Loc. *dará'y-ám* und der Instrum. *dará'y-á*
gegenübersteht. Ich habe zur Erklärung dieser Formen schon in meinem ausführlichen Lehrgebäude (1827 §§. 125. 127 u. a.) die Umwandlung des stammhaften *á* in *ay*, *áy* angenommen, nicht aber die Einschiebung eines euphonischen *y* zwischen den Stamm und die wirk-

man aber bei entschiedenen *ν*-Stämmen das *ι*, z. B. von Γοργοῖ,
ἀηδοῖ, χελιδοῖ, als Vocalisirung des *ν* fassen, die sonst freilich
nur in der Mitte vor *σ* vorkommt, in Formen wie τιθείς,
κτείς, aus τιθένς, κτένς, und in äolischen wie μέλαις, τάλαις,
aus μέλανς, τάλανς, im jonischen μείς für μήν. Es würde
sich demnach Γοργοῖ aus Γοργόν zum Nom. Γοργώ im Wesentlichen verhalten wie im Sanskrit der Vocativ *râg̣an* zum
Nom. *râg̣â*. Was die überwiegende Mehrheit mytholo-
scher und sonstiger weiblicher Namen auf *ω* und einiger
anderen Wörter dieses Ausgangs, z. B. Abstracta wie πειθώ,
μελλώ, φειδώ anbelangt, so ist es schwer, darüber zu entscheiden, ob sie ein früher dagewesenes *ν* in der Declination
spurlos haben untergehen lassen *), oder ob sie nie ein solches
gehabt haben. Jedenfalls stehen diese Wörter hinsichtlich

---

liche Casus-Endung. Will man jedoch aus Formen wie *d̲aráy-â*,
d̲aráy-âs etc. die Folgerung ziehen, daſs das Thema überhaupt auf *ê*
(= *ai*) oder *âi* ausgehe, und daſs somit der Nom. *d̲arâ* eine Verstümmelung von *d̲arê* oder *d̲arâi* sei, so hätte man auch ebensoviel
Grund, das kurze *a* der männlichen und neutralen Stämme, welchen
die griechischen und lateinischen der 2ten Declination entsprechen
(s. §. 116), als Verstümmelung von *ê* zu fassen, und z. B. den Nomin.
ás̱va-s (equus) und den Acc. *ás̱va-m*, aus *ás̱vê-s*, *ás̱vê-m*
(= *ás̱vai-s*, *ás̱vai-m*) zu erklären, denn von *ás̱vê* kommt wirklich der Instr. *ás̱vê-n-a*, der Genit. Loc. dual. *ás̱vay-ôs*, der Dat.
Abl. plur. *ás̱vê-b̲yas*, der Locat. *ás̱vê-s̱u*, und von Pronominalstämmen auf *a* (masc. und neut.) Pluralgenitive wie *tê-s̱âm* horum,
während die weiblichen Stämme wie *d̲arâ* im Plural keinen einzigen Casus aus einem erweiterten Stamme bilden, sondern
die sämmtlichen aus dem reinen *â* (*d̲arás*, *d̲arâ-s*, *d̲arâ-b̲is*,
d̲arâ-b̲yas, *d̲arâ-n̲-âm*, *d̲arâ-su*), so daſs z. B. *ás̱vâ-b̲yas*
equabus dem männlichen *ás̱vê-b̲yas* equis gegenübersteht, und
so im Locat. *ás̱vâ-su* dem männlichen *ás̱vê-s̱u*, und im Gen. pl.
der Pronominaldeclin. *tâ-s̱âm* harum dem männlichen und neutralen *tê-s̱âm* horum.

*) Man könnte in diesem Falle das Altnordische vergleichen, wel-
ches das goth. *n* von männlichen Stämmen auf *n* nur noch im Gen.
pl. gerettet hat.

ihres Bildungsprincips mit sanskritischen Femininstämmen
auf *á* in Verbindung, und man darf πειϑώ, μελλώ, φειδώ
ebenso wie z. B. φορά, φϑορά, χαρά, φυγή, φαγή, τομή und die
gothischen Abstractstämme wie *vrakô* Verfolgung, *bidô*
Bitte (nom. *vraka, bida* s. §. 921) den sanskritischen wie
kšipá das Werfen, *bidá', čidá* das Spalten zur Seite
stellen. Wahrscheinlich sind auch mehrere mythologische
und andere Namen, besonders solche, welche ein blofses ω
an die Wurzel angefügt haben, nichts als personificirte Abstracta, also z. B. Κλωϑώ eigentlich das Spinnen — wie
auch Λάχεσις seiner Bildung nach ein Abstractum ist — Κλειώ
die Verkündigung, Νικώ = νίκη der Sieg (vgl. *Victoria*
als Göttin des Sieges). Καλλιστώ und 'Αριστώ sind ein-
leuchtende Superlative und erinnern durch ihr ω für skr. *á*
(z. B. in *svá'dišťá* die süfseste) an die gothischen weiblichen Superlativstämme wie *batistô* die beste, *juhistô* die
jüngste. Haben nun, wie ich kaum zweifle, die erwähnten und andere griech. Namen dieser Art, so wie die Abstracta auf ω, in früherer Zeit ein ν zu ihrem Stamme heran-
gezogen, so gleichen sie in dieser Beziehung dem oben (§.142)
erwähnten gothischen *viduvô* Wittwe, vom Stamme *viduvôn*,
und den Femininen der schwachen Adjectiv-Declination, wie
blindô coeca vom Stamme *blindôn*, *batistô* optima von
batistôn, gen. *batistôn-s*. So wie *batistôn*, *blindôn* (ô = *á*
§. 69) zu den starken Masculinstämmen *batista, blinda*, so würden nun die griechischen Stämme wie 'Αριστών, Δεινών zu den
entsprechenden Masculinstämmen ἄριστο, δεινό sich verhalten.
Zu Gunsten dieser Auffassung kann man vorzugsweise die
auf alten Inschriften vorkommenden Nominative auf ψ geltend machen, sofern man in ihrem ι die Vocalisirung eines ν
erkennen, und somit z. B. das Verhältnifs von 'Αρτεμψ́, aus
'Αρτεμών, zum Voc. 'Αρτεμοῖ so auffassen darf, wie im Sanskrit
das des starken Stammes *átmá'n* Seele (nom. -*má'*)
zu dem mit dem schwachen Thema formell identischen
Vocativ *á'tman*. Auch die übrigen Casus des Singulars des
Musterbeispieles ἠχώ erklären sich am besten durch die Vor-

aussetzung eines unterdrückten Consonanten, der hier nur
ein *ν* gewesen sein kann, während nach §. 128 in der Declination von τριήρης der Ausfall eines σ anzunehmen ist, was
aber in der Declination zwischen τριήρης und ἠχώ, abgesehen
vom Nom. (s. §. 146), keinen Unterschied macht. Im Plural
sind die Feminina auf ώ in der Regel zur 2ten Declination
übergewandert, doch sind die Belege sparsam (s. Ahrens l. c.
p. 95) und es ist wichtig zu beachten, dafs auch der ursprüngliche, auf ein dagewesenes *ν* deutende Declinationstypus nicht ganz fehlt. Der Nominativ Κλωϑῶες würde nach
Wiederherstellung des *ν* zu sanskritischen, jedoch männlichen,
wie *âtmā́nas* stimmen.

144. Die Stämme auf *ar, âr* (ऋ *r* §§. 1. 127) werfen
im Sanskrit das *r* im Nominativ ab und verlängern, gleich
den Stämmen auf न् *n*, den vorhergehenden Vocal; z. B.
von *pitár* Vater, *brā́tar* Bruder, *mâtár* Mutter, *du-
hitár* Tochter kommt *pitā́, brā́tâ, mâtā́, duhitā́*.
Von *svásár* Schwester, *náptâr* Enkel, *dâtár* Geber
(s. §. 810) kommt *svásâ, náptâ, dâtâ*. Die Verlängerung
des *a* der Stämme auf *ar* dient, wie ich glaube, zum Er-
satze des abgeworfenen *r*. Das Send folgt der Analogie des
Sanskrit, sowohl in der Abwerfung des *r* im Nominativ, als
auch in der Länge des vorhergehenden *a* der Nomina agentis,
an denselben Stellen wie im Sanskrit, mit Ausnahme des Nom.
sing., wo das lange *â*, wie immer am Ende m e h r s y l b i-
g e r Wörter, verkürzt wird; z. B. ‏ܒܪܐܬܐ‎ *brâta* Bruder,
‏ܕܐܬܐ‎ *dâta* Geber, Schöpfer; Acc. *brátar-ĕm, dá-
tár-ĕm*. Auch im Litauischen gibt es einige interessante
Überreste, jedoch nur weiblicher Stämme auf *r*, die im
Nomin. diesen Buchstaben ablegen, in den meisten obliquen
Casus aber den alten *r*-Stamm durch ein später angetretenes *i* erweitern. So stimmen *mótĕ́* Weib, *duktĕ́* Tochr
ter zu obigem माता *mâtā́*, दुहिता *duhitā́*, und im Plural
mótér-s, dúkter-s zu मातरस् *mâtár-as*, दुहितरस् *duhitá-
r-as*. Im Genitiv sg. halte ich die Form *mótér-s, dúktér-s*
für die ältere, echtere, und *mótériĕs, dúktériĕs* für die entartete,

den *i*-Stämmen angehörende. Im Gen. pl. hat sich der Stamm
von diesem unorganischen *i* rein erhalten, daher *mŏter-ú, duk-
ter-ú*, nicht *mŏteri-ú, dukteri-ú*. — Aufser den eben genannten Wörtern gehört noch der Stamm *seser* S c h w e s t e r hierher; er stimmt zum skr. *svásár*, Nom. *svásá*, entfernt sich
aber im Nom. von *mŏtĕ* und *duktĕ* dadurch, dafs das *e* nach
Analogie der *en*-Stämme in *ŭ* übergeht, also *sesŭ'*.

145. Die germanischen Sprachen stimmen in ihren
r-Stämmen, wozu nur einige Verwandtschafts-Wörter gehören, darin mit dem Griech. und Lateinischen überein, dafs
sie, gegen die eben beschriebene Erscheinung, das *r* im Nominativ beibehalten. Wie πατήρ, μήτηρ, ϑυγάτηρ, *frater, soror*;
so im Gothischen *fadar, brôthar, svistar, dauhtar*; im Ahd.
fatar, bruodar, suëstar, tohtar. Es fragt sich, ob dieses *r* im
Nominativ ein Überrest der Ursprache sei, oder, nach älterer Unterdrückung, in dem erhaltenen Zustand der Sprache
aus den obliquen Casus wieder in den Nominativ eingedrungen sei? Ich glaube jetzt, in Abweichung von meiner
früheren Auffassung (erste Ausg. p. 170), das erstere, indem
ich die Übereinstimmung des Litauischen und Altslavischen *)
mit dem Sanskrit und Send dem Umstande zuschreibe, dafs,
wie wir aus phonetischen Gründen erkannt haben, die lettischen und slavischen Sprachen sich später als die klassischen,
germanischen und keltischen von ihren asiatischen Schwestern
getrennt haben. Ich mufs daher darauf aufmerksam machen,
dafs die keltischen Sprachen, namentlich die gadhelischen,
zwar die Unterdrückung eines stammhaften *n* im Nominativ
sg. zulassen **), das schliefsende *r* aber durchgreifend be-

---

*) Über das Altslavische, wo z. B. *mati* M u t t e r dem Genit.
mater-e gegenübersteht, später.

**) Daher z. B. im Irländischen *comharsa* N a c h b a r i n, Genit.
comharsain-e, vom Stamme *comharsan; naoidhe* K i n d, Gen. *naoi-
dhin*, von *naoidhean; guala* f. S c h u l t e r, Gen. *gualann*, Nom. pl.
guailne; cu J a g d h u n d (von *cun*, skr. *s'un* als schwächstes Thema),
Gen. *con* oder *cuin;* Nom. pl. *con* oder *cuin* oder *cona*.

wahrt haben. Beispiele im Irländischen sind: *athair* **Vater**
(für *pathair*), *brathair* **Bruder**, *mathair* **Mutter**, *piuthair**)

---

*) Für *spiuthair* mit Erhärtung des *v* zu *p* wie in *speur* **Himmel**
für skr. *svàr* (s. **Pictet** „De l'affinité des langues celtiques avec le
Sanscrit p. 74). Das Sanskrit, Șend, Lat. und Litauische haben offenbar in ihrer Schwesterbenennung einen *t*-Laut verloren, den die germanischen, slavischen (altslav. *sestra*) und ein Theil der keltischen
Sprachen bewahrt haben. Stellt man diesen im Sanskrit wieder her,
so erhält man *svastàr* als Thema der starken Casus, in dessen
Schlußtheil ich mit **Pott** (Etym. Forsch. II p. 554) einen Verwandten
von *stri* **Frau** (als **Gebärerin** von *sú*, also *stri* für *sú-tri*)
erkenne und in seinem ersten das Possessivum *sva* **suus** (wie in
svagʻana **Verwandter** eigentlich **angehöriger Mann**), also
svásàr für *sva-stàr* aus *sva-sútàr* eigentlich **angehörige**
Frau. Hinsichtlich der Verzichtleistung auf den in *stri* enthaltenen
Feminincharakter *i* berücksichtige man, daß derselbe auch in *mátàr*
Mutter, *duhitàr* **Tochter**, und, woran **Pott** l. c. erinnert, im
lat. *uxor* und *auctor* (**Urheberin**) fehlt. उहितर *duhitàr*, von
der Wz. *duh* **melken**, erklärt **Lassen** (Anthol. Scr. s. v.) durch
„quae mulgendi officium habuit in vetusta familiae institutione".
Melkerin kann allerdings *duhitàr* bedeuten; mir ist es aber nicht
wahrscheinlich, daß die Tochter aus der Zeit des Hirtenlebens als
die Melkerin benannt sei. Lieber würde ich *duhitàr* als **weibli-**
chen Säugling fassen, unter der Voraussetzung, daß dieses Wort,
nachdem seine Herkunft nicht mehr klar gefühlt oder berücksichtigt
worden, geeignet war, nicht nur das Töchterchen an der Mutter
Brust, sondern auch die herangewachsene Tochter zu bezeichnen.
Möglich ist es auch, und es ist mir dies am wahrscheinlichsten, daß
die Wz. *duh* in der Tochterbenennung causale Bedeutung habe, also
säugen bedeute und demnach *duhitàr* ursprünglich **weibliche**
Person im allgemeinen, und somit auch **Mädchen** bedeute. So hat
die skr. Wz. *dě* **trinken** (*dá* s. p. 209) in dem oben (l. c.) erwähnten *dě-nú* **Milchkuh** causale Bedeutung, so auch die entsprechende gr. Wz. Θᾱ, Θη in ihrem Abkömmling Θῆλυς **weiblich**
(gegen Θῆσαι saugen, melken), welches in den Compp. Θηλυγόνος,
Θηλυγονία **weibliches Kind**, oder das **Junge weiblichen**
Geschlechts bedeutet. Im Șend bedeutet das mit Θῆλυς wurzelhaft verwandte ⲁⲓⲣⲩⲱⲅ *daina* **Weibchen von Thieren**.

Schwester, *dear* Tochter, *genteoir* Erzeuger (*geinim* ich erzeuge) = skr. *ǵanitā́*, lat. *genitor*, gr. γενετήρ. Daſs dem Gothischen und Lateinischen bei dieser Wortklasse das Casuszeichen des Nominativs fehlt, kann nach p. 278 nicht befremden; im Griechischen könnte man Formen wie πατής, μητής für πατέρ-ς, μητέρ-ς erwarten, so dafs das Casuszeichen in Vorzug vor dem Endcons. des Stammes gerettet, und der Wegfall des letzteren durch Verlängerung des vorhergehenden Vocals ersetzt wäre. Die Nomina agentis auf τη-ς wie δό-τη-ς, γεν-έ-τη-ς sind in ihrem Ursprunge wahrscheinlich identisch mit denen auf τηρ, welchen sie öfter zur Seite stehen (δοτήρ, γεν-ε-τήρ); sie haben also das Nominativzeichen in Vorzug vor dem Endconsonanten des Stammes geschützt, aber auch in den obliquen Casus, gleichsam verführt durch den Nominativ, das ρ aufgegeben, so dafs sie völlig in die erste Declination übergewandert sind; also δότου, δότη etc. für δότηρος, δότηρι, oder δότερος, δότερι *). Die beiden letzteren Formen würden hinsichtlich ihres kurzen Vocals vor dem ρ zu Formen wie ἄκτορ-ος, ἄκτορ-ι ‚stimmen, deren Suffix τορ ebenso wie τηρ auf das skr. *tār*, schwach *tr*, *tṛ*, sich stützt. Vereinzelt steht μάρ-τυ-ς, äolisch μάρ-τυρ, dessen Suffix offenbar, mit τηρ und τορ in seinem Ursprung identisch ist. Es ist also das υ die Schwächung eines ursprünglichen *a* (s. p. 17). In der verdunkelten Wurzel erkennt Pott, wie ich glaube, mit Recht, das skr. *smar*, *smṛ* sich erinnern (vgl. p. 293 Anm.), so dafs der Zeuge eigentlich als Erinnerer oder sich erinnernder (*memor*) erscheint. Im Übrigen begünstigt das Griechische auch bei solchen Wörtern, die nicht

---

*) So nehmen im Lettischen und Altpreuſsischen an dem Verlust des *r*, den das Litauische und Altslavische im Einklang mit dem Skr. und Send nur im Nomin. erfahren, auch die obliquen Casus Theil, daher im Altpreuſs. von *mûti* Mutter der Accus. *mûtin* (altslav. nom. *mati* acc. *matere*), wie im Griech. von δότη-ς der Acc. δότη-ν. Im Lettischen setzt *mâte* (*mahte*) Mutter den Gen. *mâtes*, Dat. *mâte*, Acc. *mâti* dem lit. *môtèrs*, *môterei*, *môteriṅ* gegenüber.

zu den hier in Rede stehenden Wortklassen gehören, bei
allen Stämmen auf ρ diesen Halbvocal in Vorzug vor dem
Casuszeichen, daher stimmen z. B. ϑήρ, κήρ, χείρ zu sanskritischen Nominativen wie *dvấr* f. **Thür**, *gîr* f. **Stimme***),
dʼûr f. **Deichsel**, welche das Casuszeichen lautgesetzlich
aufgeben mußten (§. 94). Die Vereinigung des Casuszeichens mit dem schließenden *r* des Stammes zeigt im indo-
europäischen Sprachstamm bloß das ṣendische *âtars*
Feuer; denn lateinische Wörter wie *pars, ars, iners, con-
cors* gehören insofern nicht hierher, als ihr Thema nicht auf
bloßes *r*, sondern auf *rt, rd* endet, und der Sprachgeist ge-
wissermaßen nicht wagte, den Ausdruck des Casusverhältnisses zugleich mit einem Theile des Stammes aufzugeben.
Dieser Umstand hat auch dem vereinzelt stehenden *pul(t)-s*,
trotz der Abneigung gegen *ls* am Wort-Ende, das Casuszeichen geschützt (s. §. 101 Schluß).

146. Männliche und weibliche Stämme auf अस् *as* verlängern im Skr. das *a* im Nomin. sg. Sie sind, abgesehen
vom Vêda-Dialekt, meistens zusammengesetzt und enthalten
als letztes Glied ein neutrales Substantiv auf *as*, wie z. B.
dúr-manas **schlechtgeistig** (aus *dus*, vor tönenden
Buchstaben *dur*, und *mánas* **Geist**), wovon der Nom. masc.
und fem. *dúrmanâs*, neutr. *dúrmanas*. Eine merkwürdige Übereinstimmung zeigt hier das gr. δυσμενής, ὁ, ἡ, gegenüber dem τὸ δυσμενές. Das स् *s* von *dúrmanâs* gehört aber
anerkannt zum Stamme, und der Nominativ-Charakter fehlt
nach §. 94. Im Griechischen hingegen hat das ς von δυσμενής
das Ansehen einer Flexion, weil der Gen. etc. nicht δυσμε-
νέσ-ος, gleich dem skr. *dúrmanas-as*, sondern δυσμενέος lautet. Nimmt man aber an, was §. 128 gelehrt worden, daß
das ς von μένος zum Stamme gehöre und μένεος aus μένεσ-ος
verstümmelt sei, so muß auch dem zusammengesetzten
δυσμενής und allen ähnlichen Adjectiven der Anspruch auf
ein stammhaftes Σ zuerkannt werden und dem Genitiv δυσ-

---

*) Für *g i r*, so *d ứr* lür *d u r* nach §. 73*ᵃ⁾* meiner kl. Sanskritgr.

μενέος die Form δυσμενέσος zum Grunde liegen. Im Nomin.
ist also das ς entweder stammhaft, und dann wäre die Übereinstimmung mit *dúrmanás* vollständig; oder das stammhafte ς ist vor dem Casuszeichen ς ausgefallen, nach demselben Princip, wornach schliefsende *t*-Laute, weil sie sich
mit dem Casuszeichen nicht vereinigen lassen, unterdrückt
werden (ἔρω-ς, κόρυ-ς, παῖ-ς). Letzteres ist mir jetzt, in Abweichung von der, in der ersten Ausgabe ausgesprochenen
Ansicht, das wahrscheinlichste, weil das Griechische, in Abweichung vom Sanskrit, bei Masculinen und Femininen den
Zischlaut des Nominativs, wo irgend möglich, zu bewahren
strebt. Im Neutrum aber, dem ein solcher nicht zukommt,
ist das ς von δυσμενές ebenso entschieden stammhaft als das
von μένος (s. §. 128). Wir dürfen also vom griechischen
Standpunkte aus die Vocalverlängerung in dem männlichen
und weiblichen Nominativ δυσμενή-ς als Entschädigung für
den unterdrückten Endconsonanten des Stammes ansehen,
wie in μέλᾱ-ς, τάλᾱ-ς, von μέλαν, τάλαν; so die des ω in αἰδώ-ς,
ἠώ-ς, von den Stämmen αἰδός, ἠός. Letzteres hat offenbar
ein σ zwischen der verdunkelten Wurzel und dem Suffix
verloren (vgl. νυός aus νυσός, lat. *nurus*, skr. *snusá*) und erweist sich durch die äolische Form αὔως, in deren αυ man
leicht, wie in dem *au* des lat. *auróra* und des gleichbedeutenden litauischen *ausra* (vêd. उषा *usrá* Morgenlicht,
Helle) die Gunirung des skr. *u* erkennt, als identisch mit dem
vêdischen, ebenfalls weiblichen Stamme उषस् *usás*[*]) Mor-

---

[*]) S. §. 128 p. 265 und §. 26. 2) p. 47 f. Da उषस् *usás* etymologisch die glänzende, leuchtende bedeutet, so ist das griech.
Schwesterwort auch wohl dazu geeignet, den Tag zu bezeichnen
(s. Ahrens Diall. I. 36 und in Kuhn's Zeitschr. III. p. 142). Dafs
dem Stamme des griechischen Wortes ein ς zukommt, dafs also der
Genit. ἠοῦς wirklich für ἠόσος = skr. *usásas* steht, beweist das
Compos. ἐωσφόρος (vgl. §. 128); wo man freilich das σ auch aus τ
erklären könnte (wie in φωσφόρος). Hiergegen sträubt sich aber
die unabweisbare Verwandtschaft mit dem Sanskritstamme *usás*, wovon zwar der Instr. pl. *usádbis*, wo jedoch nur wegen des folgen-

genröthe. Mit der vêdischen Zusammenziehung des Acc.
sg. *uṣ'á'sam* zu *uṣ'á'm* und des Accus. pl. *uṣ'ásas* zu *uṣ'ás*
kann man die äolischen Formen wie δυσμένην für δυσμενέα =
δυσμενέσα(ν) skr. *dúrmanasam* vergleichen (Ahrens diall.
I. p. 113). Zu εὐρυνέφην mag in dieser Beziehung das lat.
nubem gestellt werden, wenn meine oben (p. 281 f.) gegebene Erklärung dieser Wortklasse gegründet ist. — In
einem gewissen Einklang mit der Declination von αἰδώς und
ἠώς steht die des männlichen ἥρως; sein Stamm endet aber
nicht auf ς, sondern auf ν, welches im Syrakusischen sich
behauptet hat (ἥρωνας, ἡρώνεσσι, s. Ahrens diall. II. 241).
Es stimmt also ἥρω-ς, wie ἅλω-ς, ταώ-ς, τυφώ-ς, in seiner No-
minativbildung zu τάλᾱ-ς, μέλᾱ-ς (p. 286), nur dafs bei den
erstgenannten Formen der Vocal der Endsylbe des Stammes schon an und für sich lang ist.

147. 1) Da das Lateinische im Nom. masc. und fem.
ebenso wie das Griechische das Casuszeichen in Vorzug vor
dem Endconsonanten des Stammes schützt, so ist auch das
s von Formen wie *mâs, flôs, rôs* (skr. *rása-s* Saft, gr. δρό-
σο-ς), *môs, arbôs, mûs, tellûs, Venus, lepus, Cerês* (s. p. 282 f.),
cinis (s. §. 935) höchst wahrscheinlich der Ausdruck des
Casusverhältnisses, vor welchem der Endcons. des Stammes,
welcher in den obliquen Casus als *r* (meistens, wo nicht
überall, für ursprüngliches *s*) erscheint, unterdrückt ist.
Dagegen ist bei Neutren wie *ôs* (skr. *ásyà-m* Mund),
pecus, foedus, genus (= γένος, γένε(σ)-ος), *gravius* (skr. *gáríyas*,
them. der schwachen Casus und nom. acc. neutr.), *majus*
(skr. *máhíyas*) entschieden stammhaft und identisch mit
dem in den obliquen Casus aus *s* hervorgegangenen *r*, da
dem Neutrum kein *s* als Casuszeichen zukommt (s. §. 152).
Man darf also, wenn man nicht auch das *s* der erwähnten
Masculin- und Feminin-Nominative mit dem *r* ihrer obliquen
Casus identificiren will, die Vergleichung von *mûs*, so wie
die des griech. μῦς (gen. μυ-ός aus μυσ-ός), mit dem althochd.

---

den ð' der Zischlaut in *d* umgewandelt erscheint, wie bei dem Suffix
vas (stark *váñs*), wovon später (s. §. 786).

mûs (them. *mûsi* s. §.76) nicht so weit treiben, dafs man
den schliefsenden Zischlaut des lateinischen und griech. Nominativs dem entschieden stammhaften *s* der germanischen
Formen zur Seite stelle.   Dagegen hat sich in den lat.
Compp. *mus - cipula, mus - cerda* und in dem Derivat. *mus-*
-culus, wie in *flos-culus, mas-culus,* das stammhafte *s* unter
dem Schutze des folgenden *c* unverändert behauptet. — Bei
einem grofsen Theile lateinischer Wortstämme auf *r* für
ursprüngliches *s* ist jene Liquida, obwohl eigentlich hervorgerufen durch ihre Stellung zwischen zwei Vocalen in den
obliquen Casus, von hier aus durch die Macht der Analogie
auch in den Nominativ eingedrungen, der dann, wie bei
den echten *n*-Stämmen (*pater, datór* p. 145) auf das Casuszeichen verzichtet. Hierher gehören namentlich die Abstracta
wie *pudor, amor* (s. §. 932), bei denen jedoch die Form mit
erhaltenem Nominativzeichen nicht ganz untergegangen ist;
indem z. B. neben *labor* auch *labó-s* besteht, welchem man,
abgesehen vom Geschlecht, das griech. αἰδώ-ς gegenüberstellen mag; so neben *clamor* das veraltete *clamó-s.* — Sollte
in irgend einem der oben erwähnten Wörter das *r* der
obliquen Casus organisch, und nicht aus *s* entstanden sein,
so hätte vielleicht *mô-s, môr-is* am meisten Anspruch auf ein
ursprüngliches *r,* und ich habe es früher, in der Voraussetzung, dafs sein *r* primitiv und wurzelhaft sei, mit der
skr. Wurzel *smar, smṛ* sich erinnern zu vermitteln ge-
sucht. Ich ziehe aber jetzt vor — weil ich keine anderen Wörter mit entschieden primitivem *r* und mit *s* als
Nominativzeichen kenne — das *r* von *môr-is* etc. aus *s* zu
erklären und das Ganze von der skr. Wz. *mâ* messen abzuleiten, wovon auch, mit Vocalkürzung, *mô-dus.* Begrifflich
stimmt *mô-s* als Gesetz, Vorschrift, Regel, zum altpers.
fra-mânâ, nach Rawlinson Gesetz, besonders göttli-
ches (skr. *pra-mâṇa-m* Autorität). Es stützt sich darauf
das neupers. *fermán* Befehl (*fermâjem* ich befehle)
und auch im Altpers. wird wohl die Wz. *mâ* in Verbindung mit
der Praep. *fra* befehlen bedeutet haben, wie dies aus dem
nom. agentis *framâtâr* Befehlshaber, Herrscher erhellt.

Semitischen, Indischen, Aethiopischen, Alt-Persischen und Alt-Aegyptischen Alphabets. 2) Über den Ursprung und die Verwandtschaft der Zahlwörter in der Indogermanischen, Semitischen und der Koptischen Sprache. gr. 8. 1837.   1 Thlr.

Mullach, Prof. Dr. F. W., Grammatik der griechischen Vulgarsprache in historischer Entwickelung. 1856. gr. 8. geh.
                                                            2 Thlr. 20 sgr.

Pape, Dr. W., etymologisches Wörterbuch der griechischen Sprache zur Übersicht der Wortbildung nach den Endsylben geordnet. Lexik. 8. 1836.   2 Thlr. 15 sgr.

Steinthal, Dr. H., Grammatik, Logik und Psychologie, ihre Principien und ihr Verhältnifs zu einander. 1855. gr. 8. geh.   2 Thlr. 15 sgr.

— — gesammelte sprachwissenschaftliche Abhandlungen. 1856. gr. 8. geh. Enthaltend: *De pronomine relativo;* die Sprachwissenschaft Wilhelm v. Humboldt's; die Classification der Sprachen; der Ursprung der Sprache; die Entwickelung der Schrift.   1 Thlr. 15 sgr.

Weil, H., et Benloew, L., Théorie générale de l'accentuation latine. Suivie de recherches sur les inscriptions accentués et d'un examen des vues de M. Bopp sur l'histoire de l'accent. 1855. gr. 8. geh.   2 Thlr. 20 sgr.

Zeitschrift für vergleichende Sprachforschung auf dem Gebiete des deutschen, griechischen und lateinischen, herausgegeben von Dr. Theodor Aufrecht, Privatdocenten an der Universität zu Berlin, und Dr. Adalbert Kuhn, Lehrer am Cöln. Gymnasium daselbst. Band I-IV. 1851-1855. à Bd. cart.   3 Thlr. 10 sgr.

Zeitschrift für vergleichende Sprachforschung. Band V. 1-5. Heft. 1855. 56. gr. 8. geh. à Heft   15 sgr.

Berlin.   Ferd. Dümmler's Verlagsbuchhandlung.

(Unter der Presse:)

Heyse, Prof. K. W. L., philosophische Sprachwissenschaft, nach dessen Tode herausgegeben von Dr. H. Steinthal.